학년별, 교과별 50가지 활용 가이드

10분 뚝딱! 에듀테크·AI 수업 정복

10분 뚝딱!

에듀테크·AI 수업 정복

학년별, 교과별
50가지 활용
가이드

김니영 강혜온 김성경
김세빈 박세현 이다원

학교 도서관 저널

들어가는 말

디지털 기술이 무섭도록 빠르게 발전하고 있습니다. 이러한 시대의 흐름 속, 많은 교육 전문가들은 우리 아이들에게 미래를 살아가는 데 필요한 역량을 어떻게 길러 주어야 할지 끊임없이 고민해 왔습니다. 그렇기에 이제 에듀테크와 AI는 특별한 시도가 아닌, 학생들의 미래 역량을 기르기 위한 필수적이고 보편적인 도구로 자리 잡았습니다.

그렇다면 실제 수업에서 에듀테크와 AI는 어떻게 활용되고 있을까요? 디지털 도구 그 자체를 사용하는 데 그치지 않고, 진정으로 학생들의 배움과 성장을 위해 활용되고 있을까요? 저희는 스스로를 성찰하며 에듀테크, AI 활용 수업의 목적이 기술 도입 자체가 되어 버린 것은 아닌가 하는 문제 의식을 갖게 되었습니다. 교사에게 중요한 것은 에듀테크, AI 도구의 사용이 아니라 학생들의 깊이 있는 배움과 성장입니다. 학생의 교육적 필요와 목적을 우선 고려하고 여기에 적합한 에듀테크,

AI 기술을 선택하고 활용할 때 비로소 진정한 미래 역량을 기르는 교육이 가능합니다. 『10분 뚝딱! 에듀테크·AI 수업 정복』은 이러한 저자들의 교육 철학을 기반으로 탄생하게 되었습니다.

그렇다면 대체 에듀테크, AI 수업을 어떻게 해야할지 궁금하지 않으신가요? 저희는 의미 있는 배움과 성장을 가장 중점적으로 고려하며 교육 현장에서 어떻게 에듀테크와 AI를 활용할지 치열하게 고민했습니다. 그리고 그 고민의 결과물을 이 책에 담았습니다.

이 책의 가장 큰 장점은 바로 초등학교 전 학년과 교과를 이우르는 총 50가지의 다채롭고 풍성한 수업 사례가 수록되어 있다는 것입니다. 다양한 학년과 교과에서 실제로 활용할 수 있는 에듀테크, AI 수업 사례를 접하며 선생님들은 앞으로 어떻게 에듀테크, AI 수업을 해 나갈지에 대한 해답을 얻을 수 있을 것입니다. 또 다른 장점은 수업 사례별로 학생들에게 전할 교육적 가치를 담았다는 것입니다. 도입부에는 각 디지털 도구가 학생의 깊이 있는 배움과 학습 목표 달성에 어떠한 도움이 되는지를 설명하였습니다. 또한, 선생님들께서 실제 교육 현장에서 바로 실천할 수 있도록 수업 속의 에듀테크, AI의 사용 방법을 글과 사진으로 자세히 기술하였습니다. 더불어 유튜브에도 도구 활용 영상을 공유하여 누구든 쉽게 에듀테크, AI 수업을 시작할 수 있도록 돕고자 했습니다.

매일 변화하는 세상 속, 교실을 더욱 풍요로운 학습의 장으로 만들기 위해 교사와 학생이 함께 성장하며 노력하고 있습니다. 오늘도 학생들을 위해 디지털을 활용한 수업 설계를 고민하고 계시는 선생님들께 이 책이 작은 응원과 도움이 되었으면 좋겠습니다. 독자 여러분들이 이 책을 통해 수업에 대한 새로운 영감을 얻고, 학생들과 함께하는 매 순간이 더욱 의미 있고 소중해지기를 진심으로 기원합니다.

2026년 1월

저자 일동

목차

3장 음악, 미술, 실과, 창체

4장 사회, 도덕

5장 통합교과

①

국어, 영어

국어

살아 움직이는 그림책 주인공

애니메이티드 드로잉(Animated Drawing)

다양한 독후 활동은 아이들의 여러 가지 능력을 향상하는 데 큰 도움이 됩니다. 독후 활동을 통해 책 내용을 이해하고 자기 생각을 정리하는 과정에서 아이들의 사고력과 이해력이 자연스럽게 높아지기 때문입니다. 또한, 그림 그리기나 역할 놀이를 하면서 아이들은 창의력과 상상력을 비롯해 자신만의 독특한 아이디어를 표현하는 능력을 키우게 됩니다.

'애니메이티드 드로잉(Animated Drawing)'은 정지된 그림이나 스케치에 움직임을 더해, 마치 그림이 살아 움직이는 것처럼 보이게 해 주는 에듀테크 기술입니다. 학생들이 그림책 속 주인공을 그림으로 표현해 본 후, 애니메이티드 드로잉을 통해 살아 움직이게 한다면 어떤 효과를 가져올 수 있을까요? '살아 움직이는 그림책 주인공' 수업은 디지털 애니메이션에 상호 작용 요소를 더하면 아이들이 그림책에 더 깊이 몰입하고 흥미를 느낄 수 있다는 걸 보여 줍니다. 또한, 그림이 움직이는 시각적 효과를 통해 학생들이 이야기를 더욱 생생하게 느낄 수 있어, 학생들의 이해력과 기억력 향상에도 도움을 줄 것입니다.

수업의 이모저모

- 관련 과목: 국어
- 학년 학기: 1학년 2학기
- 난이도: 하
- 수업 시간: 2차시
- 준비물: 디지털 기기, 활동지, 그림책, 색연필

1. 그림책 주인공 릴레이 발표하기

릴레이 발표란 모둠별로 모든 학생이 일어난 상태에서 한 명씩 순서대로 돌아가면서 발표하는 활동입니다. 수업 전, 교사는 학생들에게 자신이 좋아하는 그림책을 한 권씩 준비하도록 안내합니다. 학생들은 그림책을 읽은 후, 친구들에게 소개하고 싶은 인물을 선택합니다. 그다음, 모든 학생이 각자 선택한 주인공에 대해 릴레이 발표를 합니다. 이때 모형 마이크나 토킹 스틱을 배턴으로 활용하면 적극적인 발표를 이끌어 내는 데 도움을 줄 수 있습니다. 학생들은 릴레이 발표를 통해 친구들이 어떤 그림책에 관심이 있으며, 소개할 주인공이 누구인지 대략 알게 되면서 본 활동에 대한 흥미가 높아지게 됩니다.

2. 그림책 주인공 소개 자료 만들기

릴레이 발표를 통해 자신이 좋아하는 그림책 주인공을 간단하게 소개했다면, 이번 활동에서는 소개한 내용으로 자료를 만들어 봅니다. 교사는 주인공을 소개할 수 있는 활동지를 준비하여 학생들에게 나눠 줍니다. 활동지는 주인공의 이름, 특징, 좋아하는 이유, 주인공 모습 그리기 등을 포함하여 학생들이 여러 방면으로 주인공을 탐구하고 자기 생각을 정리할 수 있는 항목들로 구성합니다.

교사는 학생들에게 주인공을 그릴 때 되도록이면 팔과 다리가 있는 모습을 선택하되, 팔다리는 몸에 딱 붙여 그리지 않도록 안내합니다. 만약 몸에 붙여서 그릴 경우, 애니메이티드 드로잉에서 팔다리가 제대로 인식되지 않아 움직임이 부자연스러워 보일 수 있습니다.

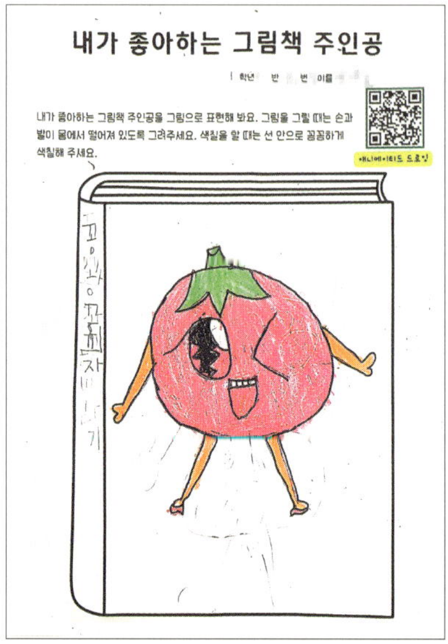

내가 좋아하는 그림책 주인공 그리기

3. 살아 움직이는 그림책 주인공 만들기

애니메이티드 드로잉을 사용하여 자신이 그린 그림책 주인공을 애니메이션으로 만들어 봅니다. 먼저 디지털 기기를 사용하여 애니메이티드 드로잉 사이트에 접속합니다. 'Upload Photo'를 클릭하고 자신의 그림을 사진 촬영하거나 미리 촬영해 놓은 그림을 선택합니다.

'Next'를 눌러 다음 단계로 이동하여 자신이 애니메이션으로 표현하고자 하는 대상이 제대로 선택되었는지 확인한 후 한 번 더 'Next'를 누릅니다. 만약 원하는 대상이 제대로 선택되지 않았다면 테두리를 이동시켜 선택합니다. 캐릭터가 배경과 분리되었는지 확인해 보고 만약 분리가 잘 안 되었다면 펜과 지우개를 사용하여 수정한 다음 'Next'를 클릭합니다.

그다음 캐릭터의 관절 부분이 선택되었는지 확인한 후 'Next' 버튼을 누르고 원하는 애니메이션의 움직임을 선택합니다. 춤추기, 점프하기, 걷기 등 다양한 움직임 버튼을 눌러 보며 학생들은 자신이 선택한 그림책 주인공이 어떻게 움직이는지 자세히 관찰합니다.

움직이는 그림책 주인공 제작 방법

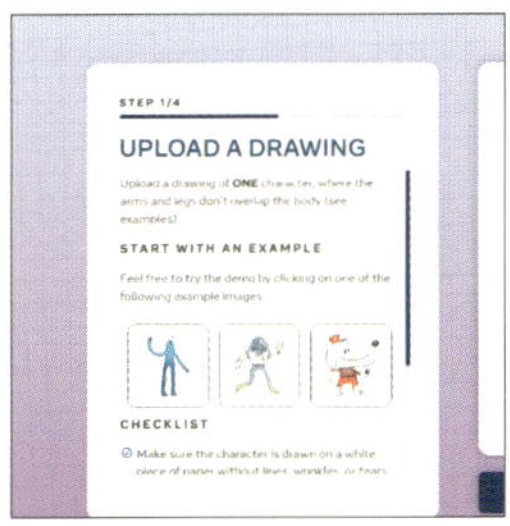

① 사이트 접속

② 'Upload Photo' 클릭하여 사진 업로드

③'Next' 클릭

④ 애니메이션으로 표현하고자 하는 대상 선택 후 'Next' 클릭

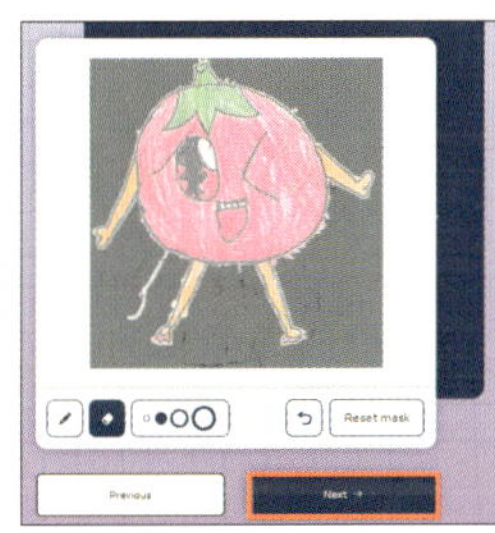

⑤ 캐릭터가 배경과 분리되었는지 확인한 후 'Next' 클릭

⑥ 캐릭터의 관절 부분이 선택되었는지 확인한 후 'Next' 클릭

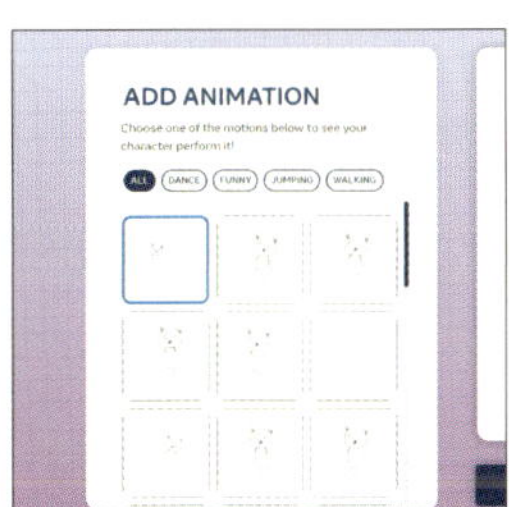

⑦ 캐릭터의 움직임 선택

4. 갤러리 워크로 작품 감상하기

학생들은 자신이 작성한 그림책 주인공 소개 활동지를 책상에 올려놓습니다. 교사는 제한 시간을 정하고, 학생들이 교실을 자유롭게 이동하면서 작품을 감상하도록 안내합니다. 학생들은 친구들의 그림책 주인공을 살펴보면서 소개 글을 읽어 봅니다. 그다음 디지털 기기로 애니메이티드 드로잉 사이트에 접속하여 그림책 주인공의 다양한 움직임을 살펴봅니다. 이때 교사가 배경 음악을 틀어 주면 학생들이 좀 더 경쾌한 분위기에서 작품을 감상할 수 있습니다. 활동 후에는 어떤 부분이 인상적이었는지, 자신의 작품과 다른 친구들의 작품이 어떻게 다른지 느낀 점에 대해 서로 이야기하는 시간을 갖습니다.

수업 tip

☑ 저학년 학생들의 경우 웹사이트로 바로 접속하거나, 직접 검색해서 접속하는 방법이 어려울 수 있습니다. 따라서 교사가 해당 사이트 주소를 QR코드로 제작하여 제공하도록 합니다.

낱말 수집가

클래스툴(ClassTool)

낱말 배우기는 초등학교 1학년 학생들이 읽기와 쓰기의 기초를 다지는 데 매우 중요한 활동입니다. 다양한 낱말을 알게 되면 글의 내용을 잘 이해할 수 있고 자기 생각이나 감정을 정확하고 풍부하게 표현할 수 있습니다. 즉, 이 시기의 어휘 학습은 언어 이해력과 표현력을 길러주며, 창의력과 사고력 발달에도 도움을 줍니다.

'클래스툴(ClassTool)'은 실시간 쌍방향 수업 플랫폼으로, OX·객관식·주관식 퀴즈, 웹 링크 전송, 화면 공유, 화이트보드 등 여러 도구와 활동을 손쉽게 활용할 수 있는 도구입니다. 이 중 화이트보드의 경우, 배경 그림·사진이나 빈 캔버스를 학생 화면으로 보내면 학생들은 그 위에 글씨를 쓰거나 그림·기호를 그려 교사에게 제출하는 기능이 있습니다. 제출된 모든 보드가 교사 화면에 자동 취합되며, 교사가 특정 학생의 보드를 전체에게 공유하거나 일괄 숨기기·보이기를 조정할 수 있어 피드백이 빠르고 유연하다는 점이 가장 큰 장점입니다.

'낱말 수집가' 수업에서는 화이트보드 기능을 활용하여 새로 만난 단어를 직접 찾고 써 보며 즉시 공유하기 때문에 학생들의 어휘 확장이 훨씬 자연스럽게 이루어집니다. 또한, 교사는 학생들의 결과물을 한눈에 확인하여 학습 상태를 빠르게 파악할 수 있습니다. 이를 통해 학생 개개인의 이해도와 참여도를 효과적으로 진단하고, 맞춤형 피드백을 제공하는 것도 가능합니다.

수업의 이모저모

- 관련 과목: 국어
- 학년 학기: 1학년 1학기
- 난이도: 하
- 수업 시간: 1차시
- 준비물: 디지털 기기, 그림책 『단어수집가』*

*피터 H. 레이놀즈 글·그림, 김경연 옮김, 문학동네, 2018

1. 숨겨진 낱말 찾기

먼저 교사는 학생들과 그림책 『단어수집가』의 표지를 살펴봅니다. 주인공 '제롬'의 표정을 관찰하고, '제롬'이 어떤 아이일지 상상하며 함께 이야기해 봅니다. 이야기를 나누다 보면 학생들은 자연스럽게 '제롬'이 어떤 성격을 가진 아이인지, 그림책 속에서 어떤 일이 벌어질지 떠올려 보게 됩니다.

본격적으로 그림책을 읽기 전에 교사는 "처음 듣는 말이 나오면 손을 반짝반짝 흔들어 주세요!"라며 간단한 약속을 안내합니다. 학생들이 그림책 이야기를 들으면서 새롭거나 인상 깊은 낱말이 나올 때마다 손을 흔들어 신호를 보내면, 교사는 잠시 멈춰 "어떤 낱말이 들렸나요?"라고 물으며 낱말에 귀 기울이는 태도를 이끌어 줍니다.

그림책을 다 읽은 후, 교사는 이야기에 나왔던 낱말과 그렇지 않은 낱말이 섞인 PPT 화면을 보여 줍니다. 학생들과 낱말 하나하나를 살펴보며 그림책 속에서 실제로 들었던 낱말인지 판단해 봅니다. 이때 교사는 책에 나왔던 낱말을 선택하면 글자 뒤에 돋보기 아이콘이 나타나고, 나오지 않았던 낱말을 선택하면 폭탄 아이콘이 나타나도록 설정해 둡니다. 이 활동을 통해 학생들은 이야기를 다시 떠올리며 자연스럽게 다양한 어휘를 읽고 구별하는 경험을 할 수 있습니다.

낱말 탐정 출동 PPT

2. 낱말 탐정 보드 쓰기

클래스툴의 화이트보드 기능을 활용하여 학생들과 함께 신체 관련 낱말을 익혀 봅니다. 먼저 교사는 클래스툴 사이트에 접속한 후 '선생님 수업 시작하기'를 클릭합니다. 오른쪽 상단에 있는 '수업 시작하기'를 클릭 후 학생들에게 6자리 클래스 코드를 알려 줍니다. 저학년일 경우 칠판에 클래스 코드를 써 두는 것이 좋습니다. 학생들은 디지털 기기를 이용해 클래스툴 사이트에 들어가 '학생 수업 참가하기'를 누르고 클래스 코드를 입력하여 수업 준비를 합니다.

교사는 학생들에게 이미지를 전송하기 위해 '화이트보드'를 클릭한 후 '배경 템플릿 선택&추가'를 클릭합니다. 그다음, '내 배경' 클릭 후 '+

클래스툴 화이트보드 전송 방법

① 클래스툴 사이트 접속 후 '선생님 수업 시작하기' 클릭

② '수업 시작하기' 클릭 후 학생들에게 수업 클래스 코드 알려 주기

③ '화이트보드' 클릭

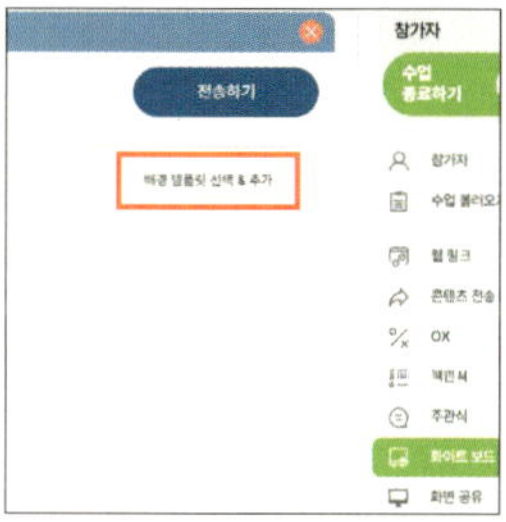
④ '배경 템플릿 선택&추가' 클릭

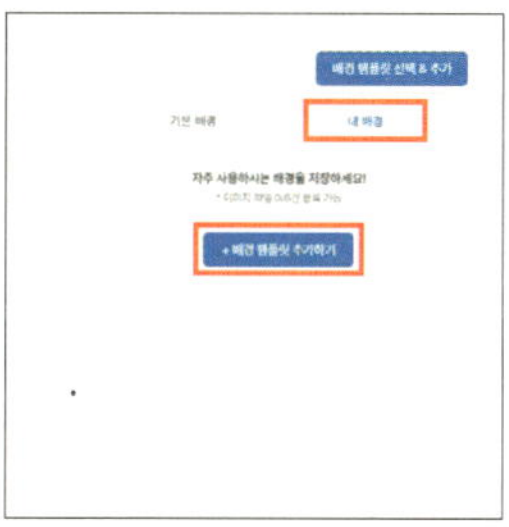
⑤ '내 배경' 클릭 후 '+배경 템플릿 추가하기'로 원하는 이미지 업로드

⑥ '전송하기' 클릭

배경 템플릿 추가하기'를 클릭하여 원하는 이미지를 업로드합니다. 이때 사람의 몸 그림에 '눈', '코', '입', '손', '무릎' 등 신체 부위의 이름이 표시된 이미지를 활용합니다. 이어 '전송하기' 버튼을 클릭하여 업로드한 이미지를 학생들에게 보냅니다.

준비가 다 되었다면 낱말을 읽고 쓰는 활동을 해 봅니다. 교사는 학생들에게 "지금부터 단어를 하나씩 읽어 줄게요. 잘 듣고, 보드에 그 낱말이 있으면 소리 내어 따라 읽고, 동그라미를 쳐 주세요."라고 안내합니다. 예를 들어, 교사가 "어깨!"라고 말하면, 학생은 자신의 화이트보드에서 '어깨'라는 단어를 찾고, 입으로 또박또박 읽은 다음 그 낱말 위에 동그라미를 표시합니다.

교사는 클래스툴 화이트보드를 통해 실시간으로 학생들의 화면을 살피며, 각자 활동을 잘 따라가고 있는지 확인합니다. 활동이 마무리되면 배경 없는 빈 화이트보드를 학생들에게 전송합니다. 교사는 "이번에는 그림에 나오지 않았지만, 자신이 알고 있는 신체에 관한 낱말을 자유롭게 써 보세요."라고 안내하고, 학생들은 익숙한 신체 낱말을 떠올려 직접 글로 작성해 봅니다. 예를 들어 '속눈썹', '이마', '발꿈치', '배꼽' 등을 쓸 수 있습니다.

낱말 따라 읽고 표시하기

3. 낱말 탐정의 ㄱㄴㄷ 낱말 만들기

이번에는 앞에서 배운 낱말을 바탕으로, 학생들이 직접 낱말을 유추해 보는 확장 활동을 해 봅니다. 먼저 교사가 자음 중 하나를 선택하여 화이트보드에 작성한 후 학생들에게 전송합니다. 학생들은 디지털 기기에서 해당 보드를 열고, 교사의 힌트를 들으며 그 자음이 포함된 낱말을 떠올려 봅니다. 예를 들어 교사가 'ㅂ'이 적힌 화이트보드를 보내고 "이 낱말은 우리가 걸을 때 꼭 쓰는 신체 부위예요. 무릎 아래에 있고, 신발을 신어요."라는 힌트를 주면, 학생들은 '발', '발가락' 등 관련 낱말을 유추하여 자신의 화이트보드에 씁니다.

학생들이 모두 작성하면 교사는 화이트보드를 통해 실시간으로 학생들의 화면을 확인합니다. 어떤 낱말이 나왔는지 살펴보면서 같은 자음을 활용해도 서로 다른 단어들이 나왔다는 점을 강조합니다. 예를 들어, 어떤 학생은 '발'을, 또 다른 학생들은 '발가락', '발꿈치', '배' 등을 썼을 수 있습니다.

교사는 "모두 'ㅂ'이 들어간 말이지만 다 다른 뜻을 갖고 있어요.", "이 낱말은 신체의 어느 부위를 나타내죠?" 등의 질문으로 학생들과 의미를 정리해 나갑니다. 이 과정을 통해 학생들은 자음과 낱말의 관계를

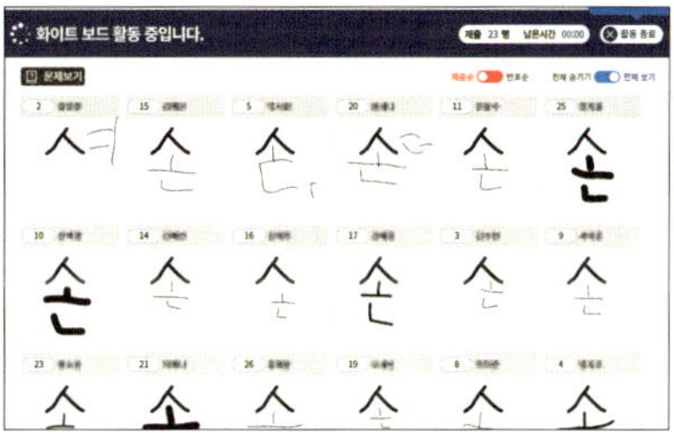

학생 결과물

스스로 탐색하고, 같은 자음이 들어가더라도 다양한 낱말이 만들어질 수 있다는 사실을 자연스럽게 익히게 됩니다.

수업 tip

☑ 학생들이 '낱말 탐정이 ㄱ, ㄷ 낱말 만들기' 활동을 잘 따라올 경우, 다음 단계로 학생들이 직접 문제를 내는 활동을 진행하면 학습 효과를 더욱 높일 수 있습니다.

음악이 함께하는 전래 동화 오디오북

북크리에이터(Book Creator) **구글 뮤지컬 캔버스(Google Musical Canvas)**

이야기 만들기는 아이들의 상상력을 기르는 데 효과적인 활동입니다. 학생들은 자신이 쓴 이야기를 책으로 만들면서 마치 꼬마 작가가 된 기분으로 활동에 몰입할 수 있습니다. 또한 자신이 만든 책을 소리 내어 읽으면 읽기 유창성과 자신감을 키우는 데 도움이 됩니다.

'북크리에이터(Book Creator)'는 텍스트, 그림, 녹음한 소리 등을 활용해 전자책을 만들 수 있는 도구입니다. QR코드나 링크만으로 쉽게 로그인이 가능하고, 조작법이 직관적이어서 저학년 학생들도 쉽게 사용할 수 있습니다. '구글 뮤지컬 캔버스(Google Musical Canvas)'는 그림을 그리면 인공 지능이 그림의 분위기를 분석해 음악을 만들어 주는 사이트입니다. 두 도구를 함께 사용하면 글, 그림, 목소리, 음악이 복합적으로 담긴 오디오북을 제작할 수 있습니다.

'음악이 함께하는 전래 동화 오디오북' 수업은 학생들이 재구성한 전래 동화 텍스트에 그림, 목소리, 음악을 넣어 오디오북으로 제작하도록 구성되어 있습니다. 저학년 학생들의 경우, 새로운 이야기를 지어내서 책을 만들기는 어려울 수 있으므로 익숙한 전래 동화를 제공해서 이야기를 바꾸도록 하면 학생들의 글쓰기 부담을 줄여줄 수 있습니다.

수업의 이모저모

- 관련 과목: 국어
- 학년: 2학년
- 난이도: 상
- 수업 시간: 3차시 이상
- 준비물: 디지털 기기, 활동지, PPT

1. 전래 동화 줄거리 살펴보기

교사는 학생들에게 익숙하거나 교과서에서 소개된 전래 동화 4개를 선정하여 학생들과 함께 줄거리를 살펴봅니다. 예를 들어, 『흥부와 놀부』, 『해와 달이 된 오누이』, 『콩쥐 팥쥐』, 『별주부전』 등이 있습니다. 『흥부와 놀부』의 경우 흥부가 놀부 집에서 쫓겨나는 장면, 흥부가 제비 다리를 고쳐 주는 장면, 커다란 박이 열리고 금은보화가 나오는 장면, 놀부가 욕심을 내다가 박에서 도깨비가 나오는 장면을 그림만 순서대로 제시합니다. 학생들은 그림을 보고 해당 장면을 떠올려서 어떤 내용인지 말합니다. 교사는 학생들의 답변을 들은 후 줄거리 문장을 보여 주고, 학생들은 줄거리 문장을 따라 읽으면서 이야기의 흐름을 파악합니다.

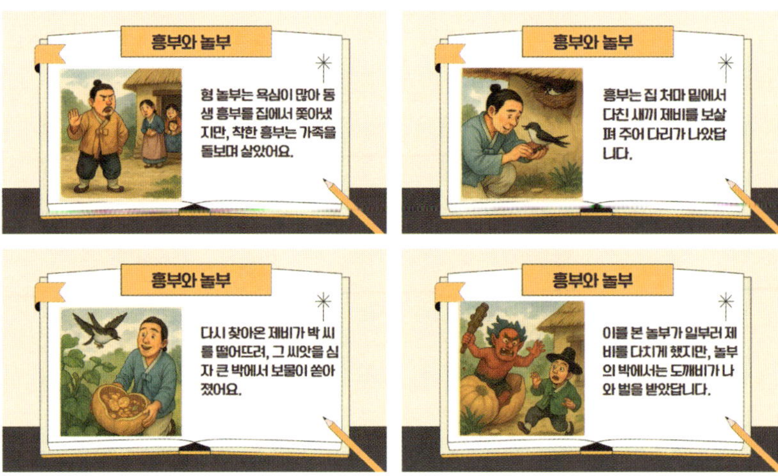

『흥부와 놀부』 주요 장면 및 줄거리 PPT

2. 전래 동화 이야기 바꾸기

학생들은 각자 교사가 선정한 4개의 전래 동화 중, 가장 바꾸어 보고 싶은 전래 동화 1개를 선택합니다. 교사는 이야기의 줄거리를 4개의 장면으로 나눈 활동지를 미리 준비한 다음 학생들에게 나눠 줍니다. 학생들은 각 장면별로 이야기를 바꿔서 활동지에 작성합니다.

만약 이 과정을 어려워하는 학생이 있다면 교사는 이야기를 바꿔 나갈 다양한 방향을 제시해 줍니다. 예를 들어, "만약 놀부가 착하게 행동했다면 어땠을까요?"와 같은 질문을 통해 학생이 여러 가지 상황을 상상하도록 돕습니다.

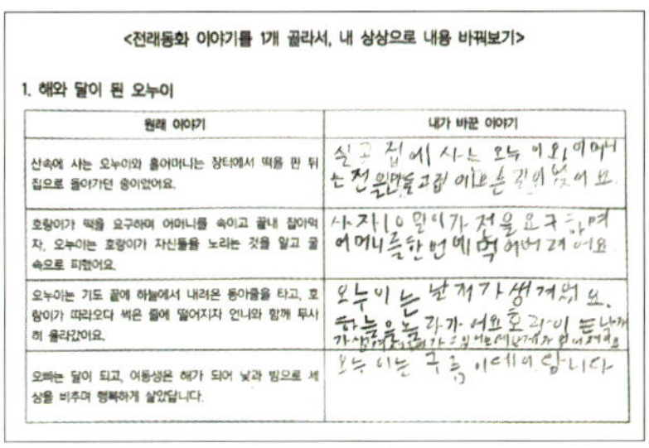
<전래동화 이야기를 1개 골라서, 내 상상으로 내용 바꿔보기>

1. 해와 달이 된 오누이

원래 이야기	내가 바꾼 이야기
산속에 사는 오누이와 홀어머니는 장터에서 떡을 판 뒤 집으로 돌아가던 중이었어요.	
호랑이가 떡을 요구하며 어머니를 속이고 끝내 잡아먹자, 오누이는 호랑이가 자신들을 노리는 것을 알고 굴속으로 피했어요.	
오누이는 기도 끝에 하늘에서 내려온 동아줄을 타고, 호랑이가 따라오다 썩은 줄에 떨어지자 언니와 함께 무사히 올라갔어요.	
오빠는 달이 되고, 여동생은 해가 되어 낮과 밤으로 세상을 비추며 행복하게 살았답니다.	

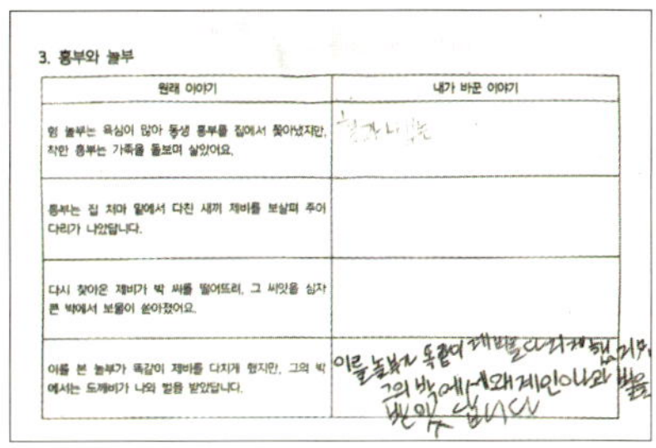
3. 흥부와 놀부

원래 이야기	내가 바꾼 이야기
형 놀부는 욕심이 많아 동생 흥부를 집에서 쫓아냈지만, 착한 흥부는 가족을 돌보며 살았어요.	
흥부는 집 처마 밑에서 다친 새끼 제비를 보살펴 주어 다리가 나았답니다.	
다시 찾아온 제비가 박 씨를 떨어뜨려, 그 씨앗을 심자 큰 박에서 보물이 쏟아졌어요.	
이를 본 놀부가 똑같이 제비를 다치게 했지만, 그의 박에서는 도깨비가 나와 벌을 받았답니다.	

전래 동화 이야기 바꿔 보기

3. 북크리에이터로 오디오북 만들기

먼저 교사는 수업 전에 북크리에이터의 '학생 로그인' 기능을 활용해 학생들이 접속할 수 있는 링크 또는 QR코드를 준비하여 제공합니다. 이를 통해 학생들은 복잡한 로그인 과정 없이 북크리에이터에 접속할 수 있습니다.

이제 재구성한 이야기를 북크리에이터를 활용하여 오디오북으로 만듭니다. 북크리에이터 라이브러리 첫 화면에서 우측 상단의 '+'를 눌러

학생 로그인 링크 또는 QR코드 제공 방법

① '계정 아이콘' 클릭 후 '학생 로그인' 클릭

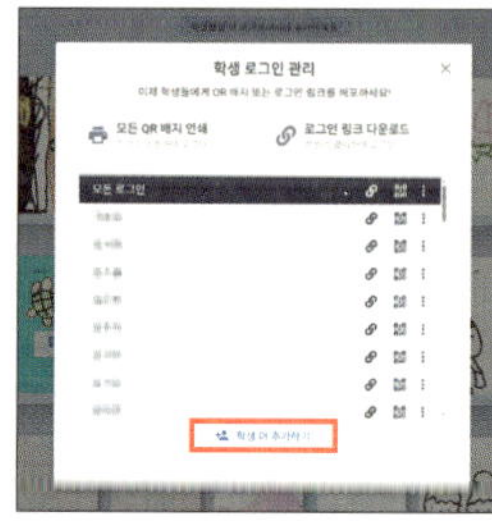

② '학생 더 추가하기' 클릭

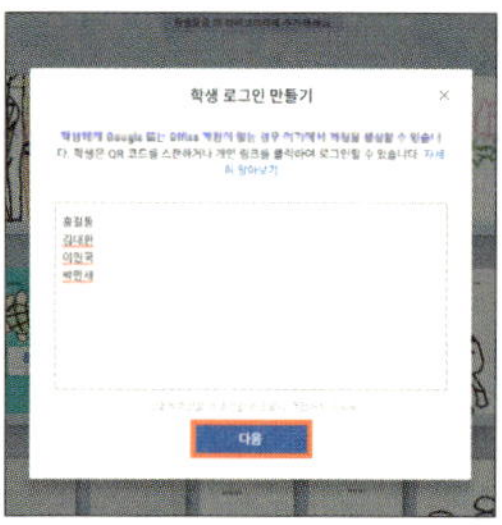

③ 학생 명단 입력 후 '다음' 클릭

④ '다음' 클릭

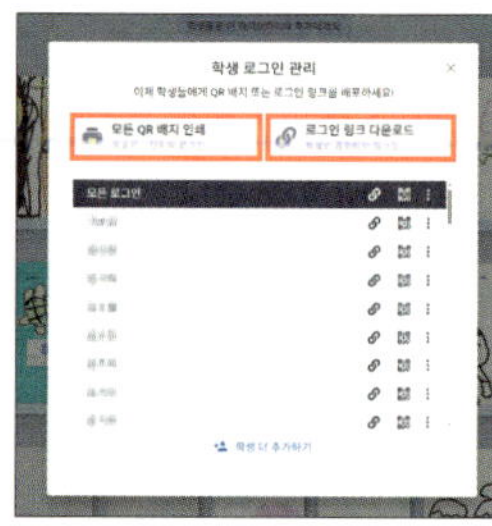

⑤ '모든 QR 배지 인쇄' 또는 '로그인 링크 다운로드' 클릭

새 책을 생성하고, 우측의 '>' 또는 '+'를 클릭하여 페이지를 추가합니다.

그다음 우측 상단의 '+'를 클릭하고 '도구' 중 '텍스트'를 선택하여 이야기 제목과 내용을 입력한 후 '완료' 버튼을 누릅니다. 다시 우측 상단의 '+'를 클릭하고 '펜'을 선택해서 그 장면에 어울리는 그림을 직접 그립니다. 다 그린 후에는 '완료' 버튼을 누릅니다.

글과 그림이 모두 완성되면 '녹음' 버튼을 눌러 각 장면에 어울리는 목소리로 책 내용을 녹음합니다. 녹음이 끝나면 '녹음 중지' 버튼을 누른 후, 재생 버튼을 눌러 자신의 목소리를 확인하고 '녹음 사용'을 클릭합니다. 녹음 파일은 필요에 따라 다시 녹음하여 수정할 수 있습니다.

오디오북 만드는 방법

① '새 책' 클릭

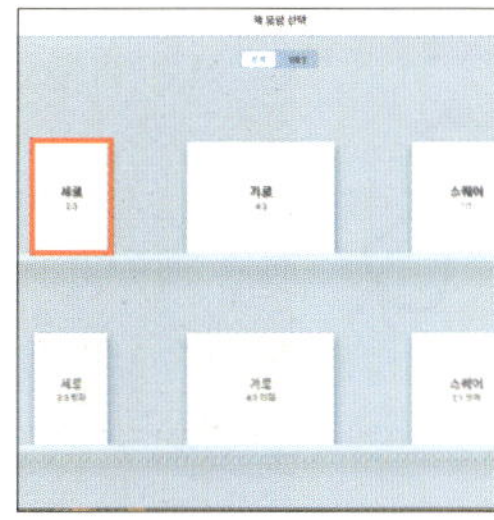

② 원하는 책 모양 선택

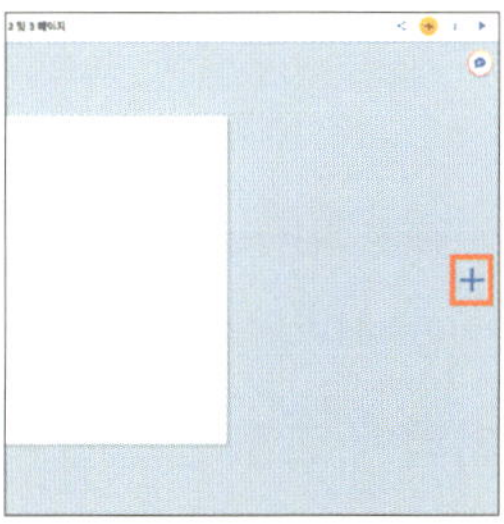

③ '>' 또는 '+' 클릭하여 페이지 추가

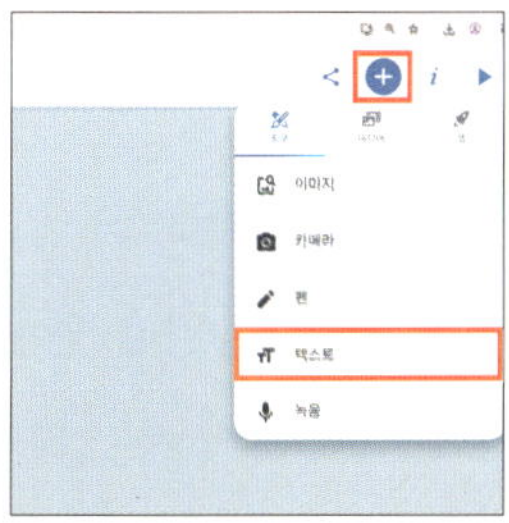

④ '+' 클릭 후 '텍스트' 클릭

⑤ 텍스트 입력 후 '완료' 클릭

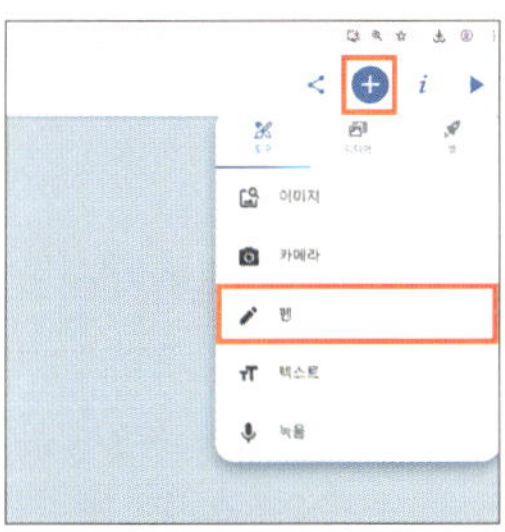

⑥ '+' 클릭 후 '펜' 클릭

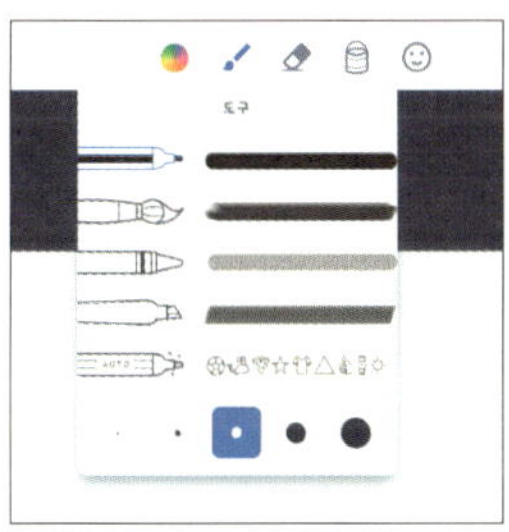

⑦ 도구 종류 및 크기 선택

⑧ 색상 선택

⑨ 그림 그리고 '완료' 클릭

⑩ '+' 클릭 후 녹음 클릭

⑪ '녹음 시작' 클릭

⑫ 녹음 후 '녹음 중지' 클릭

⑬ '▶'를 클릭하여 녹음본을 확인한 후 '녹음 사용' 클릭

4. 장면에 어울리는 배경 음악 작곡하기

이번에는 이야기 장면에 어울리는 음악을 만들어 봅니다. 학생들은 구글 뮤지컬 캔버스 사이트에 접속해서 북크리에이터에 그렸던 그림을 기반으로 이야기의 분위기를 나타내는 그림을 새로 그립니다. 이때 교사는 북크리에이터에 그린 그림과 똑같이 그리지 않아도 된다고 안내합니다.

학생들은 도구의 색, 선의 두께, 펜 종류 등을 자유롭게 선택해 그림을 그린 뒤 '음악 생성(Generate Music)'을 누르면, 인공 지능이 그림의 분위기

음악 생성 방법

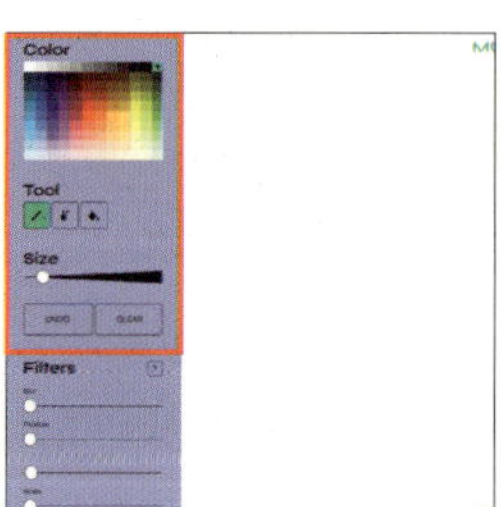

① 색깔, 도구 종류, 두께 선택

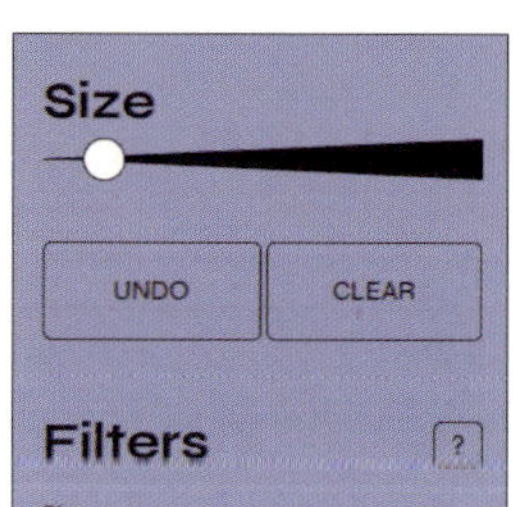

② 삭제할 땐 'UNDO'(이전 삭제), 또는 'CLEAR'(전체 삭제) 중 선택

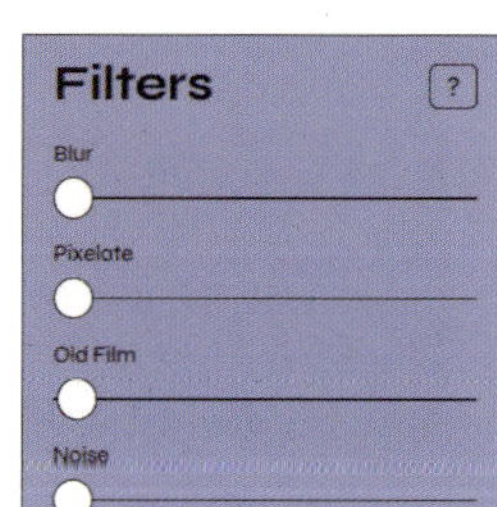

③ Filters에서 그림과 음악의 분위기 변경

④ 그림을 그린 후 'GENERATE MUSIC' 클릭

⑤ 공유 아이콘 클릭

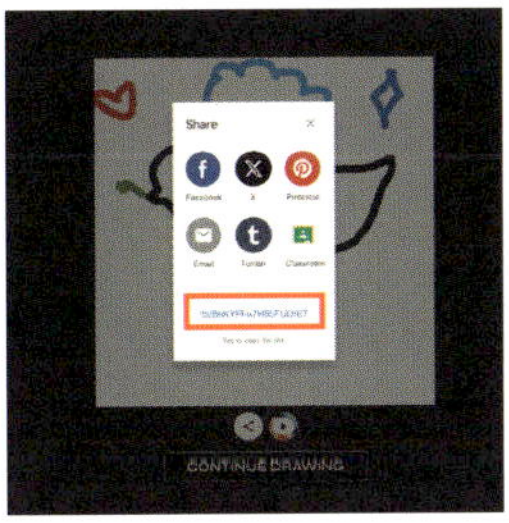

⑥ 링크 클릭해서 복사

에 맞는 음악을 만들어 줍니다. 예를 들어, 숲속 장면을 그리면 새소리와 바람 소리가 담긴 잔잔한 음악이 생성됩니다. 음악이 완성되면 '공유' 버튼을 눌러 링크를 복사합니다. 저학년 학생들의 경우 교사가 영어로 표시된 버튼들은 왼쪽 버튼, 오른쪽 버튼, 검정 버튼 등으로 지칭하며 알려줍니다.

다시 북크리에이터로 돌아가서 음악과 어울리는 장면을 고릅니다. 책 편집 화면에서 '+'를 누르고 '미디어' 클릭 후 '임베드'를 선택합니다. 빈칸에 복사한 링크를 넣고 '확인'을 클릭한 후, 제목을 작성하고 '추가' 버튼을 클릭합니다. 이야기 화면에 추가된 배경 음악 아이콘의 위치와 크기를 조절합니다.

배경 음악 추가 방법

① '+' – '미디어' – '임베드' 클릭

② 링크 붙여넣고 '확인' 클릭

③ 제목 바꾸고 '추가' 클릭

④ 위치와 크기 조절

5. 전래 동화 오디오북 감상하기

마지막으로 학생들은 친구들이 제작한 책을 감상하는 시간을 가져 봅니다. 기본 라이브러리 화면에는 자신이 만든 책만 보입니다. 라이브러리 좌측 상단에서 학급 이름 아래 '1책'이라 쓰인 책 권수를 클릭한 뒤 '모두의 책 보기'를 선택하면 모든 친구들의 책을 볼 수 있습니다. 학생들은 원하는 책을 선택한 후 '읽어주기' 버튼을 클릭해 친구가 삽입한 목소리 녹음과 배경 음악을 들으며 오디오북을 감상합니다. 이때 책 속 장면과 그림, 목소리, 음악이 잘 어우러지는지 생각하며 듣습니다. 감상 후에는 서로의 작품에서 인상 깊었던 부분을 이야기해 봅니다.

친구들의 오디오북 감상 방법

① 라이브러리의 책 권수 클릭

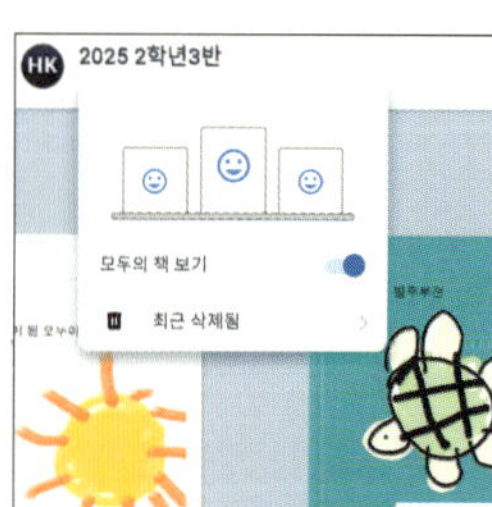

② '모두의 책 보기' 활성화

③ 원하는 책 선택

④ 우측 상단에 '▶' 클릭

⑤ '단어 읽기' 비활성화, '멀티미디어 재생' 활성화 후 '읽어주기' 클릭

⑥ 링크 클릭하여 음악 감상

수업 tip

☑ 핀마이크를 사용하거나 녹음할 공간을 따로 마련하면 잡음을 최소화하여 녹음할 수 있습니다.

☑ 북크리에이터에 음원 파일을 직접 업로드할 경우, 책을 읽는 동안 배경 음악과 목소리가 동시에 자동 재생되도록 설정 가능합니다.

☑ 북크리에이터에는 텍스트를 자동으로 읽어 주는 음성 변환 기능도 있지만, 학생들이 직접 자신의 목소리로 녹음하여 만들면 수업에 더욱 흥미를 갖고 몰입하게 됩니다.

국어

실감 나게 만드는 전래 동화 낭독극

캔바(Canva)

역할극은 상황에 알맞은 표정, 몸짓, 말투를 표현하는 방법을 배우기 좋은 활동입니다. 하지만 대부분의 학생들은 대사를 틀리지 않고 외워 말해야 한다는 부담감 때문에 정작 역할극의 목표를 놓치기 쉽습니다. 따라서 극본을 외우지 않는 낭독극을 진행하면 학생들이 '알맞은 표현하기'에 집중할 수 있습니다. 또한, 디지털 낭독극의 경우 재촬영이 쉬우므로 여러 번 시도하면서 목표에 도달할 수 있어 더욱 편리하고 효과적인 수업이 가능합니다.

'캔바(Canva)'는 하나의 플랫폼에서 장면 구성, 영상 촬영, 대사 삽입 등 다양한 기능이 가능한 도구입니다. 특히 '동영상 직접 녹화하기'를 활용하면 학생들이 이야기에 맞춰 표현한 행동들이 결과물에 생생하게 나타나기 때문에 교사는 학생들이 학습 목표에 잘 도달했는지도 쉽게 확인할 수 있습니다.

'실감 나게 만드는 전래 동화 낭독극' 수업에서는 학생들이 전래 동화를 읽고 표정, 몸짓, 말투를 어떻게 장면과 어울리게 표현할지 함께 탐색해 봅니다. 그다음 역할을 분담한 뒤, 각자 맡은 장면을 캔바로 꾸미면서 이야기 속 상황을 더욱 구체적으로 이해해 봅니다. 이후 각자 낭독하는 모습을 촬영하여 하나의 디지털 낭독극으로 엮어 냅니다. 마지막으로 완성된 디지털 낭독극을 함께 감상하며, 자신의 표현들이 얼마나 적절했는지 점검해 봅니다.

수업의 이모저모

- 관련 과목: 국어, 미술, 창체
- 학년: 3~4학년군
- 난이도: 상
- 수업 시간: 5차시 이상
- 준비물: 디지털 기기, 활동지

1. 다양한 표정·몸짓·말투 떠올려 보기

먼저 전래 동화책 한 권의 분량을 고려해 6~8명씩 한 모둠을 이루도록 구성합니다. 교사는 전래 동화의 한 장면이 적힌 활동지를 학생들에게 나눠 주고 읽어 보도록 안내합니다. 학생들은 각 상황에서 인물의 마음이 어떨지 떠올려 보고, 어떤 표정·몸짓·말투가 어울릴지 생각하여 활동지에 작성합니다. 모든 학생이 작성을 마치면 발표를 진행합니다. 이때, 가장 실감 나는 표정과 몸짓을 보여 준 학생의 모습을 촬영해 TV로 함께 보면, 학생들이 수업에 더욱 몰입하게 됩니다.

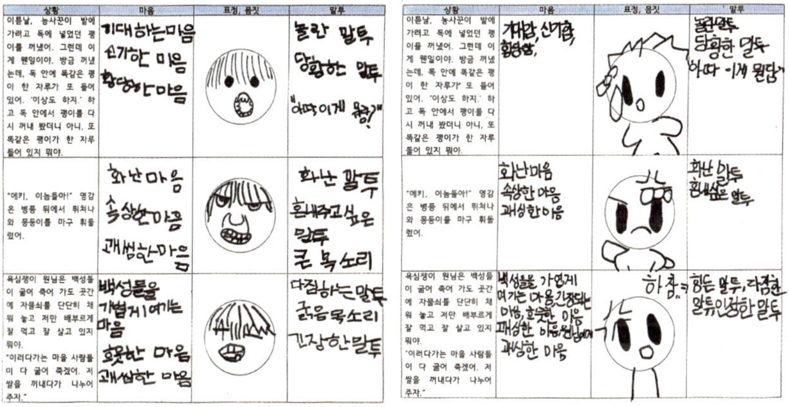

상황	마음	표정, 몸짓	말투
이튿날, 농사꾼이 밭에 가려고 독에 넣었던 괭이를 꺼냈어. 그런데 이게 웬일이야. 방금 꺼냈는데, 독 안에 똑같은 괭이 한 자루가 또 들어 있어. '이상도 하지.' 하고 독 안에서 괭이를 다시 꺼내 봤더니 아니, 또 똑같은 괭이가 한 자루 들어 있지 뭐야.	기대하는 마음 신기한 마음 황당한 마음		놀란 말투 당황한 말투 "어떻게 이게 뭐지?"
"에키, 이놈들아!" 영감은 병풍 뒤에서 튀쳐나와 몽둥이를 마구 휘둘렀어.	화난 마음 속상한 마음 괘씸한 마음		화난 말투 혼내주고 싶은 말투 큰 목소리
욕심쟁이 원님은 백성들이 굶어 죽어 가도 곳간에 자물쇠를 단단히 채워 놓고 저만 배부르게 잘 먹고 잘 살고 있지 뭐야. "이러다가는 마을 사람들이 다 굶어 죽겠어. 저 쌀을 꺼내다가 나누어 주자."	백성들을 가엽게 여기는 마음 흐뭇한 마음 괘씸한 마음		다짐하는 말투 굵은 목소리 긴장한 말투

상황	마음	표정, 몸짓	말투
이튿날, 농사꾼이 밭에 가려고 독에 넣었던 괭이를 꺼냈어. 그런데 이게 웬일이야. 방금 꺼냈는데, 독 안에 똑같은 괭이 한 자루가 또 들어 있어. '이상도 하지.' 하고 독 안에서 괭이를 다시 꺼내 봤더니 아니, 또 똑같은 괭이가 한 자루 들어 있지 뭐야.	기대감, 신기함, 황당함,		놀란 말투 당황한 말투 "어따 이게 뭔담"
"에키, 이놈들아!" 영감은 병풍 뒤에서 튀쳐나와 몽둥이를 마구 휘둘렀어.	화난 마음 속상한 마음 괘씸한 마음		화난 말투 혼내주고 싶은 말투
욕심쟁이 원님은 백성들이 굶어 죽어 가도 곳간에 자물쇠를 단단히 채워 놓고 저만 배부르게 잘 먹고 잘 살고 있지 뭐야. "이러다가는 마을 사람들이 다 굶어 죽겠어. 저 쌀을 꺼내다가 나누어 주자."	백성들을 가엽게 여기는 마음 긴장되는 마음, 흐뭇한 마음, 괘씸한 마음, 원님에게 괘씸한 마음	하참	힘든 말투, 다짐한 말투, 긴장한 말투

상황에 어울리는 표정 · 몸짓 · 말투

2. 전래 동화 읽고 내용 확인하기

각 모둠은 낭독극을 만들 전래 동화를 하나씩 선택합니다. 교사는 각 모둠이 선택한 전래 동화에 따라 해당 활동지를 모둠원 수에 맞게 배부하고, 모둠원이 함께 참고할 수 있도록 전래 동화책을 모둠 책상 중앙에 놓아둡니다. 학생들은 활동지에 실린 전래 동화를 묵독하며 내용을 파악합니다. 다 읽은 후에는 활동지의 '내용 확인하기' 문제를 스스로 해결해 보고, 모둠원과도 작성한 내용을 함께 이야기 나눠 봅니다. 이때 교사는 학생들이 내용을 올바르게 이해하고 있는지 점검하고, 낯선 어휘에 대한 추가 설명을 제공합니다.

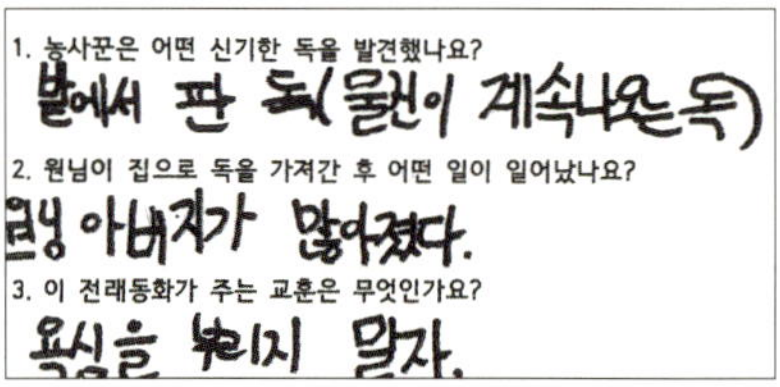

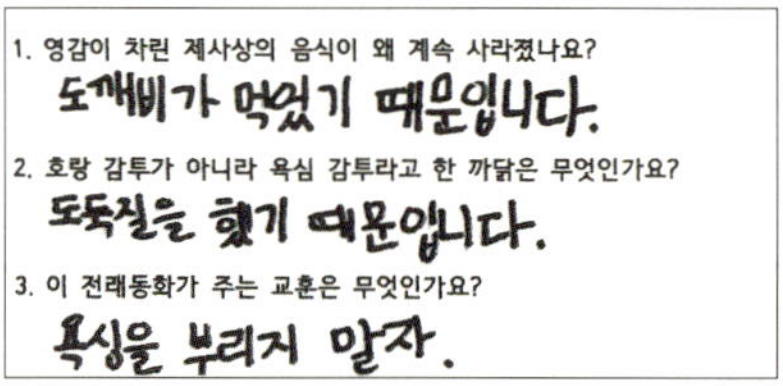

전래 동화 내용 확인하기

3. 상황에 어울리는 표현으로 극본 완성하기

학생들은 모둠끼리 논의하여 각자 맡을 장면을 정합니다. 전래 동화는 해설이 많은 구조이므로 역할을 나누기보다는 대사의 양을 고려해 낭독할 부분을 정하는 방식이 효과적입니다. 그다음 모둠원들이 함께 전체 극본을 읽으며 어떤 표정·몸짓·말투로 실감 나게 낭독할지 의논합니다. 학생들은 활동지에 제시된 '(　　)한 표정/몸짓/말투로' 부분을 채워 가며 장면마다 어울리는 표현을 구체화해 나갑니다. 수업 시간이 부족하거나 활동 속도가 느린 모둠의 경우, 각자 자신이 맡은 부분만 집중해서 고민하게 해도 좋습니다. 활동지를 다 작성했다면, 학생들은 완성한 극본을 바탕으로 실제로 낭독하며 표정·몸짓·말투를 자연스럽게 표현하는 연습을 해 봅니다.

	(신기)한 표정/몸짓/말투로	이게 모두 도깨비들 장난인 줄은 꿈에도 몰랐지. 이 집이 제사 음식을 많이 차린다는 것을 알고 제삿날만 되면 우르르 몰려와서 실컷 먹고 갔던 거야. 그런데 이놈 도깨비들이 보이지 않았던 건 호랑 감투를 썼기 때문이지. 호랑이 눈썹과 수염으로 만들었다는 이 감투를 쓰면 신기하게도 사람 눈에 안 보이거든.
	(다정)한 표정/몸짓/말투로	그런 까닭을 알 리가 없는 영감이지만 곰곰이 생각해 보니 아무래도 이상해. '조상님은 냄새만 잡수신다는데 설마 차린 음식을 체면도 안 차리고 몽땅 드시고 갈까? 이건 귀신 장난이 틀림없어.' 그래서 이번 제사에는 상을 차려 놓고 병풍 뒤에 숨어서 지켜보기로 했지

	(이상)한 표정/몸짓/말투로	이튿날, 농사꾼이 밭에 가려고 독에 넣었던 괭이를 꺼냈어. 그런데 이게 웬일이야. 방금 꺼냈는데, 독 안에 똑같은 괭이 한 자루가 또 들어 있어. '이상도 하지.' 하고 독 안에서 괭이를 다시 꺼내 봤더니 아니, 또 똑같은 괭이가 한 자루 들어 있지 뭐야.
	(어리둥절)한 표정/몸짓/말투로	'거참 신기한 독이로군.' 농사꾼은 어떻게 되나 싶어서 엽전 한 닢을 독 안에 넣었다가 꺼내 봤어. 그랬더니 독 안에 엽전 한 닢이 또 들어 있는 거야. 그걸 꺼내고 보니 또 한 닢이 있겠지. '야, 이거 큰 보물을 얻었구나!' 농사꾼은 좋아서 어쩔 줄을 몰라.

극본 완성하기

4. 장면 꾸미기

수업 전 학생들은 교사가 준비한 캔바 템플릿에 접속합니다. 캔바 템플릿 링크는 QR코드로 인쇄해 배부하거나, 패들렛 또는 구글 클래스룸 등으로 공유할 수 있습니다. 이때, 캔바 템플릿은 '공유'-'링크가 있는 모든 사용자'-'편집 가능'으로 설정해 모둠원 전체가 하나의 템플릿에 공동으로 작업할 수 있도록 합니다. 학생들은 좌측 메뉴바 상단의 '요소'를 클릭하여 자신이 맡은 장면의 내용과 어울리는 이미지를 자유롭게 삽입해 꾸밉니다.

5. 전래 동화 낭독극 촬영하기

먼저 모둠 내에서 촬영을 이끌 감독을 1명 정합니다. 감독은 촬영 시작 시 손가락으로 '3, 2, 1, 0'을 표시하여 타이밍을 알려 주고, 모든 영상이

동일한 배경과 거리에서 촬영될 수 있도록 디지털 기기를 안정적으로 조정해 촬영하는 역할을 담당합니다. 이때, 기기는 학생의 표정과 간단한 몸짓이 잘 담길 수 있는 거리로 맞춘 뒤 고정합니다.

촬영을 하기 위해 먼저 캔바 좌측 메뉴바 하단의 '업로드 항목'에서 '직접 녹화하기'를 클릭합니다. 권한 요청 알림창이 뜨면 '사이트에 있

전래 동화 낭독극 제작 방법

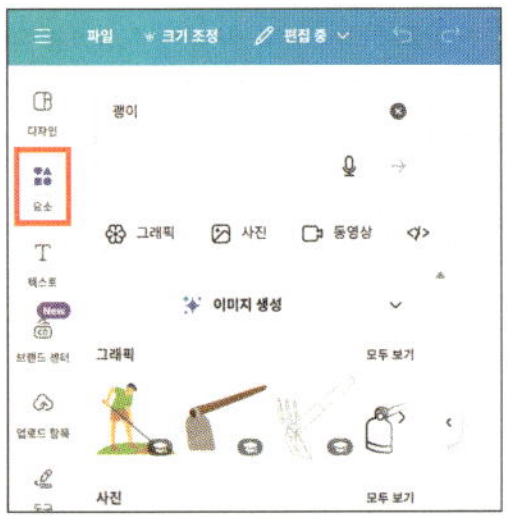

① '요소' 클릭해 이미지 삽입

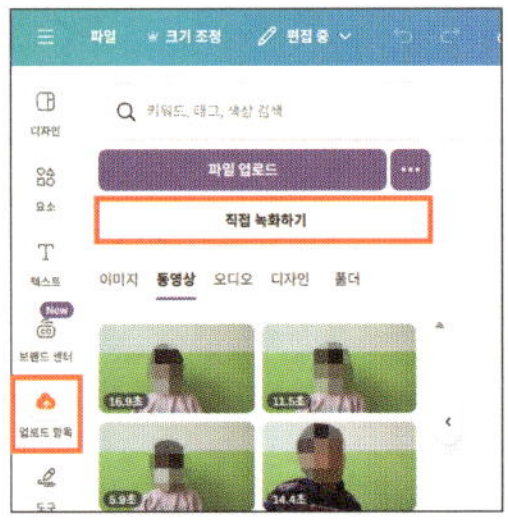

② '업로드 항목'-'직접 녹화하기' 클릭

③ '사이트에 있는 동안 허용' 또는 '이번에만 허용' 클릭

④ '카메라'로 설정 후 '녹화' 클릭

⑤ 낭독이 끝나면 '녹화' 자리에 생긴 '완료' 클릭

⑥ '저장 및 종료' 클릭

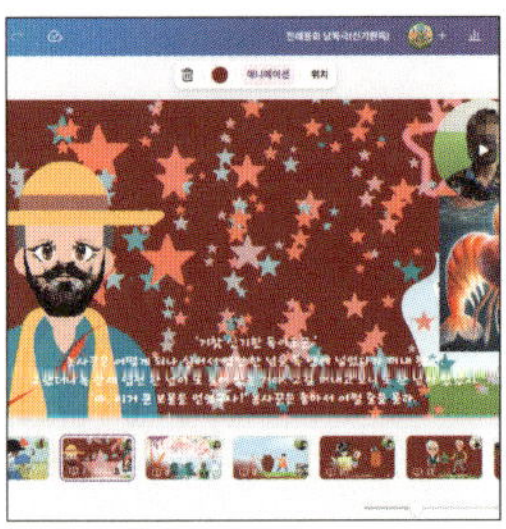

⑦ 삽입된 영상을 우측 상단으로 드래그해 이동

는 동안 허용' 또는 '이번에만 허용'을 클릭합니다. 우측 메뉴에서 '카메라'로 설정한 후, 화면 가운데 '녹화'를 클릭합니다. 이때 화면에 '3, 2, 1'이라고 숫자가 뜨고, 초읽기가 끝난 시점에 맞춰 촬영이 시작됩니다.

낭독이 끝나면 '녹화' 자리에 생긴 '완료'를 클릭하여 촬영을 종료한 다음, 우측 상단의 '저장 및 종료'를 클릭해 촬영한 영상을 저장합니다. 저장된 영상은 해당 페이지에 자동으로 삽입되어 나타납니다. 꾸민 장면을 가리지 않도록 페이지에 삽입된 영상을 우측 상단으로 드래그하여 이동시킵니다.

6. 전래 동화 낭독극 감상하며 평가하기

각 모둠의 완성된 전래 동화 낭독극을 함께 감상한 뒤 자기 평가 활동을 진행합니다. 학생들은 낭독을 연습하며 느낀 점, 친구의 표현 중 인상적인 부분, 다음에 더 잘하고 싶은 표현 등을 발표하며 자신의 표현력과 참여 과정을 점검해 봅니다. 이때, 교사는 "표정을 가장 잘 살린 장면은 어디였나요?", "어떤 말투가 표현하기 어려웠나요?" 등 자기 평가를 돕는 질문을 제시합니다. 서로의 작품을 흥미롭게 감상하고 칭찬을 주고받으면서, 학생들은 표현에 대한 자신감과 성취감을 키울 수 있습니다.

학생 결과물

수업 tip

- ☑ 학생들에게 익숙한 전래 동화를 활용하면 이미 내용을 알고 있으므로 학생들이 표정이나 말투를 잘 살려서 더욱 풍부하게 표현을 할 수 있습니다.
- ☑ 표정·몸짓·말투를 연습할 때 거울이나 디지털 기기의 셀프 카메라 모드를 활용하면 도움이 됩니다.

감각적 표현을 생생하게 살린 시화

캔바(Canva)

감각적 표현이란 시각, 청각, 후각, 촉각, 미각을 활용해 다양한 경험을 생생하게 표현하는 것입니다. 초등학교 3학년 학생들에게 이런 의미는 추상적이기 때문에 낯설고 어렵게 느껴질 것입니다. 따라서 교사는 학생들이 쉽게 이해할 수 있도록 감각적 표현을 직간접적으로 경험하게 해 주어야 합니다.

'캔바(Canva)'는 다양한 시각적, 청각적 요소를 제공하여 학생들이 감각적 표현을 자연스럽게 체험하는 데 큰 도움이 됩니다. 특히 캔바로 시화를 제작하면 생동감 넘치는 시각적 이미지와 배경 음악을 손쉽게 삽입할 수 있어, 일차원적인 그림보다 시의 분위기나 감정을 다채롭고 풍부하게 표현하기 좋습니다.

'감각적 표현을 생생하게 살린 시화' 수업에서는 학생들이 시 속에 어떠한 감각적 표현이 있는지 찾아보고 시의 전체적인 분위기를 상상해 봅니다. 그다음 친구들에게 전달하고 싶은 시의 느낌을 떠올리며 캔바의 시각적, 청각적 요소를 활용해 시화를 제작합니다. 시화를 완성한 후엔 자신이 만든 시화를 친구들에게 보여 주며 낭송합니다. 이를 통해 학생들은 시 속 감각적 표현을 더욱 생생하게 느낄 수 있습니다.

수업의 이모저모

- 관련 과목: 국어
- 학년 학기: 3학년 1학기
- 난이도: 중
- 수업 시간: 2차시
- 준비물: 디지털 기기, 디지털 기기용 펜, 활동지

1. 시 속에서 감각적 표현 찾기

교사가 학생들에게 감각적 표현이 풍부한 여러 개의 시를 주면, 학생들은 친구들 앞에서 낭송하고 싶은 시를 한 편 고릅니다. 학생들은 활동지에 자신이 고른 시를 적은 후, 그 안에 들어 있는 감각적 표현을 찾아 밑줄을 긋습니다. 그다음 감각적 표현마다 어울리는 이미지가 무엇일지 생각해 보고 활동지에 작성합니다.

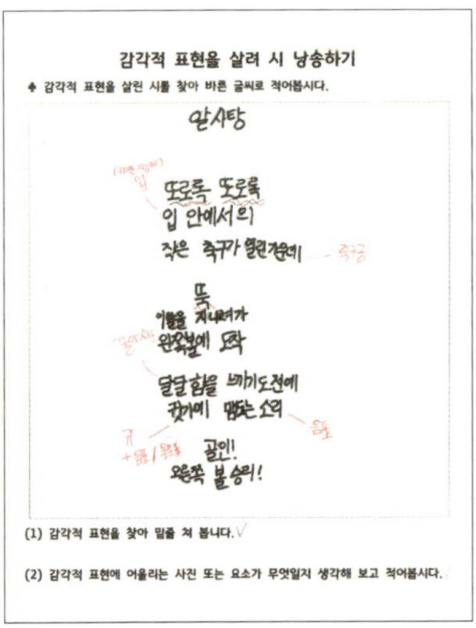

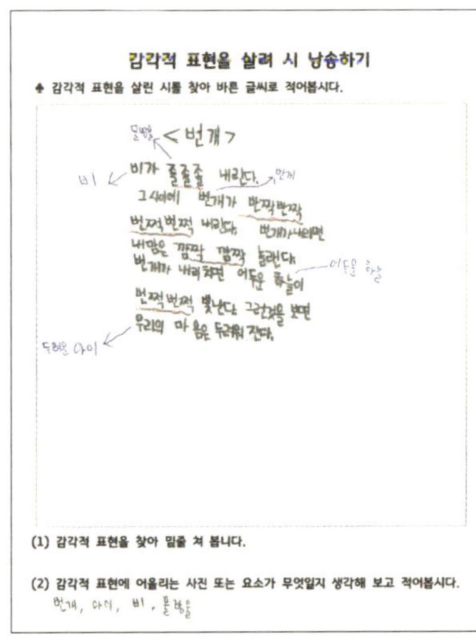

시 속에서 감각적 표현 찾기

이어서 시의 분위기를 떠올리며 시와 어울리는 음악을 생각해 봅니다. 학생들은 '따뜻한', '밝은', '무서운' 등과 같은 분위기를 나타내는 낱말을 사용하여 시에 어울리는 음악과, 그렇게 생각한 이유를 활동지에 적습니다. 캔바에서 음악을 검색할 때 활동지에 작성한 문장을 활용하면 원하는 음악을 쉽게 찾을 수 있습니다.

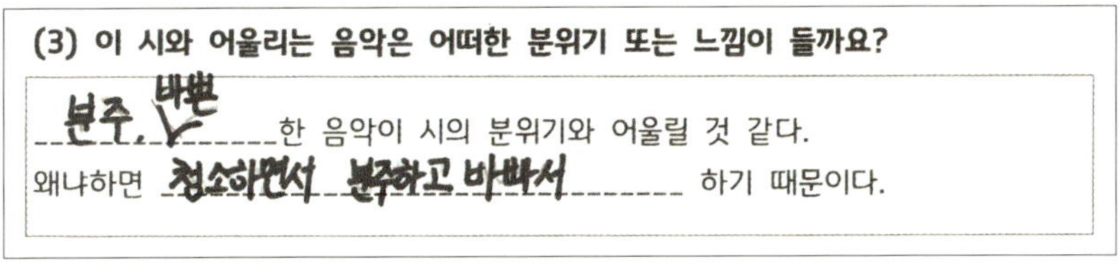

(3) 이 시와 어울리는 음악은 어떠한 분위기 또는 느낌이 들까요?

분주, 바쁜 한 음악이 시의 분위기와 어울릴 것 같다.
왜냐하면 청소하면서 분주하고 바빠서 하기 때문이다.

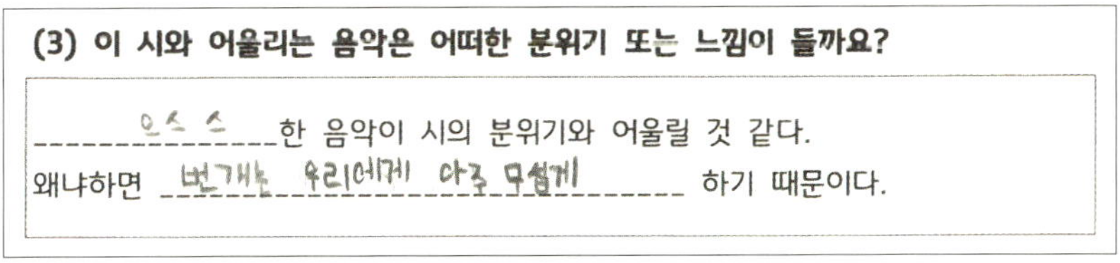

(3) 이 시와 어울리는 음악은 어떠한 분위기 또는 느낌이 들까요?

으스스 한 음악이 시의 분위기와 어울릴 것 같다.
왜냐하면 번개는 우리에게 아주 무섭게 하기 때문이다.

시와 어울리는 음악 선정하기

2. 캔바에 낭송할 시 쓰기

이제 학생들은 캔바 사이트에 접속하여 시와 어울리는 요소들을 찾아 시화를 만들어 봅니다. 캔바 홈 화면 상단의 '만들기'를 클릭하면 다양한 템플릿 목록이 나타납니다. 이 중에서 '포스터(세로형 A2)'를 선택하면 새 포스터 디자인 캔버스가 열립니다.

새로운 디자인 생성 방법

① '만들기' 클릭

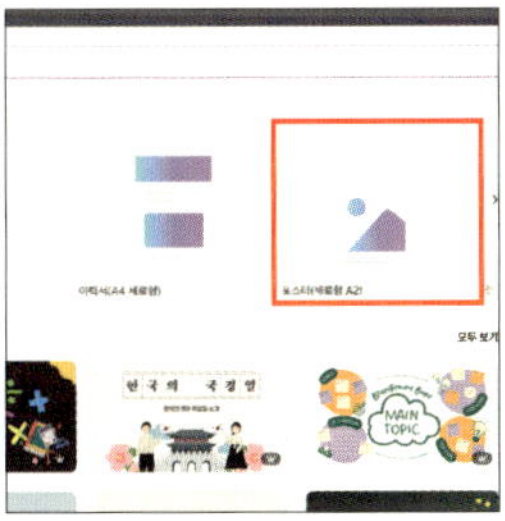

② '포스터(세로형 A2)' 클릭

③ 새로운 디자인 생성

학생들은 [활동 1]에서 자신이 선택한 시를 캔바 도구 중 '펜'을 이용하여 직접 적어 봅니다. 이때 가장 중요한 것은 발표 시 다른 사람이 글자를 읽을 수 있도록 또박또박 쓰는 것입니다. 교사는 학생들에게 이를 강조하면서 펜의 색상 변경, 굵기 조절, 지우개 사용 방법을 안내합니다. 펜과 지우개 기능은 디자인 편집 화면의 사이드 바에서 '도구'를 클릭하고 펜 아이콘과 지우개 아이콘을 각각 선택하여 사용할 수 있습니다.

펜과 지우개 사용 방법

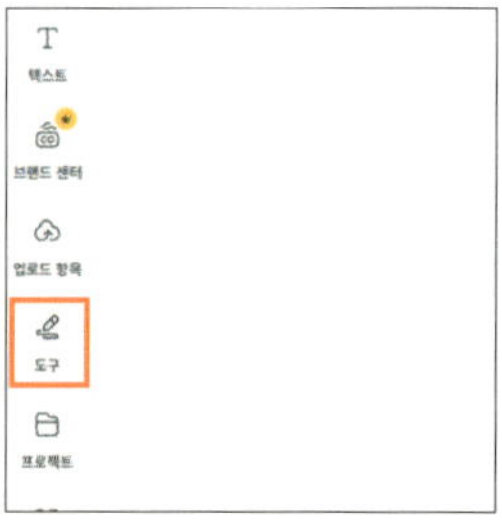

① '도구' 클릭

② '펜' 아이콘 클릭

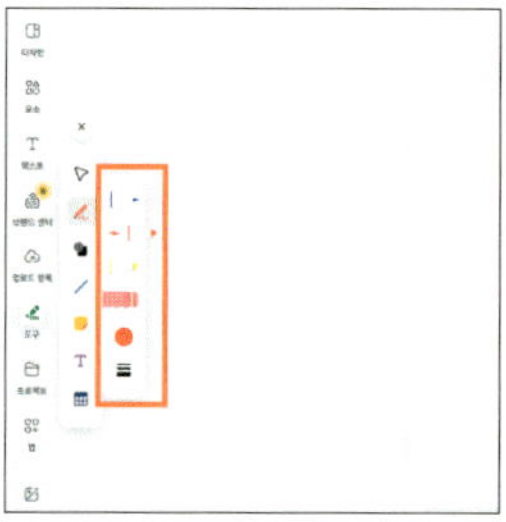

③ 펜의 색상 및 굵기 설정, 지우개 사용 시 '지우개' 아이콘 클릭

시를 작성한 후 바로 요소를 사용해 꾸미면 글이 계속 움직이거나 잘못 눌러져 삭제되기도 합니다. 따라서 교사는 요소가 제멋대로 움직이거나 삭제되지 않도록 고정해 주는 '잠금' 기능을 안내합니다. '잠금' 기능을 사용하려면, 먼저 고정하고 싶은 요소를 선택한 후 마우스 오른쪽 버튼을 클릭합니다. 요소 상단에 나타나는 메뉴에서 자물쇠 아이콘을 한 번 클릭합니다. 그러면 교사는 해당 요소를 계속 편집할 수 있지만, 학생들은 더 이상 수정할 수 없는 '부분 잠금 상태'가 됩니다. 만약 교사

를 포함한 모든 학생이 해당 요소를 수정할 수 없는 '완전 잠금 상태'를 만들려면 자물쇠 아이콘을 두 번 클릭합니다. 교사는 학생들이 완전 잠금 기능을 사용하도록 안내합니다.

잠금 기능 사용 방법

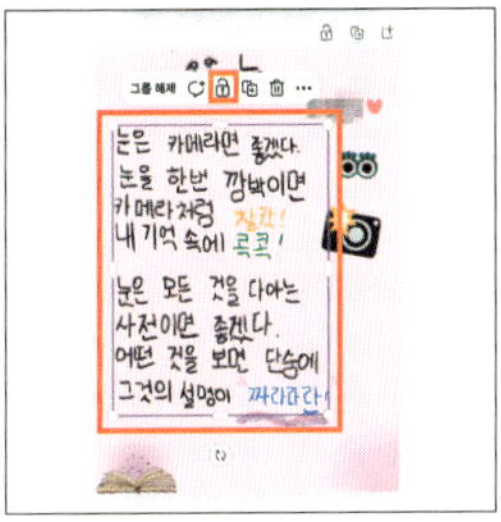

① 잠금 기능을 사용할 요소 선택 후 우클릭

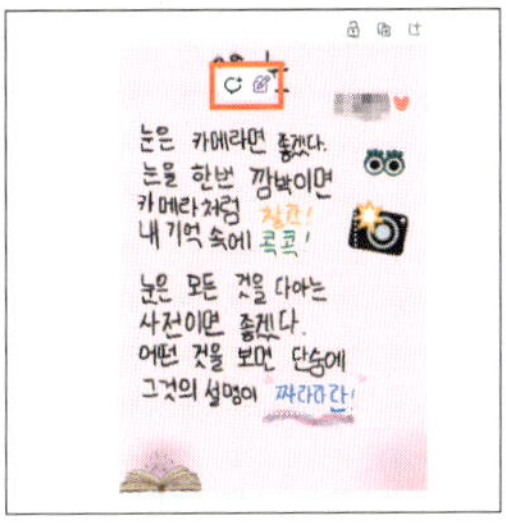

② '자물쇠' 아이콘 한 번 클릭

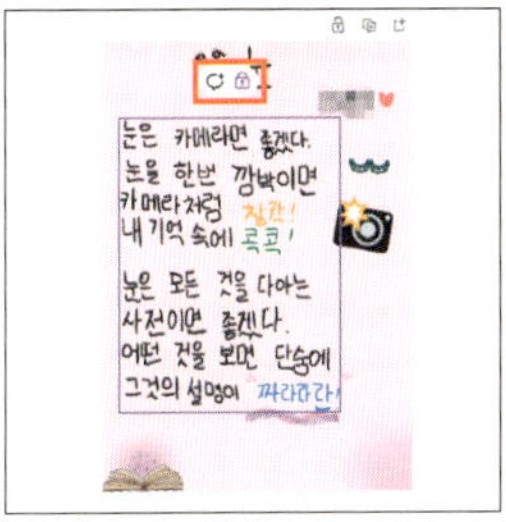

③ '자물쇠' 아이콘 두 번 클릭

3. 감각적 표현에 어울리는 요소 넣기

먼저 학생들은 시 속 감각적 표현에 밑줄을 그어 봅니다. 밑줄 친 표현에 어울리는 시각적 요소를 찾아보고 해당 표현 가까이에 배치합니다. 예를 들어, '흔들흔들'이라는 감각적 표현에 어울리도록 바람에 나무가 흔들리는 사진을 선택하여 '흔들흔들' 단어 옆에 넣습니다.

캔바 디자인 화면의 왼쪽 사이드바에서 '요소' 탭을 클릭해 요소 패널을 엽니다. 그 안에서 사진, 그래픽, 동영상 등 필요한 유형을 선택하고, 검색창에 검색어를 입력하여 자신이 원하는 요소를 찾아봅니다. 검색 결과 중 마음에 드는 요소를 클릭하면 자동으로 캔버스에 삽입됩니다.

요소 검색 및 활용 방법

① '요소' 클릭

② 요소의 유형 선택

③ 검색어 입력 후 원하는 요소 클릭

학생들은 다시 왼쪽 사이드바에서 '요소' 탭을 연 뒤 하위 메뉴 중 '오디오'를 선택합니다. 그다음 검색창에 원하는 키워드를 입력해 필요한 오디오를 찾아봅니다. 오디오를 검색한 후, 앨범 표지를 누르면 어떤 곡인지 미리 들어 볼 수 있습니다. 다양한 오디오를 비교해 보고, 시의 전체적인 분위기와 어울리는 오디오를 선택하여 삽입합니다. 선택한 오디오는 페이지 하단의 재생 타임라인에 삽입되어 편집이 가능한 상태가 됩니다.

오디오 삽입 방법

① '요소'-'오디오' 클릭

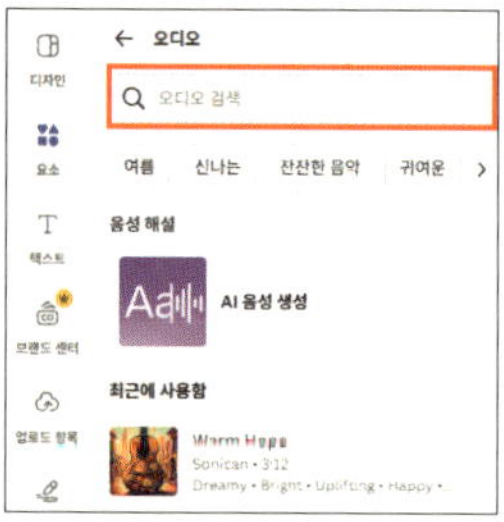

② 원하는 오디오 검색

③ 삽입하고 싶은 오디오 선택

교사는 학생들에게 오디오를 삭제하는 방법도 알려 줍니다. 오디오를 삭제하려면 먼저 하단의 페이지 리스트에서 오디오가 포함된 페이지를 선택해 활성화합니다. 그다음 추가된 오디오 트랙을 우클릭 한 뒤 '트랙 1개 삭제'를 클릭하면 오디오가 삭제됩니다.

오디오 삭제 방법

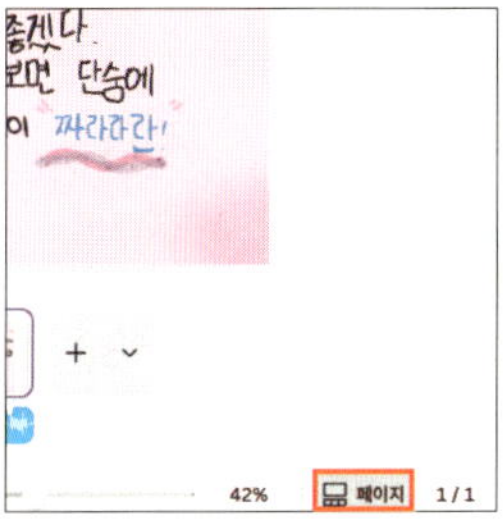

① '페이지' 클릭

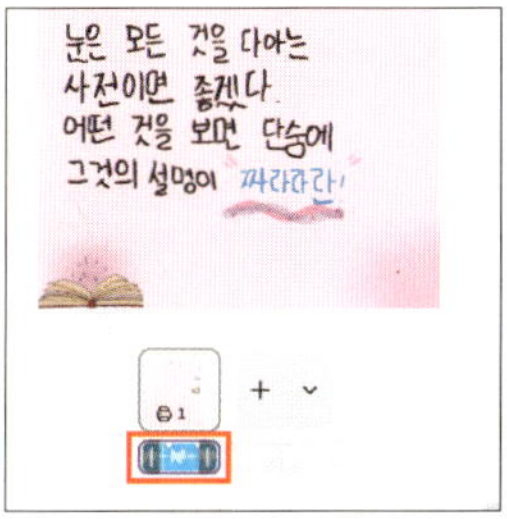

② 삽입된 오디오 클릭

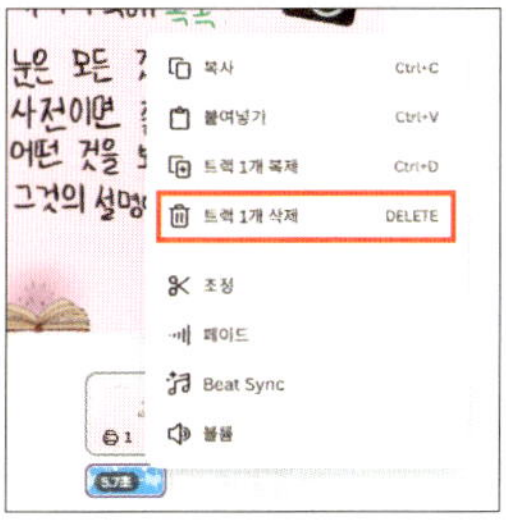

③ 우클릭 후 '트랙 1개 삭제' 클릭

4. 친구들 앞에서 시 낭송하기

모든 학생이 시를 다 완성했다면 시 낭송회를 해 봅니다. 학생들은 시를 완성한 후, '교사에게 보내기' 기능을 활용해 교사에게 완성한 시를 공유합니다. 시 낭송을 할 때, 교사는 학생이 제작한 시화를 TV 화면으로 보여 줍니다. 학생들은 낭송을 들으면서 시 속 감각적 표현이 무엇을 표현했고, 나에게 어떤 느낌으로 전달되는지 생각해 봅니다. 시 낭송회를 마친 후, 친구들의 작품 속에서 기억에 남는 감각적 표현이 무엇인지 이야기를 나누며 감상 활동을 마무리합니다.

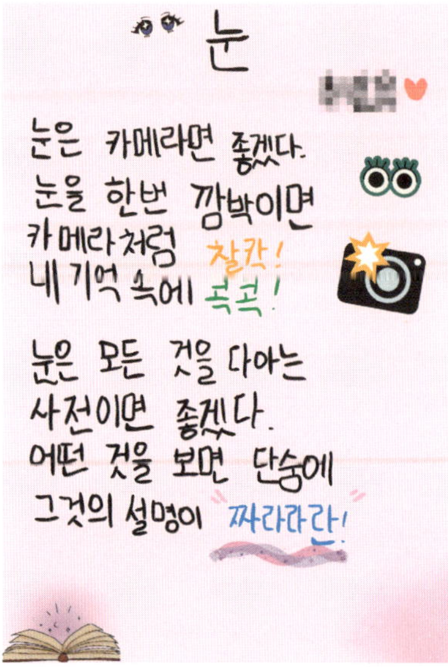

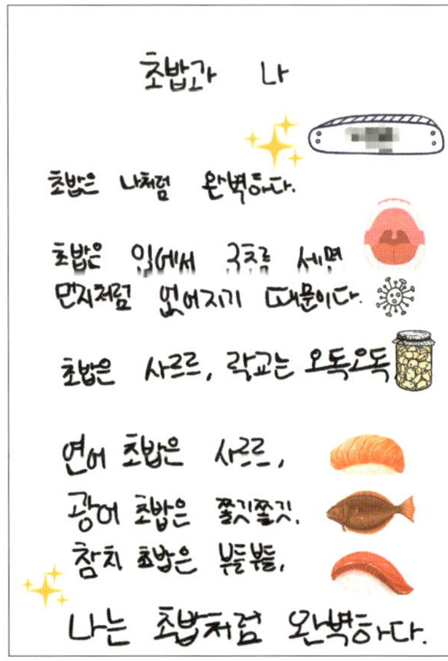

학생 결과물

수업 tip

☑ 교사가 캔바 교육용 계정을 만든 후, 학생들을 팀에 초대하면 학생들은 무료로 교육용 계정을 이용할 수 있습니다. 교육용 계정은 프리미엄 요소도 사용 가능하여 시화 제작 시 편리합니다. 또한, 교육용 계정에서만 '교사에게 보내기' 기능을 활용할 수 있습니다.

국어

함께 여행을 떠나는 우리 반 라이브 방송

캔바(Canva)

기행문은 여행 정보를 글로 표현하는 방식도 있지만, 시각적 및 청각적 요소를 담은 영상이나 오디오 콘텐츠와 결합된 방식도 있습니다. 이 방식의 경우, 글로 된 기행문보다 여행 정보를 좀 더 생생하게 전달하기 좋습니다.

'캔바(Canva)'를 활용하면 기행문을 '읽는 글'에서 '보여 주고 들려주는 글'로 확장할 수 있습니다. 캔바의 기능 중 하나인 '캔바 라이브'를 활용하면 실시간 라이브 방송 형태로 발표가 가능합니다. 이때 발표를 듣는 학생들은 실시간으로 댓글과 반응을 남길 수 있습니다.

'함께 여행을 떠나는 우리 반 라이브 방송' 수업은 기행문을 실시간 라이브 방송 형태로 발표하는 활동입니다. 발표자는 캔바로 기행문을 작성한 후 라이브 방송으로 발표하면서 여행지에서 느꼈던 감동을 생생하고 효과적으로 전달할 수 있습니다. 또한, 친구들의 댓글에 답변하면서 쌍방향 소통을 경험하는 기회도 생깁니다.

수업의 이모저모

- 관련 과목: 국어
- 학년 학기: 5학년 1학기
- 난이도: 하
- 수업 시간: 4차시 이상
- 준비물: 디지털 기기, 활동지

1. 기행문 작성 준비하기

먼저 교사는 학생들과 기행문의 3요소에 대해 알아보는 시간을 가집니다. 기행문 3요소에는 여정, 견문, 감상이 있습니다. 여정은 여행의 과정이나 일정, 견문은 여행하며 보거나 들은 내용, 감상은 여행하며 든 생각이나 느낌을 말합니다. 교사는 기행문 3요소와 특징을 칠판에 적어 간단히 안내합니다. 이어서 지난 차시 때 배웠던 내용을 복습하며 활동을 시작합니다.

학생들은 자신만의 글쓰기 방향을 설정합니다. 먼저, 활동지에 소개할 장소와 그 장소를 선택한 이유를 간단히 써 봅니다. 이어서 교사가 "이 기행문을 누가 읽으면 좋을까요?"라고 질문을 하면 학생들은 각자 예상 독자를 떠올립니다. 이때 교사는 독자를 설정하고 글을 쓰면 글의 어조나 강조점이 달라진다는 것을 안내합니다. 마지막으로 기행문을 작성하거나 발표할 때 필요한 자료가 무엇이 있을지 생각해 봅니다.

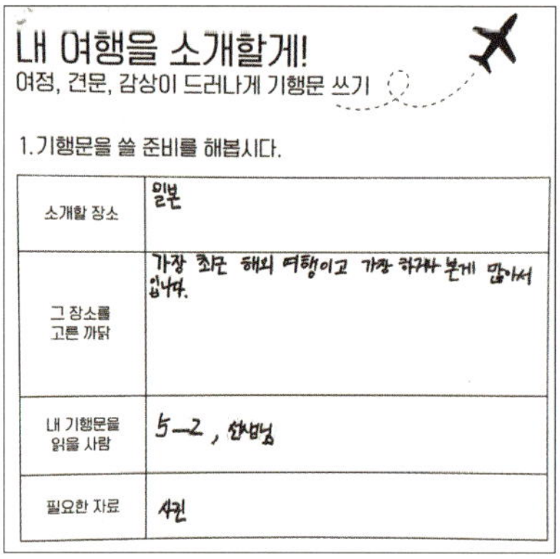
내 여행을 소개할게!
여정, 견문, 감상이 드러나게 기행문 쓰기

1.기행문을 쓸 준비를 해봅시다.

소개할 장소	일본
그 장소를 고른 까닭	가장 최근 해외 여행이고 가장 [illegible] 본게 많아서 입니다.
내 기행문을 읽을 사람	5-2, 선생님
필요한 자료	사진

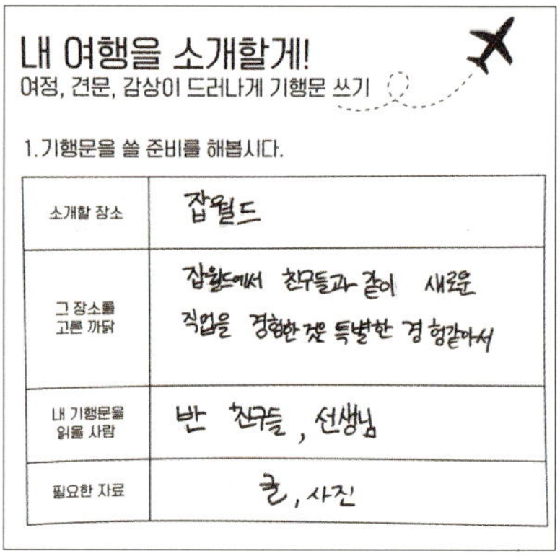
내 여행을 소개할게!
여정, 견문, 감상이 드러나게 기행문 쓰기

1.기행문을 쓸 준비를 해봅시다.

소개할 장소	잡월드
그 장소를 고른 까닭	잡월드에서 친구들과 같이 새로운 직업을 경험한 것은 특별한 경험같아서
내 기행문을 읽을 사람	반 친구들, 선생님
필요한 자료	글, 사진

기행문 작성 준비하기

그다음 학생들은 기행문의 구성 짜임에 따라 '처음-가운데-끝'의 구조로 개요를 짧게 작성합니다. 처음에는 여행한 목적, 여행 전 나의 마음가짐 등을 적어 봅니다.

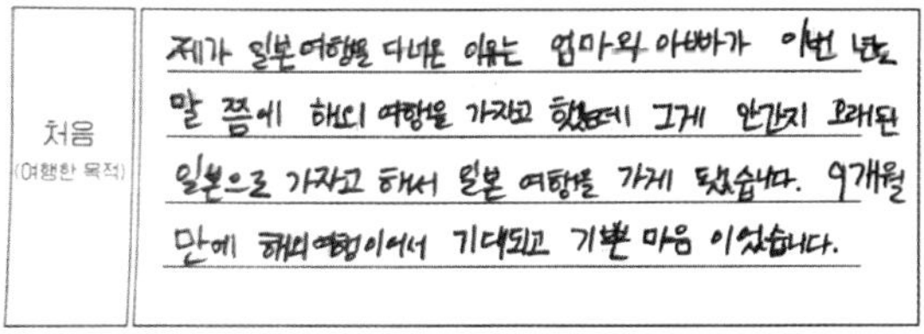

처음 (여행한 목적)	제가 일본 여행을 다녀온 이유는 엄마와 아빠가 이번 년도 말 쯤에 해외 여행을 가자고 했는데 그게 안 간지 오래된 일본으로 가자고 해서 일본 여행을 가게 되었습니다. 9개월 만에 해외여행이어서 기대되고 기쁜 마음 이었습니다.

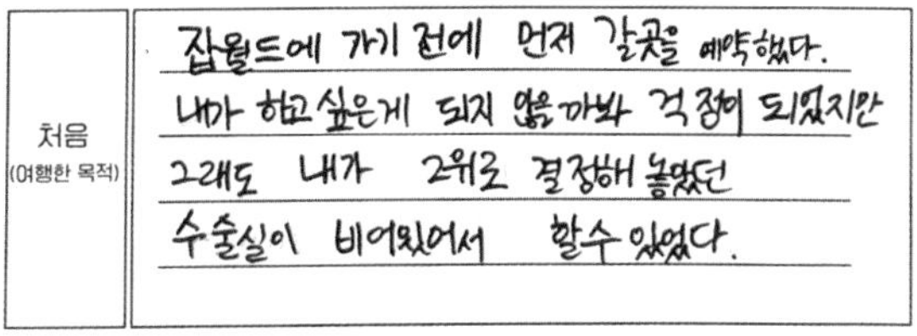

처음 (여행한 목적)	잡월드에 가기 전에 먼저 갈곳을 예약했다. 내가 하고싶은게 되지 않을까봐 걱정이 되었지만 그래도 내가 2위로 결정해 놓았던 수술실이 비어있어서 할수 있었다.

기행문 개요 – 처음

가운데에는 기행문의 3요소인 여정, 견문, 감상을 구분하여 작성합니다. 학생들은 자신이 여행한 장소를 시간 순서대로, 여행하며 보고 들은 것, 여행하면서 느낀 점을 간단하게 써 봅니다.

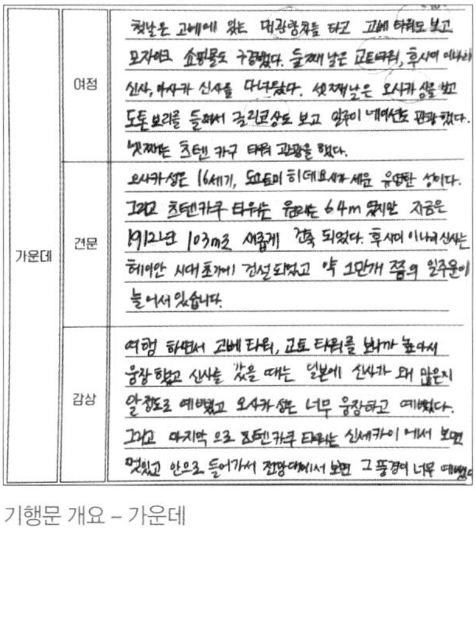

가운데		
	여정	첫날은 고베에 있는 대관람차를 타고 고베 타워도 보고 모자이크 쇼핑몰도 구경했다. 둘째 날은 교토타워, 후시미 이나리 신사, 야사카 신사를 다녀왔다. 셋째날은 오사카 성을 보고 도톤보리를 들러서 글리코상도 보고 일주이 네에서도 관광했다. 넷째에는 츠텐 카쿠 타워 관광을 했다.
	견문	오사카 성은 16세기, 도요토미 히데요시가 세운 유명한 성이다. 그리고 츠텐카쿠 타워는 원래는 64m 였지만 지금은 1912년 103m로 새롭게 건축 되었다. 후시미 이나리 신사는 헤이안 시대 초기에 건설되었고 약 1만개 쯤의 일주문이 늘어서 있습니다.
	감상	여행 하면서 고베 타워, 교토 타워를 보니까 높아서 웅장 했고 신사를 갔을 때는 일본에 신사가 왜 많은지 알 정도로 예뻤고 오사카 성은 너무 웅장하고 예뻤다. 그리고 마지막 으로 츠텐카쿠 타워는 신세카이 에서 보면 멋있고 안으로 들어가서 전망대에서 보면 그 풍경이 너무 예뻤다

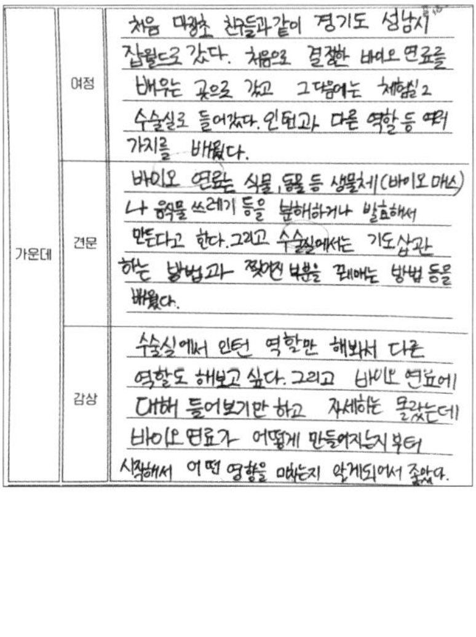

가운데		
	여정	처음 대광초 친구들과같이 경기도 성남시 잡월드로 갔다. 처음으로 결정한 바이오 연료를 배우는 곳으로 갔고 그 다음에는 체험실 2 수술실로 들어갔다. 인턴과 다른 역할 등 여러 가지를 배웠다.
	견문	바이오 연료는 식물, 동물 등 생물체(바이오 매스)나 음식물 쓰레기 등을 분해하거나 발효해서 만든다고 한다. 그리고 수술실에서는 기도삽관 하는 방법과 찢어진 부분을 꿰매는 방법 등을 배웠다.
	감상	수술실에서 인턴 역할만 해봐서 다른 역할도 해보고 싶다. 그리고 바이오 연료에 대해 들어보기만 하고 자세히는 몰랐는데 바이오 연료가 어떻게 만들어지는지 부터 시작해서 어떤 영향을 미치는지 알게되어서 좋았다.

기행문 개요 – 가운데

마지막으로 기행문의 끝에는 전체 감상과 더 알고 싶은 점 등을 작성합니다.

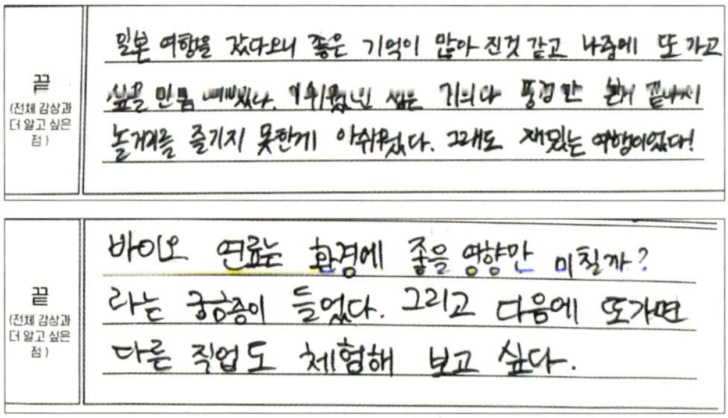

끝 (전체 감상과 더 알고 싶은 점)	일본 여행을 갔다오니 좋은 기억이 많아 진것 같고 나중에 또 가고 싶을 만큼 [illegible]었다. 아쉬웠던 점은 거의다 풍경만 보며 끝나서 놀거리를 즐기지 못한게 아쉬웠다. 그래도 재밌는 여행이었다!
끝 (전체 감상과 더 알고 싶은 점)	바이오 연료는 환경에 좋은 영향만 미칠까? 라는 궁금증이 들었다. 그리고 다음에 또가면 다른 직업도 체험해 보고 싶다.

기행문 개요 – 끝

2. 기행문 초안 작성하기

캔바에 바로 기행문을 작성하면 학생들이 캔바의 디자인 요소에만 집중하게 됩니다. 따라서 캔바를 활용해 기행문을 표현하기 전, 활동지에 직접 글을 작성합니다. 학생들은 앞서 작성한 개요를 바탕으로 문장을 구성하고, 자기 생각을 조리 있게 써 봅니다. 특히 여정, 견문, 감상이 잘 어우러지게 기행문을 완성하도록 합니다. 교사는 "감정이 잘 드러나나요?", "독자가 이 장면을 상상할 수 있을까요?", "표현이 구체적인가요?" 와 같은 질문을 통해, 기행문이 단순한 사실 나열이 아니라 생생한 묘사와 감상 중심의 글이 되도록 유도합니다.

3. 캔바로 기행문 표현하기

학생들은 활동지에 완성한 기행문 초안을 캔바로 옮겨 적고, 자신의 글을 시각적으로 구성하는 디자인 활동을 시작합니다. 교사는 캔바의 빈 템플릿의 슬라이드를 학생 수대로 미리 제작합니다. 엑세스 수준을 '링크가 있는 모든 사용자'가 '편집 가능'하도록 조정하고, 캔바 링크를 복사하여 학생들에게 공유합니다.

학생들은 전달받은 캔바 링크에 접속하고, 자기 번호에 해당하는 슬라이드에서 작업합니다. 학생들은 기행문을 그대로 옮긴 후, 자신의 글 내용에 어울리는 사진, 색감, 배경, 아이콘, 폰트 등을 골라 꾸밉니다. 예를 들어, 바닷가 여행을 소개한 글이라면 푸른색 톤의 배경과 파도 이미지를 사용해 글의 정서를 시각적으로 드러낼 수 있습니다.

캔바 편집 가능 링크 제작 방법

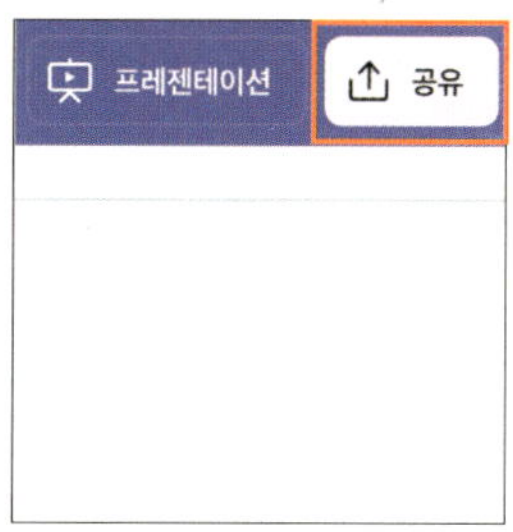

① '공유' 클릭

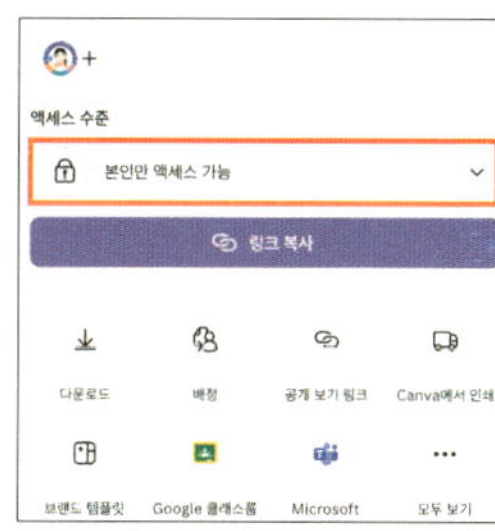

② '본인만 엑세스 가능' 클릭

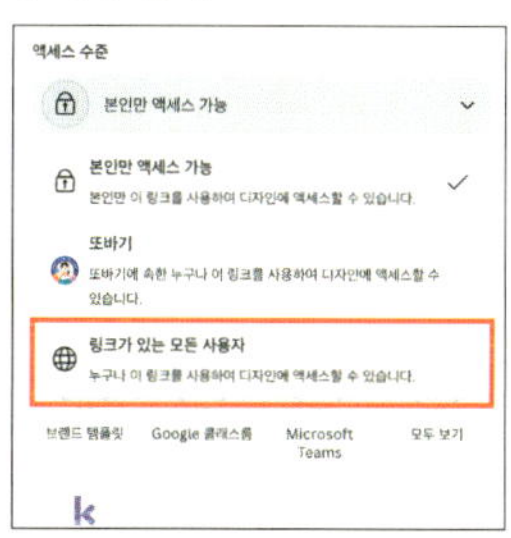

③ '링크가 있는 모든 사용자' 클릭

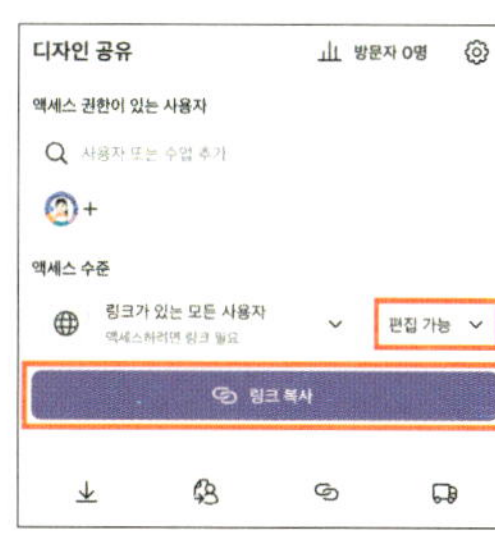

④ '편집 가능'인지 확인 후 '링크 복사' 클릭

4. 캔바 라이브 방송하기

마지막으로 캔바 라이브 기능을 활용해 학생들이 자신의 기행문을 발표하고, 실시간 피드백을 주고받는 활동을 진행합니다. 라이브 방송에 앞서 교사는 캔바 라이브 사용법과 라이브 방송 시 유의 사항을 안내합니다. 발표자가 라이브 방송으로 발표할 때 학생들은 경청하고, 댓글을 작성할 때는 좋은 점부터 작성하도록 합니다. 또한, 교사는 학생들에게 수업과 관련 없는 댓글을 작성하지 않도록 강조합니다.

학생들이 유의 사항을 숙지한 후, 교사는 프레젠테이션에서 하단의 'Canva 라이브를 통한 대화형 Q&A'를 클릭하여 라이브 방송 세션을 시작합니다. '새 세션 시작하기'를 클릭한 다음, 생성된 QR코드 또는 초대장 링크를 복사하여 학생들에게 공유합니다. 학생들이 라이브 방송에 접속하면 참여한 인원을 확인할 수 있습니다.

발표가 시작되면 발표자는 화면에 자신의 슬라이드를 띄우고, 기행문을 읽으며 각 장면에 얽힌 이야기나 디자인 요소에 대한 간단한 설명을 덧붙입니다. 친구들은 발표를 들으며 실시간으로 댓글을 달고 질문을 채팅창에 작성합니다. 학생들이 댓글을 보느라 발표자의 발표를 경청하지 않을 경우, 교사는 채팅창을 '숨기기' 할 수 있습니다. 발표가 끝난 후에는 발표자가 라이브 채팅 중 인상 깊었던 질문을 읽고 답변합니다.

캔바 라이브 방송 방법

① '공유' 클릭

② '프레젠테이션' 클릭

③ 보라색 '프레젠테이션' 클릭

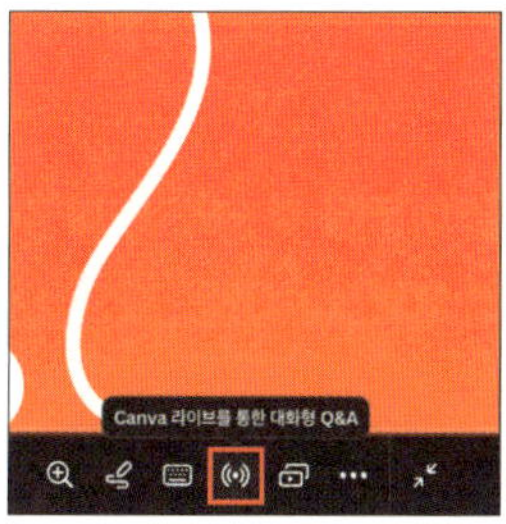

④ 'Canva 라이브를 통한 대화형 Q&A' 클릭

⑤ '새 세션 시작하기' 클릭

⑥ 학생들에게 QR코드 공유

⑦ 학생들에게 초대장 링크 공유

⑧ 발표 중에는 채팅창 '숨기기' 클릭

수업 tip

☑ 기행문을 캔바로 표현할 때 친구가 자신의 슬라이드를 수정하지 않도록 잠글 수 있습니다. 원하는 슬라이드 화면에서 우클릭 후, '1페이지 잠금'에서 '잠금'을 클릭하면 해당 슬라이드가 잠깁니다.

국어

인공 지능으로 만드는 나만의 미술 작품

어도비 파이어플라이(Adobe Firefly)

설명문을 쓸 땐 독자가 대상을 떠올릴 수 있도록 설명하고자 하는 대상을 구체적으로 서술해야 합니다. 그러나 대부분의 학생은 자신이 작성하는 설명문에 대한 동기가 부족해 쓰는 과정에서 흥미를 잃기 쉽습니다. 이때 교사가 학생들에게 설명문이 어떻게 활용될 수 있는지 구체적인 피드백을 제공해 주면 도움이 됩니다.

'어도비 파이어플라이(Adobe Firefly)'는 글쓴이가 작성한 설명문의 정확도에 따라 시각적 결과물이 달라지는 인공 지능 도구입니다. 이 도구를 통해 학생들은 설명문의 가치와 활용 방법을 이해하게 됩니다. 아울러, 설명문 쓰기에 대한 동기를 높이고 학습에 흥미를 불어넣는 효과를 기대할 수 있습니다.

'인공 지능으로 만드는 나만의 미술 작품' 수업에서는 학생들이 미래에 살고 싶은 집을 상상하여 국어 시간에 학습한 열거 구조에 따라 설명문을 작성합니다. 그다음, 어도비 파이어플라이가 생성한 이미지와 설명문에 작성한 집의 특징을 비교해 봅니다. 이 과정에서 학생들은 프롬프트 엔지니어링의 기본 개념을 익히며, 인공 지능 시대에 필수적인 사고력과 표현력을 함께 기르게 됩니다.

수업의 이모저모

- 관련 과목: 국어, 미술
- 학년 학기: 5학년 1학기
- 난이도: 상
- 수업 시간: 5차시 이상
- 준비물: 디지털 기기, 활동지

1. 내가 살고 싶은 집 상상하기

먼저 교사는 "여러분들이 미래에 살고 싶은 집의 외부 모습은 어떤가요?", "집에 어떤 물건을 두고 싶나요?" 등의 질문을 합니다. 학생들은 각자 미래에 살고 싶은 집을 자유롭게 상상하고, 그 모습을 글로 작성해 봅니다. 글을 쓸 때는 단순히 '멋진 집', '예쁜 집'과 같은 추상적인 표현이 아니라, 외부 모습, 내부 모습, 집에서 가능한 활동, 집 안에 두고 싶은 물건 등을 구체적으로 작성합니다.

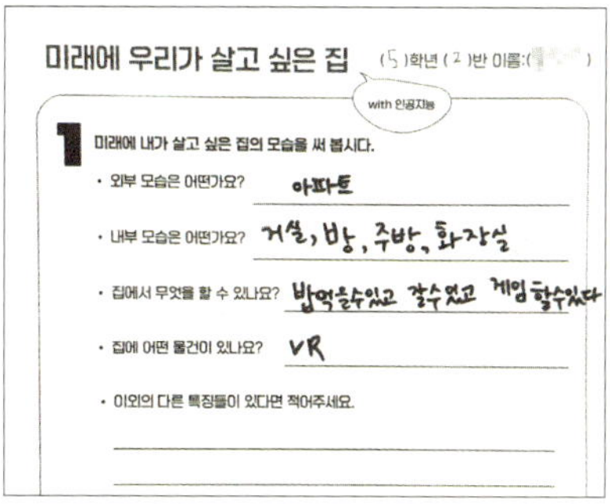

미래에 우리가 살고 싶은 집 (5)학년 (2)반 이름:( )

with 인공지능

1 미래에 내가 살고 싶은 집의 모습을 써 봅시다.

- 외부 모습은 어떤가요? 아파트
- 내부 모습은 어떤가요? 거실, 방, 주방, 화장실
- 집에서 무엇을 할 수 있나요? 밥먹을수있고 잘수있고 게임 할수있다
- 집에 어떤 물건이 있나요? VR
- 이외의 다른 특징들이 있다면 적어주세요.

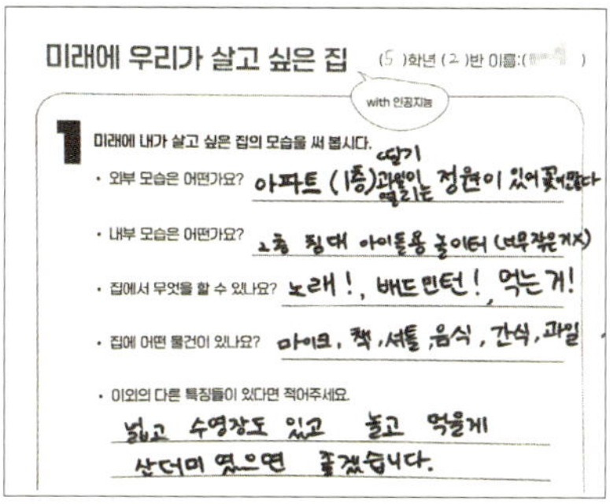

미래에 우리가 살고 싶은 집 (5)학년 (2)반 이름:( )

with 인공지능

1 미래에 내가 살고 싶은 집의 모습을 써 봅시다.

- 외부 모습은 어떤가요? 아파트 (1층) 딸기 과일이 열리는 정원이 있어 꽃이 많다
- 내부 모습은 어떤가요? 2층 침대 아이돌용 놀이터 (너무 작은거 X)
- 집에서 무엇을 할 수 있나요? 노래!, 배드민턴!, 먹는거!
- 집에 어떤 물건이 있나요? 마이크, 책, 셔틀, 음식, 간식, 과일
- 이외의 다른 특징들이 있다면 적어주세요.

넓고 수영장도 있고 놀고 먹을게 산더미 였으면 좋겠습니다.

미래에 내가 살고 싶은 집 작성하기

2. 우리가 살고 싶은 집 상상하기

각자 자신이 살고 싶은 집을 상상한 후, 모둠을 나눠서 각 모둠원들과 아이디어를 공유하며 '미래에 우리가 살고 싶은 집'의 모습을 이야기해 봅니다. 이때 학생들은 다양한 상상을 서로 조율하고 통합하는 과정을 거쳐야 합니다. 누구는 숲속의 집을 원하고, 누구는 정원이 있는 주택을 원할 수 있으므로, 양보와 설득을 통해 '우리 모둠이 바라는 미래의 공통된 집'을 함께 만들어 봅니다.

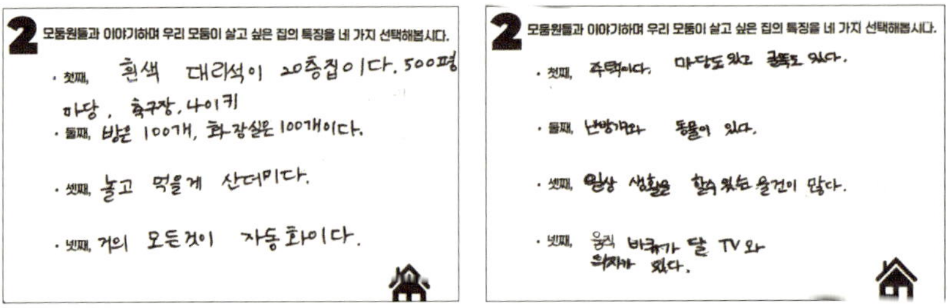

미래에 우리가 살고 싶은 집 작성하기

3. 인공 지능에 보낼 설명문 작성하기

학생들은 각자 모둠별로 정리한 내용을 바탕으로 인공 지능에 보낼 설명문을 작성합니다. 교사는 글을 쉽게 구성할 수 있도록 처음, 가운데, 끝에 들어갈 내용을 안내합니다. 처음에는 설명할 대상에 대한 간단한 소개를 써 봅니다. 예를 들어, "지금부터 미래에 우리 모둠이 살고 싶은 집의 특징을 설명할 것입니다. 특징은 다음과 같습니다."라고 설명할 수 있습니다. 가운데에는 우리 모둠이 살고 싶은 집의 특징을 열거 구조로 작성합니다. 이때 '첫째, 둘째, 셋째'의 구조를 활용하여 집의 특징을 구체적으로 정리합니다. 끝은 "위와 같은 특징을 가진 집으로 그려 주세요."라는 문장으로 작성하여 마무리합니다.

교사는 클래스보드의 '설명문(개인)' 섹션을 미리 만들어 두고, 학생들에게 작성한 설명문을 올리도록 안내합니다. 이때 교사는 "인공 지능이 설명문을 보고 대상을 잘 떠올릴 수 있을까요?", "인공 지능이 우리 모둠이 상상하는 집의 외부 모습을 잘 표현할 수 있게 구체적으로 작성했나요?" 등의 질문을 합니다. 교사의 질문을 바탕으로 학생들은 자기 모둠원들의 개인 설명문 중 인공 지능이 가장 잘 이해할 거라고 판단되는 설명문에 '좋아요'를 누릅니다.

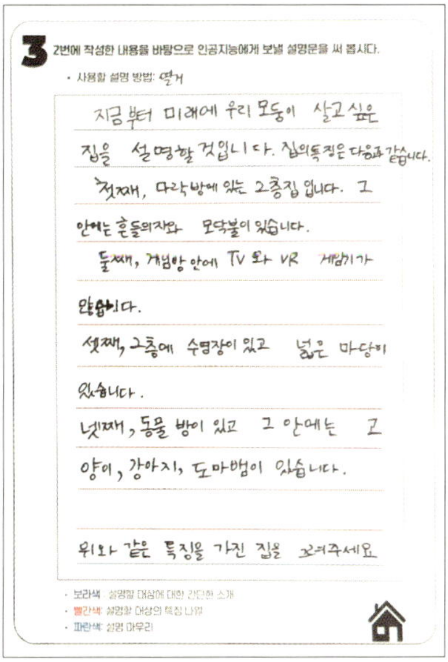

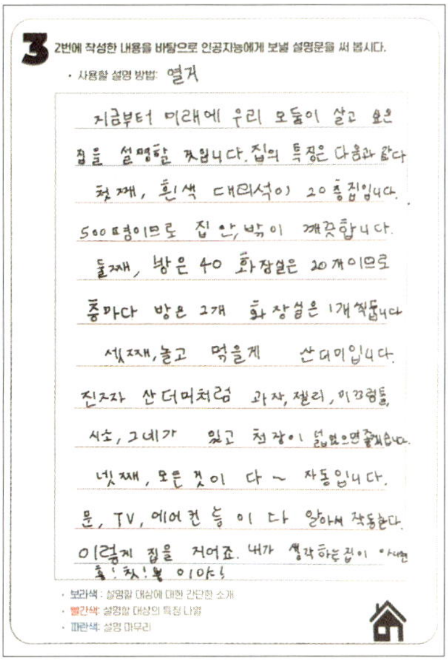

인공 지능에 보낼 설명문 작성하기

그다음, 학생들은 모둠별로 클래스보드의 '설명문(모둠)' 섹션에 들어가서 인공 지능에 입력할 최종 설명문 1개를 올립니다. 이때 '좋아요'를 가장 많이 받은 설명문을 모둠 최종 설명문으로 선택합니다. 또한, 모둠별 토의를 통해 인공 지능에 참조로 올릴 만한 사진을 1장씩 첨부합니다.

4. 인공 지능 이미지 생성하기

어도비 파이어플라이는 만 13세 미만은 직접 사용할 수 없으므로, 교사가 학생들이 모둠별로 올린 최종 설명문을 프롬프트로 입력해 이미지를 생성합니다. 교사는 어도비 파이어플라이에 접속해서 구글로 로그인한 후, '만들기'를 클릭합니다. 생성할 이미지에 대한 크기를 선택하고, 아래 프롬프트 작성 칸에 모둠별 최종 설명문을 입력합니다. 이때 교사가 프롬프트를 수정하거나 재해석하지 않고 학생들이 작성한 설명문 그대로 입력하도록 합니다. 설명이 구체적이고 논리적일수록 결과가 풍부하고 정교하게 나오며, 반대로 모호하거나 정보가 부족한 경우에는 단순하고 엉뚱한 이미지가 나올 수 있습니다. 교사는 이 과정에 따라 생성된 이미지 중 하나를 다운로드합니다. 이때 주의할 점은 어도비 파이어플라이 무료 버전은 생성 가능 횟수(크레딧)가 제한적이기 때문에, 처음 생성된 이미지를 그대로 저장하도록 합니다.

어도비 파이어플라이 이미지 생성 방법

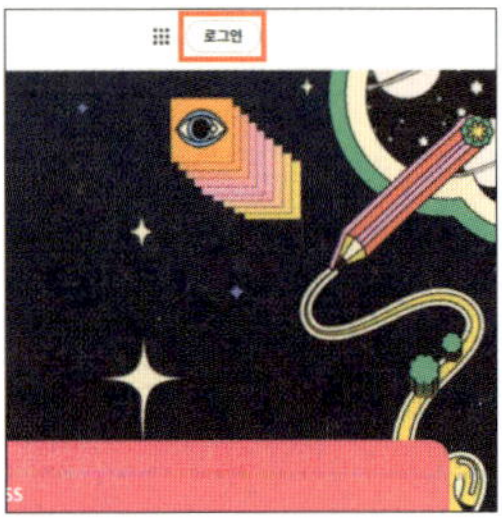

① '로그인' 클릭

② '구글로 로그인' 클릭

③ '만들기' 클릭

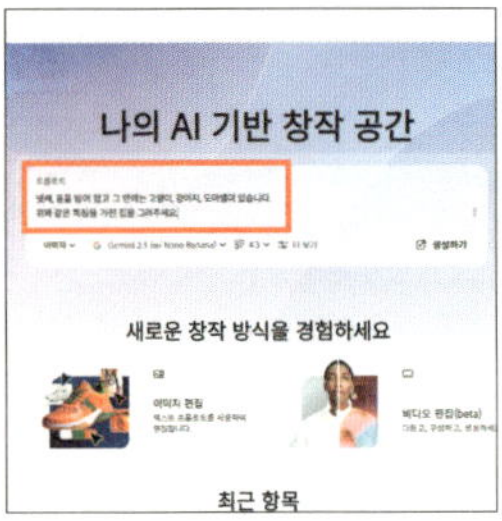

④ 프롬프트 작성

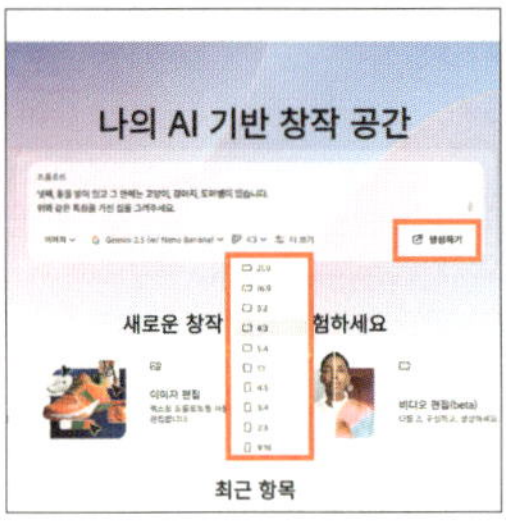

⑤ 사진 크기 선택 후 '생성하기' 클릭

⑥ 원하는 사진에 마우스를 가져간 후 '다운로드' 아이콘 클릭

5. 인공 지능과 대결하기

인공 지능이 이미지를 생성하는 동안, 학생들은 다른 모둠의 설명문을 읽고 집을 직접 그려 보는 활동을 합니다. 1모둠의 학생들은 2모둠의 설명문을 읽고 그림으로 그리고, 2모둠의 학생들은 3모둠의 설명문을 읽고 그리는 방식으로 진행합니다.

그다음 학생들은 그린 그림을 클래스보드의 '우리 vs 인공 지능' 섹션에 올립니다. 2모둠의 설명문을 읽고 그린 그림은 '2모둠' 칸의 '+'를 클릭하여 올립니다. 학생들은 업로드 후 해당 모둠의 설명문에 "이 부분이 부족해서 잘 이해되지 않았어요.", "이 표현이 아주 구체적이라 쉽게 그릴 수 있었어요." 등의 피드백 댓글을 남깁니다.

교사는 어도비 파이어플라이로 생성한 이미지를 클래스보드에 업로드합니다. 학생들은 다른 모둠원들이 그린 '미래에 우리가 살고 싶은 집' 그림과 인공 지능이 생성한 이미지를 나란히 비교하며 관찰합니다. 교사는 "인공 지능이 생성한 이미지와 다른 모둠원들이 그린 집은 어떤 차이가 있나요?"라고 질문을 던집니다. 학생들은 차이점을 말해 본 후, 자신이 작성한 설명문을 보며 인공 지능이 생성한 그림에서 잘 반영되었거나 누락된 특징을 찾아봅니다.

사람으로서 감각적으로 이해했던 부분을 인공 지능은 놓쳤을 수도 있고, 반대로 내가 미처 생각하지 못한 해석을 인공 지능이 만든 경우도 있습니다. 이 과정을 통해 학생들은 설명문을 얼마나 정확하게 썼느냐에 따라 달라지는 결과물을 확인할 수 있습니다.

학생 결과물

6. 인공 지능 그림 평가하기

학생들은 클래스보드의 '투표' 섹션에 들어갑니다. 각 모둠의 인공 지능 생성 이미지를 보고, '인공 지능이 나의 설명에 맞게 그림을 잘 그렸다'에 대해 OX로 투표합니다. 투표 후에는 왜 그렇게 생각했는지 이유와 함께 자신의 의견을 작성합니다.

투표 후, 수업 전체 활동을 돌아보며 자신이 어떤 생각을 했고 무엇을 배웠는지를 정리합니다. 교사는 "처음 썼던 설명문을 지금 다시 쓴다면 무엇을 바꾸고 싶은가요?", "내 문장이 이미지에 어떤 영향을 주었나요?" 등의 질문을 중심으로 학생들의 성찰을 유도합니다. 학생들은 자신의 생각을 정확히 설명할 수 있는 능력이 왜 중요한지, 그것이 기술과 연결될 때 얼마나 강력한 도구가 되는지를 경험으로 이해할 수 있습니다.

수업 tip

- ☑ 어도비 파이어플라이의 이미지 생성 가능 횟수가 초과되었을 경우, 이미지를 생성하는 다른 인공 지능 도구인 '미드저니'(유료 서비스)를 사용하거나 '캔바'의 'Magic Media' 기능을 사용할 수 있습니다.
- ☑ 클래스보드는 하나의 링크에 여러 개의 게시판을 생성할 수 있어, 차시별 수업에 여러 활동이 있는 경우 사용하기 편리합니다. 학생들은 로그인 없이 닉네임, 비밀번호만 입력하면 입장이 가능합니다.

국어

녹화 기능으로 만드는 어버이날 영상 편지

캔바(Canva)

대부분의 학생은 어버이날마다 부모님께 드릴 편지를 씁니다. 종이 편지는 손글씨로 진심을 표현할 수 있다는 장점이 있지만, 학생들의 표정과 목소리를 담을 수 없는 한계가 있습니다. 이때 에듀테크를 활용하여 영상 편지를 만들면 자신의 목소리, 표정, 눈빛과 같은 생생한 감정 요소를 담아내어 부모님께 더욱 깊은 감동을 전할 수 있습니다.

'캔바(Canva)'의 '프레젠테이션 및 녹화' 기능을 활용하면 어버이날 영상 편지를 쉽고 간편하게 제작할 수 있습니다. 또한, 영상 편지의 내용에 적합한 요소들로 자신만의 개성이 담긴 편지를 꾸미는 것도 가능합니다.

'녹화 기능으로 만드는 어버이날 영상 편지' 수업에서 학생들은 종이 편지에 쓴 내용을 영상 편지로 제작하고, 캔바 내에서 QR코드로 변환하여 부모님에게 전달합니다. 이 활동을 통해 학생들은 콘텐츠 제작 역량뿐 아니라 자신의 감정을 효과적으로 전달하는 방법을 익힐 수 있습니다.

수업의 이모저모

- 관련 과목: 국어, 창체
- 학년 학기: 5~6학년군 1학기
- 난이도: 중
- 수업 시간: 2차시 이상
- 준비물: 디지털 기기, 어버이날 종이 편지지

1. 어버이날 종이 편지 쓰기

먼저 학생들은 부모님께 전하고 싶은 내용을 편지지에 작성합니다. 이 활동은 영상 촬영 전에 생각을 정리하는 기초 작업으로, 영상 편지를 위한 대본을 쓰는 단계입니다. 종이 편지를 작성함으로써 학생들은 자신이 어떤 이야기를 부모님께 하고 싶은지 구체화할 수 있으며, 이를 통해 영상 촬영 시에도 자연스럽고 진정성 있는 표현이 가능합니다.

어버이날 종이 편지 쓰기

2. 캔바로 영상 편지 만들기

1) 영상 촬영 모둠 및 순서 정하기

모든 학생이 동시에 영상 촬영을 하면 음성이 겹쳐 혼란스러워지기 때문에, 교사는 모둠별로 나누어 순차적으로 촬영하도록 안내합니다. 1·2모둠, 3·4모둠, 5·6모둠 순서로 차례차례 복도나 조용한 공간에서 촬영하며, 이때 교사가 시간과 순서를 조정해 질서 있게 활동이 진행되도록 도와줍니다.

2) 영상 편지 촬영하기

학생들은 캔바에 접속하여 교사가 공유한 영상 편지 템플릿을 엽니다. '업로드 항목'에서 '직접 녹화하기'를 클릭하여 녹화 스튜디오로 이동한 다음, 카메라와 마이크 권한을 허용한 뒤 영상 촬영을 시작합니다. 이때 '도형 변경'을 클릭하면 촬영 화면 틀을 자유롭게 변경할 수 있습니다. 학생들은 종이 편지에 작성한 내용을 참고하며 자연스럽게 자

영상 편지 촬영 방법

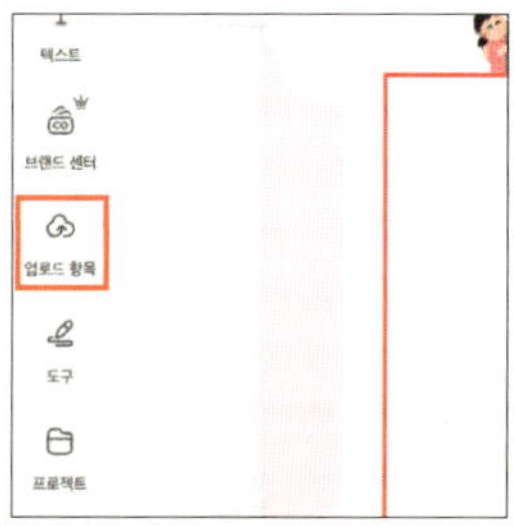

① '업로드 항목' 클릭

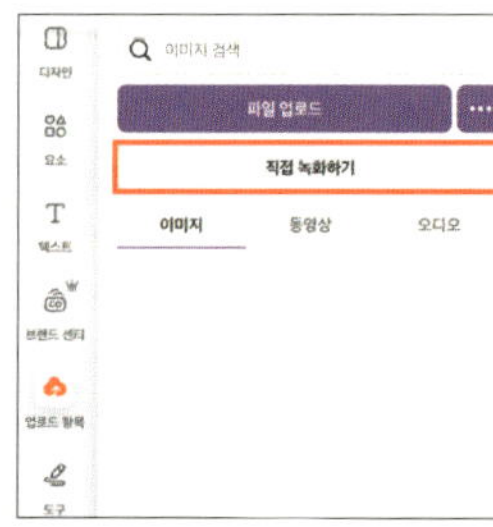

② '직접 녹화하기' 클릭

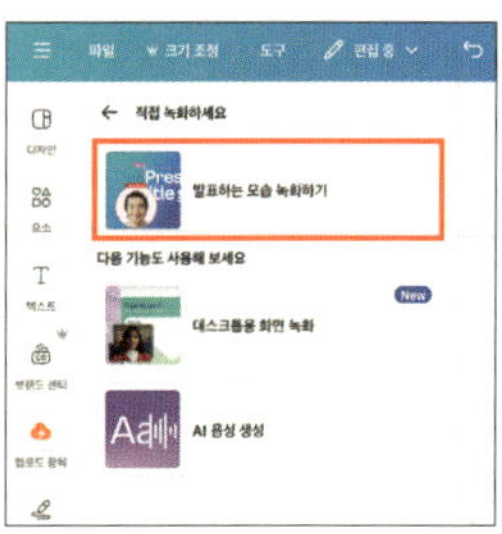

③ '발표하는 모습 녹화하기' 클릭

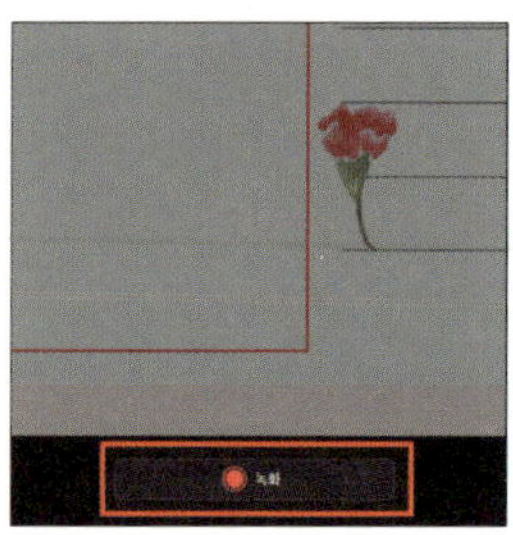

④ '녹화' 클릭

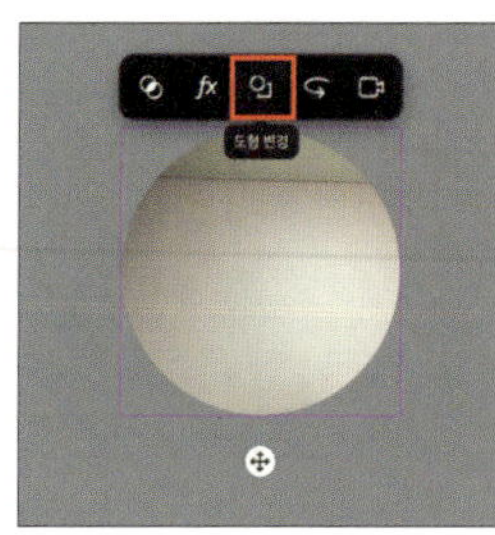

⑤ '도형 변경' 클릭하여 촬영 화면 변경

⑥ 녹화 후 '완료' 클릭

⑦ '저장 및 종료' 클릭

신의 마음을 전합니다. 교사는 학생들이 자신의 마음을 목소리와 표정, 눈빛으로 생생하게 표현할 수 있도록 지도합니다.

3) 영상 편지 템플릿 꾸미기

촬영 후, 학생들은 캔바의 다양한 디자인 요소를 활용하여 자신만의 개성이 담긴 영상 편지를 꾸며 봅니다. 먼저 화면 왼쪽의 '요소'를 클릭하여 어버이날과 관련된 키워드를 검색합니다. 카네이션, 하트 등 넣고 싶은 요소를 검색한 후, 원하는 요소를 클릭하여 템플릿을 꾸밉니다. 교사는 영상뿐만 아니라 디자인도 중요한 전달 요소가 된다는 점을 강조합니다.

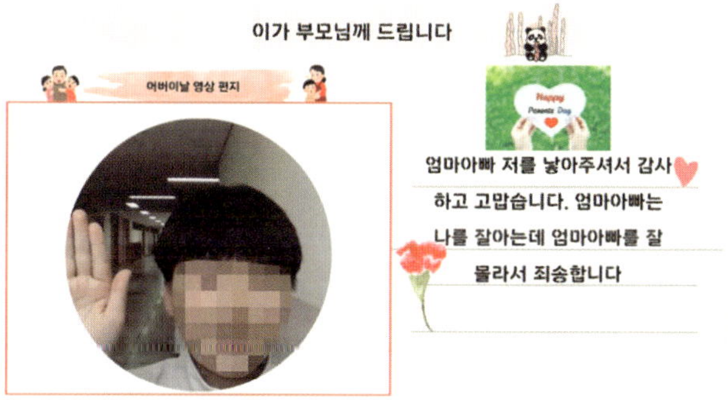

학생의 영상 편지 결과물

3. 캔바로 QR코드 만들기

완성된 영상 편지를 QR코드로 만들려면 '공개 보기 링크'를 생성해야 합니다. 학생들은 '공유'를 클릭하고 '공개 보기 링크'를 클릭한 후, '공개 보기 링크 만들기'를 누른 다음 링크가 생성되면 해당 링크를 복사합니다.

공개 보기 링크 생성 방법

① '공유' 클릭

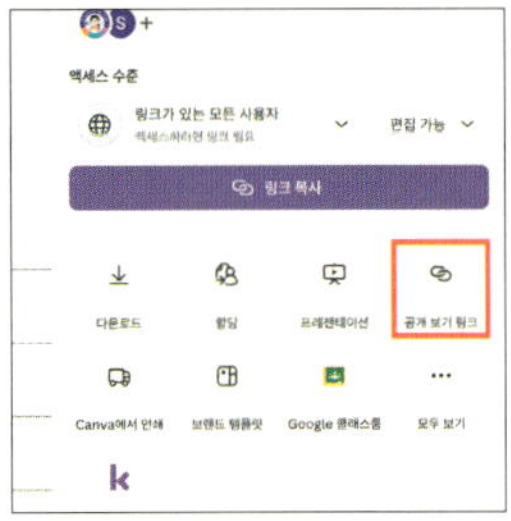

② '공개 보기 링크' 클릭

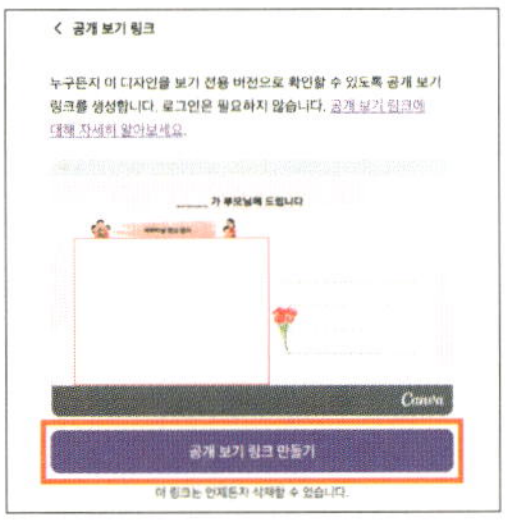

③ '공개 보기 링크 만들기' 클릭

④ '복사' 클릭

그다음 다시 '공유'를 클릭하고 '모두 보기'를 클릭한 후 'QR코드'를 클릭합니다. URL 아래 빈칸에 아까 복사한 '공개 보기 링크'를 붙여넣습니다. 'QR코드 생성하기'를 누른 후 생성이 완료되면 QR코드를 다운로드하여 저장합니다.

QR코드 생성 방법

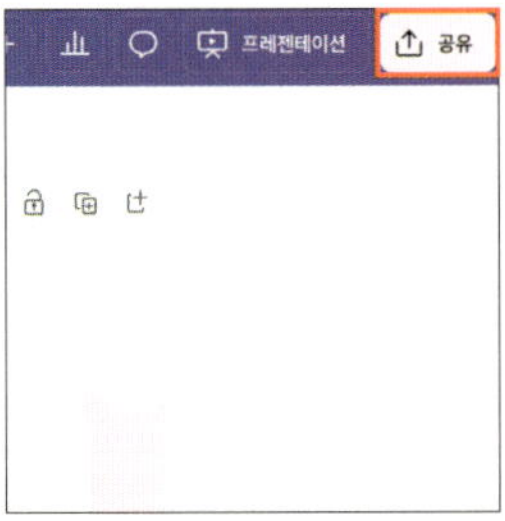

① '공유' 클릭

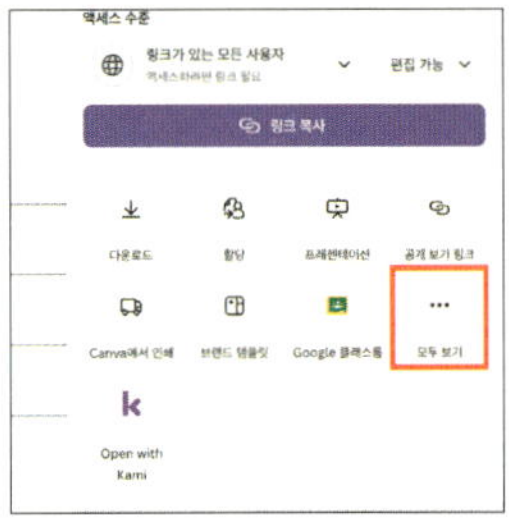

② '모두 보기' 클릭

③ 'QR코드' 클릭

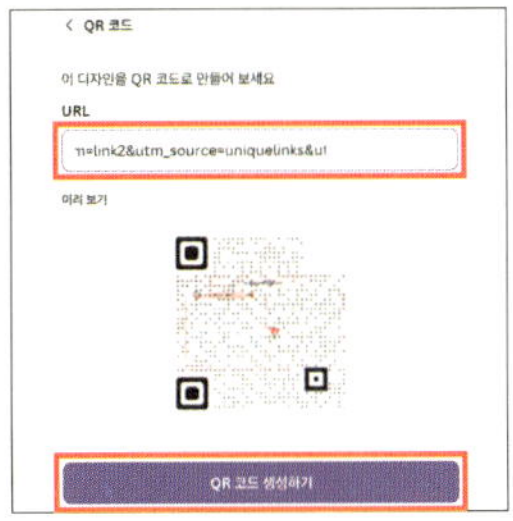

④ 'URL'에 복사한 공개 보기 링크 붙여넣기 후, 'QR코드 생성하기' 클릭

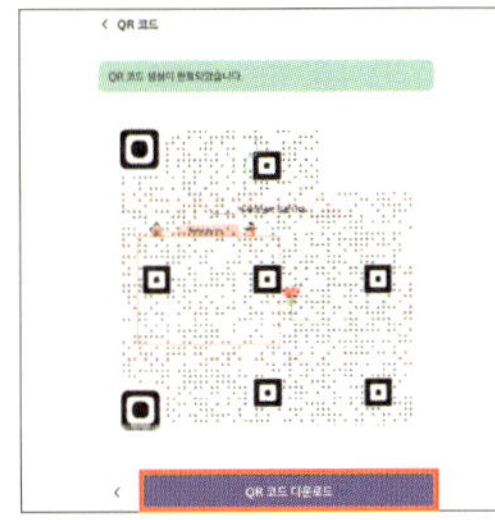

⑤ 'QR코드 다운로드' 클릭하여 저장

4. QR코드 모아서 프린트하기

교사는 미리 제작한 구글 문서 링크를 복사하여 학생들에게 제공합니다. 그다음 학생들은 자기 번호 오른쪽 칸에 다운로드 받은 QR코드를 삽입합니다. 이때 교사는 학생들이 올리는 QR코드를 실시간으로 확인할 수 있습니다. 모든 학생이 올리면 교사는 학생들의 QR코드를 프린트하여 학생들에게 배부합니다. 학생들이 프린트한 QR코드를 학부모에게 전달하면 학부모들은 스마트폰으로 손쉽게 자녀의 영상 편지를 감상할 수 있습니다.

수업 tip

☑ 학부모에게 편지를 전달할 때는 영상 편지 QR코드와, 첫 번째 활동에서 작성한 어버이날 종이 편지를 같이 드리면 좋습니다.

엔트리로 만드는 디지털 그림책

엔트리(Entry)

문학 단원에서는 학생들이 다양한 글을 읽고 자신만의 생각과 감정을 표현하는 능력을 키우는 것이 중요합니다. 이를 위해서는 단순히 글을 읽는 것을 넘어 이야기의 구조를 이해하고 작가의 의도를 헤아리는 과정이 필요합니다. 이를 통해 학생들은 글의 내용을 깊이 있게 파악하고, 나아가 자신만의 이야기를 구성하게 됩니다.

'엔트리(Entry)'는 학생들이 쉽고 재미있게 코딩을 배우고 디지털 콘텐츠를 만들 수 있는 에듀테크 도구입니다. 블록 기반 코딩 방식을 사용하여 복잡한 프로그래밍 언어를 몰라도 학생들은 쉽게 캐릭터를 움직이고 배경을 바꾸는 등 다양한 효과를 넣어 자신만의 이야기를 생생하게 구현할 수 있습니다.

'엔트리로 만드는 디지털 그림책' 수업은 먼저 학생들이 읽은 책의 내용을 이야기 구조(발단–전개–절정–결말)에 맞게 요약하는 것부터 시작합니다. 이 과정을 통해 학생들은 이야기의 핵심 내용을 파악하고 장면이 어떻게 연결되는지 이해하게 됩니다. 요약한 내용을 바탕으로 스토리보드를 작성하고 엔트리를 활용하여 직접 이야기 장면을 코딩합니다. 이러한 활동은 학생들에게 이야기 구성 능력, 코딩 사고력, 디지털 리터러시가 향상되는 의미 있는 경험이 될 것입니다.

수업의 이모저모

- 관련 과목: 국어
- 학년 학기: 6학년 1학기
- 난이도: 상
- 수업 시간: 4차시 이상
- 준비물: 디지털 기기, 활동지

1. 이야기 구조 복습하기

지난 차시에 배웠던 이야기의 구조에 대해 복습하며 활동을 시작합니다. 교사는 교과서 지문 중 『우주 호텔』을 미리 이야기 구조에 맞게 간추려 학생들에게 제시합니다. 교사가 "이야기의 구조 4단계를 떠올리면서 생각해 볼까요?"라고 질문하면 학생들은 제시된 글을 보며 이야기의 구조 중 어떤 단계에 해당하는 글인지 발표합니다. 이때 교사는 학생들이 그렇게 생각한 이유를 각 단계의 특징을 사용하여 설명하도록 안내합니다. 교사는 학생의 발표를 들으며 이야기 구조 4단계(발단-전개-절정-결말)와 각 특징을 칠판에 적습니다.

2. 책 내용 요약하기

칠판을 함께 보며 교사는 책을 선정하기 위한 기준을 이야기해 줍니다. 분량이 너무 길지 않고 이야기 구조가 잘 드러나는 책이면 좋습니다. 이야기 구조가 잘 드러나지 않는 책의 예시로 정보성 책, 글이 너무 적은 책 등을 보여 줍니다. 책의 분량을 50쪽 내외로 제한해도 좋습니다.

그다음 학교 도서관으로 가서 학생들이 각자 원하는 책을 2권씩 고르도록 합니다. 교사는 돌아다니면서 학생이 고른 책을 같이 살펴보고 필요하다면 선정 기준을 다시 알려 줍니다. 학생들이 책을 다 고르면, 교사가 미리 만들어 둔 스토리보드 활동지를 나누어 줍니다. 책을 읽기에 앞서 교사는 학생들에게 이야기 구조 4단계를 작성한 뒤 특징을 떠올리며 책의 내용을 요약해야 함을 안내합니다.

학생들은 책을 읽은 후, 이야기 구조에 맞게 내용을 요약하고 활동지에 적습니다. 작성을 다 마치면 짝과 활동지를 바꿔 읽어 봅니다. 요약한 글을 읽으면서 이해가 안 되는 부분을 서로 말해 주고, 피드백 이후에 필요한 부분은 수정하도록 합니다.

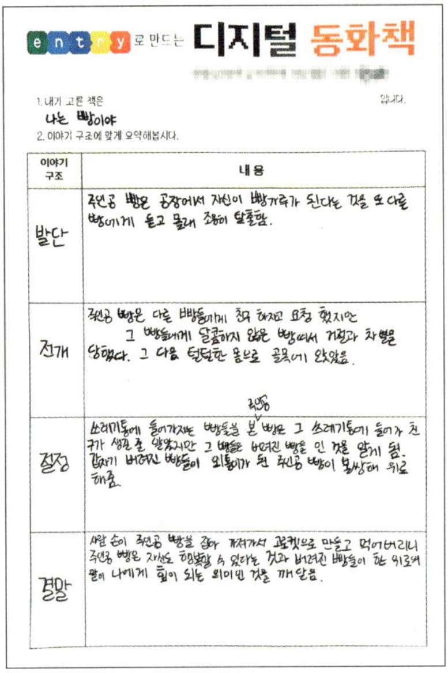

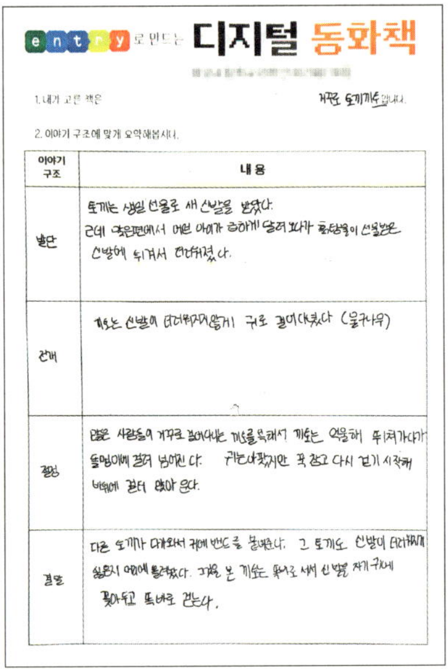

이야기 구조에 맞게 요약하기

3. 스토리보드 작성하기

학생들은 요약한 내용을 바탕으로 활동지 뒷면의 스토리보드를 작성합니다. 교사는 영화 스토리보드의 예시를 보여 주며 작성 방법을 설명해 줍니다. 스토리보드의 장면에는 이야기 구조 단계에서 가장 핵심적인 장면을 그립니다. 등장인물의 대사, 움직임, 배경 등 세부적인 설명은 비고에 작성합니다.

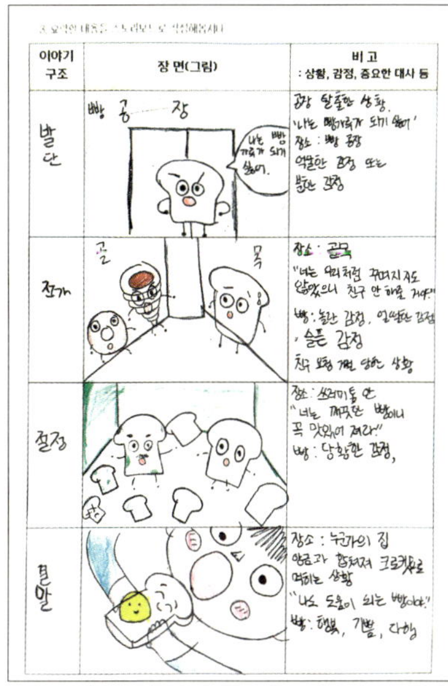

스토리보드 작성하기

4. 엔트리 활동 준비하기

먼저, 교사가 엔트리로 학급을 생성합니다. 엔트리에 로그인한 뒤 우측 상단의 캐릭터를 클릭합니다. '나의 학급'을 클릭한 뒤 '새로운 학급 만들기'를 클릭합니다. 학급 이름 및 학년, 학급 소개를 적습니다. 학급 대표 이미지는 기본 학급 이미지를 사용하거나, 업로드하여 사용합니다. 학급 생성이 완료되었다면 '나의 학급'에서 확인할 수 있습니다.

그다음 학생 계정을 생성합니다. '나의 학급'에서 '학생 관리'를 클릭한 뒤, '학생 추가하기'를 클릭합니다. 학급의 학생 이름을 한 명씩 입력한 뒤 'Enter' 키를 누릅니다. 다 적었다면 '다음'을 클릭하여 제대로 입력되었는지 확인합니다. 한 번 더 '다음'을 클릭하여 아이디와 임시 비밀번호를 생성합니다. 마지막으로 '완료'를 클릭하면 학생 계정 추가가 완료됩니다. 학생 관리 창에서 엑셀 또는 PDF 파일로 아이디와 임시 비밀번호를 다운로드하여 학생들에게 나눠 줍니다.

학급 생성 방법

① 캐릭터 클릭 후 '나의 학급' 클릭

② '새로운 학급 만들기' 클릭

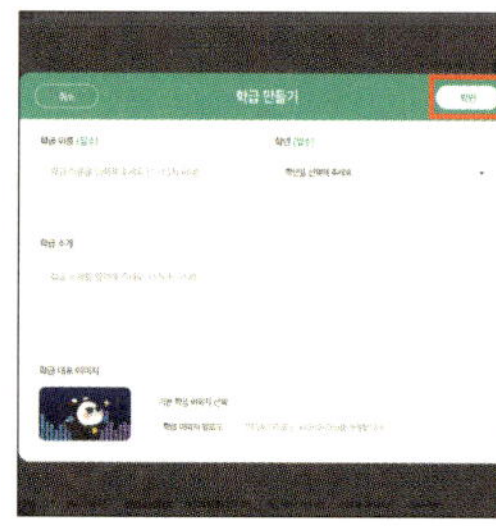

③ 학급 이름 및 학년 입력 후 '확인' 클릭

④ '만든 학급으로 이동' 또는 닫기 클릭

⑤ '나의 학급'에서 학급이 제대로 개설되었는지 확인

학생 계정 생성 방법

① '나의 학급'에서 생성한 학급 클릭

② '학생 관리' 클릭

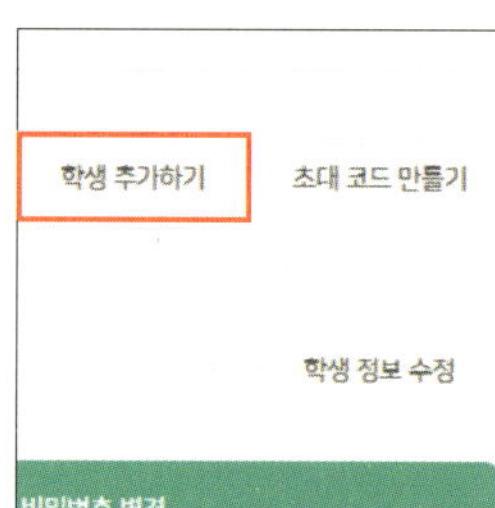

③ '학생 추가하기' 클릭

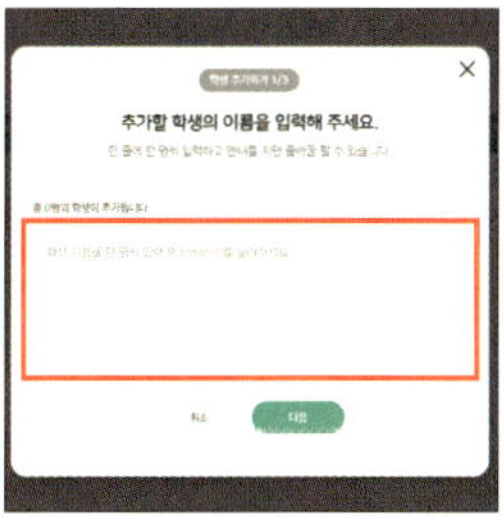

④ 학생 이름 입력

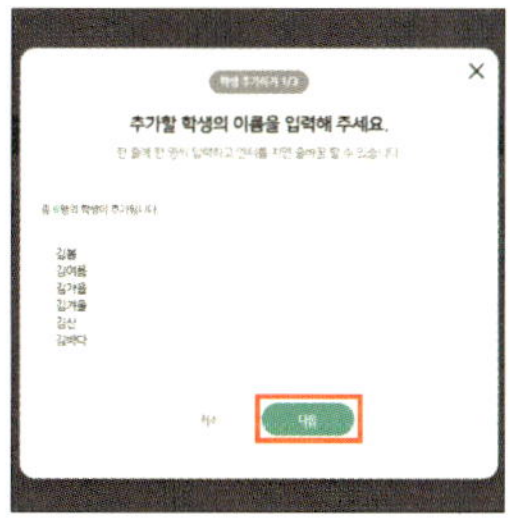

⑤ '다음' 클릭

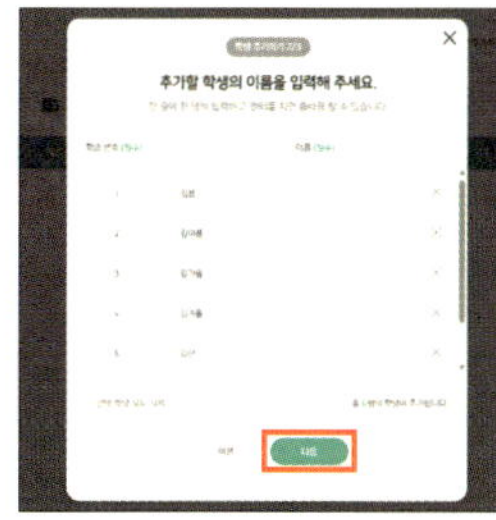

⑥ 제대로 입력되었는지 살펴본 후 '다음' 클릭

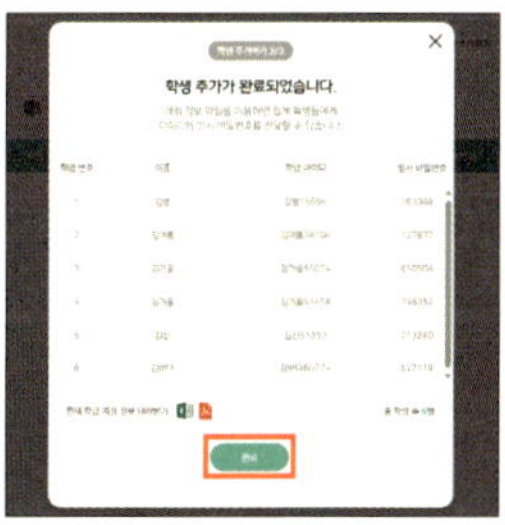

⑦ '완료' 클릭

⑧ 엑셀 또는 PDF 파일로 다운로드하여 학생들에게 제공

5. 엔트리로 스토리보드 장면 만들기

학생들은 교사가 생성한 아이디와 비밀번호를 입력하여 엔트리에 로그인한 후, 페이지 상단의 '만들기'에서 '작품 만들기'를 클릭합니다. 교사와 함께 엔트리봇의 설명을 읽으며 엔트리 속 용어를 익힙니다. 작품

작품 제작 방법

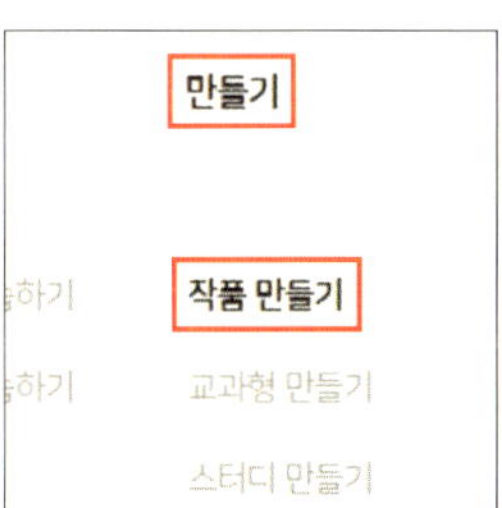

① '만들기'에서 '작품 만들기' 클릭

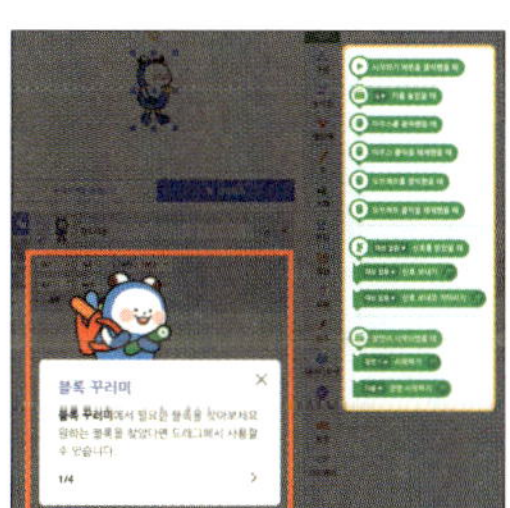

② 엔트리봇의 설명 확인

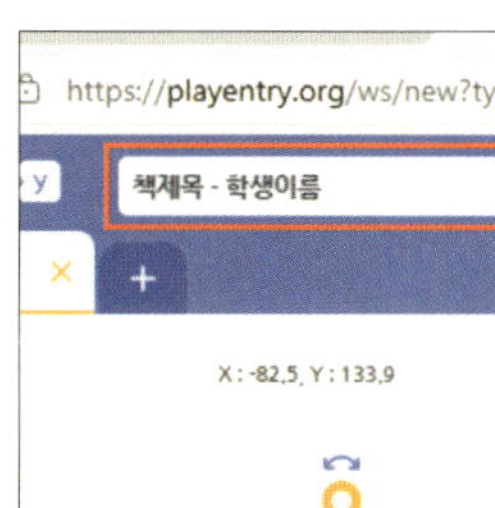

③ 작품명을 '책 제목 – 학생 이름'으로 수정 후 활동

을 만들기 전에 작품명은 '책 제목 – 학생 이름'으로 수정합니다.

학생들은 이야기의 구조 4단계에 따라 총 4개의 장면을 생성합니다. 화면 좌측 상단의 '장면 1' 옆에 있는 '+'를 눌러 새 장면을 추가하고, 각 장면의 이름을 발단, 전개, 절정, 결말로 변경합니다. 이때 교사는 장면들이 자연스럽게 이어지도록 2개의 블록을 활용해야 한다고 설명합니다. '장면이 시작되었을 때' 블록은 이전 장면이 끝났다는 신호를 받아 해당 장면의 코딩이 실행되도록 하는 역할을 하며, 발단을 제외한 나머지 장면의 코딩은 이 블록으로 시작해야 합니다. '다음 장면 시작하기' 블록은 해당 장면의 코딩이 모두 완료되었음을 알리고 다음 장면을 시작하도록 지시하는 역할을 하며, 결말을 제외한 나머지 장면의 가장 마지막 블록으로 설정해야 합니다.

스토리보드 장면 제작 방법

① '+' 클릭

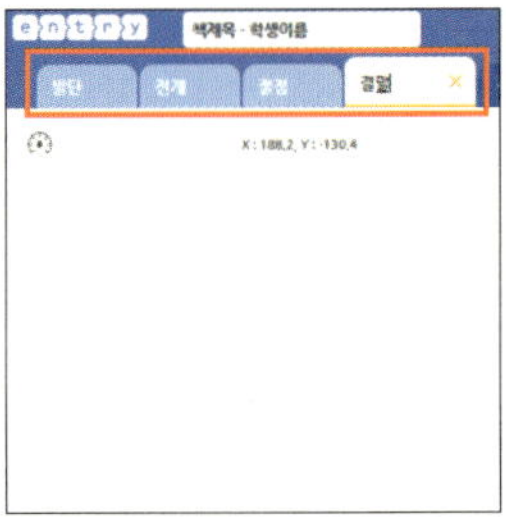

② 발단, 전개, 절정, 결말 순서로 장면 이름 수정

③ '장면이 시작되었을 때', '다음 장면 시작하기' 블록 사용

학생들은 자신이 작성한 스토리보드 활동지를 보면서 코딩을 시작합니다. 작품을 만드는 중간중간 실행 화면에 있는 '시작하기'를 클릭하여 코딩이 제대로 작동하는지 확인합니다. 코딩이 어려운 학생의 경우, 손을 들어 교사에게 도움을 요청하도록 합니다.

6. 나의 학급에 작품 공유하기

학생들은 작품을 완성하면 '저장하기'를 클릭합니다. 그다음 엔트리 홈으로 돌아가 '나의 학급'에서 우리 반 학급에 들어갑니다. 메뉴 중 '우리 반 작품'을 클릭한 후 '작품 공유'를 클릭합니다. 자신이 만든 작품을 선택하고 '다음'을 클릭합니다. 카테고리는 '스토리텔링 또는 기타'를 선

작품 공유 방법

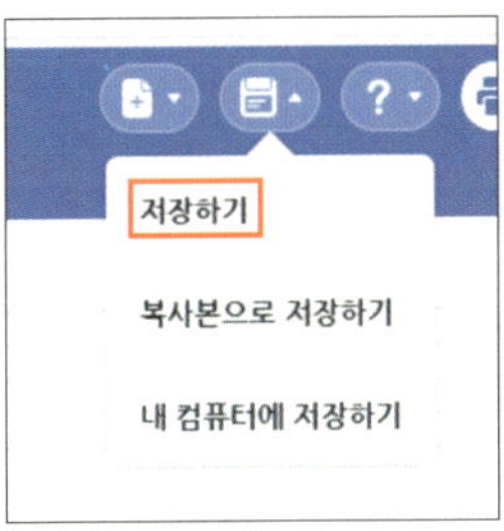

① '저장하기' 클릭

② '나의 학급'에서 우리 반 학급 선택

③ 메뉴 중 '우리 반 작품' 클릭

④ '작품 공유' 클릭

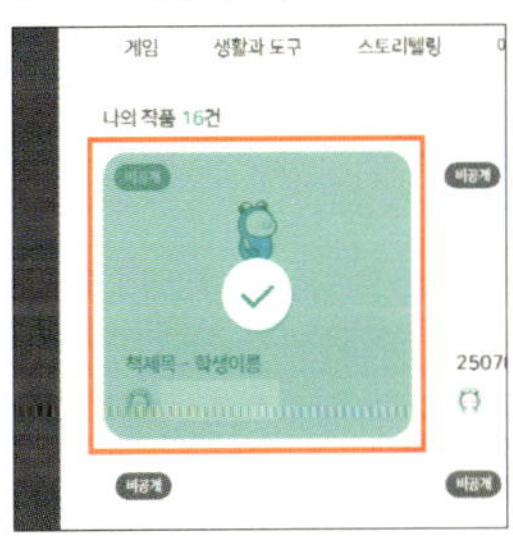

⑤ 자신이 만든 작품 선택

⑥ '다음' 클릭

⑦ 작품 설명을 작성한 뒤 '완료' 클릭

⑧ '닫기' 클릭

⑨ 작품이 잘 공유되었는지 확인

택하고, 작품 소개에는 자신이 이 책을 선택한 이유를 적습니다. '엔트리 저작권 정책'에 동의한다고 체크한 뒤 '완료'를 클릭합니다. 마지막으로 '우리 반 작품'에 들어가 자신이 만든 작품이 잘 공유되었는지 확인합니다. 먼저 공유를 끝낸 학생은 다른 친구들의 작품을 보면서 감상한 소감을 댓글로 작성합니다.

수업 tip

- ☑ 너무 내용이 긴 책은 준비하지 않습니다. 이야기 구조가 드러나는 그림책으로 제한하면 책 읽는 데 할애하는 시간을 줄일 수 있습니다.
- ☑ 스토리보드의 그림은 간단하게 위치나 배경 등을 파악할 수 있을 정도로만 그립니다. 그림책의 삽화를 참고해도 좋습니다. 그림책에 배경이 없는 경우에는 상상해서 그리도록 합니다.
- ☑ 교사는 학생들이 원하는 오브젝트가 없는 경우, 비슷한 오브젝트를 사용하거나 직접 그려서 사용하도록 지도합니다. 인터넷에서 이미지를 내려받아 오브젝트를 사용할 경우 저작권에 유의해야 합니다.

나의 한 학기를 기록하는 웹사이트

캔바(Canva)

한 학기를 마무리할 때 포트폴리오를 만들면 학생들이 자신의 성장을 되돌아보는 데 도움이 됩니다. 그러나 기존의 종이 포트폴리오는 글 위주로 구성되어 있어, 학생들의 다채로운 경험을 충분히 담아내기 어렵고 제작 및 보관에도 번거로움이 있습니다.

'캔바(Canva)'의 '웹사이트 제작' 기능은 온라인 포트폴리오를 제작하기 좋은 도구입니다. 학생들은 별도의 코딩 없이 몇 번의 클릭만으로 사진, 영상, 텍스트 등 다양한 미디어를 자유롭게 배치하여 1년간의 활동을 시각적으로 표현할 수 있습니다. 공개 기간을 설정하거나 삭제하는 것도 어렵지 않고, 웹 링크 하나로 간편하게 학부모와 공유도 가능합니다.

'나의 한 학기를 기록하는 웹사이트' 수업에서 학생들은 교사가 미리 정리한 월별 사진과 영상을 함께 살펴보며 캔바 웹사이트에 담길 내용을 구상하고 글을 작성해 봅니다. 그다음 웹사이트 템플릿을 활용해 실제 포트폴리오를 제작하고 가정에 공유합니다. 이러한 활동을 통해 학생들은 한 학기 동안 자신의 배움을 되짚어 보며 다음 학기에는 어떻게 생활할지 성찰해 볼 수 있습니다.

수업의 이모저모

- 관련 과목: 국어, 창체
- 학년: 5~6학년군
- 난이도: 중
- 수업 시간: 3차시
- 준비물: 디지털 기기, 학생 활동 사진

1. 우리 반 사진 월별로 정리하기

먼저 교사가 월별로 교육 활동 사진과 영상을 정리하여 구글 드라이브에 올린 후, 학생들과 함께 살펴봅니다. 학생들은 각 달에 어떠한 교육 활동이 기억에 남는지 이야기하면서 자신의 포트폴리오에 담을 내용을 생각해 봅니다.

교사는 구글 드라이브 내에서 새 폴더를 생성한 뒤, 해당 폴더 이름 옆에 화살표 아이콘을 클릭해 메뉴를 엽니다. 메뉴에서 '공유' 항목을 다시 한번 클릭하면 공유 설정 창이 뜹니다. 기본적으로 '제한됨'으로 설정되어 있는 공유 범위를 클릭하여 '링크가 있는 모든 사용자'로 변경합니다. 그다음 권한을 '뷰어'로 설정한 뒤 '링크 복사'를 누르면 공유

구글 드라이브로 학급 사진 공유 방법

① 구글 드라이브에 폴더 생성

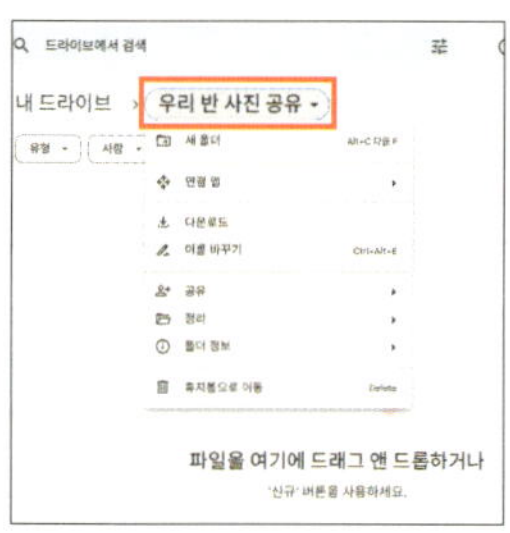

② 폴더명 옆 화살표 클릭

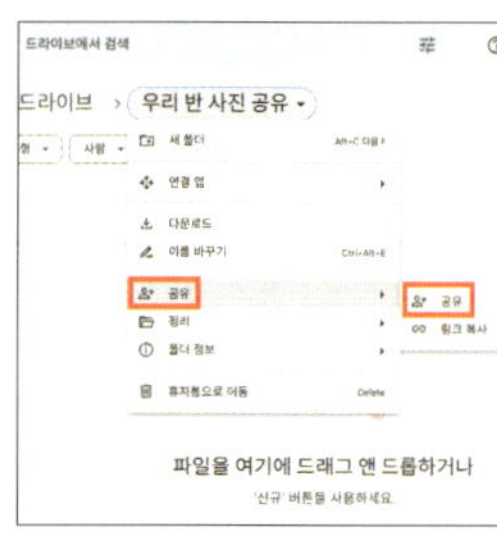

③ '공유'-'공유' 클릭

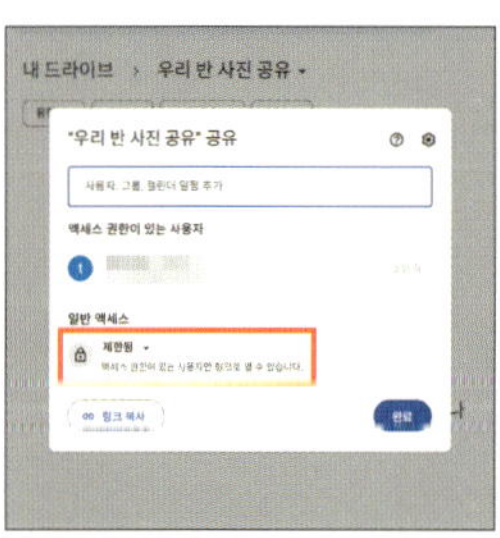

④ '제한됨' 클릭

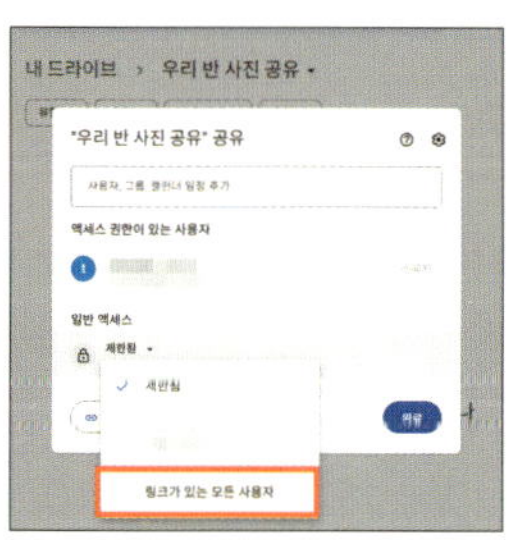

⑤ '링크가 있는 모든 사용자' 클릭

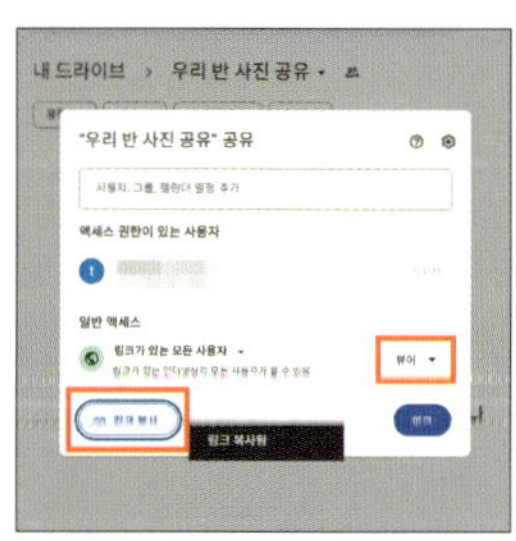

⑥ 권한 '뷰어' 설정 후 '링크 복사' 클릭

용 URL이 클립보드에 복사됩니다. 링크 공유 이외에도 학생의 구글 계정을 직접 추가하여 공유할 수도 있습니다.

2. 웹사이트 템플릿 제작하기

학생들의 포트폴리오 제작 시간을 절약하기 위해서 교사가 미리 캔바 웹사이트 템플릿을 제작합니다. 템플릿을 제작하기 전, 교사는 학생들과 한 학기 동안 우리 반이 어떤 수업을 했었는지 되돌아보고, 캔바 웹사이트에 어떠한 내용이 들어가면 좋을지 상의해 봅니다. 이때 포트폴리오를 크게 수업과 생활로 나눈 후 상의하면 편리합니다. 예를 들어, 수업 측면에서 자신에게 가장 인상 깊었던 수업 3가지에 대해서 글을 작성합니다. 생활 측면에서는 “한 해 동안 가장 웃겼던 일은?”, “1년 동안 가장 많이 한 취미 활동은?” 등과 같이 Q&A 형식의 문답을 작성합니다. 학생들과 정리한 내용을 바탕으로 교사는 캔바 웹사이트 템플릿

한 학기를 정리하는 웹사이트 템플릿

을 제작한 후, 학생들에게 해당 링크를 공유합니다.

3. 웹사이트 게시글 작성하기

학생들은 국어 시간에 학습한 내용을 토대로 캔바 웹사이트에 게시할 글을 자신의 공책에 작성합니다. 캔바에 바로 글을 작성하면 맞춤법이 틀리고 문장이 매끄럽지 못할 수 있습니다. 따라서 교사는 학생들이 미리 공책에 글을 작성한 뒤 검사를 받고, 여러 번 고쳐 쓰도록 지도합니다.

4. 자신만의 웹사이트 만들기

교사가 공유한 캔바의 웹사이트 템플릿을 활용하여 학생들은 자신만의 캔바 웹사이트를 만듭니다. 교사는 포트폴리오 제작 시 사진을 활용할 수 있도록 캔바에서 구글 드라이브 활용법을 안내합니다. 먼저, 왼쪽 사이드바의 '업로드' 항목을 클릭한 뒤 '이미지 또는 동영상 업로드' 옆에 있는 점 3개를 클릭합니다. 나타나는 옵션 중 'Google Drive'를 클릭하고 하단의 '열기'를 클릭합니다. 이러한 과정을 거치면 왼쪽 사이드바

캔바에서 구글 드라이브 사용 방법

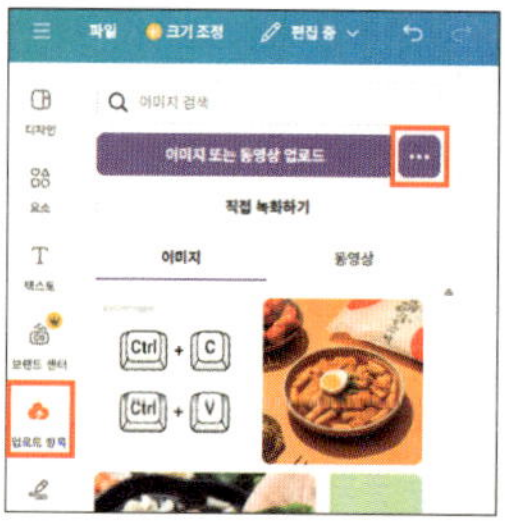

① '업로드 항목' 클릭 후 '이미지 또는 동영상 업로드' 옆 점 3개 클릭

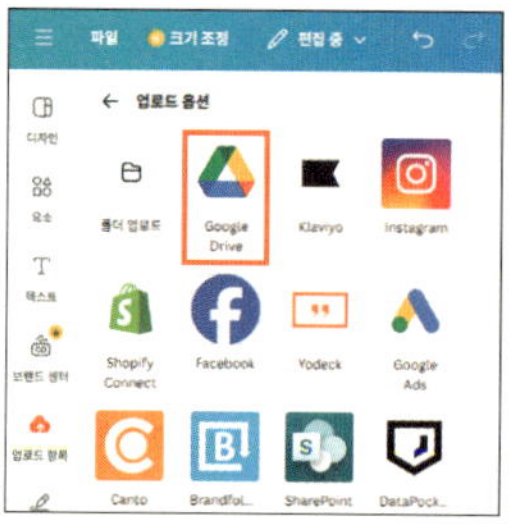

② 'Google Drive' 클릭

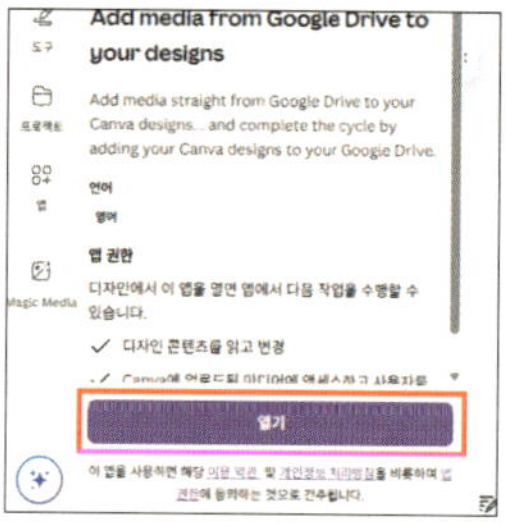

③ '열기' 클릭

에 구글 드라이브 아이콘이 생성됩니다. 아이콘을 누르면 구글 드라이브에서 교사가 공유한 폴더를 확인할 수 있습니다.

이때 각 가정으로 웹사이트가 배부되므로 사진 속 다른 친구들의 얼굴을 가려 초상권을 보호해야 합니다. 교사는 학생들에게 캔바의 '흐리기' 기능을 활용하는 방법을 알려 줍니다. 먼저 캔버스 위의 사진을 클릭해 선택한 뒤 상단의 '편집'을 누릅니다. 왼쪽 패널에서 '효과' 항목을 열고 '흐리기' 옵션을 클릭하면 흐리기 기능이 활성화됩니다. 이어서 '브러시 추가'를 선택하여 브러시의 크기와 강도를 원하는 대로 조절할 수 있습니다. 그다음 적용할 영역을 클릭하거나 드래그하면 해당 부분이 자연스럽게 흐려집니다.

흐리기 기능 사용 방법

① 사진 클릭

② '편집' 클릭

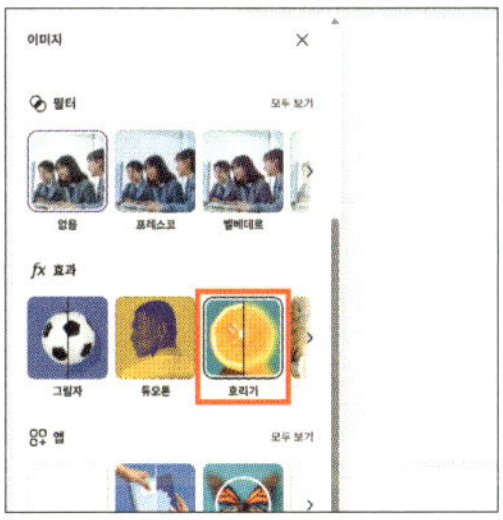
③ 효과 중 '흐리기' 클릭

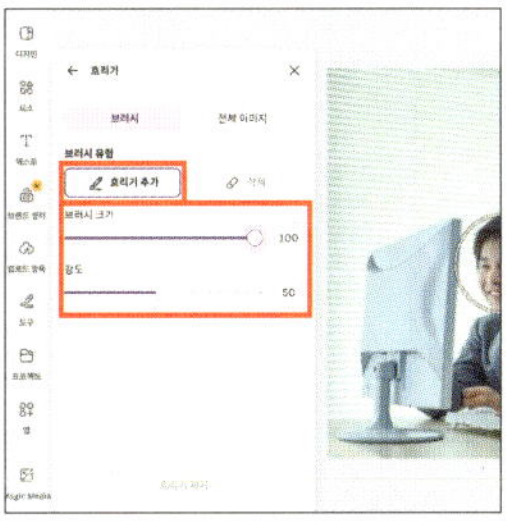
④ '브러시 추가' 클릭 후 브러시 크기 및 강도 설정

⑤ 흐리기를 적용할 부분 클릭

5. 웹사이트 게시하기

캔바의 웹사이트 게시 기능은 교육용 계정과 유료 계정만 가능합니다. 교사 인증을 받지 않은 계정이라면, 교사 인증을 받아 교육용 팀에 학생들을 초대해야 합니다. 학생들이 웹사이트를 게시하기 전, 교사가 먼저 '웹사이트 게시하기'를 눌러 우리 반의 도메인 주소를 설정합니다. 교사가 도메인 주소를 설정하면 학생들 모두 교사가 만든 동일한 주소로 설정됩니다. 예를 들어, 교사가 '604.my.canva.site'로 도메인 주소를 설정하면, 학생들의 웹사이트 주소는 '604.my.canva.site.(　　)'와 같이 설정됩니다. '(　　)'는 학생별로 다르게 생성되고, 학생이 원하는 대로 수정이 가능합니다.

학생들이 캔바 웹사이트를 게시하는 방법은 교사가 도메인 주소를 설정하는 방법과 동일합니다. 먼저 상단 메뉴에서 '공유'를 클릭하고 하단의 메뉴에서 '웹사이트'를 선택합니다. 만약 '웹사이트' 항목이 보이지 않는다면 '모두 보기'를 눌러 메뉴를 확장하면 항목이 나타납니다. 그다음, 웹사이트 주소를 원하는 형태로 바꾸기 위해 연필 모양 아이콘을 눌러 주소를 수정하고, 원하는 주소를 입력한 뒤 체크 아이콘을 클릭합니다. 마지막으로 '게시'를 누르면 웹사이트 형태로 템플릿이 게시되고, 주소가 생성됩니다.

웹사이트 게시 방법

① '공유' 클릭

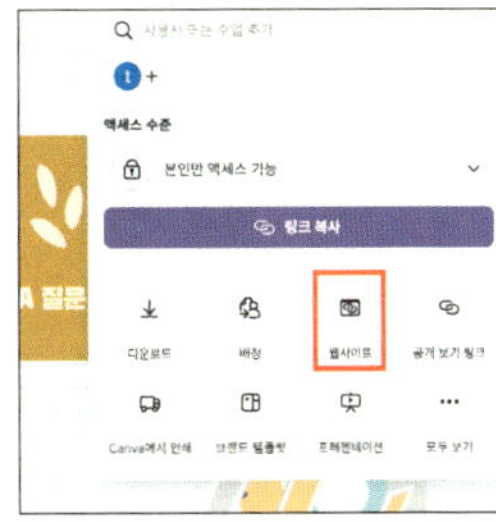

② '웹사이트' 클릭 ('웹사이트'가 보이지 않으면 '모두 보기' 클릭)

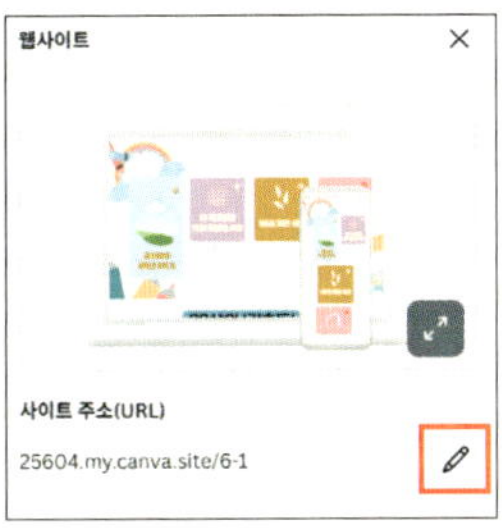

③ 연필 아이콘 클릭

④ 주소 입력 후 '체크' 누르고 '게시' 클릭

⑤ 주소 생성 완료

6. 웹사이트 주소 배부하기

각자 만든 포트폴리오를 가정에 공유해 봅니다. 학생들은 종이에 직접 캔바 웹사이트를 주소를 적어서 가정으로 가져갑니다 과제 없이 웹사이트 주소만 배부하면 학생들이 부모님께 웹사이트를 보여 드리지 않는 경우가 많습니다. 따라서 교사는 부모님의 소감을 적어서 오라는 과제도 함께 제시합니다.

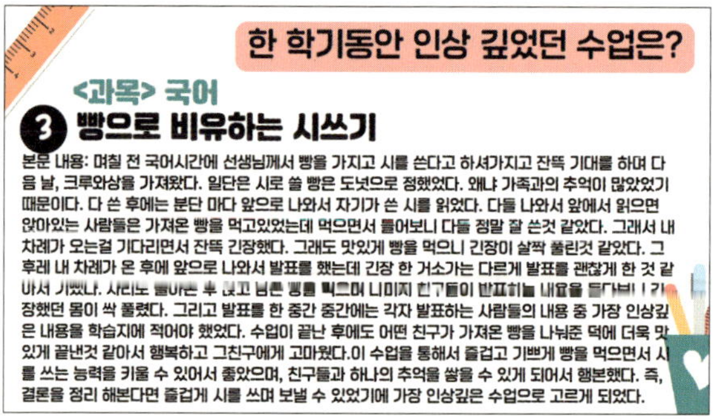

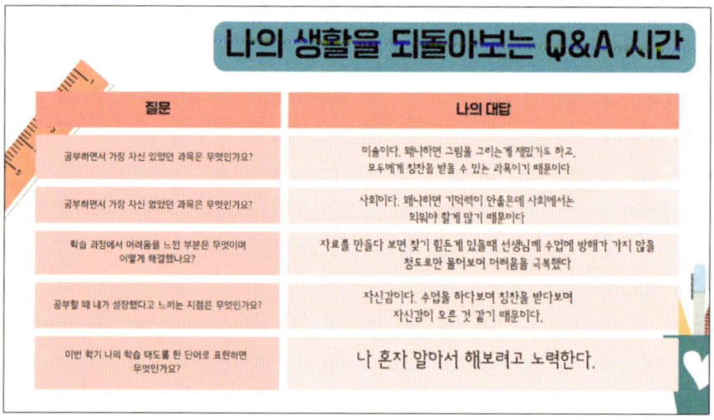

학생 결과물

수업 tip

- ☑ 파일을 공유하는 플랫폼은 하이클래스, 네이버 My Box 등 다양하지만, 그중에서도 구글 드라이브를 추천합니다. 교사가 구글 드라이브에 사진과 영상을 정리한 후, 학생들에게 폴더를 공유하면 캔바에서 바로 접속해 사진과 영상을 추가할 수 있기 때문입니다. 또한, 교사가 쉽게 파일 공유를 중단할 수 있어 개인정보 보호에도 용이합니다.
- ☑ 캔바의 'QR코드 만들기' 기능을 활용하여 웹사이트를 QR코드로 만들어 공유하면 학생들이 URL 주소보다 쉽게 웹사이트에 접근할 수 있습니다.
- ☑ 구글 드라이브로 사진을 공유하기 어렵다면, 사진 없이 글만 쓰게 해도 즐거운 활동이 될 수 있습니다.

뉴스 기사 속 속담 탐험

빅카인즈(BIG Kinds)

속담은 짧지만 함축적인 의미를 담고 있어 여러 상황에서 활용됩니다. 하지만 학생들에게 하나의 속담을 제시하며 어떠한 상황에서 사용될 수 있는지 이야기해 보라고 하면, 비슷한 상황만 대답하는 경우가 많습니다. 이렇다 보니 학생들은 속담이 얼마나 다양한 상황 속에서 쓰이는지 학습하기 어렵습니다.

이때 '빅카인즈(BIG Kinds)'를 활용하면 뉴스 기사의 다양한 상황 속에서 사용된 속담 사례를 탐색할 수 있습니다. 빅카인즈는 국내 주요 언론사 기사를 주제, 기간, 언론사별로 필터링하여 검색할 수 있는 사이트입니다. 공공 사이트로 검색 시 유해 광고 없이 공신력 있는 기사만 뜨며, 별도의 회원가입 없이도 사용할 수 있습니다.

'뉴스 기사 속 속담 탐험' 수업에서 학생들은 빈칸이 뚫린 뉴스 기사에 어떤 속담이 사용되었을지 예상해 보며 발표합니다. 그다음 모둠별로 속담을 선정한 후 '빅카인즈'로 관련 기사를 검색해 봅니다. 마지막으로 속담과 관련된 상황이 실린 기사의 제목을 속담을 활용하여 새롭게 바꿉니다. 이를 통해 학생들은 속담이 사용되는 다양한 상황을 인지하고 데이터 활용 능력과 비판적 사고력을 기를 수 있을 것입니다.

수업의 이모저모

- 관련 과목: 국어
- 학년 학기: 6학년 1학기
- 난이도: 상
- 수업 시간: 2차시
- 준비물: 디지털 기기, 활동지

1. 뉴스 기사 속 속담 맞추기

교사는 속담을 가린 뉴스 기사 지문을 화면에 제시합니다. 만약 활동지를 출력물이 아닌 캔바로 활용한다면, 캔바 템플릿에도 뉴스 기사를 넣어 학생들이 편리하게 기사를 읽게 합니다. 교사는 학생들에게 "이 뉴스 기사 속 상황을 파악해 봅시다. 어떤 속담이 뉴스 기사 속 상황과 어울릴까요?"라며 질문합니다. 학생들은 빈칸에 들어갈 속담을 추측하여 발표합니다. 이 활동을 통해 학생들은 각 속담과 어떤 뉴스 기사가 관련 있는 것인지 간접적으로 알 수 있습니다.

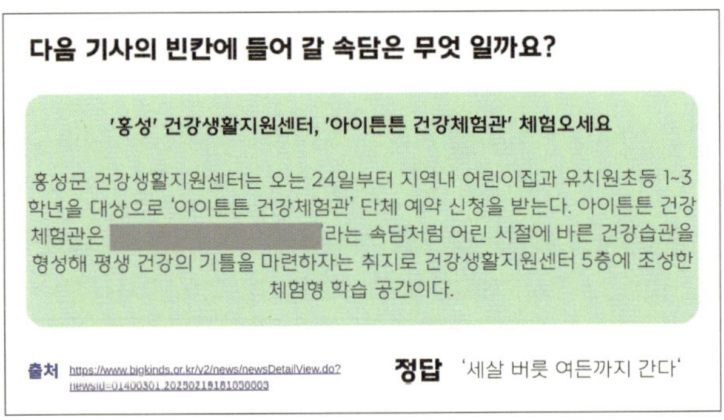

뉴스 기사 속 가려진 속담 추측하기

2. 속담이 사용되는 상황 떠올리기

학생들은 모둠을 나눈 후, 모둠별로 속담 3개를 고릅니다. 이때, 학생들이 고르는 속담이 비슷하기 때문에 교사가 모둠별로 속담을 다르게 지정해 주는 것도 좋습니다. 학생들은 각 속담이 사용되는 상황을 떠올려 보고 활동지에 적어 봅니다. 캔바 템플릿에 속담이 쓰일 수 있는 상황, 감정, 대상 등을 필기 또는 텍스트 입력을 활용해 자유롭게 적습니다.

교사는 학생들이 떠올린 구체적인 맥락을 일반화된 맥락으로 바꾸어 작성하도록 지도합니다. 예를 들어, '금강산도 식후경'이라는 속담과 관련지어 학생이 '공부하기 전에 밥부터 먹어야 한다'라는 상황을 떠올렸다면, '중요한 일을 하기 전에 식사한다'로 적도록 안내합니다.

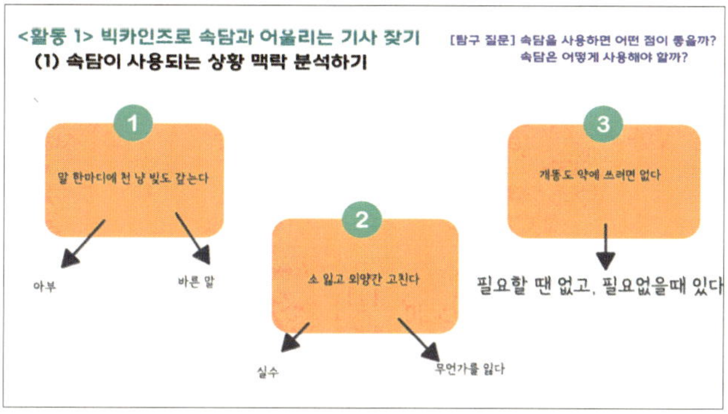

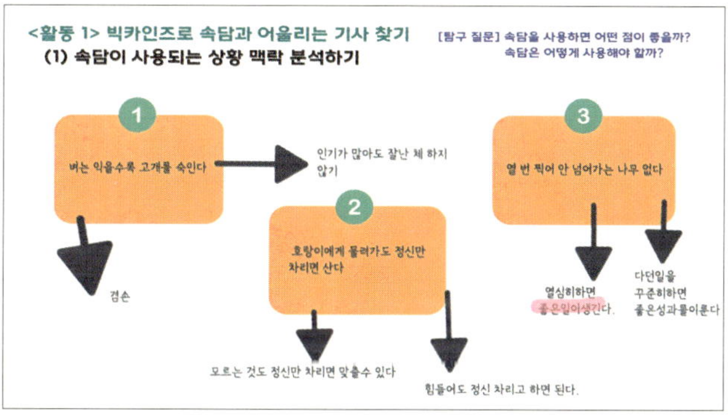

속담이 사용되는 상황 맥락 분석하기

3. 속담과 어울리는 기사 검색하기

학생들은 빅카인즈를 활용하여 상황 맥락을 분석한 속담 3개와 각각 어울리는 기사를 검색합니다. 활동 전 교사는 학생들에게 빅카인즈 사용법을 안내합니다. 빅카인즈는 별도의 가입 없이 검색 기능을 활용할 수 있으며, 회원가입을 하면 관계도 분석, 키워드 트렌드, AI 기사 요약

등과 같은 분석 기능까지 활용 가능합니다. 이 수업은 별도의 회원가입 없이 활동할 수 있습니다.

학생들은 먼저 빅카인즈 사이트에 접속한 뒤, 상단 메뉴에서 '뉴스 분석'을 선택하고 '뉴스 검색·분석'을 클릭합니다. 검색창에 모둠별로 분석한 상황 맥락의 핵심 단어들을 조합해 검색어를 입력합니다. 예를 들어 '배가 고파서 집중력이 좋지 못할 때'와 같이 상황 맥락의 단어를 조합하여 검색합니다. 검색 시 기간은 '1년'으로 설정하고, 언론사는 기본으로 설정되어 있는 전체 언론사를 유지합니다.

그다음 '통합 분류'에서 '정치'와 '경제' 분야만 제외한 나머지 모두를 선택합니다. 정치와 경제 뉴스는 학생들이 이해하기 어렵기 때문입니다. 하단에 나열된 기사 목록에서 속담이 사용되는 상황 맥락과 적합한 기사를 클릭한 후, 기사의 링크를 복사하여 캔바 템플릿에 붙여 넣습니다. 만약 검색 결과가 부족할 경우, 기간을 '전체'로 확장하거나 검색어를 해당 속담 자체로 입력하여 다시 한번 시도해 봅니다.

속담에 적합한 기사를 선택한 후 기사의 링크를 복사하여 캔바의 활동지에 붙여 넣습니다. 속담이 사용되는 상황 맥락에 적합한 내용의 기사를 찾는 것이 어려우므로 교사는 학생들에게 검색 시간을 충분히 제공합니다.

빅카인즈 사용 방법

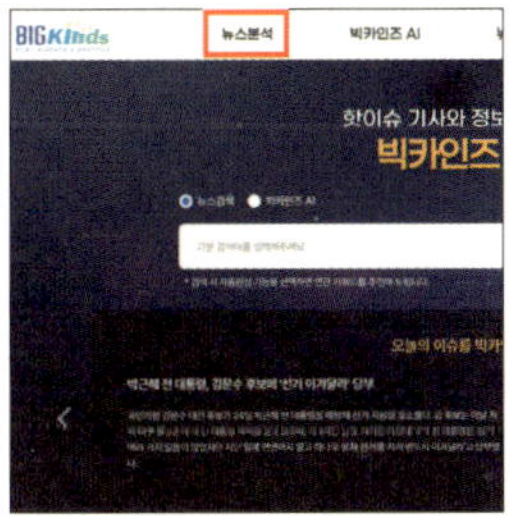

① '뉴스 분석' 클릭

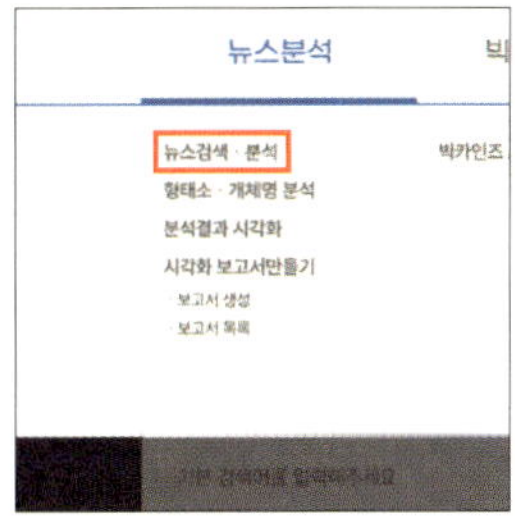

② '뉴스 검색·분석' 클릭

③ 검색어 입력 후 '기간'-'1년'으로 설정

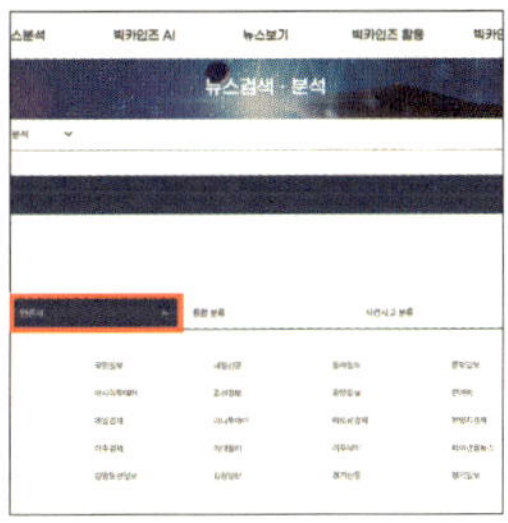

④ '언론사'는 전체 언론사 유지

⑤ '통합 분류'에서 '정치', '경제' 제외하고 선택

⑥ 기사 탐색 후 기사 선택

⑦ 복사 아이콘 클릭

4. 속담을 활용한 기사 제목 창작하기

학생들은 속담별로 찾은 3개의 기사 중, 속담의 상황 맥락과 가장 잘 어울리는 뉴스 기사 1개를 선택합니다. 해당 기사의 제목을 속담을 활용하여 새로 창작해 봅니다. 기사 제목 하단에는 기사의 핵심 내용을 2~3줄로 요약하고, 왜 이 속담이 해당 기사에 어울리는지 이유도 덧붙여

작성합니다. 이 과정에서 교사는 학생들이 기사 요약에 지나치게 많은 시간을 쓰지 않도록 지도합니다. 만약 시간적 여유가 있다면 기사 제목 창작 개수를 늘려도 좋습니다.

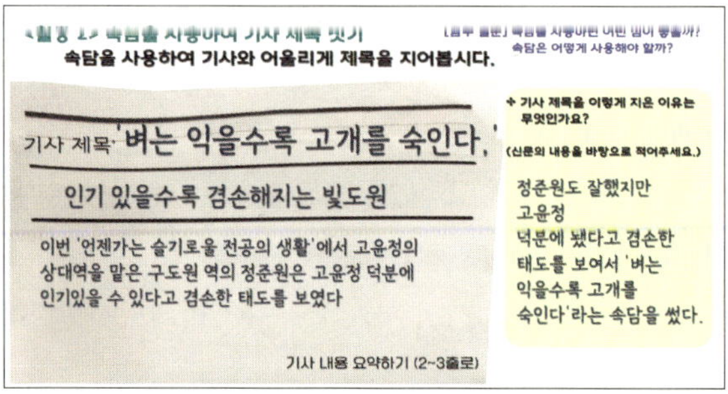

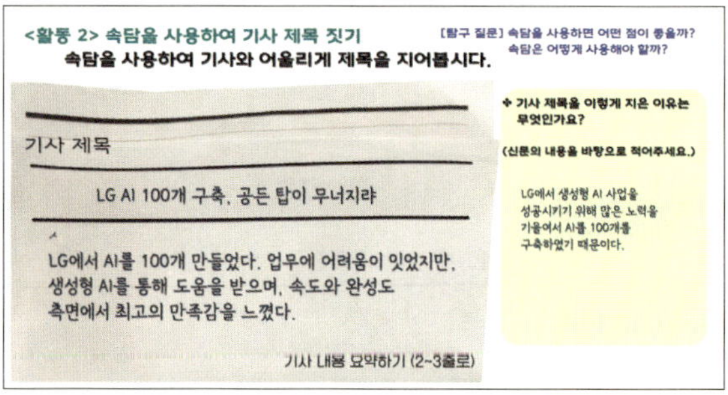

학생 결과물

수업 tip

☑ 캔바 활동지를 모둠별로 만든 후, 모둠별 활동지 링크를 구글 클래스룸 또는 QR 코드로 미리 공유하면 빠르게 활동을 시작할 수 있습니다. 여건상 캔바 사용이 어렵다면, 활동지를 인쇄하여 사용합니다.

픽셀 그림으로 시작하는 영어 대화

피스켈(Piskel)

초등학교 영어 과목은 기초적인 표현을 익히고, 실생활과 연결하여 실제적인 언어 경험을 제공하는 것이 중요합니다. 학생들은 말하고 싶은 대상을 직접 선택하고, 친구와 자연스럽게 질문과 대답을 주고받는 과정을 통해 학습에 몰입할 수 있습니다. 따라서 단순히 표현을 반복하는 데 그치지 않고, 말할 거리와 표현할 동기를 함께 제공하는 수업이 필요합니다.

'피스켈(Piskel)'은 로그인 없이 접속하여 픽셀 스타일로 자유롭게 그릴 수 있는 웹사이트입니다. 아이콘이 그림으로 되어 있어 초등학생도 직관적으로 사용할 수 있으며, 픽셀 단위로 색을 채우기 때문에 빠르게 그림을 완성해 냅니다. 또한, 경계를 넘어가거나 실수할까 봐 걱정하는 학생들에게 채색의 부담을 덜어 주고 심리적 안정감을 줍니다. 이를 통해 학생들은 수업의 본질인 색깔 관련 영어 표현을 묻고 답하는 활동에 더욱 집중할 수 있습니다.

'픽셀 그림으로 시작하는 영어 대화' 수업에서 학생들은 지신이 그리고 싶은 대상을 선택하고 픽셀로 표현하면서 영어 대화의 소재를 스스로 만들어 냅니다. 자신이 만든 픽셀 그림을 바탕으로 짝과 대화를 연습하고, 픽셀 그림 맞히기를 통해 주요 표현을 반복적으로 익힙니다. 학생들은 직접 만든 그림을 바탕으로 대화를 이어가기 때문에 자연스럽고 의미 있는 언어 맥락 속 대화를 경험하게 됩니다.

수업의 이모저모

- 관련 과목: 영어
- 학년: 3~4학년군
- 난이도: 중
- 수업 시간: 1차시
- 준비물: 디지털 기기, 활동지

1. 주요 표현 익히기

먼저 교사는 학생들에게 "What color is it?", "It's orange."를 주요 표현으로 지도합니다. 그다음 교실의 TV 화면으로 교과서에 수록된 주요 표현 영상을 보여 줍니다. 학생들은 주요 표현을 듣고 따라 말해 봅니다. 교사는 어떤 상황에서 해당 표현을 말할 수 있는지 질문하고 학생들은 이에 대답합니다. 학생들은 해당 표현의 발음과 의미를 정확하게 이해하고 자신 있게 말할 수 있도록 연습합니다.

2. 픽셀 그림 그리기

학생들은 대화 활동의 소재가 될 픽셀 그림을 직접 그려 봅니다. 동물, 과일, 채소, 사물 등 자신이 좋아하는 대상을 하나 골라 픽셀 스타일로 표현합니다. 먼저 피스켈에 접속해 노란색 박스의 'Create Sprite'를 클릭한 후, 왼쪽 메뉴바에서 작은 사각형부터 큰 사각형까지 선택해 봅니다. 이 사각형을 눌러 펜과 지우개의 크기를 조절할 수 있습니다. 학생들은 펜의 크기를 설정한 뒤, 펜 아이콘을 클릭하여 그림을 그립니다.

픽셀을 하나하나 채우지 않고 배경 색을 한 번에 바꾸고 싶은 경우, 왼쪽 메뉴바에서 페인트 통 아이콘을 클릭합니다. 이어서 왼쪽 메뉴바의 팔레트 색상을 바꾸면 펜과 페인트 통의 색이 바뀝니다. 이때, 교사는 학생들에게 2가지 이상의 색을 사용하도록 안내합니다. 지우고 싶은 부분이 있다면 왼쪽 메뉴바에서 지우개 아이콘을 클릭해 수정할 수 있습니다. 이러한 방법으로 자유롭게 픽셀을 채우며 그림을 완성한 후에는 자신이 사용한 색깔이 영어로 무엇인지 사전이나 교과서를 참고하여 기록해 둡니다.

픽셀 그림 제작 방법

① 'Create Sprite' 클릭

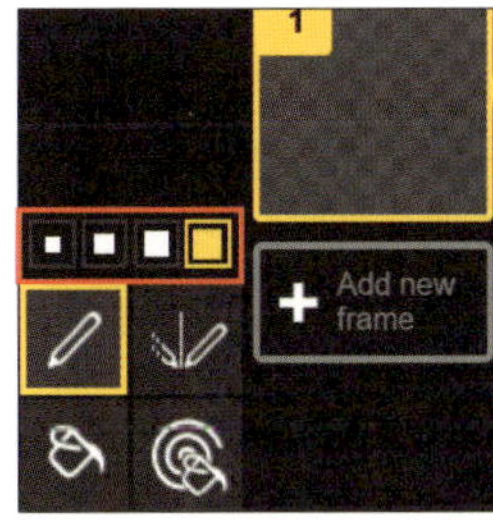

② 원하는 크기의 사각형을 클릭해 펜, 지우개 크기 조정

③ 펜 아이콘 클릭하고 그림 그리기

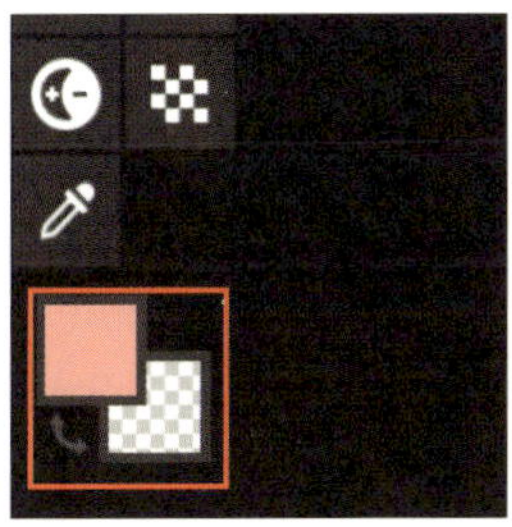

④ 팔레트 아이콘 클릭

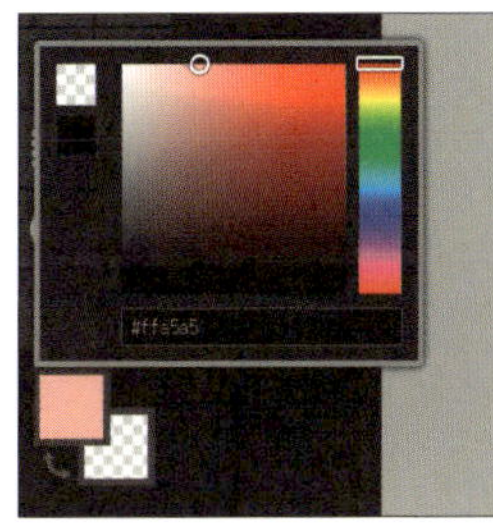

⑤ 원하는 색 클릭

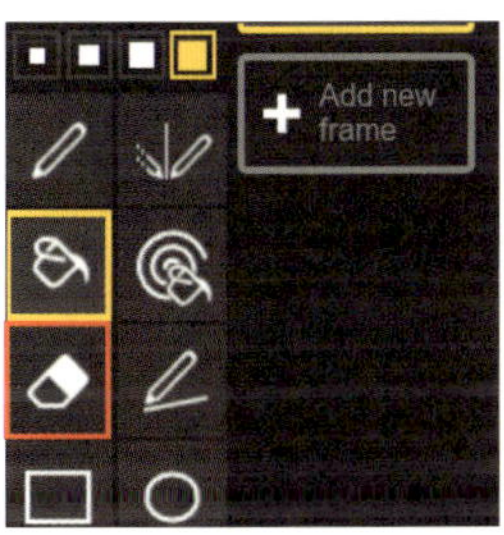

⑥ 수정 시, 지우개 아이콘 클릭하여 삭제

⑦ 픽셀 채우며 그림 완성

학생 결과물

3. 대화문 채우며 말하기 연습하기

교사는 학생들에게 활동지를 나누어 주고, 학생들은 2명씩 짝을 지어 A와 B 역할을 나눕니다. 디지털 기기를 책상 위에 올려놓고 서로의 그림이 잘 보이도록 위치를 조정한 다음, 서로의 픽셀 그림을 보며 질문하고 대답하는 방식으로 대화를 합니다. 그다음 학생들은 활동지의 빈칸에 대화 내용을 영어로 직접 작성한 후, 역할을 바꿔서 다시 한번 대화를 나눠 봅니다. 이처럼 대화문을 반복해 읽으면서 학생들은 자연스럽게 말하기 연습을 해 볼 수 있습니다.

A: What color is it? (이건 무슨 색이야?)
B: It's Red and Brown. (이건 __와 __색이야.)

A: What color is it? (이건 무슨 색이야?)
B: It's white and Pink. (이건 __와 __색이야.)

A: What color is it? (이건 무슨 색이야?)
B: It's red and green. (이건 __와 __색이야.)

대화문 빈칸 채우기

4. 픽셀 그림 맞히기

학생들이 대화 연습을 충분히 했다면 교사는 픽셀 그림 맞히기 퀴즈를 진행합니다. 학생들은 자신의 픽셀 그림을 다운로드하기 위해 오른쪽 메뉴바에서 액자 아이콘을 클릭합니다. 'Scale'은 최대로 설정하고 파일 형식은 'PNG'로 한 뒤, 'Download'를 클릭합니다. 교사가 보여 주는 QR 코드를 스캔해 패들렛에 접속하고 다운로드한 그림을 업로드합니다.

그다음 교사는 학생들의 픽셀 그림이 업로드된 패들렛 화면을 교실 TV에 띄웁니다. 문제를 낼 학생이 앞으로 나와 그림 중 하나를 마음속으로 선택합니다. 앉아 있는 학생들은 동시에 "What color is it?"라고 외칩니다. 출제 학생은 "It's red." 등 선택한 그림의 색상 중 하나를 말합니다. 대답을 듣고 학생들은 어떤 그림인지 유추해 발표하고, 정답이 아니면 다시 질문합니다. 이렇게 출제 학생은 스무고개처럼 힌트를 하나씩 덧붙이고, 학생들은 질문과 답변을 반복하며 정답을 유추해 갑니다. 정답을 맞힌 학생은 다음 출제자가 됩니다. 이 활동을 통해 학생들은 서로의 작품을 감상하고 주요 표현을 반복해 익힐 수 있습니다.

픽셀 그림 다운로드 방법

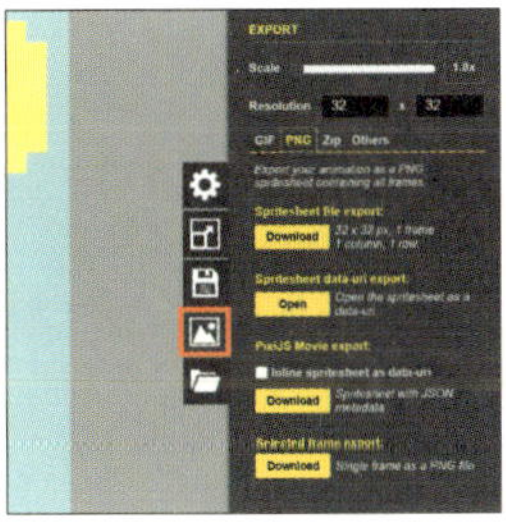

① 액자 아이콘 클릭

② 'Scale' 최대로 설정

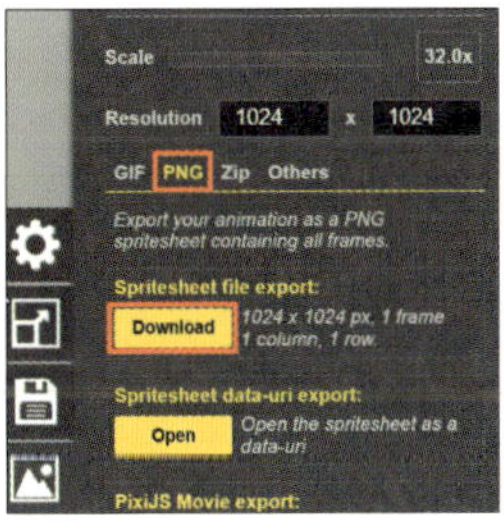

③ 'PNG'–'Download' 클릭

수업 tip

☑ 피스켈 웹사이트는 자동 저장 기능이 없으므로, 교사는 학생들이 작업 중에 해당 웹사이트를 이탈하지 않도록 미리 안내합니다.

Reading Man 게임

리드 어롱(Read Along)

영어 말하기는 언어 학습의 기초이자 핵심이지만, 교사는 학생들의 발음을 일일이 교정해 주기 어렵고, 학생들은 영어로 말하는 것을 두려워하며 시도 자체를 주저합니다. 이때 에듀테크를 활용하여 성취도에 따른 점수 부여, 경쟁 등과 같은 게이미피케이션(gamification) 요소를 접목하면 학생들의 부담은 낮추면서도 적극적인 참여를 끌어내는 데 도움이 됩니다. 또한 교사의 피드백 부담이 줄어들고, 학생들은 개별적인 피드백을 수시로 받을 수 있습니다.

'리드 어롱(Read Along)'은 다양한 수준의 영어 동화 지문과 AI 기반 음성 인식, 평가 기능을 결합한 에듀테크 도구입니다. 학생들이 영어 동화책의 지문을 듣고 따라 말하면, AI가 유창성과 정확성을 즉시 평가하며 어느 단어의 발음이 부정확한지 표시해 줍니다. 또한, 성취도에 따라 별의 개수가 차등으로 지급되는 게이미피케이션 요소가 있어 학생들은 즉각적으로 결과를 확인하고, 성취감을 느낄 수 있습니다.

'Reading Man 게임' 수업에서는 리드 어롱의 장점을 활용하여 다양한 개인전 게임을 진행합니다. 학생들은 교사가 미리 지정해 준 영어 동화책으로 꾸준히 연습하여 게임에 참여합니다. 이를 통해 학생들은 부담 없이 영어 말하기에 도전하고, 반복적 연습을 통해 자연스럽게 영어 말하기 능력과 자신감을 향상할 수 있습니다.

수업의 이모저모

- 관련 과목: 영어
- 학년: 5~6학년군
- 난이도: 중
- 수업 시간: 1차시
- 준비물: 디지털 기기, 개별 이어폰(마이크 내장)

1. 영어 동화책 고르기

교사는 수업 전 리드 어롱에 접속하여 수업에 사용할 동화책을 고릅니다. 이때, 각 팀의 수준에 따라 동화책을 선정해야 합니다. 학생들의 영어 수준을 고려하여 3개의 팀으로 나누고, 팀별로 읽어야 하는 영어 동화책의 난이도와 읽어야 하는 책의 권수를 다르게 제시합니다. 예를 들어 5km, 10km, 20km로 팀을 나눌 경우, 5km 팀은 level 1 난이도 영어책 3권 읽기, 10km 팀은 level 2 난이도 영어책 2권 읽기, 20km 팀은 level 3 난이도 영어책 1권 읽기와 같이 팀별 다른 난이도의 과제를 제시합니다. 동화책을 고를 때는 책 하단에 있는 level 숫자 표시를 참고하면 좋습니다. 총 1~3의 난이도로 구성되어 있는데, 초등학교 5~6학년 교과서 수준에 적합한 책은 'level 2'입니다.

리드 어롱에 표시된 책의 난이도

2. 팀 선택 및 리드 어롱 접속하기

먼저 학생들은 팀을 나누어 분단 별로 앉습니다. 팀은 앞의 예시와 같이 5km, 10km, 20km로 총 3팀으로 구성하고, 교사는 팀별로 달성해야 하는 과제를 안내합니다. 학생들은 각자 자신의 수준에 맞는 팀을 고릅니다. 대부분의 학생은 가장 높은 level인 20km 팀에 가는 것을 선호하지 않기 때문에, 학급의 상황에 맞게 팀별 달성 과제를 수정하는 등 교사의 적극적인 응원과 격려가 필요합니다. 학생들은 리드 어롱 사이트에 접속하거나 앱을 설치한 후 접속하여 자신의 구글 계정으로 로그인합니다.

팀별 달성 과제 제시하기

3. 영어 그림책 읽기 연습하기

교사는 패들렛에 제시한 팀별 미션 화면을 학생들에게 공개합니다. 학생들은 리드 어롱에서 팀별 미션으로 지정된 영어 동화책을 찾아 선택합니다. 그다음 각자 이어폰을 끼고 동화책 1권당 3번 이상씩 듣고 따라 말해 봅니다. 책의 단어를 클릭하면 원어민의 발음이 재생되고, 따라 한 발음이 잘못되면 빨간색으로 밑줄이 생깁니다. 교사는 이러한 사용 방법을 학생들에게 미리 안내해 주고 스스로 연습할 시간을 줍니다. 처음에는 영어 발음을 들으며 연습하다가 나중에는 영어 발음을 듣지 않고도 혼자서 자연스럽게 말하는 연습을 하도록 지도합니다.

교실이 너무 조용하면 학생들이 말하기를 부담스러워합니다. 이때 교사는 경쾌한 배경 음악을 틀어 주어 영어로 말할 수 있는 편안한 분위기를 조성합니다. 따로 수업 시간을 할애할 수도 있으나 평소 자투리 시간마다 리드 어롱을 연습시키면 영어 실력 향상에 효과적입니다.

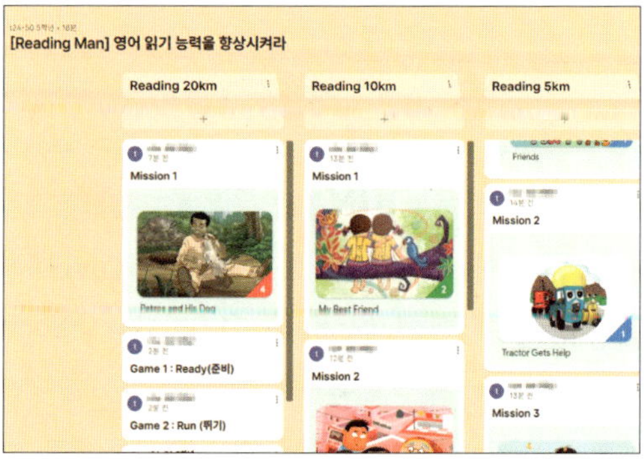

패들렛으로 제시한 팀별 미션 화면

4. 게임 사전 준비하기

게임을 시작하기 전, 교사는 팀별 패들렛 소회의실 링크를 배포하여 학생들이 입장하도록 안내합니다. 패들렛 1개 내에 팀별 섹션을 따로 만든 후 소회의실 링크를 공유하면, 교사는 모든 팀의 자료를 한눈에 파악할 수 있으면서도 학생들은 자신이 속한 팀 게시물만 볼 수 있어 집중도가 높아집니다.

먼저 교사는 패들렛에서 팀별 섹션을 개설합니다. 그다음 사이드바의 '공유'를 클릭합니다. 이어서 나타나는 공유 옵션에서 다시 한번 '공유' 항목을 선택한 뒤, 하위 메뉴 중 '소회의실'을 클릭하면 소회의실별로 고유한 링크가 생성됩니다. '링크 복사'를 눌러 원하는 소회의실의 링크를 복사한 후 학생들에게 전달하면, 각자 해당 소회의실 패들렛 화면으로 바로 이동해 활동을 진행할 수 있습니다.

소회의실 링크 생성 방법

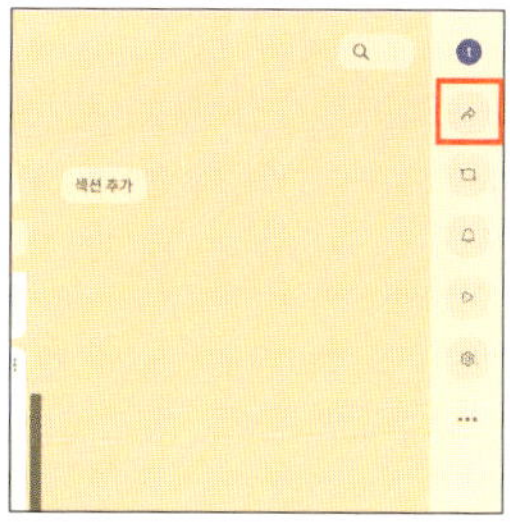

① 사이드바의 '공유' 클릭

② '공유' 클릭

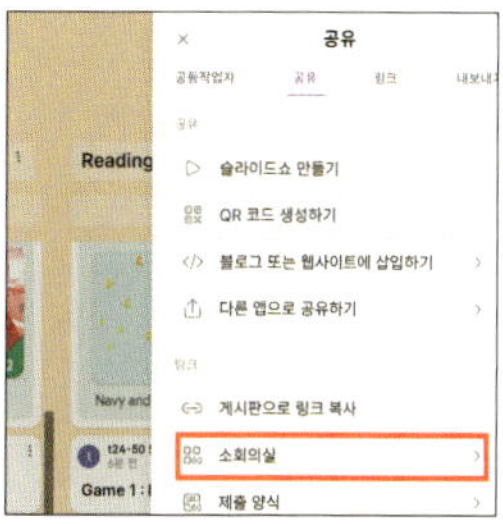

③ '소회의실' 클릭

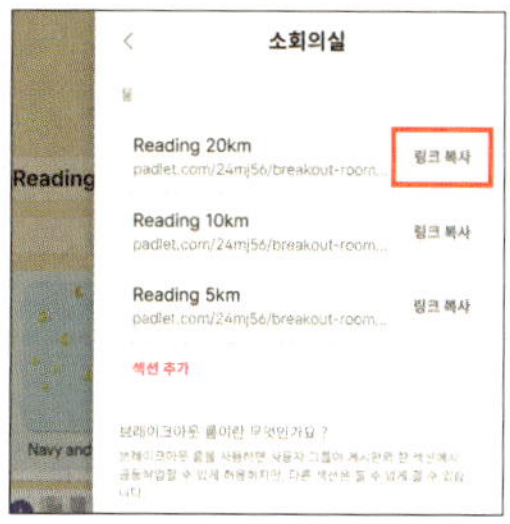

④ '링크 복사' 클릭

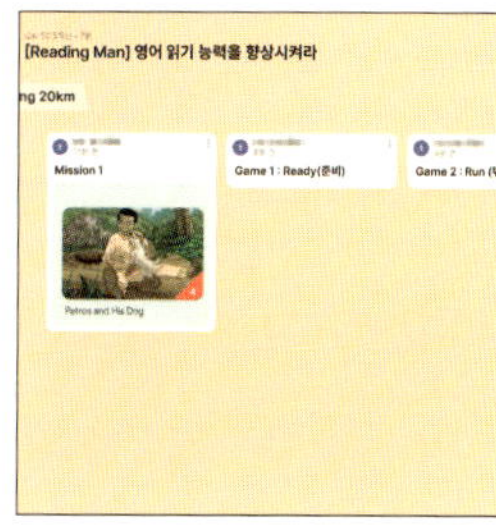

⑤ 소회의실별 패들렛 화면

이 게임은 Ready(준비)–Run(달리기)–Finish(완주)의 3단계로 게임이 진행됩니다. 개인전에서 학생들은 같은 팀 내의 친구들과 경쟁하게 됩니다. 학생들은 패들렛 게시물 속 각 단계의 미션을 해결하고, 댓글에 결과 화면을 캡쳐하여 업로드합니다. 댓글에 파일을 첨부하기 위해서

댓글 파일 첨부 방법

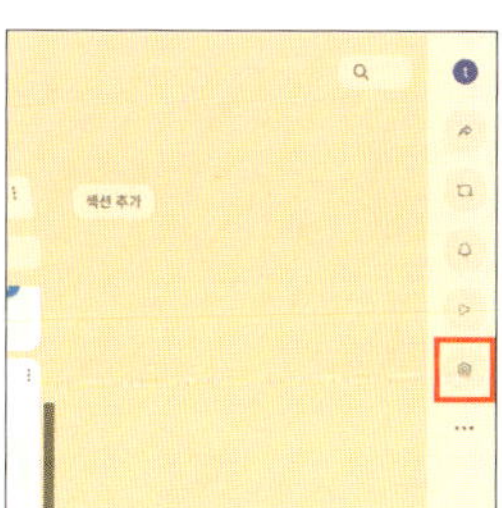

① '설정' 아이콘 클릭

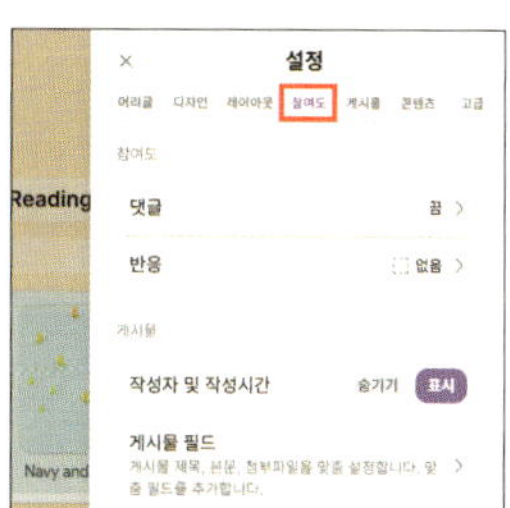

② '참여도' 이동 후 '댓글' 클릭

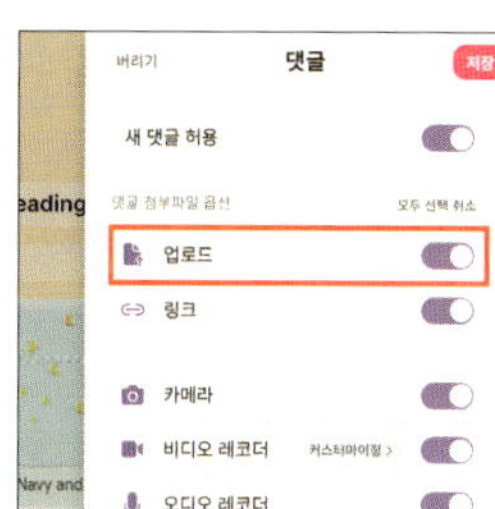

③ '업로드' 클릭

는 별도의 설정이 필요합니다. 학생들은 먼저 사이드바의 '설정' 아이콘을 클릭합니다. 메뉴에서 '참여도'로 이동한 뒤, 댓글을 클릭하고 '업로드'를 활성화합니다. 이렇게 하면 학생이나 참여자는 댓글을 작성할 때 이미지, 문서, 오디오 등 다양한 파일을 직접 업로드하여 첨부할 수 있습니다.

5. Reading-Man 게임하기

1단계-준비(Ready)

학생들은 모르는 발음이 없도록 정확한 발음에만 집중하며 영어 동화책의 지문을 말합니다. 지문을 다 말한 후, 얻은 별의 개수가 담겨 있는 결과 화면을 캡처해 각자 팀 패들렛 섹션에 댓글로 업로드합니다. 이때, 발음의 정확성에 따라 별의 개수가 달라집니다. 또한, 말하는 중간에 간혹 독해 문제가 등장하기도 하는데, 이 게임은 말하기에 초점을 맞춘 활동이므로 독해 문제를 건너뛰고 싶은 학생은 넘어가도 된다고 안내합니다.

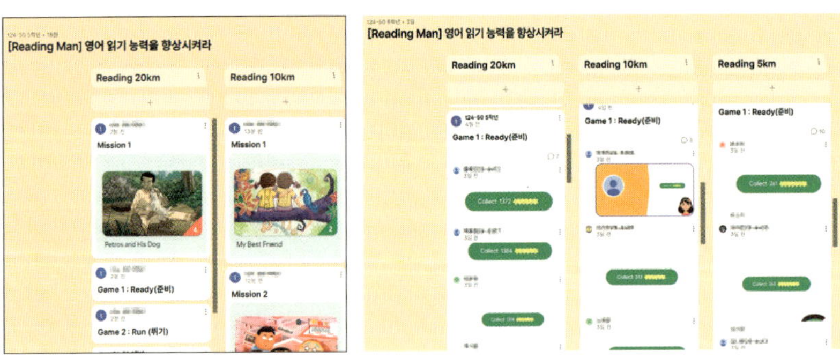

1단계 미션 수행 결과

2단계-달리기(Run)

이번에는 속도를 겨루는 단계입니다. 학생들은 동화책 속 영어 문장을 최대한 빠르게 말합니다. 말하는 중간에 나오는 독해 문제는 화살표를 눌러 재빨리 건너뜁니다. 활동이 끝나면, 동화책을 끝까지 다 말하는데 얼마나 걸렸는지 알려 주는 결과 화면이 뜹니다. 이를 캡처해 패들렛에 올립니다. 결과 화면이 빠르게 지나가기 때문에 캡처하기 어려운 경우 시간만 기록하여 댓글을 작성합니다.

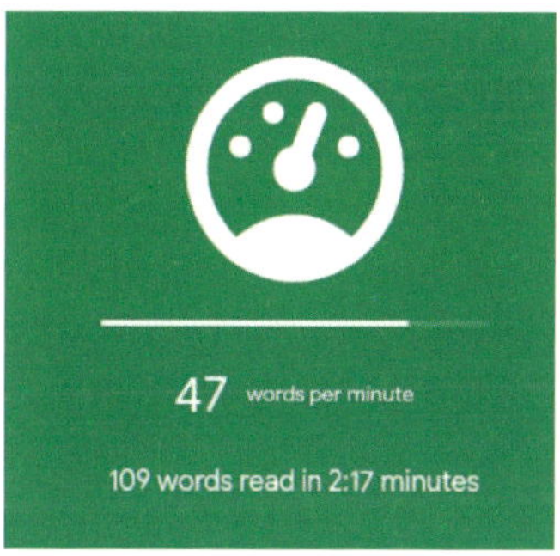

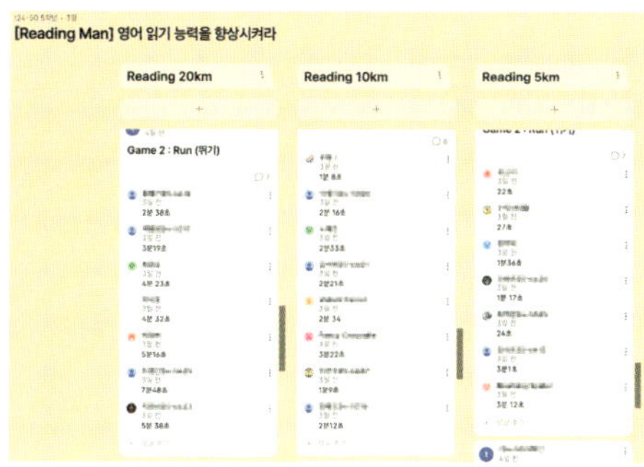

2단계 미션 수행 결과

3단계-완주(Finish)

마지막 단계에서는 발음 정확도와 말하기의 유창성 모두 충족해야 합니다. 학생들은 빠르지만 정확하게 문장을 말하고, 패들렛에 걸린 시간과 별의 개수가 나온 결과 화면을 캡처해서 댓글로 올립니다. 누가 가장 그 팀에서 잘했는지를 선정하기보다는 자신이 발음의 정확성과 읽기의 유창성 중 어디에 강점이 있는지 성찰해 보도록 합니다. 이어서 성찰 결과를 바탕으로 앞으로 영어 읽기 실력을 향상하기 위해 어떤 노력을 하면 좋을지 함께 이야기해 봅니다.

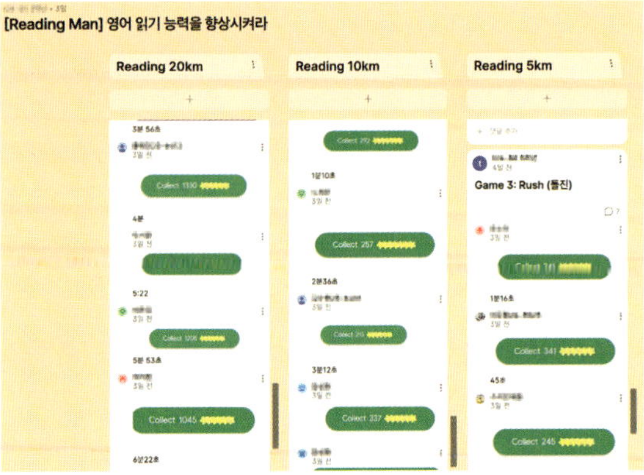

3단계 미션 수행 결과

수업 tip

- ☑ 영어 말하기 실력을 단기간에 향상 시키기는 매우 어렵습니다. 따라서 학생들이 매주 정해진 시간에 꾸준히 리드 어롱을 사용해 연습하도록 지도합니다.
- ☑ 별의 개수가 얼마나 많고, 말하는 속도가 몇 분인지에 주목하기보다는 예전과 비교했을 때 영어로 긴 글을 유창하게 읽을 수 있게 된 '성장'에 초점을 두고 피드백합니다.

②

수학, 과학

수학

나만의 음악 규칙

크롬 뮤직랩 - 송메이커(Chrome Music Lab - Song Maker)

수학 교과에서 규칙을 찾고 표현하는 활동은 학생들의 논리적 사고를 기르는 데 중요한 역할을 합니다. 이러한 규칙성은 음악에서도 자주 발견됩니다. 음악의 리듬과 멜로디에는 일정한 패턴이 존재하는데, 이를 이해하고 새로운 방식으로 표현하는 과정은 학생들이 창의성과 문제 해결 능력을 키우는 데 도움이 됩니다. 따라서 수학 수업에서 음악을 활용하면 학생들에게 색다르고 흥미로운 학습 경험을 제공할 수 있습니다.

'크롬 뮤직랩(Chrome Music Lab)'은 구글에서 개발한 웹 기반의 음악 실험실로, 학생들이 음악의 다양한 요소를 쉽고 재미있게 탐구하고 표현할 수 있도록 설계된 에듀테크 도구입니다. 디지털 기기가 익숙하지 않은 저학년 학생들도 로그인 없이 쉽게 사용할 수 있고, 특히 '송메이커(Song Maker)'는 계이름을 몰라도 피아노처럼 자유롭게 활용할 수 있어 다양한 방식의 음악 표현이 가능합니다.

'나만의 음악 규칙' 수업에서 학생들은 음악 속 규칙을 직접 발견하고, 자신만의 규칙을 만들어 봅니다. 이를 통해 학생들은 자신이 만든 규칙을 음악으로 표현해 보며, 음악 속 규칙 찾기 활동에 자연스럽게 흥미를 갖고 적극적으로 참여할 수 있습니다.

수업의 이모저모

- 관련 과목: 수학
- 학년: 1학년 2학기
- 난이도: 하
- 수업 시간: 1차시
- 준비물: 디지털 기기, 활동지, 색연필

1. 우리 주변에서 규칙 찾기

교사는 학생들과 우리 주변에서 발견할 수 있는 다양한 규칙들을 찾아보고 이야기 나누는 활동을 진행합니다. 이때, PPT를 활용하여 일상 속 규칙이 담긴 사진을 보여 줍니다. 예를 들어, 횡단보도 사진을 제시하며 "이 그림에서 어떤 규칙을 찾을 수 있을까요?"라고 묻습니다. 학생들은 흰색과 검은색이 번갈아 반복되는 무늬를 보며 "줄무늬가 반복돼요!", "하얀색-검은색이 계속 똑같이 나와요!"와 같이 스스로 규칙을 발견하고 대답해 봅니다.

다음으로는 줄무늬 양말 사진을 보여 주며 "이 양말에도 규칙이 있을까요?"라고 질문합니다. 학생들은 색깔이 일정한 순서로 반복되는 패턴을 보고 "주황색-보라색이 계속 반복돼요!" 등의 의견을 나눕니다. 이 과정을 통해 학생들은 주변 사물 속에서 반복되거나 일정한 순서를 가지는 것이 '규칙'이라는 개념을 자연스럽게 익히게 됩니다.

우리 주변에서 규칙 찾기 PPT

2. 나만의 소리 규칙 만들기

이번에는 소리 규칙에 대해 함께 이야기 나눠 봅니다. 교사는 경찰차의 사이렌 소리, 시곗바늘 소리 등 생활 주변에서 쉽게 접할 수 있는 다양한 소리를 들려주고 소리에도 규칙이 있다는 것을 알려 줍니다. 그다음 학생들은 활동지에 나만의 소리 규칙을 색연필로 나타내 봅니다. 송메이커를 활용해 소리를 표현할 예정이기 때문에 교사는 학생들에게 사용할 수 있는 색들을 미리 알려 주는 것이 좋습니다.

송메이커에서는 빨강, 주황, 노랑, 연두, 초록, 파랑, 보라 색으로 소리를 표현할 수 있어 학생들은 가지고 있는 색연필 중 여기에 해당하는 색들만 사용해서 규칙을 표현하도록 합니다. 저학년일 경우, 너무 많은 색을 사용하면 규칙을 표현하기 어려우므로 2~3가지 색깔을 선택하도록 합니다. 소리 규칙 만들기 활동지는 학생들의 수준에 맞춰 조정할 수 있으므로, 활동이 어려운 학생은 규칙을 1개만 만들고, 조금 더 다양한 규칙을 만들고 싶어 하는 학생은 3개까지 만들어 봅니다.

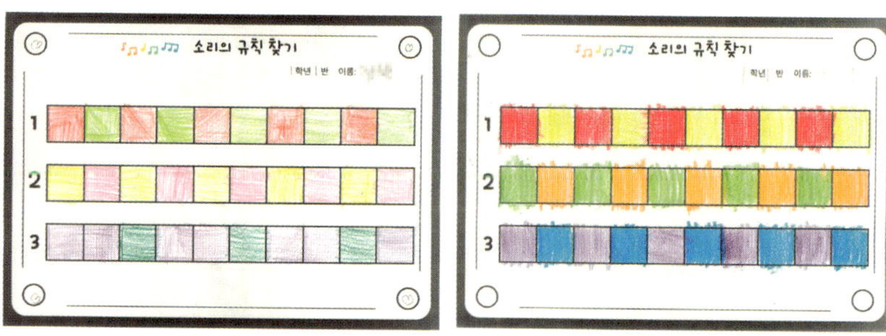

나만의 소리 규칙 찾기

만약 학생들이 색깔로 표현하기 어려워한다면 교사가 미리 규칙을 제시해 주고 어떤 규칙이 있는지 찾아보게 하는 것도 도움이 됩니다. 예를 들어 빨강-주황-빨강-주황의 그림을 보여 주며 여기에 어떤 규칙이 있는지 찾아보게 한다면 자신이 어떤 규칙을 넣어 표현해야 할지 쉽게 이해할 수 있습니다. 학생들은 학습지에 소리의 규칙을 모두 완성한 후,

짝과 함께 활동지를 공유하면서 어떤 규칙이 있는지 이야기 나눕니다.

3. 크롬 뮤직랩으로 음악 만들기

이번에는 자신이 만든 소리 규칙을 실제 음악으로 표현해 봅니다. 먼저 학생들은 디지털 기기를 활용하여 크롬 뮤직랩의 송메이커에 접속합니다. 그다음 활동지에 자신이 표현한 색깔대로 송메이커 화면에 표현합니다. 만약 색깔 선택을 잘못했을 경우, 삭제하고 싶은 색을 한 번 더 클릭하도록 안내합니다.

송메이커에 색을 모두 표현했다면 좌측 하단에 있는 'Play'를 클릭해서 음악을 실행해 봅니다. 그다음 가운데 'Tempo'를 조절해서 자신이 원하는 음악의 속도를 찾아봅니다. 또는 'Play' 옆에 있는 악기를 변경하

나만의 음악 규칙 제작 방법

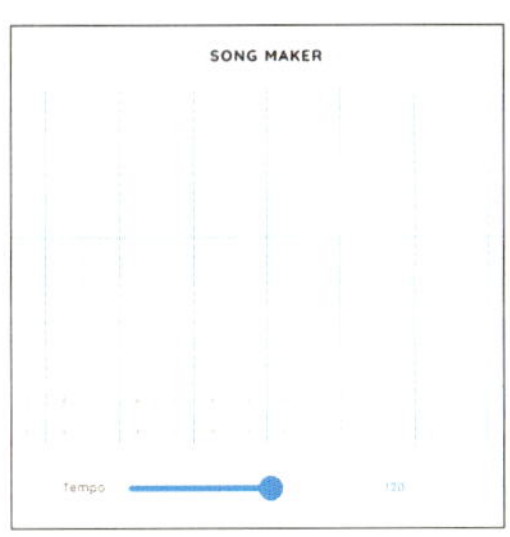

① 크롬 뮤직랩(송메이커) 접속

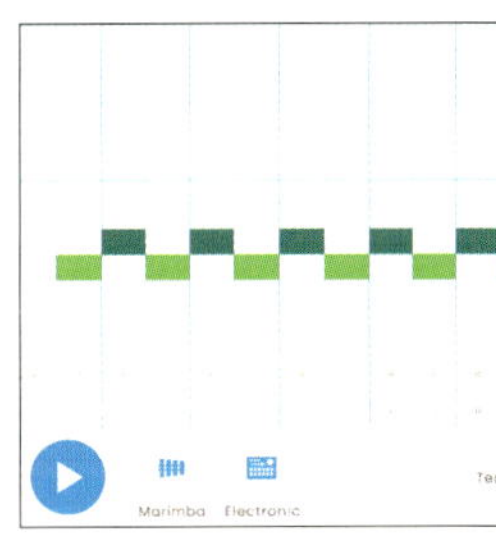

② 활동지에 있는 규칙 표현

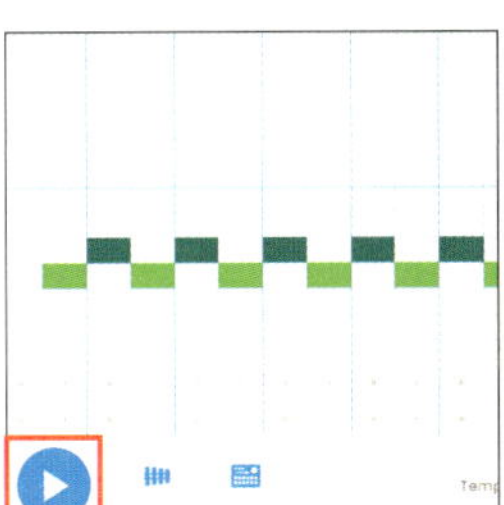

③ 'Play' 아이콘 클릭

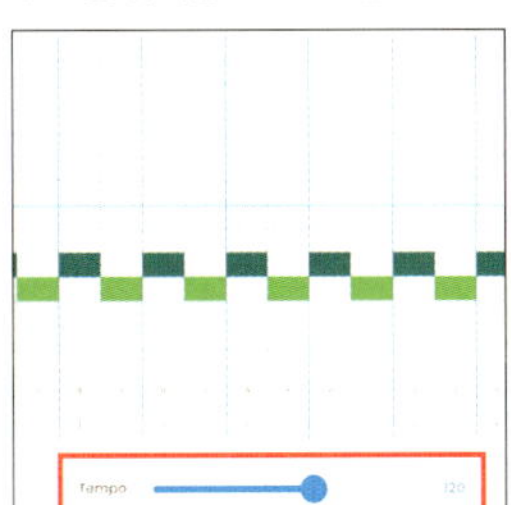

④ 'Tempo' 조절

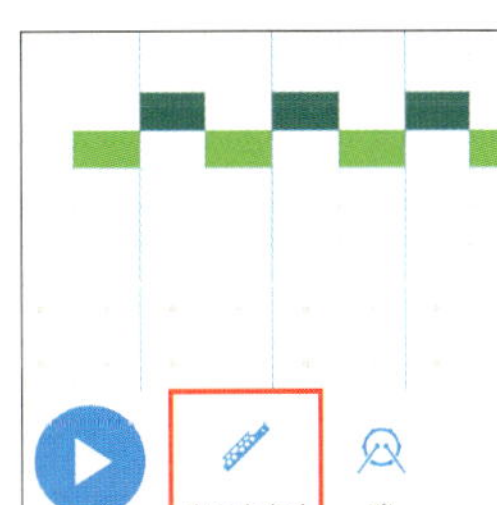

⑤ 악기 선택

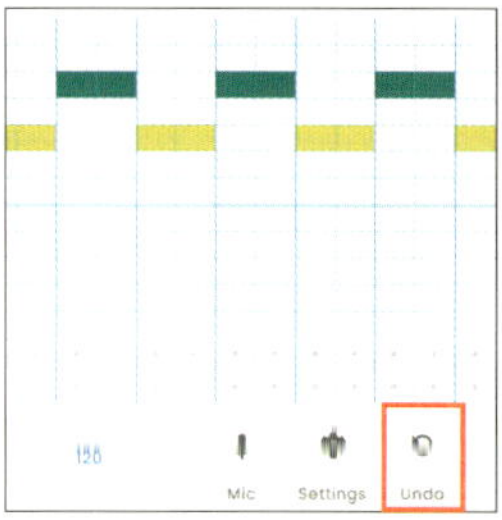

⑥ 'Undo' 클릭하여 이전 작업 취소

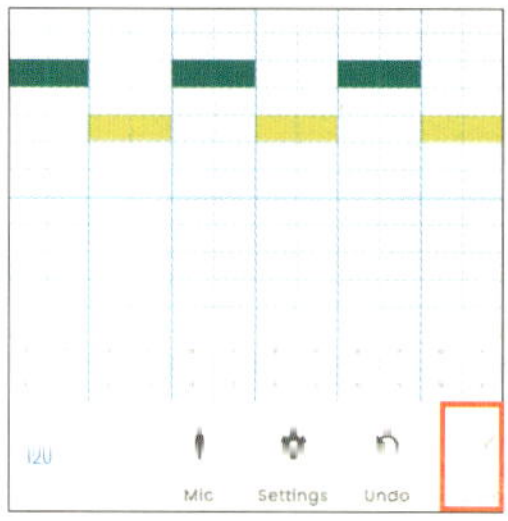

⑦ 'Save' 클릭하여 결과물 저장

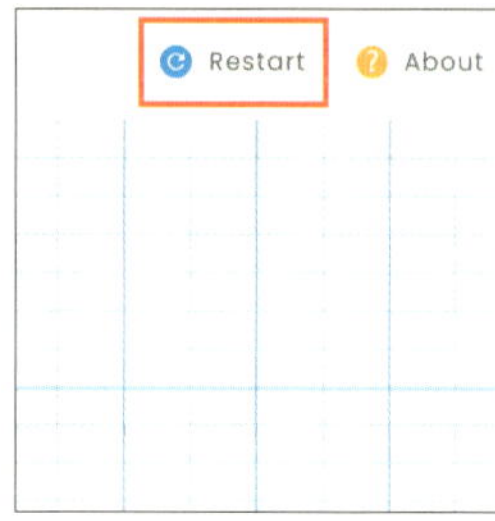

⑧ 다시 시작할 경우 'Restart' 클릭

여 자신이 만든 음악과 어울리는 악기의 소리도 탐색해 봅니다. 다른 소리의 규칙을 입력하기 위해서는 우측 상단의 'Restart'를 클릭하여 삭제합니다. 영어를 잘 모르는 저학년의 경우, 교사가 이모티콘의 모양이나 색깔로 설명해 줍니다. 학생들은 활동지에 표현한 3개의 규칙을 모두 송메이커로 만들어 본 후 가장 마음에 드는 음악 규칙을 선택합니다.

4. 작은 음악회 열기

학생들은 자신이 표현한 규칙 중 가장 마음에 드는 곡을 선택하여 발표해 봅니다. 발표 전, 곡과 어울리는 제목을 직접 지어 보는데, 이 과정에서 학생들은 곡에 대한 느낌이나 생각을 좀 더 깊게 해 볼 수 있습니다.

자신의 곡을 친구들 앞에서 발표할 때는 실물화상기로 화면을 보여주며 음악을 들려 줍니다. 학생들은 친구들의 연주를 감상하며 크롬 뮤직랩(송메이커)에 표현한 규칙을 함께 찾아봅니다. 이를 통해 학생들은 규칙에 따라 다양한 느낌의 곡이 완성되는 것을 알 수 있습니다.

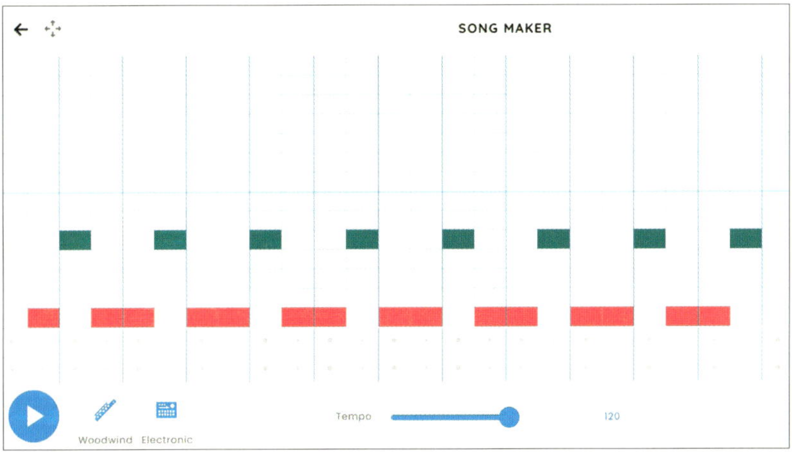

학생 결과물

수업 tip

☑ 모든 학생이 음악을 발표하는 건 시간상 어렵습니다. 이때, 교실 갤러리워크 활동을 통해 다양한 곡을 감상해 볼 수 있습니다. 먼저, 학생들을 두 팀으로 나눠 한 팀은 자신의 음악을 들려줄 수 있도록 자기 자리에 앉아서 준비합니다. 다른 한 팀은 교실을 돌아다니며 여러 학생의 음악을 듣습니다. 일정 시간이 지나면 역할을 바꿔 학생들이 최대한 여러 학생의 결과물을 살펴볼 수 있는 시간을 가져 봅니다.

수학

칠교놀이로 맞춤형 도형 놀이

폴리패드(Polypad)

여러 가지 도형을 학습할 때, 삼각형과 사각형의 경우 칠교판을 활용하면 도형을 직접 탐색하고 조작할 수 있어 효과적입니다. 그러나 실물 칠교판은 교사가 학생들에게 같은 조각을 충분히 나눠 주기 어렵고, 조작 실수 시 수정이 어렵다는 한계가 있습니다.

'폴리패드(Polypad)'는 평면 도형을 조작할 수 있는 에듀테크 도구로, 설치나 로그인 없이 사용할 수 있어 편리합니다. 같은 도형을 복사하거나 되돌리는 기능이 있어서 조각을 자유롭게 조작하는 게 가능하고, 색을 다양하게 바꿀 수 있어 창의적인 표현도 가능합니다. 또한 반복 무늬 만들기, 대칭 모양 만들기, 넓은 공간에 도형으로 표현하기 등도 손쉽게 할 수 있으며, 실물 교구가 필요 없기 때문에 교구 준비 과정의 번거로움도 없습니다.

'칠교놀이로 맞춤형 도형 놀이' 수업은 삼각형, 사각형, 원의 개념과 특징을 배우고 난 후 단원을 마무리하는 활동입니다. 학생들은 스스로 칠교놀이 미션 단계를 선택해 수행하고, 나만의 도형 조합과 배치로 평소에 관심 있는 마을 건물을 만듭니다. 이 과정을 통해 학생들은 자신의 수준과 흥미에 맞는 맞춤형 학습이 가능하며, 자연스럽게 도형 감각과 창의력을 기를 수 있습니다.

수업의 이모저모

- 관련 과목: 수학, 통합교과(마을)
- 학년: 2학년 1학기
- 난이도: 하
- 수업 시간: 2차시
- 준비물: 디지털 기기, 활동지

1. 칠교 도형 자유 탐색하기

학생들이 폴리패드 도형 조작에 익숙해지도록 칠교 도형으로 자유롭게 탐색할 시간을 마련합니다. 먼저 폴리패드 홈 화면에서 '폴리패드 실행'을 클릭한 후, 파란색 'Start a New Polypad'를 클릭합니다. '타일' 중 '기하학'에서 'Tangram'을 클릭하고 칠교 조각을 선택하면 화면에 도형이 생깁니다.

아직 영어를 모르는 저학년 학생들의 경우, 교사가 영어로 된 버튼은 색깔로 알려 주거나 몇 번째 버튼을 클릭하면 되는지 안내합니다. 도형을 꾹 누르면 이동시킬 수 있고, 도형 위에 검은 점을 누르면 회전시킬

폴리패드 칠교 조각 및 도형 조작 방법

① '폴리패드 실행' 클릭

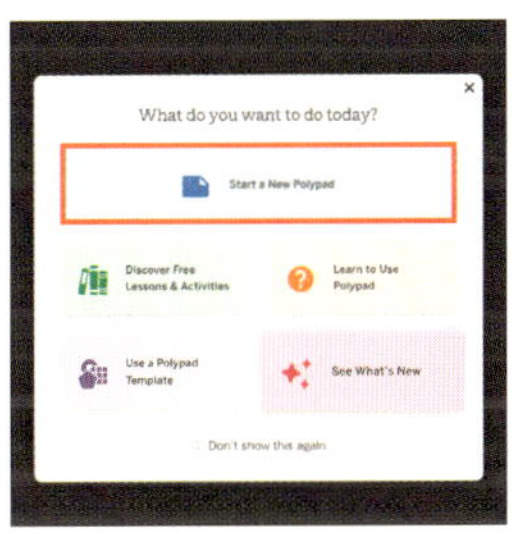

② 'Start a New Polypad' 클릭

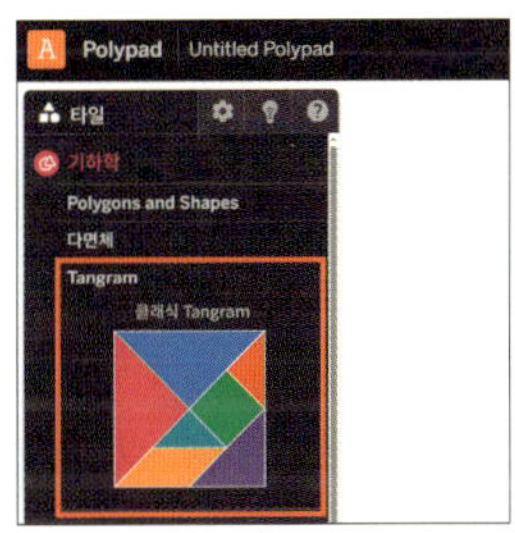

③ '타일'–'기하학'– 'Tangram' 클릭 후 칠교 조각 선택

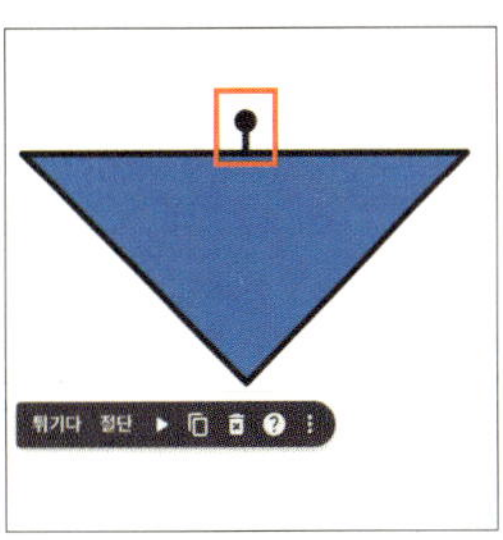

④ 검은 점 클릭 후 회전

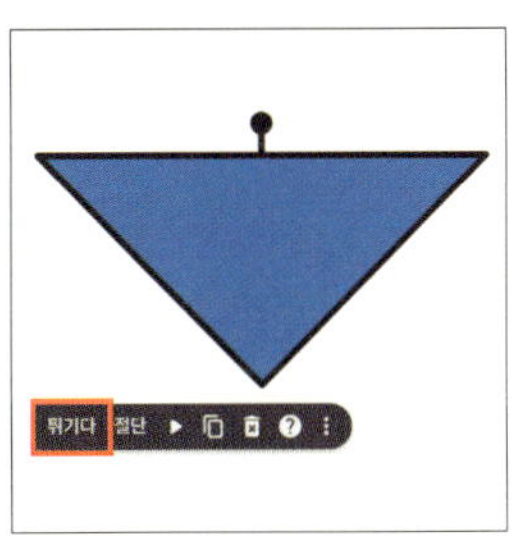

⑤ '뒤기다' 클릭하여 수평 뒤집기 가능

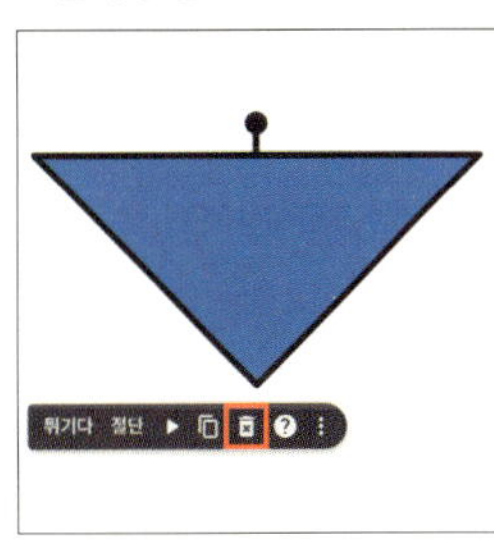

⑥ 삭제 시 휴지통 아이콘 클릭

수 있습니다. 도형을 클릭한 후 'Flip' 또는 '뒤기다'를 누르면 뒤집기가 가능합니다. 이 활동은 단순한 조작 연습을 넘어 도형의 종류와 특징을 구분하는 학습으로 자연스럽게 확장됩니다. 교사는 수업 도중에 학생들에게 "이건 어떤 도형인가요?", "몇 개의 변이 있나요?"와 같은 질문을 던지며 도형의 수학적 성질에 대한 사고를 유도합니다.

2. 단계별 칠교놀이 미션 해결하기

교사는 난이도에 따라 4단계로 구성된 칠교 문제를 제공합니다. 학생들은 자신의 수준에 맞는 문제를 자유롭게 선택한 다음, 폴리패드에서 칠교 조각을 다양하게 조합하고 붙이며 주어진 모양을 완성해 봅니다.

학생들은 이 중에서 자신이 도전하고 싶은 문제를 2~3개 고릅니다. 그다음 미션에 적힌 조건을 보고 도형을 따라 칠교 조각을 배치해 보거나, 그림자만 보고 추론하여 칠교 조각을 배치해 봅니다. 교사는 모든

단계별 칠교놀이 미션 PPT

학생이 성공을 경험할 수 있게 각자의 수준에 따라 도형 조작 활동을 선택하도록 지도합니다.

3. 나만의 도형 설계로 우리 마을 만들기

이번 활동에서는 나만의 도형 조합으로 새로운 모양을 만듭니다. 학생들은 삼각형, 사각형, 원을 활용해 '마을'을 주제로 도형 그림을 만들어 보고, 만든 도형을 활용해 놀이터, 학교, 도서관 등과 같은 마을의 모습을 나타내 봅니다.

먼저 학생들은 폴리패드의 도형 메뉴 중 'Polygons and Shapes'를 활용하여 다양한 크기와 색의 도형을 조작해 자신만의 마을이나 자연 풍경을 구성합니다. 이때 교사는 삼각형, 사각형, 원을 중심으로 활용하고 그 외 도형은 사용하지 않도록 안내합니다. 도형의 색은 상단 메뉴에서 색상을 선택해 자유롭게 바꿀 수 있고, 원의 크기를 조절할 때는 도형 주변의 굵은 점을 클릭한 채로 드래그하며 조절합니다. 삼각형과 사각형의 경우, '⋮' 메뉴를 눌러 '규모' 항목의 숫자를 조절하면 도형 크기를 더 정밀하게 조정 가능합니다

도형의 개수나 배치에 제한이 없으므로, 학생들은 상상력을 바탕으로 도형을 반복하거나 겹쳐 표현해 봅니다. 예를 들어, 삼각형과 사각형을 조합해 집을 만들거나, 원을 이용하여 해나 구름을 표현합니다. 또한 복사 기능을 활용하면 같은 도형을 여러 개 만들어 반복 표현을 손쉽게 할 수 있습니다.

다양한 삼각형, 사각형, 원 조작 방법

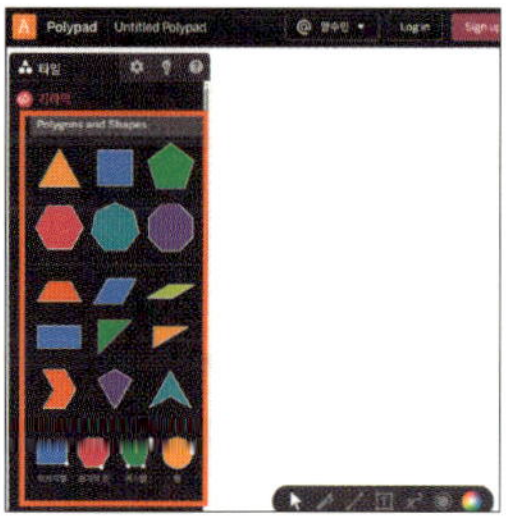

① '기하학'–'Polygons and Shapes' 클릭 후 삼각형, 사각형, 원 선택

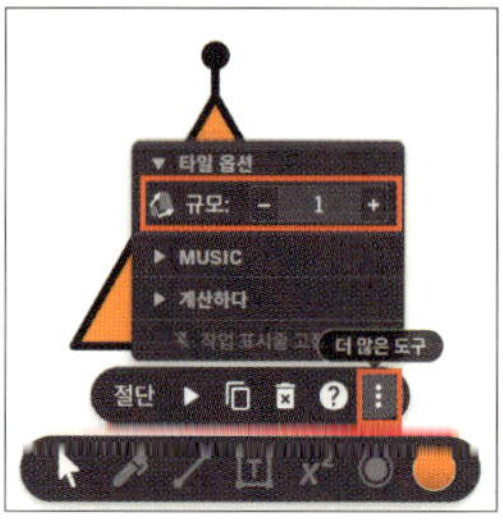

② ' ⋮ ' 클릭 후 '규모'에서 숫자로 도형의 크기 조정

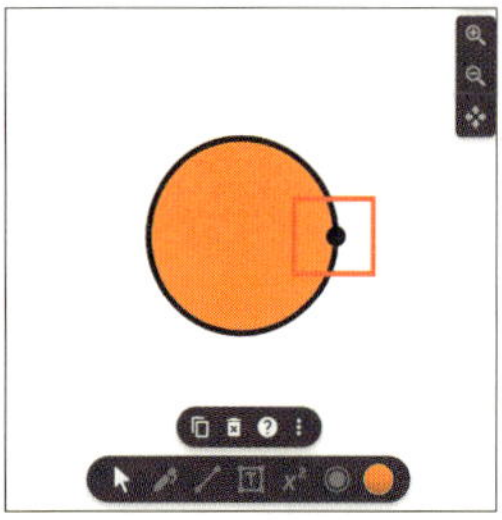

③ 원의 경우 굵은 점을 클릭해 크기 조정

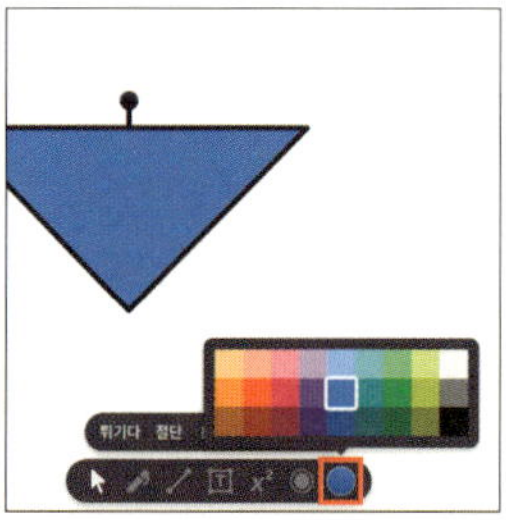

④ 원하는 색상 선택하여 색상 변경

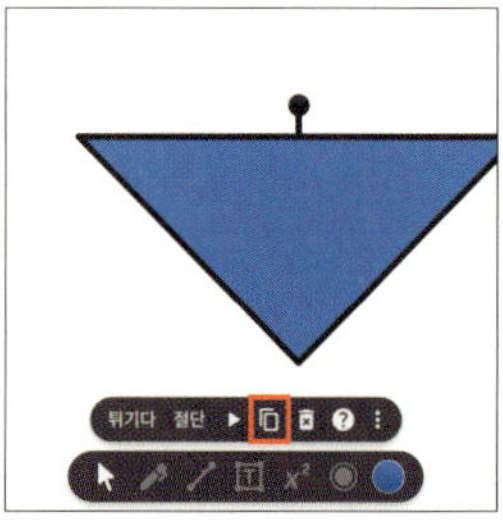

⑤ 도형 복사 시 복사 아이콘 클릭

4. 우리 반이 만든 마을 모습 감상하기

학생들은 폴리패드 화면 우측의 '내보내기' 아이콘을 클릭하여 결과물을 PNG 파일로 저장합니다. 그다음 교사가 미리 준비한 패들렛 링크

저장하는 방법

① '내보내기' 아이콘 클릭

② 'PNG' 클릭

에 저장한 PNG 파일을 업로드합니다. 학생들은 각자 어떤 도형을 사용해 우리 마을 장소를 표현했는지 발표하고, 친구들의 작품을 감상하면서 활동을 마무리합니다.

학생 결과물

수업 tip

☑ 만약 칠교판 조작 경험이 전혀 없는 학생이라면, 수업 전에 실물 칠교 조각을 자르고 조작하는 활동을 짧게 체험해 보는 것도 좋습니다. 손으로 조작해 본 경험이 디지털 조작 이해에 도움이 됩니다.

수학

시간 더하기, 낭비 빼기

멘티미터(Mentimeter)

시간의 덧셈과 뺄셈은 실생활과 밀접한 수학 개념이지만, 교과서 속 예시만으로는 학생들이 자신과 관련된 문제처럼 느끼기 어려운 경우가 많습니다. 따라서 학생들은 자신의 하루 속에서 시간을 찾아 더하고 빼 보며, 시간의 덧셈과 뺄셈이 실생활 문제 해결에 어떻게 쓰이는지 직접 체감할 필요가 있습니다.

'멘티미터(Mentimeter)'는 학생들의 응답을 실시간으로 시각화해 주는 디지털 설문 도구입니다. 특히 워드 클라우드 기능은 같은 단어가 입력될수록 글자가 더 크게 나타나, 학급 전체의 공통된 생각이나 행동을 한눈에 파악할 수 있습니다. 이를 통해 학생들은 자신의 경험을 자연스럽게 드러내고, 서로의 생각에 공감하며 수업 주제에 몰입하게 됩니다.

'시간 더하기, 낭비 빼기' 수업에서 학생들은 자신의 하루 일과를 시간 단위로 나누고, 이를 더하고 빼며 하루의 총 사용 시간을 계산합니다. 이 과정에서 낭비된 시간을 스스로 점검하고, 줄이기 위한 전략도 함께 고민해 봅니다. 이후 학생들은 자신만의 시간 전략 카드를 만들어 친구들과 공유하고, 실제 생활에 적용하며 더 나은 하루를 위한 실천을 다짐하게 됩니다.

수업의 이모저모

- 관련 과목: 수학
- 학년: 3학년 1학기
- 난이도: 중
- 수업 시간: 2차시 이상
- 준비물: 디지털 기기, 활동지, 색칠 도구, 가위

1. 하루 중 가장 많은 시간 쓰는 활동 떠올리기

교사는 교실 TV에 멘티미터를 띄우고 "하루 중 내가 가장 많은 시간을 쓰는 활동은 무엇인가요?"라고 질문합니다. 학생들은 디지털 기기로 멘티미터에 접속해 질문에 대한 답을 한두 단어로 입력합니다. 학생들이 단어를 입력하기 시작하면 워드 클라우드가 자동으로 생성되고, 공통으로 입력한 단어일수록 글자가 더 크게 나타납니다.

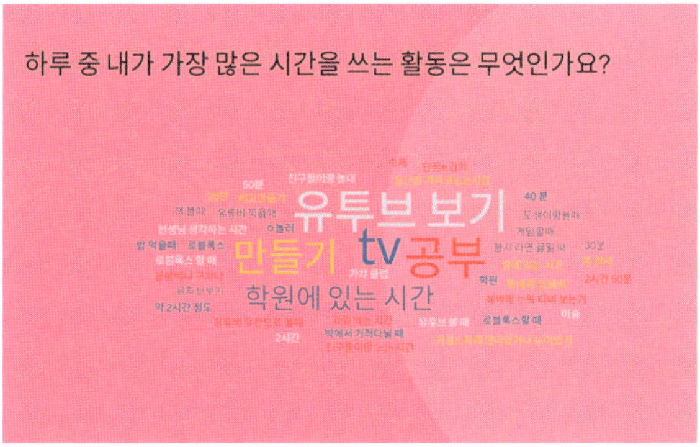

하루 중 내가 가장 많은 시간을 쓰는 활동 쓰기

2. 하루를 시간 단위로 정리하기

학생들은 하루 24시간을 기준으로 하루 동안 하는 활동을 시간 단위로 나누어 활동지에 정리합니다. 활동지의 표에는 내가 한 활동, 시작한 시각, 끝난 시각, 걸린 시간으로 총 4가지 항목을 적습니다. 걸린 시간을 계산할 때는 끝난 시각에서 시작한 시각을 빼는 방식(끝난 시각-시작한 시각=걸린 시간)으로 하여, 학생들은 자연스럽게 시간의 뺄셈을 연습하게 됩니다. 또한, 양치실처럼 하루 동안 여러 번 반복되는 짧은 활동은 아침 3분, 점심 3분, 저녁 3분처럼 나뉘어 있을 수 있습니다. 이때는 세 번의 시간을 더해서 하나의 활동으로 묶어 기록해야 하므로, 학생들은 자연스럽게 시간의 덧셈까지도 연습하게 됩니다.

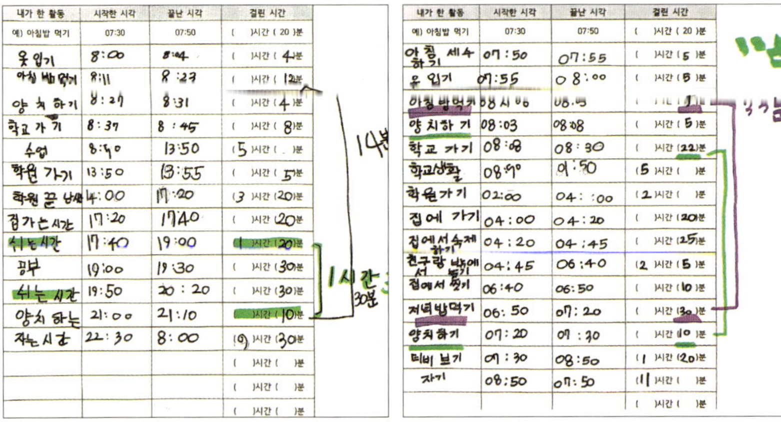

시간 단위로 하루 일과 정리하기

3. 시간의 덧셈과 뺄셈 문제 만들기

앞에서 만든 표를 바탕으로 학생들은 계산 문제를 직접 만들고 해결하면서, 시간의 덧셈과 뺄셈을 다시 한번 연습합니다. 학생들은 자신의 하루 일과에 맞게 활동지의 빈칸을 채워 문제를 만들고, 시간 계산을 통해 답을 구해 봅니다. 예를 들어, “내가 밥 먹기와 책 보기를 하는 데 쓴 시간은 모두 몇 시간 몇 분인가요?”, “나와 짝꿍 중 누가 태권도 활동을 몇 시간 몇 분 더 하나요?”와 같은 질문에 답하는 과정에서 수학적 사고가 확장됩니다. 학생들은 계산이 끝나면 짝과 활동지를 바꾸어 서로 계산을 다시 확인해 주고, 어려운 문제가 있는 경우 교사가 함께 풀이해 줍니다.

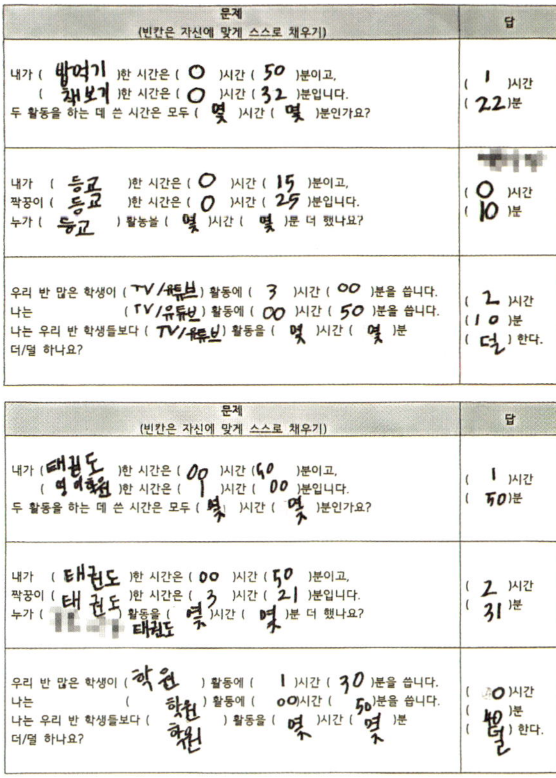

문제 (빈칸은 자신에 맞게 스스로 채우기)	답
내가 (밥먹기)한 시간은 (0)시간 (50)분이고, (책보기)한 시간은 (0)시간 (32)분입니다. 두 활동을 하는 데 쓴 시간은 모두 (몇)시간 (몇)분인가요?	(1)시간 (22)분
내가 (등교)한 시간은 (0)시간 (15)분이고, 짝꿍이 (등교)한 시간은 (0)시간 (25)분입니다. 누가 (등교) 활동을 (몇)시간 (몇)분 더 했나요?	[illegible] (0)시간 (10)분
우리 반 많은 학생이 (TV/유튜브) 활동에 (3)시간 (00)분을 씁니다. 나는 (TV/유튜브) 활동에 (00)시간 (50)분을 씁니다. 나는 우리 반 학생들보다 (TV/유튜브) 활동을 (몇)시간 (몇)분 더/덜 하나요?	(2)시간 (10)분 (덜) 한다.

문제 (빈칸은 자신에 맞게 스스로 채우기)	답
내가 (태권도)한 시간은 (00)시간 (50)분이고, (영어학원)한 시간은 (1)시간 (00)분입니다. 두 활동을 하는 데 쓴 시간은 모두 (몇)시간 (몇)분인가요?	(1)시간 (50)분
내가 (태권도)한 시간은 (00)시간 (50)분이고, 짝꿍이 (태권도)한 시간은 (3)시간 (21)분입니다. 누가 ([illegible] 태권도) 활동을 (몇)시간 (몇)분 더 했나요?	(2)시간 (31)분
우리 반 많은 학생이 (학원) 활동에 (1)시간 (30)분을 씁니다. 나는 (학원) 활동에 (00)시간 (50)분을 씁니다. 나는 우리 반 학생들보다 (학원) 활동을 (몇)시간 (몇)분 더/덜 하나요?	(0)시간 (40)분 (덜) 한다.

시간의 덧셈과 뺄셈 문제 만들기

4. 시간 낭비 돌아보고 시간 도둑 찾기

이번에는 하루 시간표를 돌아보며 불필요하게 소비된 시간이 얼마인지 자각하고, 이를 줄이기 위한 대안을 고민하는 활동을 해 봅니다. 교사는 "하루 중 아깝게 시간을 낭비했다고 생각하는 활동은 무엇인가요?"라고 질문합니다. 학생들의 이야기를 들어 본 후, 교사는 이렇게 낭비된 시간이 소중한 시간을 몰래 훔쳐 가는 '시간 도둑'이라고 알려 주고, 멘티미터에 자신의 시간 도둑을 입력하도록 안내합니다. 학생들은 다시 멘티미터에 접속해 자신의 시간 도둑을 적어 봅니다. 이후 교사는 “우리 반 시간 도둑 1위는 무엇인가요?”라고 질문합니다. 공통된 단어일수록 크게 나타나기 때문에 학생들은 쉽게 답할 수 있습니다.

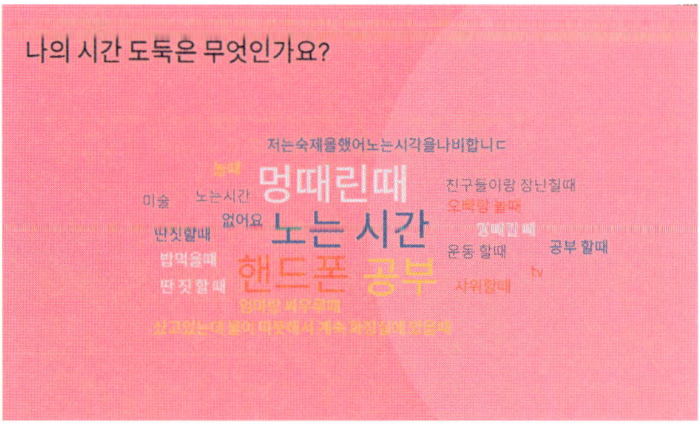

나의 시간 도둑 쓰기

5. 시간 도둑 퇴치 전략 세우기

이번 활동에서 학생들은 자신만의 시간 도둑을 캐릭터로 만들어 보고, 이를 퇴치할 전략을 시간 전략 카드로 표현해 봅니다. 교사는 “우리가 시간 도둑을 물리치기 위해 어떻게 하면 좋을까요?”라고 질문을 던지며, 활동지를 나누어 줍니다. 활동지에는 시간 도둑 이름, 내가 허용할 시간, 퇴치 전략, 줄인 시간으로 새로 할 활동까지 총 4가지 항목을 제시합니다.

학생들은 ‘넷플릭스 괴물’, ‘누워만 있는 쿠션’처럼 독창적인 이름을 지어 시간 도둑을 재미있게 표현해 봅니다. 이어서 타이머 설정, 가족과의 약속 등 자신만의 구체적인 퇴치 전략도 함께 작성합니다. 모든 항목을 적었다면, 색칠 도구로 시간 도둑 캐릭터를 꾸미고 가위로 잘라 시간 전략 카드를 완성합니다. 이 활동을 통해 학생들은 자신의 평소 시간 사용 습관을 되돌아보고, 더 나은 하루를 위한 다짐을 해 볼 수 있습니다.

나만의 시간 전략 카드 만들기

6. 시간 전략 카드 공유하기

학생들은 교실을 돌아다니며 친구와 일대일로 마주 본 다음, 각자의 시간 전략 카드를 소개합니다. 이때 서로의 전략을 나누며 공감하고, 응원의 말을 건넵니다. 마지막으로 교사는 "일주일 동안 실천해 보고 다음 주에 확인해 봅시다."라고 안내하며 활동을 마무리합니다.

수업 tip

☑ '아이스크림' 사이트의 '띵커벨' 플랫폼에서도 워드 클라우드 기능을 손쉽게 활용할 수 있습니다.

수학

도형으로 만드는 우리가 사는 곳

알지오매스(AlgeoMath)

도형은 우리 주변의 건물, 사물 등 다양한 곳에서 찾아볼 수 있습니다. 초등학교 3학년 때 익숙한 평면 도형인 직각 삼각형, 직사각형, 정사각형에 대해 배웁니다. 이때 단순히 도형의 이름과 특성을 아는 것을 넘어 실생활에서 어떻게 활용되는지 경험해 보는 것은 학생들의 흥미를 유발하고 수학적 사고력을 확장하는 데 큰 도움이 됩니다.

에듀테크 '알지오매스(AlgeoMath)'는 수학 탐구용 도구로, 이를 활용하여 평면 도형의 개념을 시각적으로 자유롭게 표현할 수 있습니다. 알지오매스로 도형을 직접 그리고 움직이고 변형해 보면서, 학생들은 도형의 특징을 직관적으로 이해하고 학습하게 됩니다.

'도형으로 만드는 우리가 사는 곳' 수업은 학생들이 수학 시간에 배운 평면 도형을 활용하여 우리가 사는 곳의 여러 장소 중 원하는 곳을 표현해 보는 활동입니다. 이 활동에서 학생들은 도형을 조합하고 배치하며 공간 지각 능력과 창의성을 향상할 기회를 갖게 됩니다. 또한 자신이 표현한 우리가 사는 곳을 친구들과 공유하면서 도형이 우리 주변에 얼마나 다양하게 활용되는지 깨닫는 경험을 하게 될 것입니다.

수업의 이모저모

- 관련 과목: 수학, 사회
- 학년 학기: 3학년 1학기
- 난이도: 중
- 수업 시간: 2차시
- 준비물: 디지털 기기, 활동지

1. 알지오매스로 평면 도형 살펴보기

먼저 지난 수학 시간에 배웠던 평면 도형을 복습하는 활동을 진행합니다. 이때 알지오매스를 활용함으로써 학생들의 흥미를 높입니다. 먼저 교사는 디지털 기기로 알지오매스에 접속하여 '초등학생'을 클릭한 후, 우주선 모양인 '알지오 도구'를 클릭합니다. 그다음 평면 도형을 그릴 수 있는 '알지오매스 키즈 2D'를 클릭합니다. 화면 좌측 도구 중에서 연두색 바탕인, 평면 도형에 마우스를 가져다 놓습니다. 옆에 새롭게 뜨는 메뉴에서 '사각형'을 클릭하고 사각형 도구 모음에서 '정사각형'을 클릭합니다. 원하는 위치에 마우스를 클릭하면 점이 하나 생성됩니다. 마우스를 움직이며 점선에 따른 사각형 모양을 확인한 뒤 원하는 위치를 클릭합니다. 그다음 만들어진 정사각형의 모양을 확인합니다. 직각 삼각

도형 그리는 방법(예-정사각형)

① '초등학생' 클릭

② '알지오 도구' 클릭

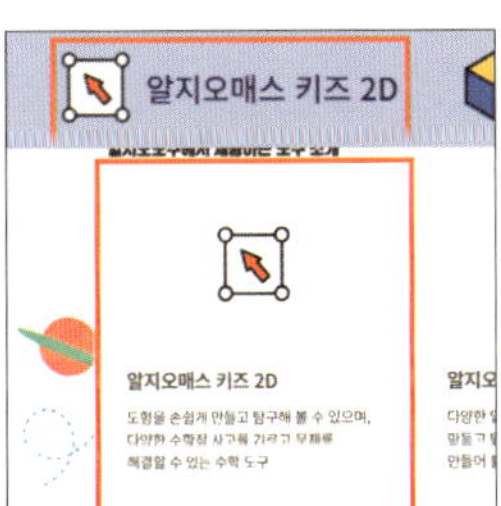

③ '알지오매스 키즈 2D' 클릭

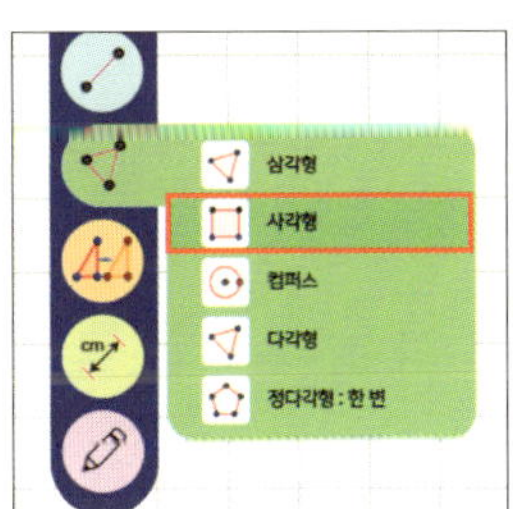

④ 평면 도형 도구에서 '사각형' 클릭

⑤ 사각형 도구 모음에서 '정사각형' 클릭

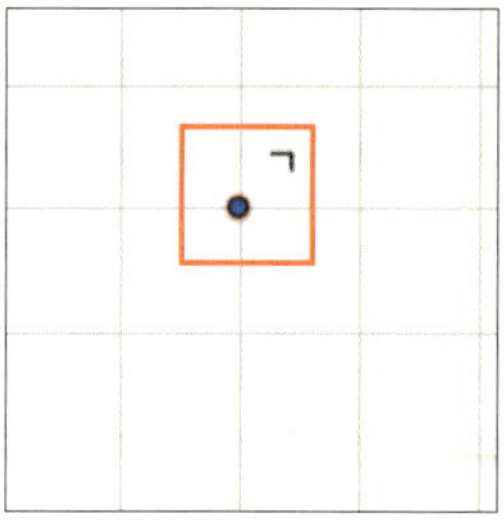

⑥ 원하는 위치에 클릭

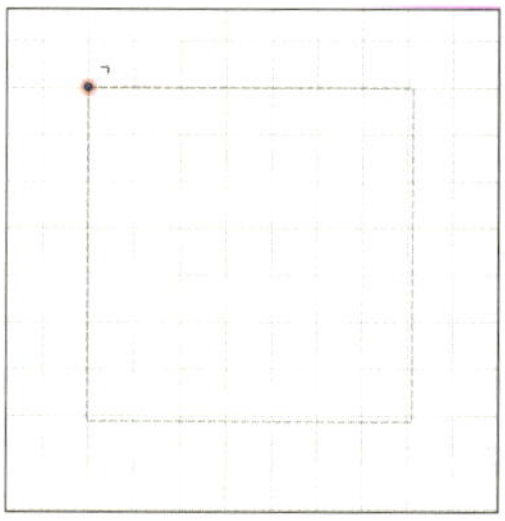

⑦ 점선을 보며 원하는 위치에 클릭

형의 경우엔 시작점–직각–마지막 점 순으로 생성되고, 직사각형의 경우엔 일정한 방향으로 세 꼭짓점을 클릭하면 도형이 생성됩니다.

교사는 "이 도형의 이름은 무엇이었을까요?"라고 질문하고, 학생들은 화면을 보며 대답합니다. 이어 "이 도형은 어떤 특징을 가지고 있나요?"라고 교사가 질문하면 학생들은 지난 수학 시간에 배운 내용을 떠올리면서 대답해 봅니다. 수학 교과서를 다시 함께 살펴봐도 좋습니다. 직각 삼각형과 직사각형도 같은 방식으로 복습합니다.

2. 우리가 사는 곳의 여러 장소 표현 계획하기

교사는 우리가 사는 곳에 어떤 장소들이 있었는지 질문하고 학생들은 자유롭게 발표합니다. 발표한 내용은 교사가 칠판에 적습니다. [활동 1]에서 복습했던 알지오매스 키즈 2D 화면을 보여 주고 평면 도형으로 우리가 사는 곳을 어떻게 표현할 수 있을지 이야기 나눕니다. 예를 들어, 학교의 창문은 여러 개의 정사각형 또는 직사각형으로 표현할 수 있습니다.

교사가 미리 출력한 활동지를 개인별로 제공합니다. 학생들은 칠판

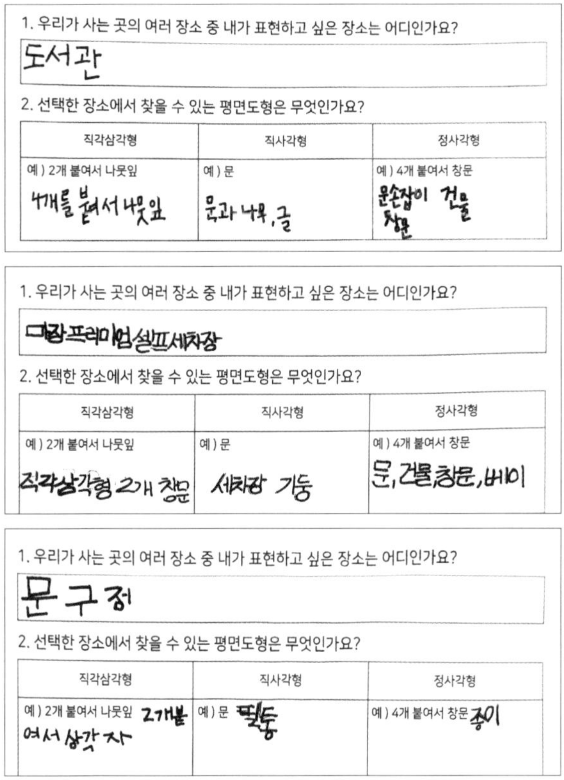
1. 우리가 사는 곳의 여러 장소 중 내가 표현하고 싶은 장소는 어디인가요?

도서관

2. 선택한 장소에서 찾을 수 있는 평면도형은 무엇인가요?

직각삼각형	직사각형	정사각형
예) 2개 붙여서 나뭇잎 4개를 붙여서 나뭇잎	예) 문 문과 나무, 글	예) 4개 붙여서 창문 문손잡이 건물 창문

1. 우리가 사는 곳의 여러 장소 중 내가 표현하고 싶은 장소는 어디인가요?

대장 프리미엄 셀프세차장

2. 선택한 장소에서 찾을 수 있는 평면도형은 무엇인가요?

직각삼각형	직사각형	정사각형
예) 2개 붙여서 나뭇잎 직각삼각형 2개 창문	예) 문 세차장 기둥	예) 4개 붙여서 창문 문, 건물, 창문, 베이

1. 우리가 사는 곳의 여러 장소 중 내가 표현하고 싶은 장소는 어디인가요?

문구점

2. 선택한 장소에서 찾을 수 있는 평면도형은 무엇인가요?

직각삼각형	직사각형	정사각형
예) 2개 붙여서 나뭇잎 2개붙여서 삼각자	예) 문 필통	예) 4개 붙여서 창문 종이

우리가 사는 곳의 장소 표현 계획하기

에 적힌 우리가 사는 곳의 여러 장소를 보면서 표현하고 싶은 한 장소를 선택하도록 합니다. 선택한 장소를 표현할 때 수학 시간에 배운 평면 도형인 정삼각형, 직각 삼각형, 직사각형을 어떻게 사용하면 좋을지 이야기 나눠 봅니다.

그다음, 선택한 장소를 평면 도형으로 어떻게 표현할지 활동지에 그림으로 그려 봅니다. 어려워하는 학생의 경우, 자유롭게 장소를 그려 본 후 평면 도형을 찾아서 표시해 보도록 교사가 안내해 줍니다.

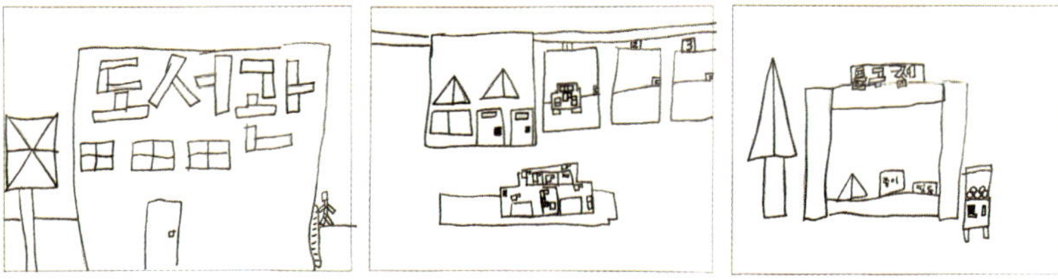

평면 도형으로 장소 그림 그리기

3. 우리가 사는 곳의 여러 장소 표현하기

학생들은 활동지에 선택한 장소를 그림으로 그린 후, 알지오매스 키즈 2D로 평면 도형 그리는 방법을 익혀 봅니다. 먼저 알지오매스 사이트에 접속하여 교사와 함께 직각 삼각형, 직사각형, 정사각형을 그려 봅니다. 이때 도구 중 '선택' 기능을 사용하여 도형을 움직일 수 있습니다. 교사는 학생들이 혼자서 그려 볼 수 있도록 연습 시간을 제공합니다. 그다음 활동지에 그렸던 우리가 사는 곳을 표현하도록 안내합니다. 평면 도형이 아닌 부분은 도구 중 '그리기' 기능을 활용하여 꾸밀 수 있으며, 만약 지우고 싶은 부분이 많거나 새로 만들고 싶을 때는 '파일' 메뉴

도형 이동 및 그리기 방법

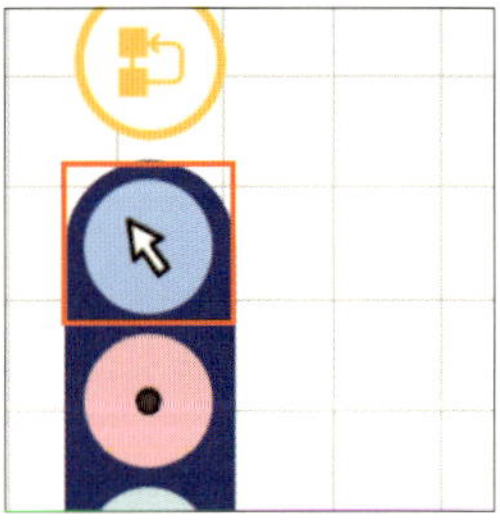

① 도구 상자 중 '화살표' 클릭

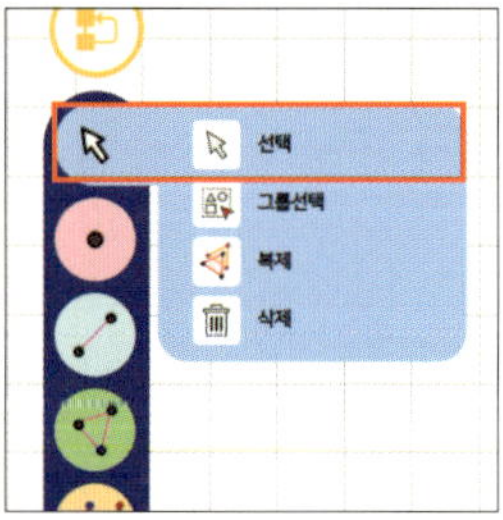

② '선택' 클릭하면 도형 위치 조정 가능

③ '화살표' 클릭해도 도형 위치 조정 가능

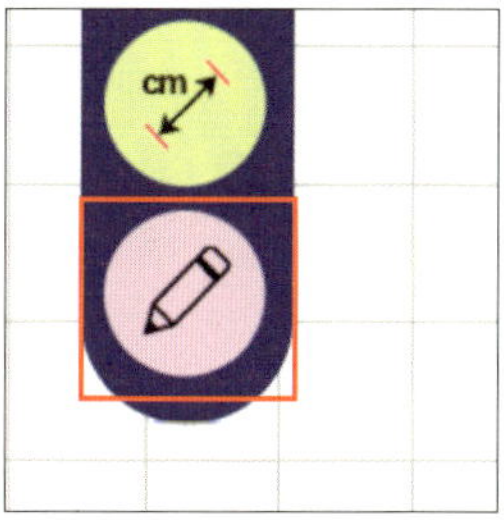

④ 도구 상자 중 '연필' 클릭

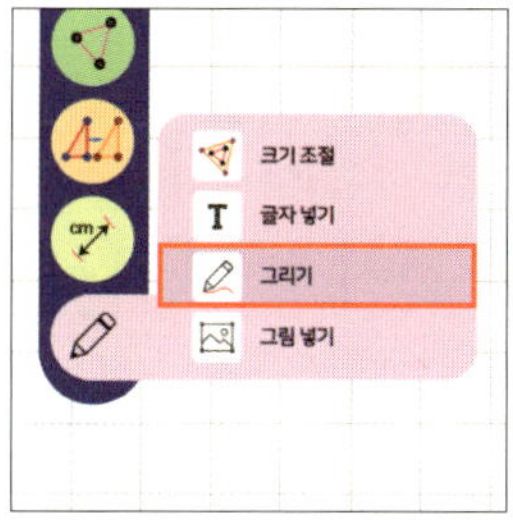

⑤ '그리기' 클릭 후 그리기

⑥ '휴지통'을 클릭한 뒤 삭제하고 싶은 부분 선택

에서 '새로 만들기'를 클릭합니다. 다 그린 후에 학생들은 옆 친구와 그린 모양을 비교해 봅니다.

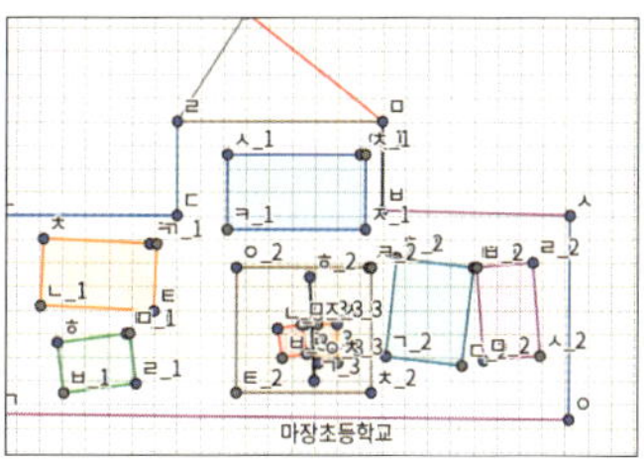

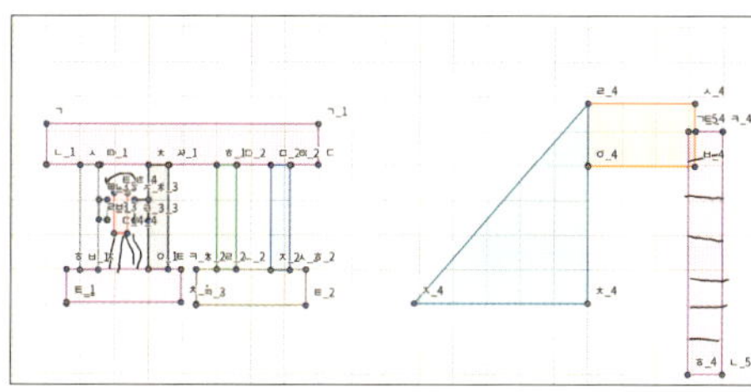

학생 결과물

수업 tip

- ☑ 우리가 사는 곳의 여러 장소 중 한 장소에 많은 학생이 몰리지 않도록 조율하면 더욱 다양한 표현이 나올 수 있습니다.
- ☑ 배운 평면 도형을 활용하여 우리가 사는 곳을 만들어 보는 활동에 초점을 맞추어 진행합니다. 알지오매스에서 점 이름의 표기로 인해 작품이 잘 안 보이는 경우, 화면을 확대하여 작품을 만들도록 합니다.

수학

평면 도형의 이동으로 만드는 나만의 디자인 공

퀴버 비전(Quiver Vision)

평면 도형의 이동(밀기, 뒤집기, 돌리기)은 학생들이 도형의 성질을 이해하고 공간 감각을 기르는 데 중요한 개념입니다. 이러한 추상적인 개념을 이론적으로 학습하는 것에서 나아가 학생들이 직접 도형을 움직여 보고 그 변화를 시각적으로 경험한다면 학생들은 효과적으로 창의적 사고력을 키울 수 있습니다.

'퀴버 비전(Quiver Vision)'은 증강 현실(AR) 기술을 활용하여 학생들이 평면 그림을 입체적인 3D 모델로 생생하게 경험할 수 있도록 돕는 에듀테크 도구입니다. 학생들이 직접 색칠하고 디자인한 평면 이미지가 디지털 기기의 화면을 통해 살아 움직이는 입체적인 형태로 나타나면서, 학습에 대한 몰입감과 즐거움을 극대화할 수 있습니다.

'평면 도형의 이동으로 만드는 나만의 디자인 공' 수업에서는 학생들이 평면 도형의 이동 개념인 밀기, 뒤집기, 돌리기를 활용하여 자신만의 독창적인 무늬를 디자인해 봅니다. 그다음 활동지를 퀴버 비전 앱으로 스캔하면 평면의 무늬가 증강 현실을 통해 입체적인 공으로 나타납니다. 이 활동은 학생들이 수학적 개념을 시각적이고 체험적으로 학습하며 공간 지각 능력과 창의적 디자인 능력을 동시에 향상할 수 있는 의미 있는 경험이 될 것입니다.

수업의 이모저모

- 관련 과목: 수학
- 학년 학기: 4학년 1학기
- 난이도: 하
- 수업 시간: 1차시 이상
- 준비물: 디지털 기기, 활동지, Dot Day 색칠 도안, 색칠 도구

1. 평면 도형의 이동 복습하기

교사가 사전에 평면 도형의 이동을 사용하여 만든 예시 무늬를 칠판에 붙이고, 학생들은 예시 무늬에서 사용된 평면 도형이 무엇인지 찾아봅니다. 정답을 맞히면 사용된 평면 도형을 예시 무늬 옆에 붙입니다. 그 다음에는 평면 도형의 이동 중 어떤 개념이 사용되었는지 찾아보면서 지난 수학 시간에 배웠던 밀기, 뒤집기, 돌리기를 복습합니다. 이를 통해 학생들은 하나의 평면 도형을 밀거나 뒤집거나 돌리면 다양한 무늬를 만들 수 있다는 것을 확인합니다.

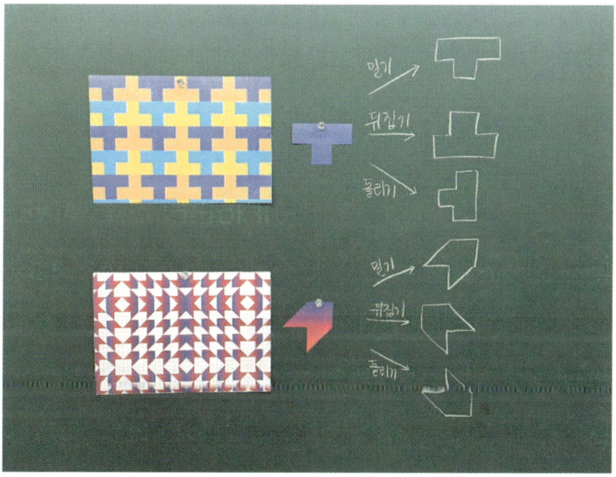

예시 무늬와 평면 도형의 이동 복습

2. 평면 도형으로 나만의 무늬 만들기

교사는 미리 출력한 나만의 무늬 만들기 활동지를 개인별로 나눠 줍니다. 학생들은 먼저 모눈에다가 본인이 원하는 평면 도형 2가지를 그립니다. 이때 교사는 삼각형이나 사각형처럼 평면 도형의 이동이 눈에 띄지 않는 도형은 지양하도록 안내합니다. 그다음 선택한 평면 도형을 밀거나 뒤집거나 돌렸을 때 어떤 모양이 되는지 그려 보고, 자신이 원하는 평면 도형의 이동을 선택하여 나만의 무늬를 만들어 봅니다. 색칠 도구를 사용하여 무늬를 색칠할 때, 색은 2가지 이상 사용하여 다채로운 표현이 나올 수 있도록 합니다.

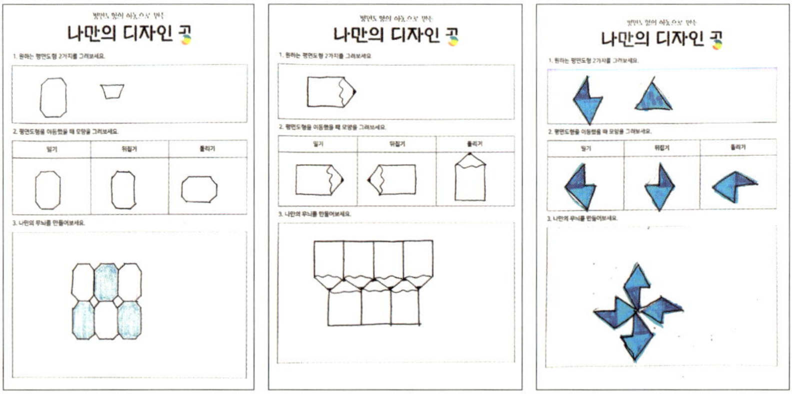

나만의 무늬 만들기

3. 나만의 디자인 공 완성하기

교사는 사전에 쿼버 비전의 컬러링 도안인 Dot Day를 다운로드하여 출력합니다. 먼저 검색창에 '쿼버 비전'을 검색한 후, 쿼버 비전 홈페이지에서 'Coloring Packs'를 클릭합니다. 쿼버 비전에서 제공하는 도안이 많으므로 원하는 도안을 쉽게 찾기 위해서 검색 필터 'Free'를 클릭합니다. 그다음 가장 마지막에 있는 'Celebrate Dot Day'를 클릭하여 제공되는 2개의 도안 중에서 원하는 도안을 내려받아 학생 수만큼 활동지를 출력합니다.

교사는 도안을 학생들에게 나눠 줍니다. 학생들은 나만의 무늬 만들기 활동지에 그렸던 무늬를 Dot Day 도안에 옮겨 그린 후, 색칠 도구로 무늬를 색칠합니다.

도안 다운로드 방법

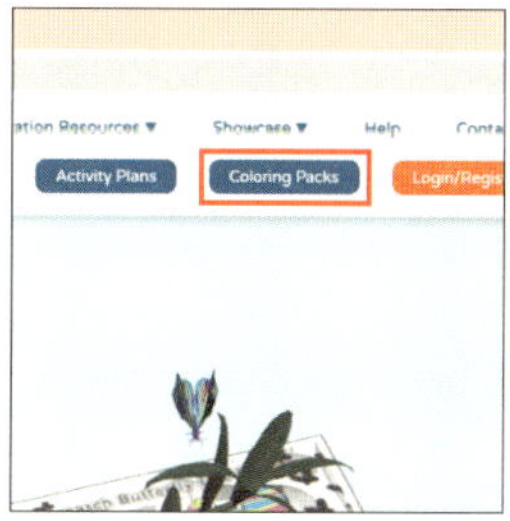

① 'Coloring Packs' 클릭

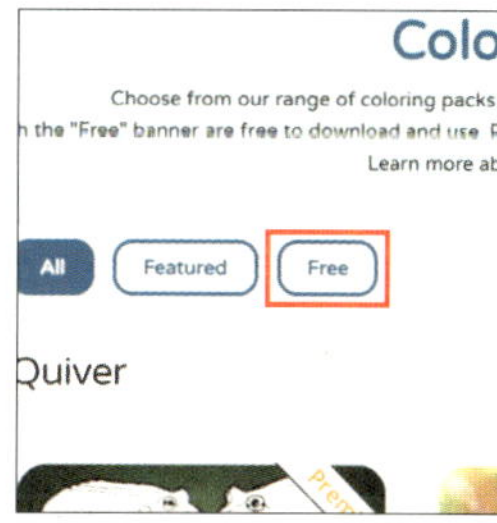

② 검색 필터 'Free' 클릭

③ 'Celebrate Dot Day' 클릭

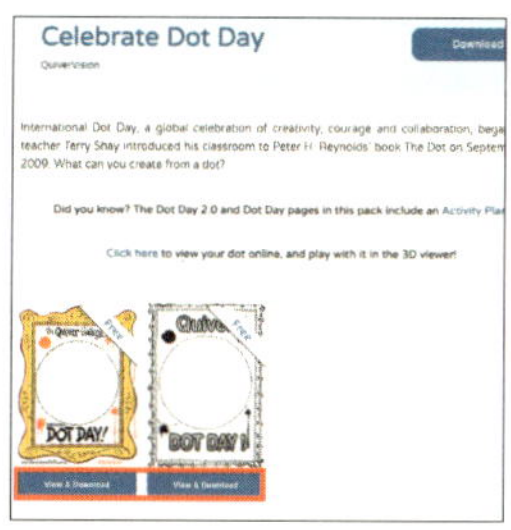

④ 'Veiw&Download' 클릭

⑤ 'Download Coloring page' 클릭

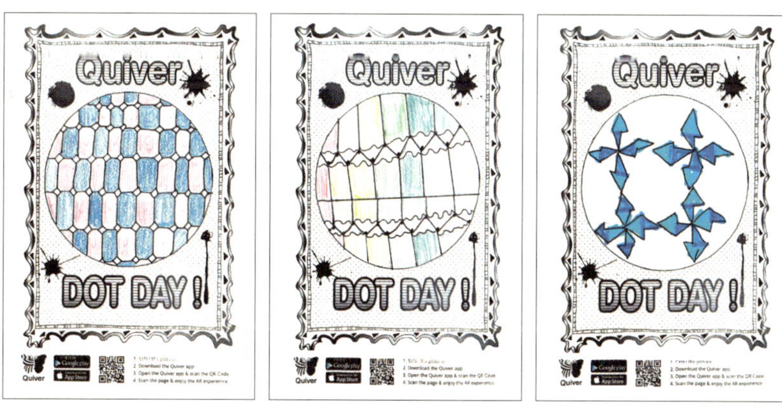

나만의 디자인 공 무늬 그리기 및 색칠하기

색칠을 마친 후 학생들은 디지털 기기에 설치해 둔 퀴버 비전 앱에 들어갑니다. 중앙에 있는 카메라 버튼을 클릭하고 카메라로 도안 하단에 있는 QR코드를 스캔합니다. 스캔 후 나타나는 초록색 'Launch' 버튼을 클릭한 다음, 네모 안에 도안을 맞춰 넣습니다. 이때, 빨간 화면이 뜨면 카메라의 위치나 각도를 조절하여 맞춥니다. 파란 화면이 뜨면 바로 증강 현실 기능이 작동합니다.

학생들이 모두 공을 완성했다면 모둠끼리 서로의 공을 보여 줍니다. 이때 친구의 공을 보고 평면 도형의 이동 중 어떤 방법을 사용했는지 생각합니다. 서로의 공을 살펴본 후에는 디자인 공 발표를 해 봅니다. 발표할 때는 자신의 공이 아닌 모둠 친구의 공을 대신 발표합니다. 이

증강 현실 체험 방법

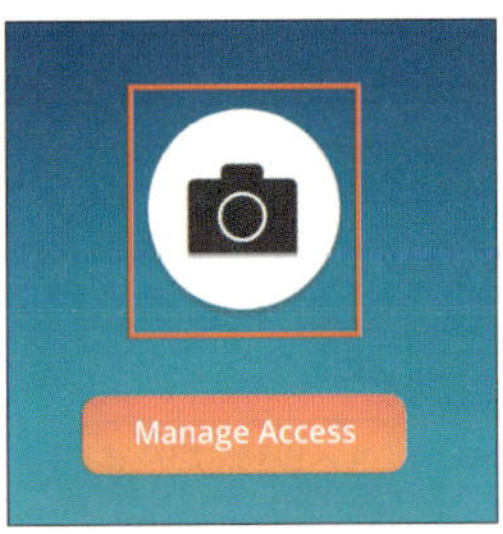

① 카메라 아이콘 클릭

② 활동지 QR코드 스캔

③ 'Launch' 클릭 후 활동지 스캔

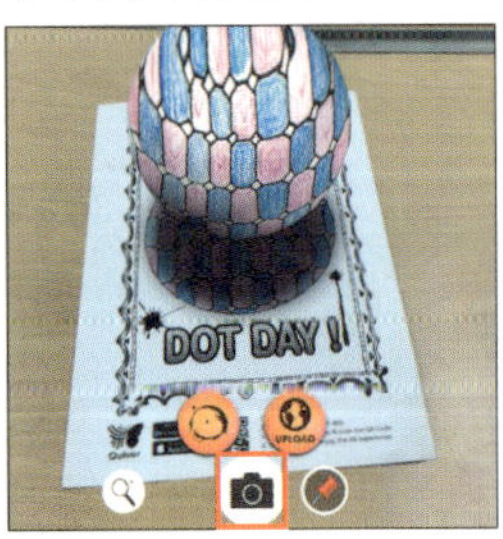

④ 카메라 아이콘 클릭

⑤ 다운로드 아이콘 클릭 후 저장

⑥ 아이콘을 클릭하여 다른 모양 (공, 미로 등)의 증강 현실 체험

때, 어떤 평면 도형으로 어떤 이동 방법이 사용되었는지 설명합니다.

학생 결과물

수업 tip

- ☑ Dot Day 색칠 도안 외 퀴버 비전에서 제공하는 다른 무료 도안을 사용해도 좋습니다.
- ☑ 발표할 때 학생의 디지털 기기 화면을 미러링하여 보여 주면 자리 이동 없이 반 학생들이 함께 디자인 공을 감상할 수 있습니다.

수학

내가 만드는 도형 넓이 문제

지오보드(Geoboard)

도형의 넓이를 이해하려면 다양한 형태로 도형을 변형하며 탐색해 보는 과정이 필요합니다. 그러나 학생들이 종이 위에 자와 연필로 도형을 그리고 수정하는 일은 번거롭고 제약이 많아, 탐구가 수동적으로 흐르기 쉽습니다. 이때 에듀테크 도구를 활용하면 도형을 빠르고 정확하게 조작하고 변형하며 넓이 개념을 능동적으로 탐색할 수 있습니다.

'지오보드(Geoboard)'는 고무줄을 이용해 도형을 구성하는 웹 기반 수학 도구로, 학생들이 도형을 쉽고 정밀하게 만들고 자유롭게 변형할 수 있도록 도와줍니다. 특히 도형의 넓이를 탐색할 때, 같은 넓이라도 모양이 달라지는 경우를 시각적으로 실험하고 비교할 수 있어 개념 이해에 효과적입니다.

'내가 만드는 도형 넓이 문제' 수업에서는 지오보드를 활용해 도형의 넓이라는 수학 개념을 적용해 보고, 나아가 학생들이 스스로 문제를 구성해 봅니다. 학생들은 지오보드로 도형을 만들어 넓이 구하는 문제를 출제하고, 친구의 문제를 해결하는 과정을 통해 수학적 표현력과 추론력을 함께 기르게 됩니다.

수업의 이모저모

- 관련 과목: 수학
- 학년 학기: 5학년 1학기
- 난이도: 하
- 수업 시간: 2차시 이상
- 준비물: 디지털 기기, 활동지

1. 지오보드로 문제 만들고 검토하기

먼저 교사는 학생들과 지난 차시에 배웠던 도형의 넓이 구하는 공식을 복습하며 활동을 시작합니다. 교사는 직사각형, 평행 사변형, 삼각형, 사다리꼴, 마름모를 TV 화면에 제시한 뒤, 각 도형 넓이 공식의 원리를 복습합니다.

그다음 학생들은 지오보드에 접속하여 자신만의 넓이 문제를 만듭니다. 먼저 화면 하단에서 정사각형, 직사각형 모양 중 원하는 모양의 도형 판을 선택합니다. 원 모양 도형 판은 고무줄로 도형을 만드는 데 어려움이 있으므로 사각형 모양 중에 하나를 선택합니다. 눈금 수를 쉽게 셀 수 있도록 격자무늬를 선택한 후, 고무줄 색상을 선택하여 원하

도형 제작 방법

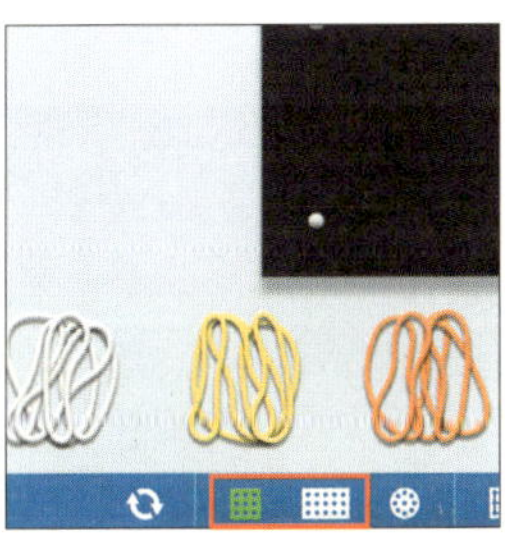

① 도형 판 모양 선택

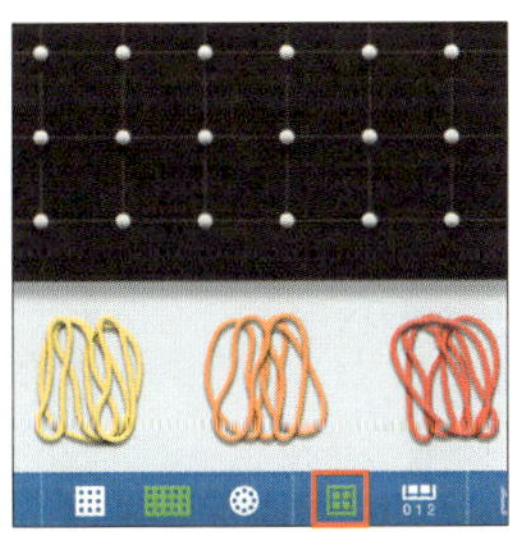

② 격자무늬 추가

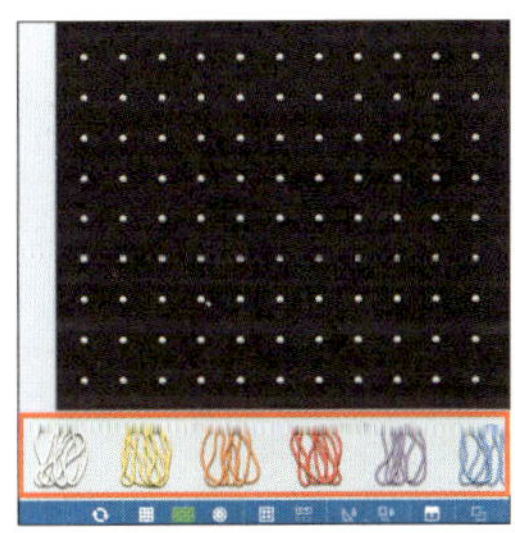

③ 원하는 고무줄 색상 선택

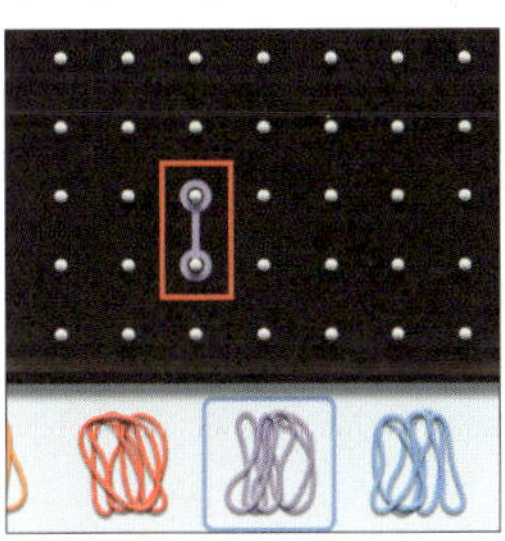

④ 고무줄 클릭 후 원하는 위치에 놓기

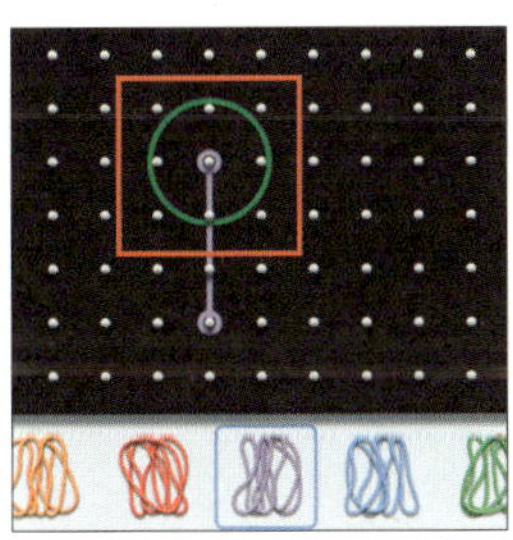

⑤ 동그란 부분 클릭 후 원하는 위치로 이동

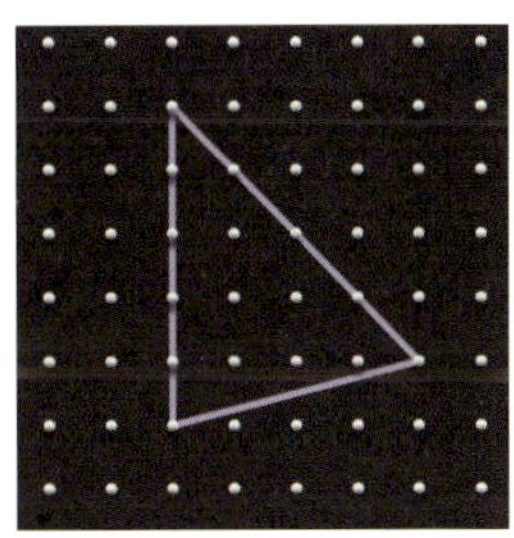

⑥ 길이에 맞게 고무줄을 늘여 도형 완성

는 위치에 놓습니다. 도형의 길이에 따라 고무줄을 늘여 한 변을 만들고 원하는 도형의 변 수만큼 반복하여 도형을 완성합니다.

학생들은 도형 판에 1개 이상의 도형을 만들 수 있습니다. 예를 들어, 삼각형 1개 또는 사다리꼴과 평행 사변형 2개를 나란히 만들 수 있습니다. 이때 교사는 두 도형이 서로 겹치지 않게 구성하도록 안내합니다. 도형이 겹치면 넓이를 정확히 구하기 어렵기 때문에, 도형 사이에 간격을 두고 배치하는 것이 중요합니다.

도형을 다 만들었다면, 화면 우측 위의 'T'를 눌러 문제 지문을 입력합니다. 예를 들어 '이 도형의 넓이를 구해 보세요.' 또는 '왼쪽 도형과 오른쪽 도형의 넓이 차이는 얼마인가요?'와 같은 문제를 만들 수 있습니다.

문제 지문 입력 방법

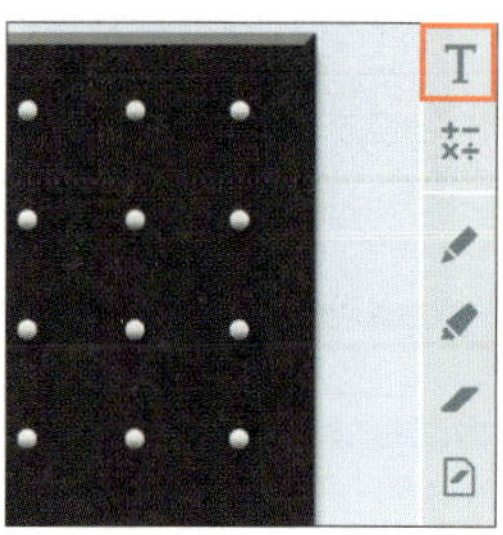

① 'T' 아이콘 클릭

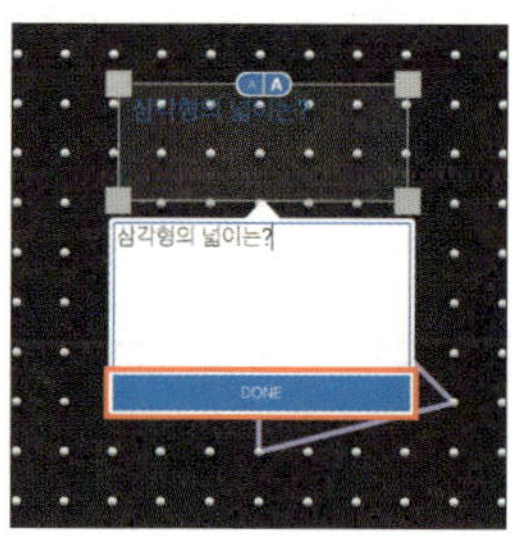

② 문제 작성 후 'DONE' 클릭

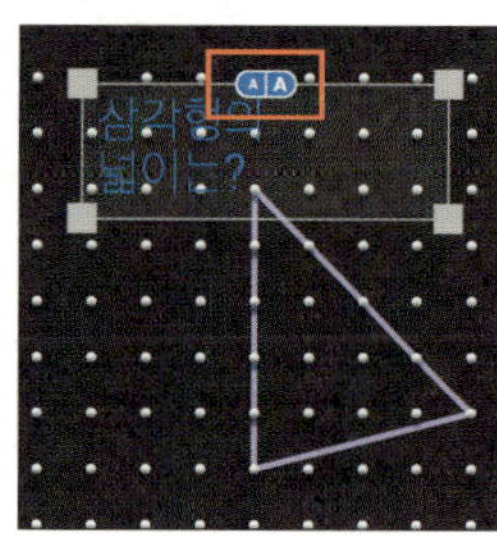

③ 'A' 아이콘으로 글씨 크기 조절

이후, 학생들은 자신이 만든 문제의 도형이 정확하고 넓이 계산이 가능한지 스스로 검토해 봅니다. 활동지에 자신이 만든 문제를 실제로 풀어 보고, 풀이 과정과 정답을 함께 작성합니다.

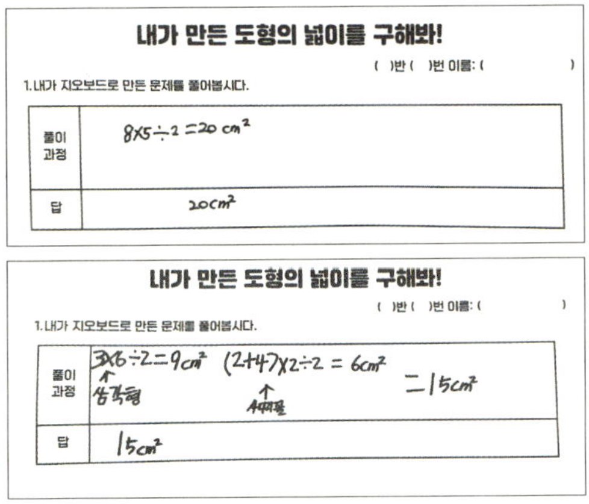

내가 만든 도형의 넓이를 구해봐!

( )반 ( )번 이름: ( )

1. 내가 지오보드로 만든 문제를 풀어봅시다.

풀이 과정	$8 \times 5 \div 2 = 20\ cm^2$
답	$20cm^2$

내가 만든 도형의 넓이를 구해봐!

( )반 ( )번 이름: ( )

1. 내가 지오보드로 만든 문제를 풀어봅시다.

풀이 과정	$3 \times 6 \div 2 = 9cm^2$ ↑ 삼각형 $(2+4) \times 2 \div 2 = 6cm^2$ $= 15cm^2$
답	$15cm^2$

내가 만든 문제 풀이

2. 지오보드로 만든 문제 공유하기

문제를 완성하고 검토를 완료한 학생들은 하단에 '공유'를 클릭합니다. 마우스 우클릭을 하여 지오보드 문제 화면을 이미지로 복사합니다. 이후, 교사가 학생들끼리 문제를 공유할 수 있는 패들렛을 제공합니다. 학생들은 자신의 모둠 섹션에 '+'를 클릭하여 게시글을 만들고, 게시글 제목에는 자기 번호를 적습니다. 그다음 복사한 이미지를 붙여넣은 뒤, '게시'를 클릭하여 패들렛에 업로드합니다.

문제 공유 방법

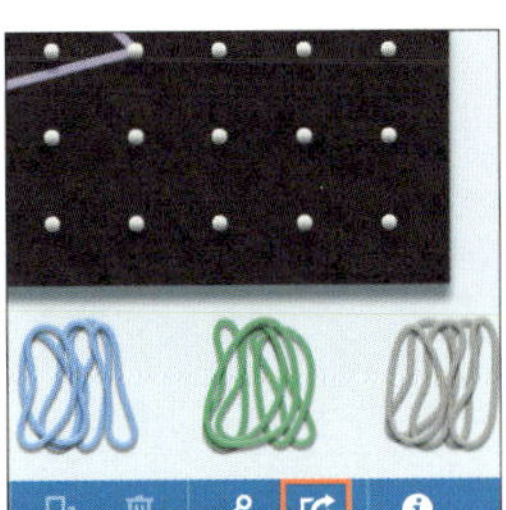

① '공유' 아이콘 클릭

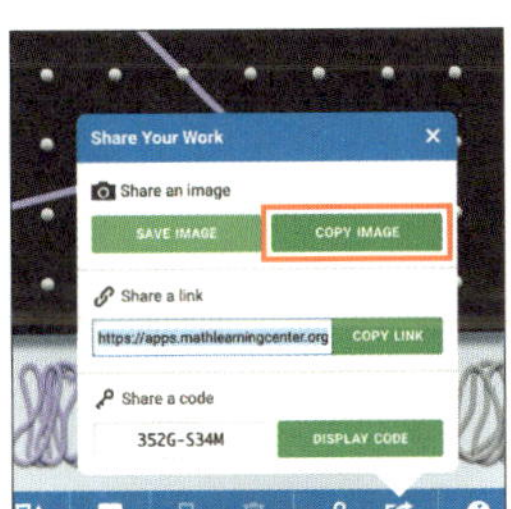

② 'COPY IMAGE' 클릭

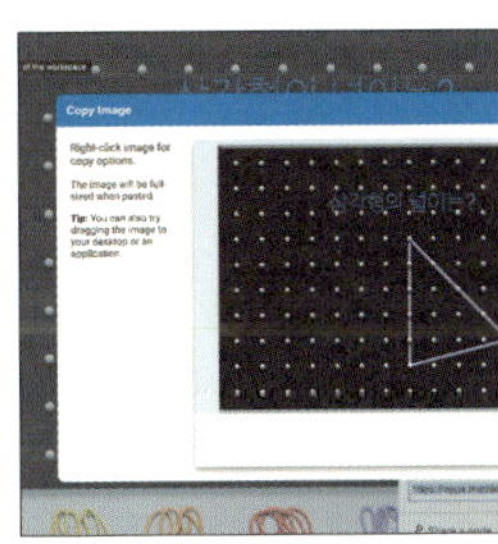

③ 우클릭 후 복사

④ '+' 클릭

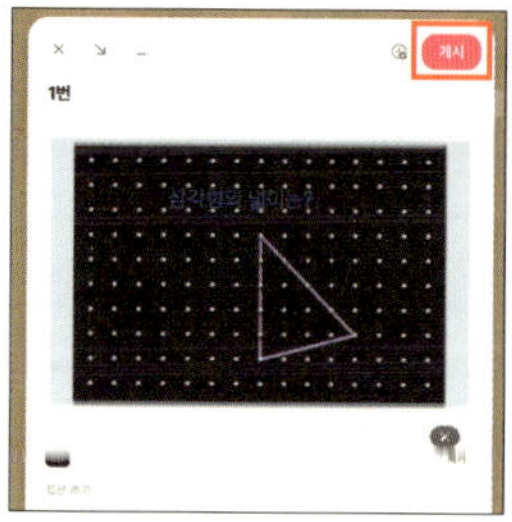

⑤ 복사한 이미지 붙여넣기 후, '게시' 클릭

⑥ 패들렛에 업로드

3. 친구들이 만든 문제 풀어 보기

패들렛에 업로드된 친구들의 문제 중에서 자신의 앞뒤 번호 친구의 문제를 포함한 4문제를 활동지에 풀어 봅니다. 예를 들어, 7번 학생은 6번과 8번 학생이 만든 문제를 풀고, 나머지 두 문제는 원하는 문제를 풉니다. 교사는 시간이 남는 학생들은 더 많이 풀어도 된다고 안내합니다.

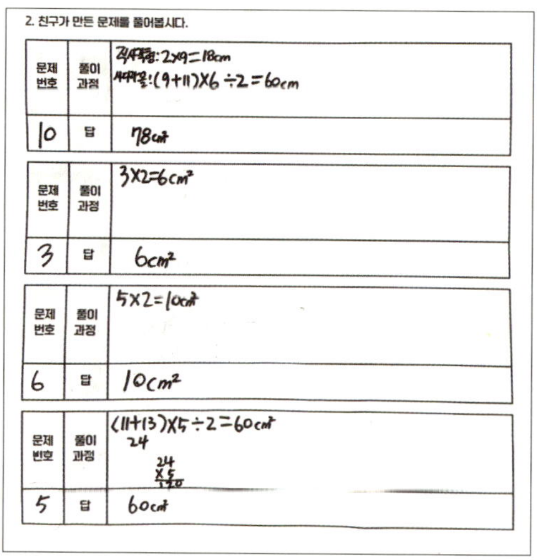

2. 친구가 만든 문제를 풀어봅시다.

문제 번호	풀이 과정	직사각형: 2×9=18cm 사다리꼴: (9+11)×6÷2=60cm
10	답	78cm²

문제 번호	풀이 과정	3×2=6cm²
3	답	6cm²

문제 번호	풀이 과정	5×2=10cm²
6	답	10cm²

문제 번호	풀이 과정	(11+13)×5÷2=60cm² 24 24×5=120
5	답	60cm²

친구들이 만든 문제 풀이

이는 모든 학생의 문제가 최소 2명 이상에게 풀이될 수 있도록 하기 위함입니다. 학생들은 문제에 있는 도형을 잘 관찰하고, 넓이를 구하는 공식을 떠올려 풀이 과정을 활동지에 자세히 작성합니다.

4. 내가 만든 문제 답 공유하기

모든 학생이 문제 풀이를 마친 후, 각자 자신의 문제에 대한 정답과 풀이 과정을 패들렛 댓글로 동시에 업로드합니다. 댓글은 텍스트로 입력하거나, 자신이 활동지에 작성한 풀이 과정을 사진 찍어서 올려도 좋습니다. 이때, 교사는 댓글을 적을 때 '이 도형은 밑변 4cm, 높이 3cm인 삼각형이므로, 넓이는 4×3÷2 = 6입니다.'와 같이 풀이 과정을 포함하도록 안내합니다. 또한, 학생들이 댓글을 보기 전에 문제를 풀 수 있도록, 댓글은 교사의 안내에 따라 동시에 올리도록 지도합니다.

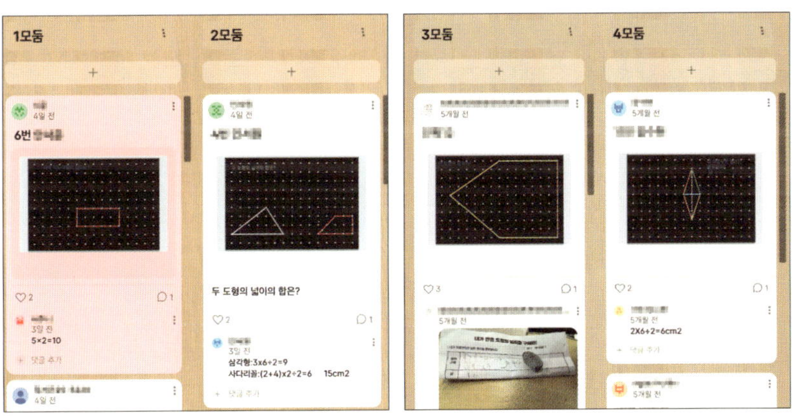

학생 결과물

정답이 공개되면, 학생들은 정답과 자신의 풀이 과정을 비교하며 채점한 후 활동지에 채점 결과를 기록합니다. 잘못된 부분이 있다면 어떤 계산 과정에서 실수했는지 적으며 다시 한번 확인합니다. 이 과정을 통해 학생들은 수학적 사고를 되짚고, 자신의 풀이 과정을 객관적으로 점검하는 태도를 기르게 됩니다.

수업 tip

☑ 학급에서 문제를 가장 잘 만든 학생을 뽑아 볼 수 있습니다. 모든 학생이 자신의 풀이 채점을 한 뒤에, 잘 만들었다고 생각하는 문제에 '좋아요'를 누르도록 합니다. 이때 패들렛의 '좋아요 반응'을 활용해도 좋습니다.

수학

직육면체로 나만의 방 꾸미기

마인크래프트(Minecraft)

직육면체의 겉넓이와 부피를 구할 때, 많은 학생이 단순히 공식을 암기하여 적용하는 도구적 이해 단계에만 머뭅니다. 학생들이 도구적 이해에서 관계적 이해로 나아가기 위해서는 배운 개념을 실생활에 반복적으로 적용해 보면서 지식을 체득하는 과정이 필요합니다.

이때, 에듀테크 '마인크래프트(Minecraft)'를 활용하면 학생들이 부피와 넓이에 대한 개념을 바탕으로 자신의 아이디어를 가상의 세계에서 자유롭게 표현할 수 있습니다. 마인크래프트는 직육면체의 블록을 자유롭게 쌓아 공간을 구성하는 게임으로, 부피와 겉넓이 개념을 직관적으로 경험하도록 도와 줍니다. 쌓기 나무 도형과는 달리, 개수의 제한 없이 가상의 공간에서 직육면체를 마음껏 사용할 수 있기 때문에 학생들은 부피와 겉넓이 개념을 여러 번 반복하여 학습할 수 있습니다. 또한, 크기가 다양한 건축물을 만드는 등 공간을 입체적으로 활용하기에도 편리합니다.

'직육면체로 나만의 방 꾸미기' 수업에서 교사는 학생들에게 나만의 방 꾸미기라는 실생활과 밀접한 과제를 제시합니다. 학생들은 가상 세계에서 부피를 계산하여 직육면체 형태의 방을 만들고, 직육면체로 방 내부를 자유롭게 꾸미며 겉넓이를 계산해 봅니다. 평소 상상했던 방을 직육면체를 활용하여 실제로 구현해 보는 활동을 통해 학생들은 수학적 사고력과 창의적 표현력을 동시에 기를 수 있습니다.

수업의 이모저모

- 관련 과목: 수학, 미술
- 학년 학기: 6학년 1학기
- 난이도: 중
- 수업 시간: 2차시
- 준비물: 디지털 기기, 활동지

1. 방의 부피 정하기

교사는 각 모둠에 '부피가 OOm³인 방 만들기' 미션을 제시합니다. 학생들은 지난 시간에 학습한 직육면체의 부피를 구하는 방법을 복습하며 방의 가로, 세로, 높이가 각각 몇 m인지 계산합니다. 그다음 활동지에 부피 계산 과정과 모둠별로 정한 가로, 세로, 높이를 작성합니다.

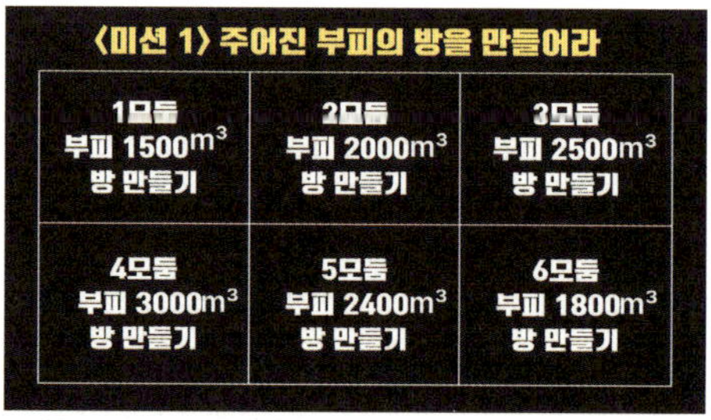

모둠별 부피 미션 화면

2. 마인크래프트 에듀케이션 에디션 설치하기

마인크래프트 에듀케이션 에디션을 사용하기 위해서는 교사와 학생 모두 교육청에서 발급한 교육용 MS 계정이 필요합니다. 교사는 마인크래프트 에듀케이션 에디션 사이트에 접속하여 상단의 'Minecraft 다

마인크래프트 에듀케이션 에디션 설치 방법

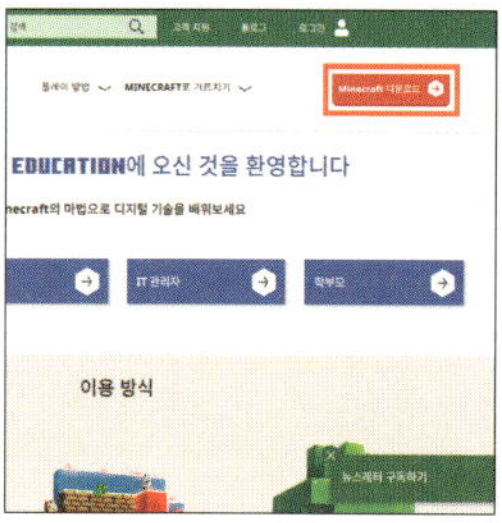

① 'Minecraft 다운로드' 클릭

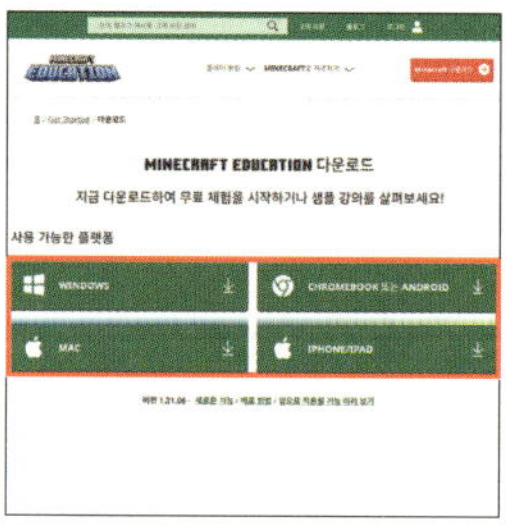

② 플랫폼에 따라 다운로드

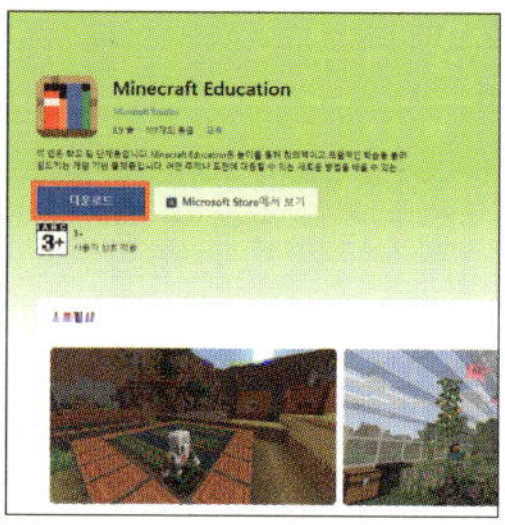

③ '다운로드' 클릭

운로드'를 클릭한 후 사용하는 플랫폼에 맞는 프로그램을 다운로드합니다. 학생들도 구글 플레이스토어나 마인크래프트 에듀케이션 에디션 공식 사이트에서 본인의 플랫폼에 적합한 버전을 다운로드합니다.

3. 월드 맵 제작하기

마인크래프트 에듀케이션 에디션에서는 학생들을 초대하여 하나의 맵에서 함께 활동할 수 있습니다. 이를 위해 교사는 학생들이 활동에만 집중할 수 있도록 잔디 블록 맵을 생성합니다. 먼저 마인크래프트 앱을 실행한 후, '플레이'를 클릭하고 '내 월드'에서 '내 템플릿'을 클릭합니다. 그다음 '잔디 블록'을 선택합니다. '일반' 메뉴로 들어가 월드 이름을 설정하고, 기본 게임 모드는 '크리에이티브 모드', 난이도는 '평화로움'으로 설정합니다.

월드 맵 제작 방법

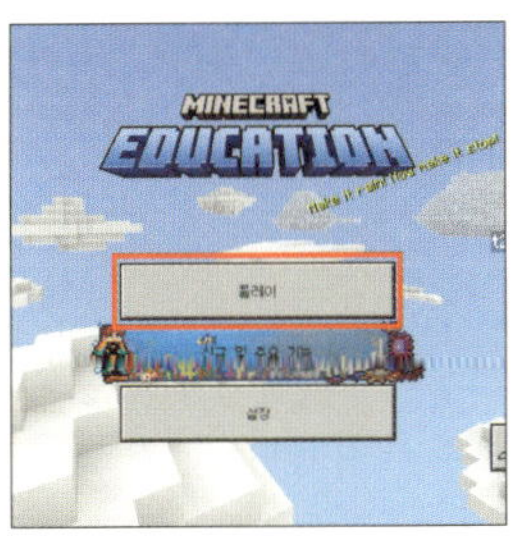

① '플레이' 클릭

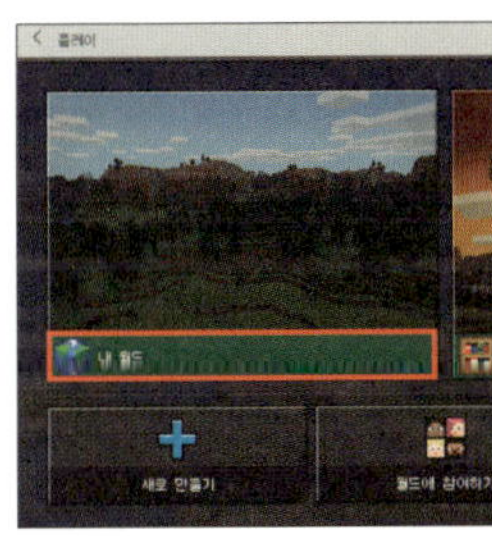

② '내 월드' 클릭

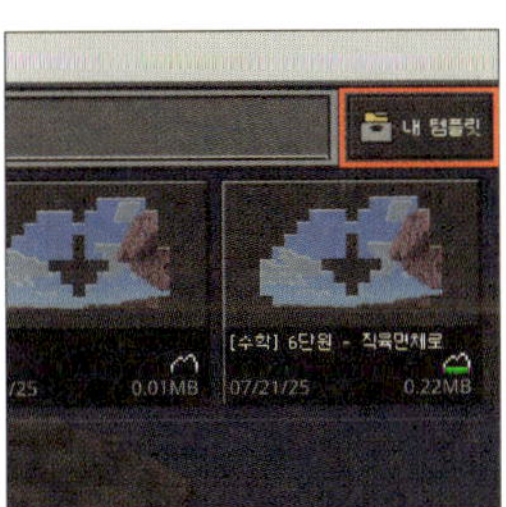

③ '내 템플릿' 클릭

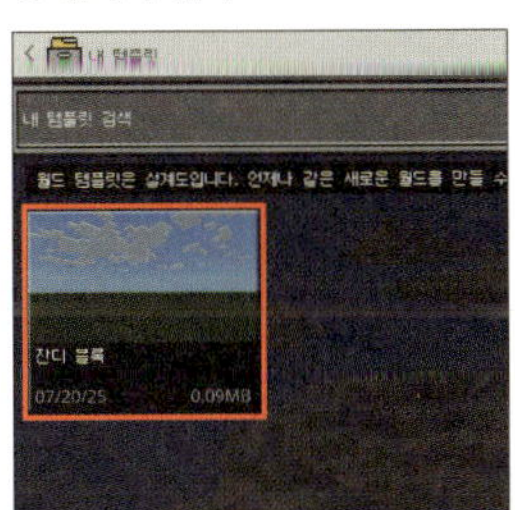

④ '잔디 블록' 클릭

⑤ 설정 편집 중 '일반' 선택

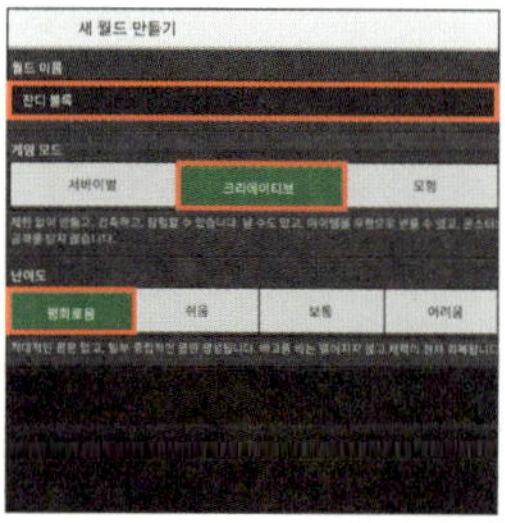

⑥ 이름, 게임 모드, 난이도 설정

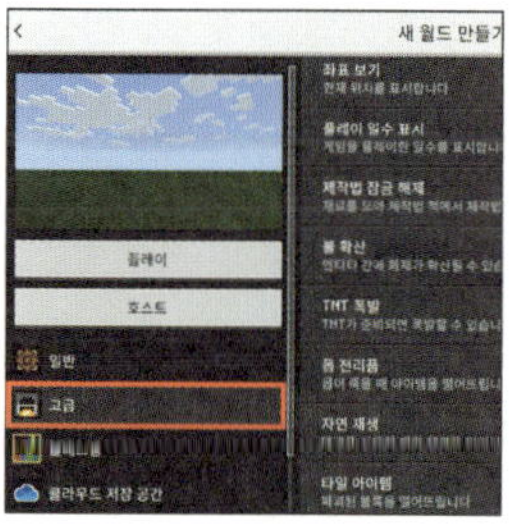

⑦ '고급' 클릭

⑧ '좌표 보기'와 '타일 아이템'만 허용

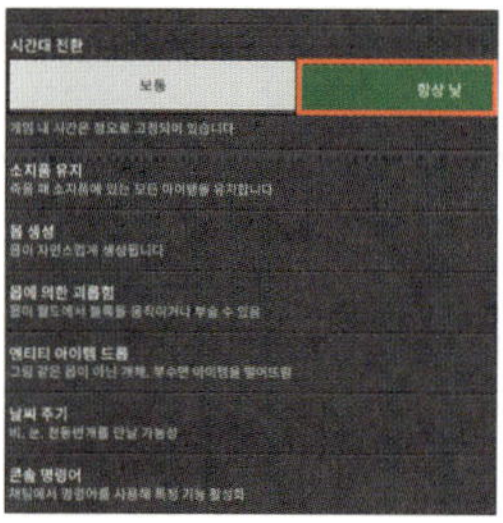

⑨ 시간대 전환에서 '항상 낮'만 허용

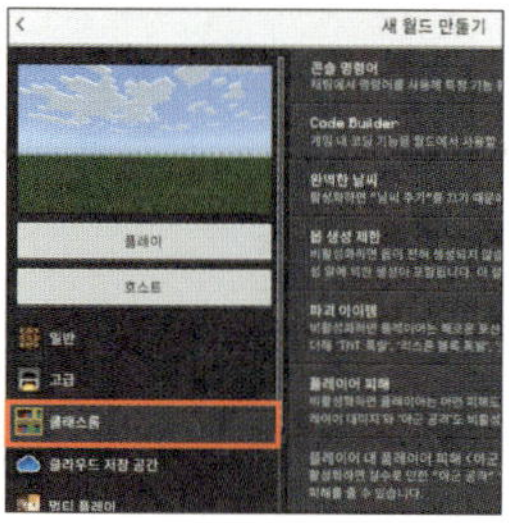

⑩ '클래스룸' 클릭

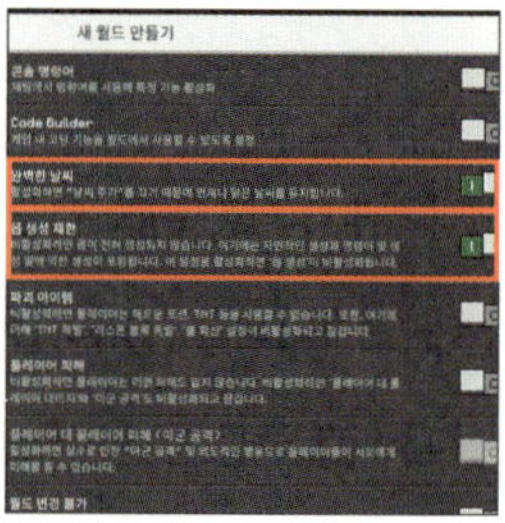

⑪ '완벽한 날씨'와 '몹 생성 제한'만 허용

'고급' 메뉴를 클릭하여 학생들의 위치 확인을 위해 '좌표 보기'와, 건축 재료를 위해 '타일 아이템'만 활성화하고 나머지는 모두 비활성화합니다. 이때 시간대 전환에서 '항상 낮'을 클릭합니다. 마지막으로 '클래스룸' 메뉴를 클릭한 다음, '완벽한 날씨'와 '몹 생성 제한'만 활성화한 뒤 월드를 생성하면 사전 준비가 완료됩니다.

교사는 준비된 맵에서 호스팅을 시작해 학생들을 초대합니다. 월드 화면에 들어간 후 키보드로 'Esc'를 누르면 설정 창이 열립니다. 우측 상단에 자리한 사람 모양의 멀티플레이어 아이콘을 클릭하면 호스트 설정 메뉴가 열리는데, 여기서 '호스팅 시작'을 누르면 초대가 활성화됩니다. 화면에 표시된 참여 코드를 학생들에게 보여 주고, 학생들은 자신의 기기에서 해당 코드를 입력해 월드에 합류합니다. 참가자가 연결

학생 초대 방법

① 맵에 입장한 후 키보드에서 'Esc' 클릭

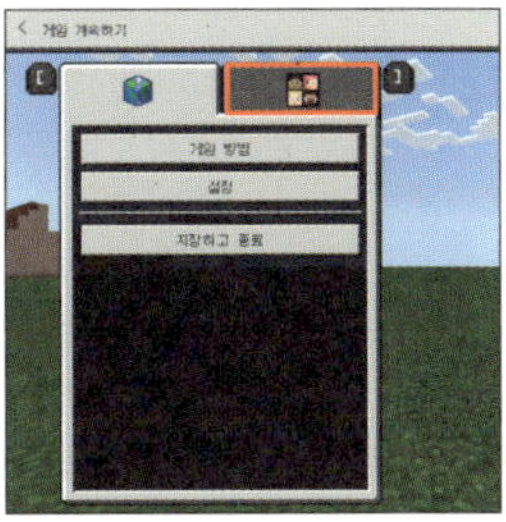

② 사람 모양 아이콘 클릭

③ '호스팅 시작' 클릭

④ 그림 참여 코드 안내

⑤ 현재 접속자 표시

되면 하단의 참여자 목록에 이름이 나타납니다.

4. 직육면체를 활용하여 방을 만들고 꾸미기

먼저 마인크래프트 블록 하나의 크기를 가로, 세로, 높이 각각 1m로 정하고 활동을 시작합니다. 각 모둠은 활동지에 작성한 가로, 세로, 높이대로 방을 제작한 다음, 방의 내부를 직육면체의 블록을 사용하여 창의적으로 꾸며 봅니다. 이때, 교사는 학생들에게 정육면체도 직육면체에 포함된다는 점을 안내합니다. 또한 모둠 간 퀴즈 활동을 위해 최소 5가지의 가구나 소품을 제작하도록 하고, 모든 소품은 직육면체의 형태로 제작해야 한다는 조건을 제시합니다.

주어진 부피의 방 만들기

5. 가구와 소품의 겉넓이와 부피 계산하기

각 모둠은 자신들이 제작한 소품의 겉넓이와 부피를 계산합니다. 직육면체 형태의 소품은 부피와 겉넓이를 모두 구하고 그 과정을 기록합니다.

그다음 모둠끼리 짝을 지어 서로의 방에 방문합니다. 다른 모둠의 방에서 제작한 가구와 소품을 보고, 해당 소품들의 부피와 겉넓이를 직접 계산하여 활동지에 기록합니다. 계산이 끝난 후, 모둠끼리 만나 서로의 결과를 비교하고 정답이 맞는지 확인하며 상호 검토하는 시간을 갖고 활동을 마무리합니다.

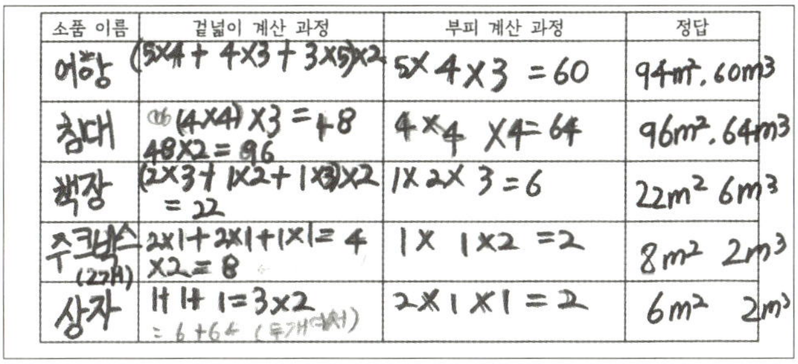

소품 이름	겉넓이 계산 과정	부피 계산 과정	정답
어항	(5×4+4×3+3×5)×2	5×4×3 =60	94m², 60m³
침대	(4×4)×3 =48 48×2=96	4×4 ×4=64	96m², 64m³
책장	(2×3+1×2+1×3)×2 =22	1×2×3=6	22m² 6m³
주크박스 (2개)	2×1+2×1+1×1=4 ×2=8	1× 1×2 =2	8m² 2m³
상자	1+1+1=3×2 =6 +6+ (두개여서)	2×1×1=2	6m² 2m³

자기 모둠 소품의 겉넓이와 부피 계산

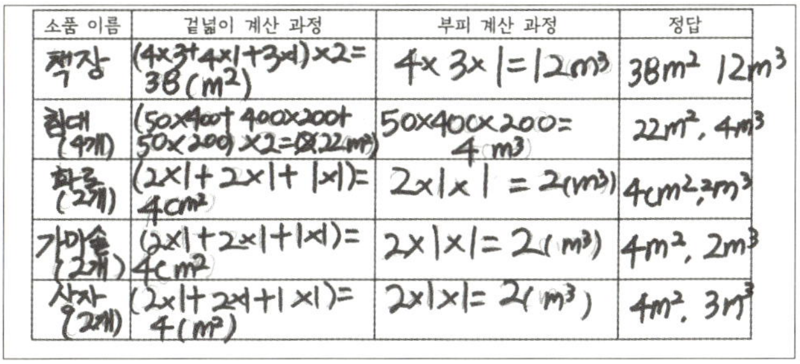

소품 이름	겉넓이 계산 과정	부피 계산 과정	정답
책장	(4×3+4×1+3×1)×2= 38(m²)	4×3×1=12m³	38m² 12m³
침대 (4개)	(50×400+400×200+ 50×200)×2=[illegible](22m²)	50×400×200= 4m³	22m², 4m³
화로 (2개)	(2×1+2×1+1×1)= 4cm²	2×1×1 =2(m³)	4cm², 2m³
가마솥 (2개)	(2×1+2×1+1×1)= 4cm²	2×1×1=2(m³)	4m², 2m³
상자 (2개)	(2×1+2×1+1×1)= 4(m²)	2×1×1=2(m³)	4m², 3m³

다른 모둠 소품의 겉넓이와 부피 계산

수업 tip

☑ 대다수 학생이 마인크래프트 사용법에 익숙하기 때문에 별도의 지도 시간이 필요하지 않습니다. 사용법을 잘 모르는 학생이 있을 경우, 친구의 도움을 받거나 외부 사이트의 마인크래프트 튜토리얼을 참고하여 빠르게 익힐 수 있도록 교사가 안내합니다.

☑ 직육면체 소품을 모두 제작한 후에는 학생들이 추가적으로 자유롭게 방을 꾸밀 수 있도록 하면 수업의 몰입도가 더욱 높아집니다.

과학

챗봇과 함께 만드는 생물의 한살이 도감

미조우(Mizou)

'생물의 한살이' 단원에서는 생물이 태어나 자라고 자손을 남기는 과정을 배웁니다. 이를 통해 학생들은 생명의 순환과 다양성을 이해하게 됩니다. 하지만 학생들에게 직접 인터넷에서 생물의 한살이에 대한 정보를 찾게 하면, 대부분의 아이들은 어디에서 무엇을 조사해야 할지 몰라 막막해 하고, 찾은 정보에도 어려운 어휘가 포함되어 있어 이해하는 데 어려움을 겪기도 합니다.

'미조우(Mizou)'는 교사가 역할을 설정하면 그에 맞는 챗봇이 생성되는 AI 플랫폼입니다. 미조우 챗봇을 활용하면, 학생이 스스로 질문을 던지고 그에 맞는 수준의 설명을 들을 수 있어 탐구 활동이 훨씬 풍부해집니다. 예를 들어, 챗봇에 생물의 한살이를 질문하면 그 생물의 한살이를 단계별로 쉽게 설명해 주고 흥미로운 정보까지 덧붙여 줍니다.

'챗봇과 함께 만드는 생물의 한살이 도감' 수업에서 학생들은 챗봇과 대화하며 자신이 선택한 생물의 한살이를 조사하고 활동지에 내용을 정리합니다. 그다음 모둠별로 정보를 모아 전지에 한살이 도감을 만들어 봅니다. 학생들은 미조우 챗봇을 통해 단순한 정보 검색을 넘어, 스스로 질문하고 지식을 구성하는 즐거운 탐구를 경험할 수 있습니다.

수업의 이모저모

- 관련 과목: 과학
- 학년: 3학년 1학기
- 난이도: 중
- 수업 시간: 2차시 이상
- 준비물: 디지털 기기, 활동지, 전지, 가위, 풀, 색칠 도구

1. 조사하고 싶은 생물 선택하기

먼저 교사는 "어떤 생물의 한살이 과정을 조사하고 싶나요?"라고 질문하고, 학생들의 답변을 칠판에 정리합니다. 이어서 학생들에게 활동지를 나누어 주고, 조사하고 싶은 생물을 하나 정해 활동지에 적어 보도록 안내합니다. 이때 학생들은 칠판에 적힌 생물, 평소에 좋아하던 생물, 과학 교과서에서 찾은 생물 등 자유롭게 선택할 수 있습니다.

2. 챗봇과 함께 한살이 알아보기

교사는 수업 전에 미리 챗봇을 만들어 수업 시간에 바로 사용할 수 있도록 준비합니다. 먼저 'Mizou'를 검색하여 교사로 회원 가입합니다. 로그인 후 'Build a Chatbot'과 'Custom'을 차례대로 클릭합니다. 좌측 'Title'에 챗봇의 제목을 입력합니다. 'AI Instructions'에 챗봇의 역할을 입력합니다. 이때, 'Generate'를 클릭하면 자동으로 내용 생성도 가능합니다. 'Grade Level'에서 3학년을 선택하고, 'Picture'와 'AI Name'을 작성합니다. 만약 학급 캐릭터가 있다면, 해당 캐릭터의 사진과 이름을 활용해도 좋습니다.

'Welcome Message'에는 챗봇에 접속했을 때 처음으로 나타날 인사말을 입력합니다. 'Rules'에는 학생들이 챗봇을 이용할 때 챗봇이 해야 하거나 하지 말아야 할 규칙을 입력합니다. 'Subject'에서 'Science'(과학)를 선택합니다. 이때 'Generate all fields'를 클릭하면 자동으로 내용이 채워집니다. 마지막으로 우측 상단 'Save'를 클릭해 저장하고, 'Publish'를 클릭해 챗봇을 생성합니다.

교사는 교실 TV에 미조우 챗봇에 접속할 수 있는 QR코드를 띄워 주고, 학생들은 디지털 기기로 이를 스캔하여 챗봇에 접속한 후 탐구 활동을 시작합니다. 미조우 챗봇에 접속하면 바로 챗봇의 인사말이 나타납니다. 학생들은 자신이 정한 생물에 대한 질문을 채팅창에 입력한 후 키보드의 엔터를 누르거나 마우스로 전송 아이콘을 클릭합니다. 예를

미조우 챗봇 생성 방법

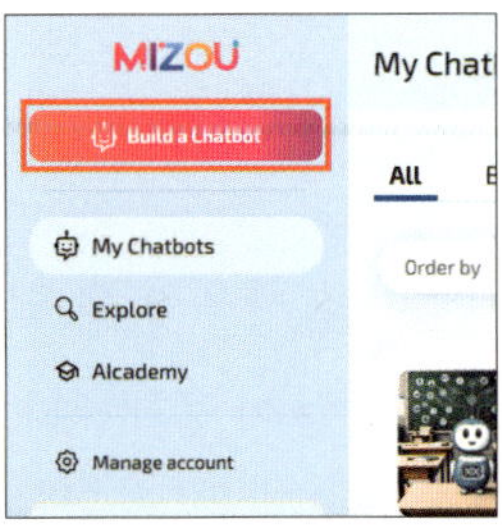

① 'Build a Chatbot' 클릭

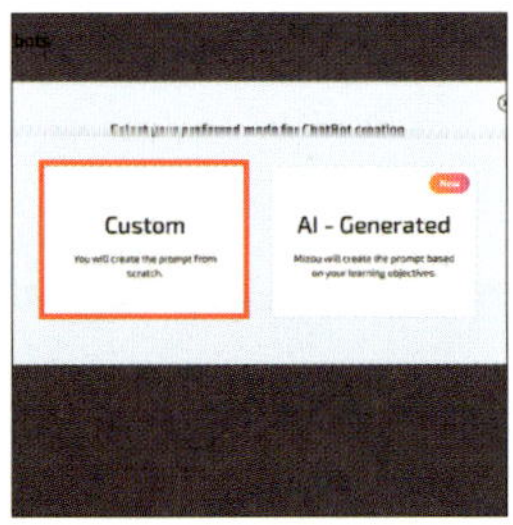

② 'Custom' 클릭

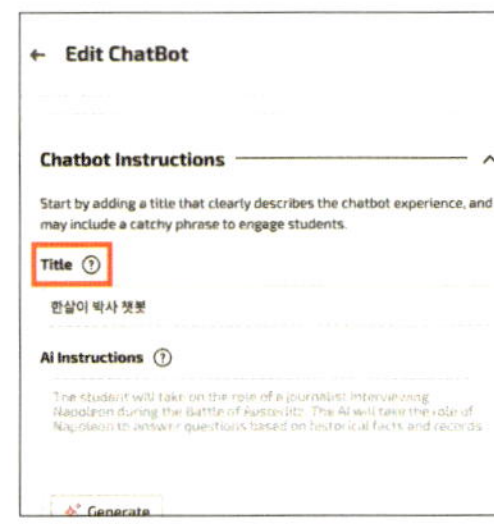

③ 'Title'에 챗봇 제목 입력

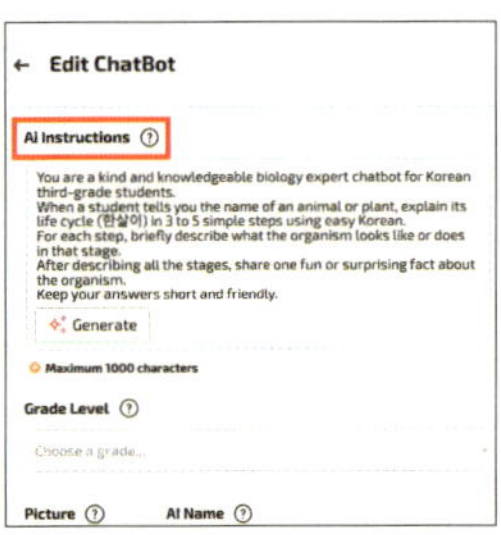

④ 'AI Instructions'에 챗봇의 역할 입력

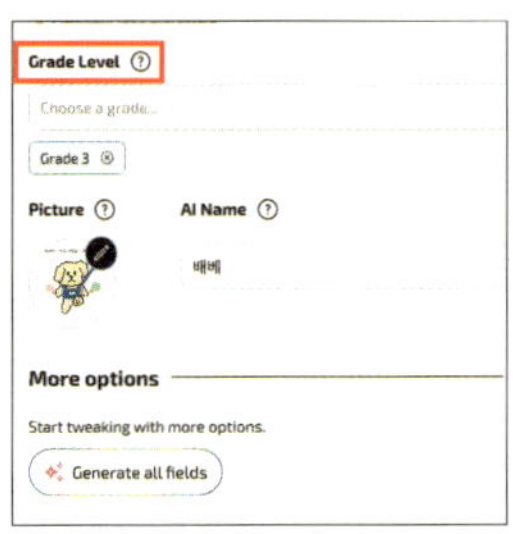

⑤ 'Grade Level'에서 학년 선택 및 'Picture', 'AI Name' 작성

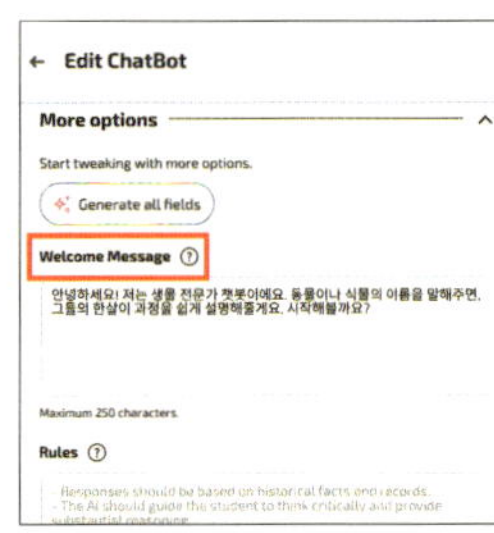

⑥ 'Welcome Message'에 인사말 입력

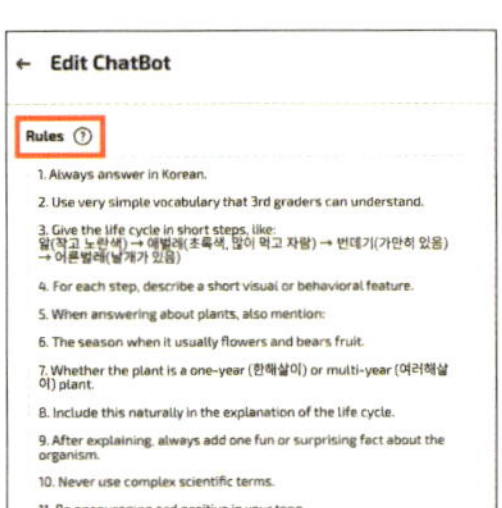

⑦ 'Rules'에 챗봇이 지켜야 할 규칙 입력

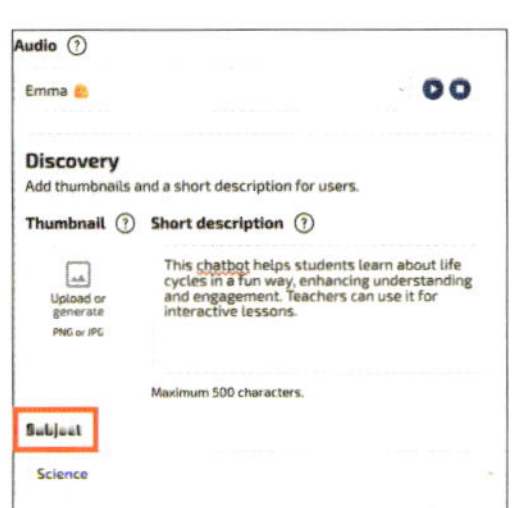

⑧ 'Subject'에서 'Science' 선택

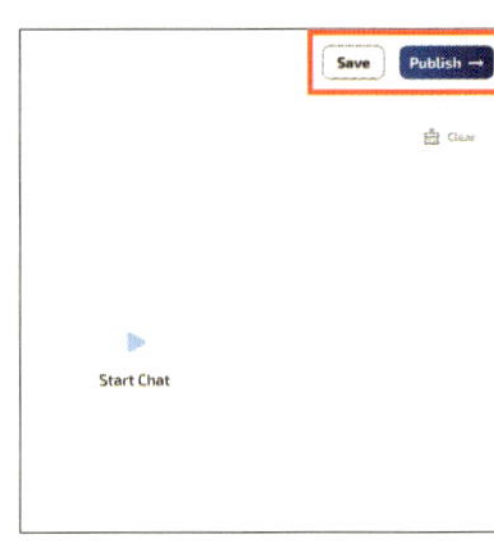

⑨ 'Save' 클릭해 저장 후 'Publish' 클릭해 챗봇 생성

들어, "돌고래의 한살이 과정이 무엇인가요?"라고 질문하면 챗봇은 해당 생물의 한살이 과정을 3~4단계로 간단히 답변해 줍니다.

이어 챗봇의 답변에서 이해가 되지 않거나 추가로 생긴 궁금증을 채팅창에 입력해 전송합니다. 예를 들어, "새끼 돌고래에서 어른 돌고래가 될 때 크기는 얼마나 달라지나요?"라고 질문할 수 있습니다. 이처럼 학생들은 챗봇과의 대화를 반복하며 생물의 한살이 과정을 충분히 조사합니다.

안녕하세요! 저는 생물 전문가 챗봇이에요. 동물이나 식물의 이름을 말해주면, 그들의 한살이 과정을 쉽게 설명해줄게요. 시작해볼까요?

딸기의 한살이 과정이 어떻게 돼?

딸기의 한살이 과정은 다음과 같아요!

1. 씨앗 (작고, 갈색) → 땅에 심어져요.
2. 어린 식물 (초록색 잎이 나와요) → 새싹이 자라나요.
3. 꽃 (하얗고 예쁜 꽃) → 봄에 피어요.
4. 열매 (빨간 딸기) → 여름에 열리죠.

딸기는 여러해살이 식물이에요. 매년 꽃이 피고, 열매를 맺어요.

재미있는 사실! 딸기는 처음에 흰색으로 시작하지만, 익으면 빨간색으로 변해요!

아기 햄스터의 특징을 다 알려줘

아기 햄스터의 특징은 이렇게 있어요:

1. **작고 약해요**: 아기 햄스터는 정말 아주 작고, 태어날 때는 털이 거의 없어요.
2. **눈이 감겨 있어요**: 태어났을 때는 눈을 감고, 일정 시간이 지나야 눈을 뜹니다.
3. **소리 없이 지내요**: 아기 햄스터는 주로 부모와 함께 있기 때문에 소리 내지 않고 조용히 있어요.
4. **많이 자라요**: 아기는 빨리 자라서 한 달 후에는 이미 털이 나고 예쁜 모습이 돼요.

아기 햄스터는 꼭 보호받아야 해요! 기분이 좋으면 모여서 서로 안고 있는 모습도 귀여워요!

미조우 챗봇 대화 기록

3. 조사 내용 정리하기

학생들은 챗봇과의 대화로 얻은 정보를 바탕으로 활동지를 작성합니다. 먼저, 한살이 과정을 자세하게 적어 봅니다. 알 → 애벌레 → 번데기 → 어른벌레 등 단계별로 정확하게 쓰도록 합니다. 그다음 생물에 대한 흥미로운 정보를 1가지 적어 봅니다. 예를 들어, '사슴벌레는 주로 밤에 활동하며 다른 곤충과의 싸움에서 멋진 뿔을 보여 줍니다.'라고 적을 수 있습니다. 색칠 도구를 이용해 각 한살이 과정에 맞는 생물의 모습을 그림으로 표현합니다. 이 활동지는 이후 모둠 전지에 붙여 한살이 도감을 만드는 데 활용됩니다. 따라서 교사는 학생들이 활동지를 정확하게 작성할 수 있도록 충분히 안내합니다.

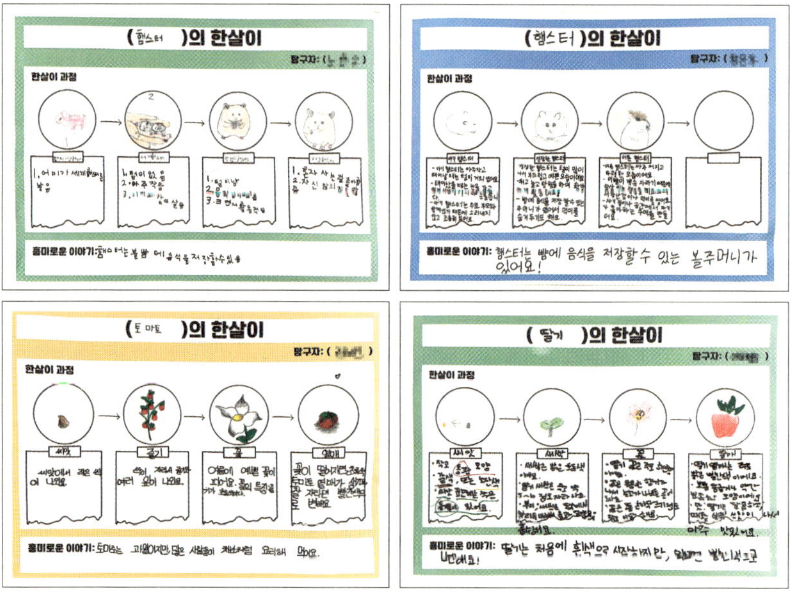

생물의 한살이 탐구

4. 모둠별 한살이 도감 만들기

이번에는 개별 탐구 결과를 종합해 모둠별 한살이 도감을 만듭니다. 모든 학생이 활동지를 완성한 후, 교사의 안내에 따라 책상을 모둠 대형으로 바꿉니다. 그다음 책상 위에 전지, 활동지, 가위, 풀, 색칠 도구 등 필요한 준비물을 준비합니다. 모둠원들은 돌아가며 조사한 생물의 한살이를 발표하고, 전지에 어떤 순서로 생물을 배치할지 의논합니다.

논의 후 '우리 모둠의 한살이 도감' 등의 제목을 전지 맨 위에 적고, 개별 활동지를 붙인 뒤 색칠 도구를 이용해 도감을 꾸밉니다. 전지 하단에는 각 생물의 한살이 과정에서 나타나는 공통점과 차이점을 글로 정리해 적어 봅니다. 특히 생물 간 공통점과 차이점을 정리하는 단계에서 교사는 순회 지도를 통해 학생들의 사고를 이끌어 줍니다. 학생들이 단순

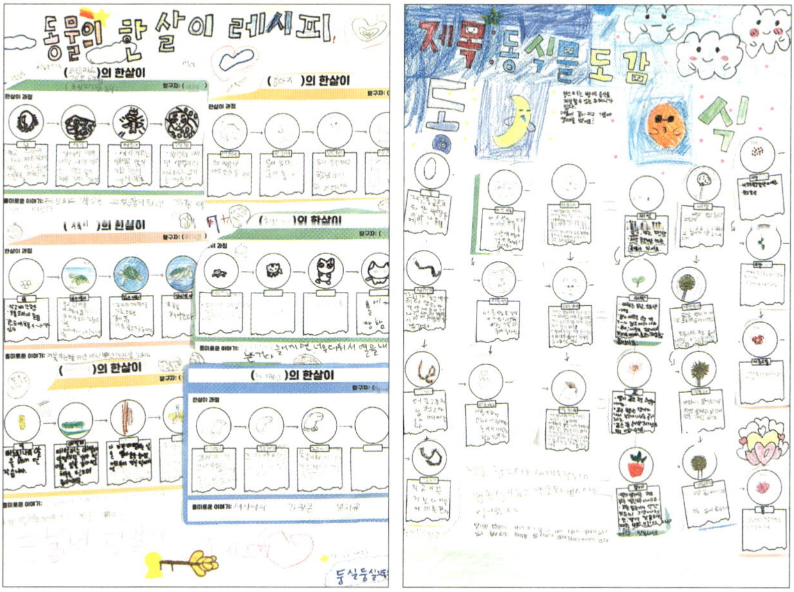

모둠별 한살이 도감

히 정보를 나열하는 데 그치지 않고, 여러 생물의 한살이를 비교하며 공통점과 차이점을 스스로 발견할 수 있도록 질문하는 것이 중요합니다.

[대화 예시]

교사: 개구리와 닭, 두 생물의 한살이에 어떤 공통점 또는 차이점이 있을까요?

학생: 둘 다 알을 낳아요!

교사: 좋아요. 그런데 그 알은 어디에서 낳나요?

학생: 개구리는 물에서, 닭은 육지에서 낳아요!

교사: 잘 발견했어요. 자라는 과정에서는 어떤 차이가 있나요?

학생: 개구리는 알 → 올챙이 → 다리 달린 올챙이 → 어른 개구리로 자라지만, 닭은 알 → 병아리 → 어른 닭으로 자라는 게 달라요!

교사: 훌륭해요. 방금 이야기한 공통점과 차이점을 모둠 전지 아래쪽에 정리해서 적어 봅시다.

5. 모둠별 한살이 도감 공유하기

각 모둠은 완성된 한살이 도감을 발표하며 탐구 결과를 공유합니다. 먼저 교사는 학생들이 내용을 조리 있게 전달할 수 있도록 발표 순서와 구성 요소를 안내합니다. 한 모둠씩 전지를 들고 교실 앞으로 나와 조사한 생물들, 한살이 과정, 공통점과 차이점 등을 중심으로 도감을 소개합니다. 학생들은 활동지에 발표 내용을 간단히 메모하며 집중해서 듣습니다. 이 활동을 통해 학생들은 자신이 조사하지 않은 생물들의 한살이를 새롭게 알게 되고, 다양한 생물의 한살이 과정을 비교해 볼 수 있습니다.

수업 tip

☑ 미조우 챗봇의 대화 기록은 자동 저장되므로 교사는 미조우 교사용 대시보드에서 학생별 질문과 응답 내용을 열람할 수 있습니다. 이로써 학생들이 어떤 질문을 통해 정보를 얻었는지 확인 후, 더 구체적인 탐구 질문을 하도록 피드백할 수 있습니다. 또한, 수업과 관련 없는 질문을 반복하며 활동에 집중하지 않는 학생 지도도 가능합니다.

과학

나만의 별자리 소개서 만들기

캔바(Canva)

계절별 별자리에 대해 알아보고 시간의 흐름에 따라 달라지는 별자리의 위치를 통해 학생들은 지구의 공전이라는 개념을 학습하게 됩니다. 그러나 수업 중 실제 별자리를 관측하기엔 시간적, 공간적으로 제약이 따릅니다. 따라서 교실에서는 관측 프로그램을 사용하여 별자리를 관측해 볼 수 있습니다.

이때 '캔바(Canva)'를 활용한다면 학생들은 관측 프로그램을 통해 살펴본 별자리에 자신만의 이야기를 덧붙여 시각적으로 풍부하게 표현할 수 있습니다. 또한, 캔바에서 제공하는 다양한 디자인 요소를 활용하여 쉽고 자유롭게 자기 생각을 표현할 수 있으므로 학생들은 사고 과정에 더욱 깊이 몰입하게 됩니다.

'나만의 별자리 소개서 만들기' 수업은 학생들이 계절별 별자리에 대해 알아보고 각자 마음에 드는 별자리를 선택한 후, 여기에 CSI 사고 방법을 적용하여 자신만의 새로운 별자리 전설을 만들어 보는 활동입니다. CSI 사고 방법은 색(Color), 상징(Symbol), 이미지(Image)를 사용하여 주어진 주제에 관한 자기 생각을 표현하는 방법입니다. 이렇게 완성된 작품을 모아 '우리 반 별자리 책'을 만들면 학생들의 창의력이 담긴 이야기들이 결과물로 탄생하게 됩니다. 학생들은 별자리에 대한 지식을 얻는 것을 넘어, 자기 생각을 시각적으로 구현하고 이야기를 직접 창작하는 과정을 통해 창의성을 키우는 협력 학습을 경험하게 될 것입니다.

수업의 이모저모

- 관련 과목: 과학, 미술
- 학년 학기: 6학년 1학기
- 난이도: 중
- 수업 시간: 3차시 이상
- 준비물: 디지털 기기

1. 계절에 따라 보이는 별자리 찾기

먼저 계절별 별자리를 실제 교실에서 관측할 수 없으므로 디지털 기기를 활용하여 알아보는 시간을 가져 봅니다. 학생들은 디지털 기기의 검색창에 천체 관측 프로그램인 '스텔라리움(Stellarium Astronomy Software)'을 검색합니다. 스텔라리움 사이트에 접속하여 'Stellarium Web'을 클릭한 후, 왼쪽부터 동-남-서 순서로 방위를 맞춥니다. 그다음 화면 하단 가운데에 있는 'Constellations'와 'Constellations Art'를 클릭하여 그림과 함께 별자리가 나타나도록 합니다. 마지막으로 화면 하단 오른쪽에 있는 날짜를 클릭해서 시간을 맞춥니다. 봄은 4월 15일 자정, 여름은 7월 15일 자정, 가을은 10월 15일 자정, 겨울은 1월 15일 자정으로 맞추

스텔라리움 사용 방법

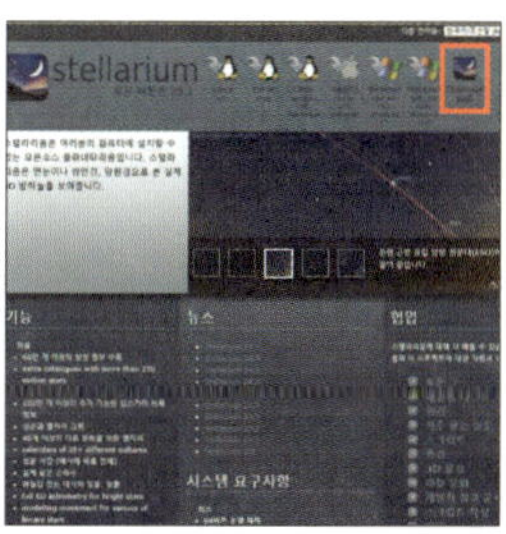

① 'Stellarium Web' 클릭

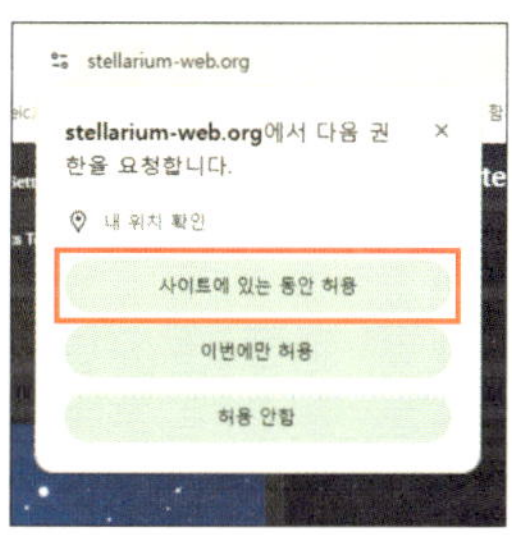

② '사이트에 있는 동안 허용' 클릭

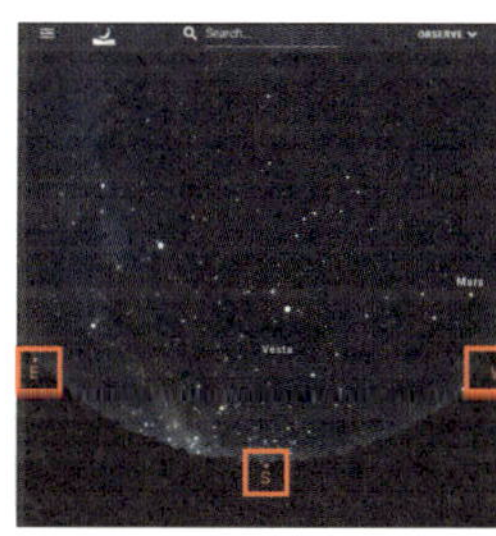

③ '동-남-서'로 방위 조정

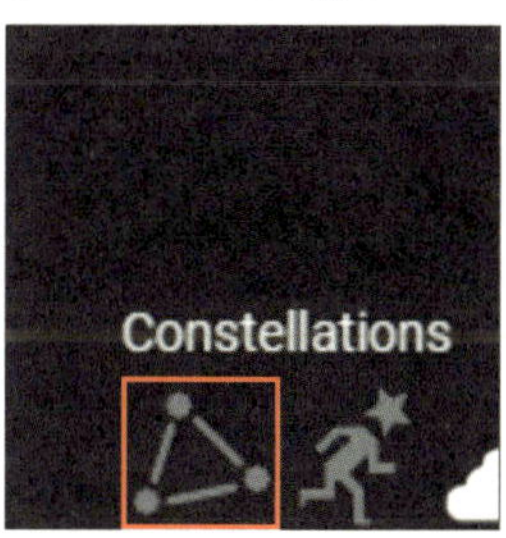

④ 'Constellations' 클릭

⑤ 'Constellations Art' 클릭

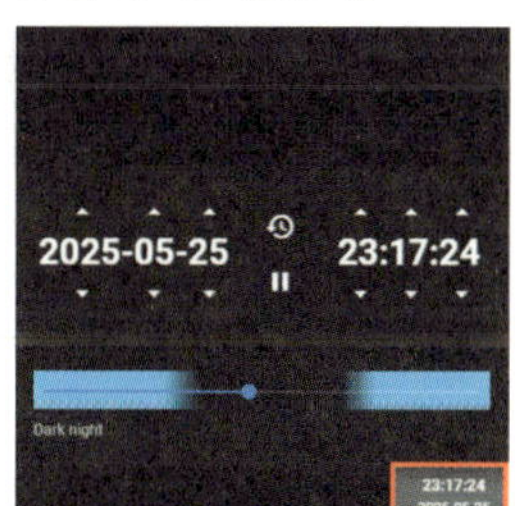

⑥ 날짜 클릭 후 계절별로 시간 조정

고 계절별로 어떤 별자리들이 보이는지 자유롭게 살펴보도록 합니다.

학생들은 살펴보고 난 후, 교사와 함께 계절에 따라 보이는 별자리를 다시 관찰합니다. 이때, 교사는 남쪽 하늘에 보이는 별자리에 집중하도록 안내합니다. 학생들은 관찰 후, 계절에 따라 남쪽 하늘에 보이는 별자리가 무엇인지 발표합니다. 교사는 이 별자리들을 계절별 대표 별자리라고 알려 줍니다.

2. 나만의 별자리 소개서 만들기

교사가 "별자리란 무엇일까요?"라는 질문을 던지며 활동을 시작합니다. 별자리란 밤하늘의 밝은 별들을 연결해 인물이나 동물, 사물 등에 비유한 것임을 설명한 후, 앞서 관측했던 계절별 별자리에 관해 이야기 나눕니다. 교사는 계절별 별자리가 무엇에 비유되었는지, 별자리 그림에서 알 수 있는 것은 무엇인지 질문하며 학생들의 사고를 돕습니다. 이어서 질문에 대한 해답이 별자리 전설에 있음을 설명하며 계절별 별자리의 전설을 창작하기 위한 활동으로 넘어갑니다.

먼저, 학생들은 각자 원하는 계절별 별자리를 선택해 봅니다. 이때 교사는 한 별자리에만 인원이 몰리지 않도록 지도합니다. 인원을 나누고 난 후, 교사가 캔바 별자리 소개시 템플릿의 링크를 제공합니다. 학생들은 링크를 통해 캔바 템플릿에 접속한 뒤 각자 선택한 별자리의 소개서를 작성합니다.

학생들은 자신이 맡은 별자리 사진을 원형 그리드에 삽입한 다음, 별자리를 보고 떠오르는 색의 사진을 상징색 그리드에 삽입합니다. 그다음 별자리를 보고 떠오르는 기호를 캔바 요소에서 찾아 추가합니다. 마지막으로 별자리를 보고 떠오르는 이미지를 추가합니다. 자신이 생각한 색, 기호, 이미지를 활용하여 별자리의 이름을 새롭게 짓고 별자리의 전설을 지어 봅니다. 다 완성했다면 본인의 슬라이드를 잠근 후 다른 친구들의 별자리 소개서를 살펴보고, 댓글로 본인의 의견을 적어 생각을 공유합니다.

캔바 별자리 소개서 템플릿

3. 별자리의 전설 알아보기

이번에는 실제 별자리 전설을 알아보는 활동을 해 봅니다. 교사가 "13개 별자리의 실제 전설은 무엇일까요?"라고 질문하면 학생들은 별자리의 이름을 보고 추측해 보는 시간을 가집니다. 그다음 디지털 기기를 활용하여 한국천문연구원 천문우주지식정보(astro.kasi.re.kr)의 천문학습관에 접속한 다음, '별자리'를 클릭하고 '별자리 전설'을 클릭합니다. 별자리들에 얽힌 실제 전설을 읽어 보며 우리 반이 만든 별자리 전설과 비교해 봅니다. 이때, 어떤 인물이나 사물, 동물 등으로 비유했는지를 비교하도록 합니다. 시간이 남는다면 교사는 계절별 별자리 외에 다른 별자리의 전설도 읽을 수 있도록 안내합니다.

천문학습관 접속 방법

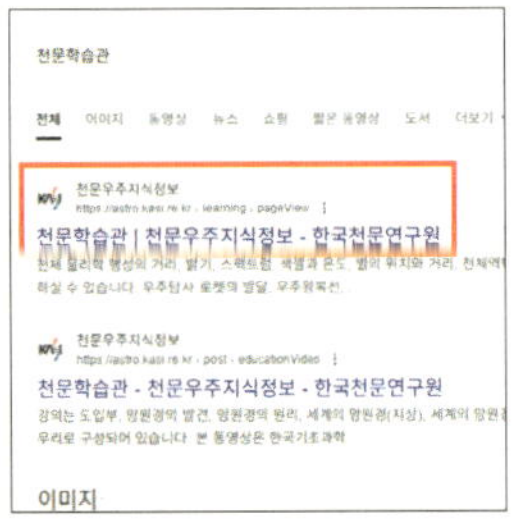

① '천문학습관' 검색 및 클릭

② 홈페이지 마인드맵 중 '별자리' 클릭

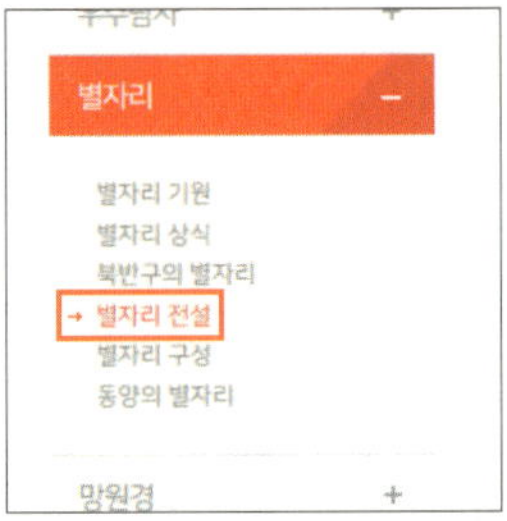

③ 메뉴 중 '별자리 전설' 클릭

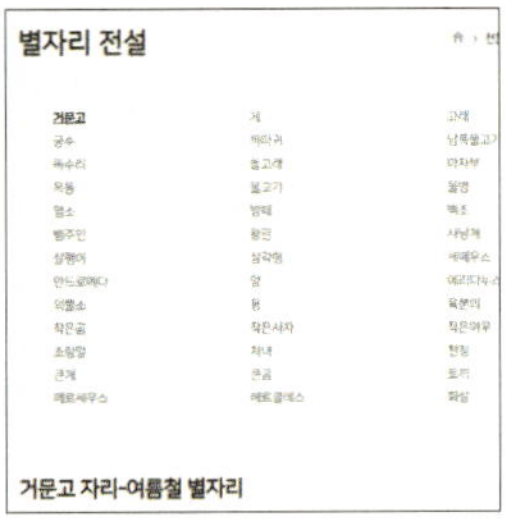

④ 계절별 별자리 전설 확인

4. 우리 반 별자리 책 만들기

교사는 캔바에서 학생들의 결과물을 PDF로 다운로드한 후 우리 반 별자리 책을 만들기 위해 북크리에이터에 접속합니다. 라이브러리에서 '새 책'을 클릭한 후, 'PDF 또는 ePub 가져오기'를 클릭합니다. 다운로드했던 캔바 결과물 PDF를 가져온 후, 책 모양은 '가로 4:3'을 선택합니다.

수업이 끝난 후 교사는 '우리 반 별자리' 책 북크리에이터의 링크 또는 QR코드를 공유하여 학생들이 자유롭게 살펴볼 수 있도록 합니다. 또한 QR코드는 출력하여 학급 문고에 붙여 줍니다.

북크리에이터 사용 방법

① '새 책' 클릭

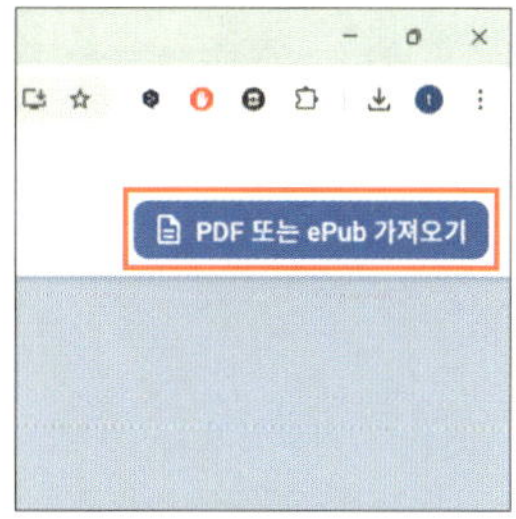

② 'PDF 또는 ePub 가져오기' 클릭

③ '파일 찾아보기' 클릭 후 내려받은 캔바 결과물 PDF 클릭

④ '페이지 모두 선택' 클릭 후 '추가' 클릭

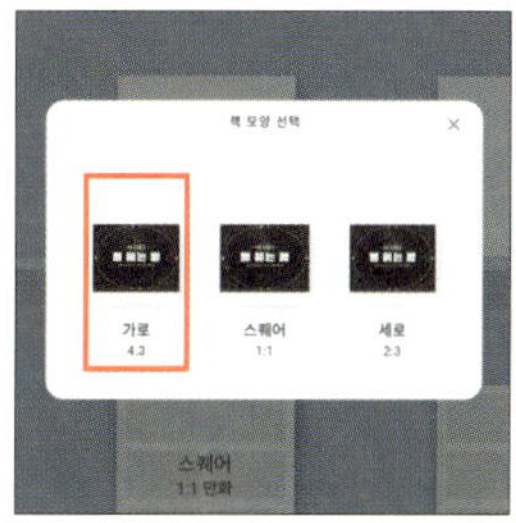

⑤ 템플릿 크기에 맞는 책 모양 선택(예_가로 4:3)

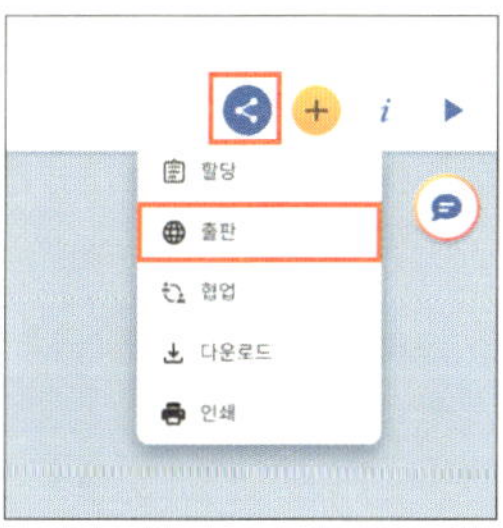

⑥ '공유' 아이콘 클릭 후 '출판' 클릭

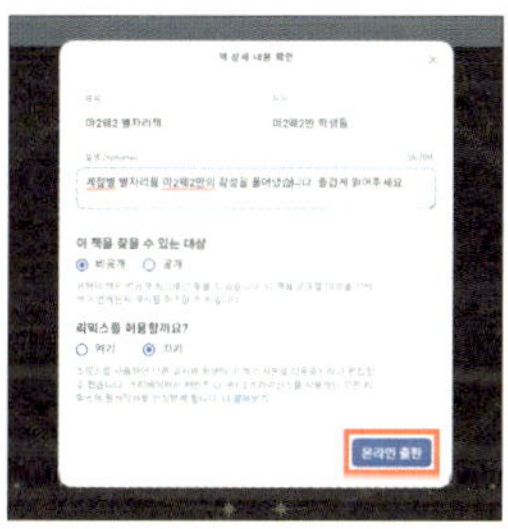

⑦ 책 제목, 저자, 설명 작성 후 '온라인 출판' 클릭

⑧ '링크 복사' 또는 'QR코드' 클릭 후 공유

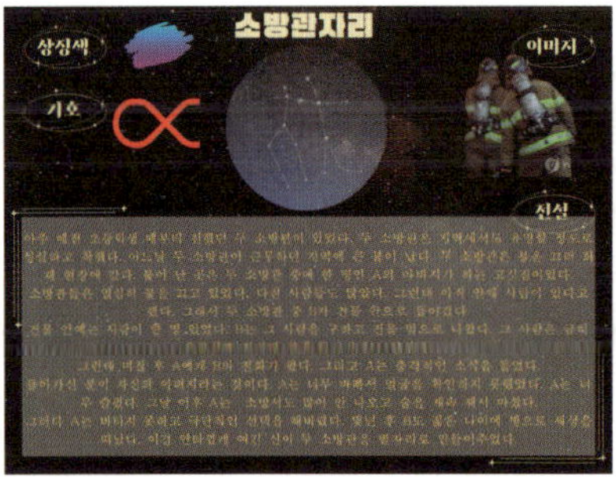

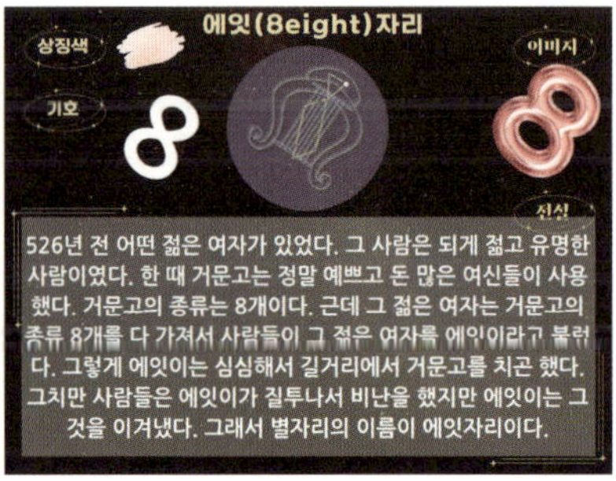

학생 결과물

수업 tip

- ☑ 별자리 전설을 새롭게 작성하기 어려워하는 학생의 경우, 기존에 있는 전설을 간추리거나 본인이 생각한 이미지에 맞게 조금 수정하도록 합니다.
- ☑ 결과물을 e북 형태가 아닌 학급 문집으로 제작하여 학급에 비치해 놓고 수시로 볼 수 있도록 해도 좋습니다.
- ☑ 친구가 작성한 별자리 CSI를 보고 어떤 별자리인지 맞히기, 전설을 읽고 별자리 이름 맞히기 등 추후 활동이 가능합니다.

③

음악, 미술, 실과, 창체

QR코드로 떠나는 동물 음악 탐험

QR코드(QR code)

감상 수업은 자칫 정적인 활동에 머물기 쉬워, 학생들의 흥미와 몰입을 이끌어 내기 어려운 경우가 많습니다. 이때 교실을 마치 박물관이나 미술관처럼 개별 감상이 가능한 공간으로 만든다면, 학생들은 주도적으로 감상하며 즐거움을 느낄 수 있습니다.

'QR코드(QR code)'는 디지털 기기로 스캔하기만 하면 웹사이트, 동영상, 음악 등 다양한 디지털 자료에 빠르게 접근할 수 있도록 해 주는 에듀테크 도구입니다. 링크를 직접 입력할 필요 없이 콘텐츠에 손쉽게 접속할 수 있어, 교실 수업에서도 간편하게 활용할 수 있습니다.

'QR코드로 떠나는 동물 음악 탐험' 수업에서는 교사가 교실 곳곳에 생상스의 '동물의 사육제' 각 곡을 주제로 한 감상 스테이션을 마련합니다. 학생들은 자유롭게 이동하며 QR코드를 스캔해 곡들을 감상한 뒤, 스테이션에 제시된 미션을 수행합니다. 각 스테이션에는 음악을 듣고 그림, 선, 글, 몸짓 등 다양한 방식으로 감상을 표현하는 미션이 있고, 학생들은 각 스테이션을 마칠 때마다 스티커를 받으며 즐겁게 참여합니다. 이를 통해 학생들은 자신이 정한 순서와 속도에 따라 능동적으로 움직이며 감상하고, 자유롭게 표현하는 경험을 하게 됩니다.

수업의 이모저모

- 관련 과목: 음악, 미술
- 학년: 3~4학년군
- 난이도: 하
- 수업 시간: 3차시 이상
- 준비물: 디지털 기기, 개별 이어폰 또는 헤드셋, 활동지, QR코드 인쇄물, 색칠 도구

1. 상상하며 음악 들어 보기

먼저, 교사는 수업에서 감상할 음악인 생상스 '동물의 사육제'에 대한 학생들의 관심을 유도합니다. 교사는 생상스 '동물의 사육제' 중 한 곡인 '백조'를 들려주고, 학생들은 눈을 감아 음악에 집중합니다. 이때 교사는 "이 음악은 어떤 동물을 표현한 음악입니다. 다시 한번 들으며 어떤 동물일지 추측해 봅시다."라고 감상 방향을 안내합니다. 음악이 끝나면 학생들은 "저는 흰수염고래가 떠올랐어요. 별빛이 가득한 밤바다에서 헤엄치는 모습이 그려졌어요."와 같이 자신의 상상을 이야기합니다.

2. 감상 스테이션 활동하기

학생들은 교실에 마련된 감상 스테이션을 자유롭게 돌아다니며 QR코드를 스캔해 음악을 감상한 뒤, 제시된 미션을 수행합니다. 각 스테이션에는 생상스의 '동물의 사육제' 중 한 곡이 QR코드로 연결되어 있으며, 학생들은 음악을 들은 후 그림, 선, 글, 몸짓 등 다양한 방법으로 감상을 표현합니다.

사전에 QR코드를 만드는 방법은 다음과 같습니다. '네이버 QR코드'를 검색한 후 '코드 생성'을 클릭합니다. OPTION 1~5를 살펴보며 세부 사항을 자유롭게 선택합니다. '페이지 유형 선택'에서 'URL 링크'를 클릭합니다. '기본 정보'에서 '페이지 제목'을 입력합니다. QR코드에 넣고 싶은 음악을 검색한 후 링크를 복사합니다.

예를 들어, 유튜브에 '동물의 사육제'의 '백조'를 검색한 후 마음에 드는 영상을 클릭해 링크를 복사합니다. 그다음, '웹사이트 링크'에서 'URL 링크'를 입력한 후 검은색 '링크 첨부'를 클릭합니다. 완성된 QR

QR코드 인쇄물 제작 방법

① '코드 생성' 클릭

② OPTION 1~5 선택

③ '페이지 유형 선택'-'URL 링크' 클릭

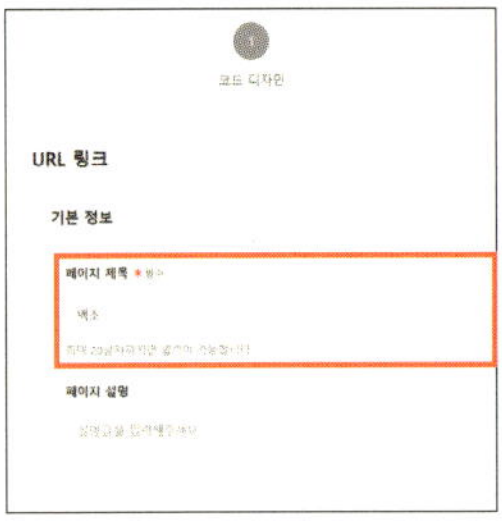

④ '기본 정보'-'페이지 제목' 입력

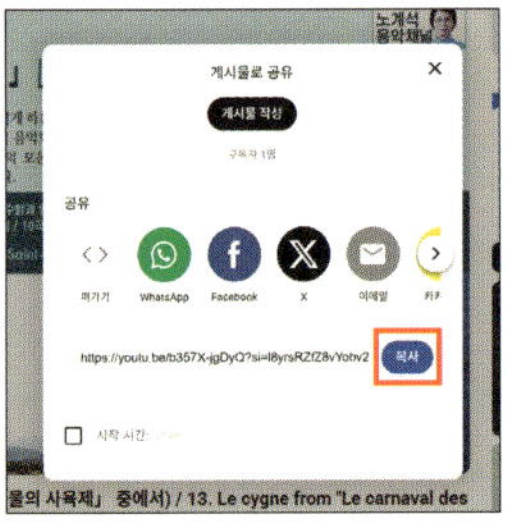

⑤ QR코드에 넣고 싶은 음악 검색 후 링크 복사

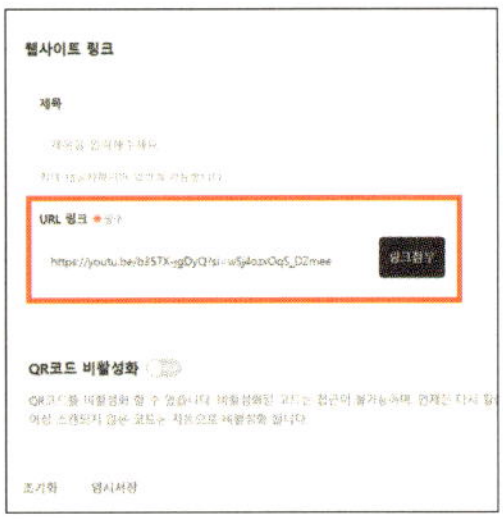

⑥ '웹사이트 링크'-'URL 링크' 입력 후 '링크 첨부' 클릭

⑦ '코드 저장' 클릭

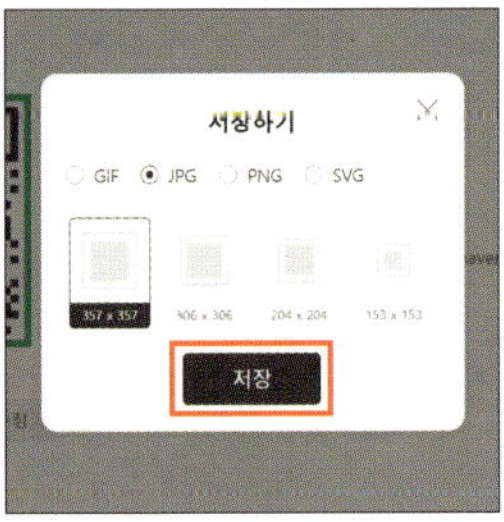

⑧ '저장' 클릭

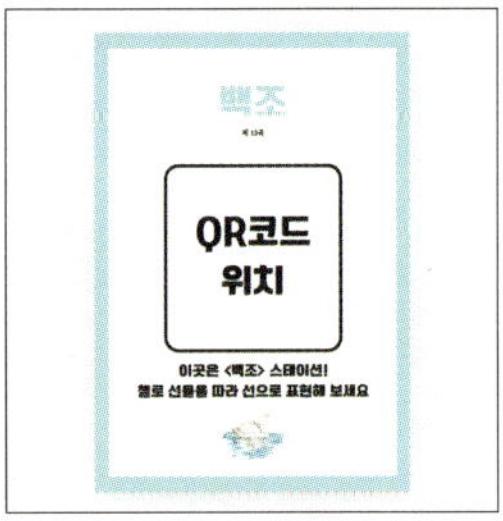

⑨ 캔바 템플릿에 QR코드 삽입

코드를 이미지로 저장한 후, 캔바 템플릿에 업로드하여 QR코드 인쇄물을 완성합니다.

감상 스테이션은 총 5곳으로 구성하고, 서로 간의 간격만 충분하다면 배치 형태는 자유롭게 정할 수 있습니다. 교실 공간에 맞게 모둠 대형 5곳을 만들고, 각 모둠을 하나의 스테이션으로 활용하는 방식이 좋습니다. 각 스테이션에는 QR코드 인쇄물과 해당 곡의 미션 활동지를 함께 비치합니다. 교사는 "생상스가 작곡한 '동물의 사육제'에는 어떤 동물들이 있을까요?"라는 질문을 던지며 활동을 안내합니다.

학생들은 자신이 원하는 순서와 속도로 스테이션을 돌아다니면서 각 스테이션에 있는 QR코드를 디지털 기기로 스캔해 음악을 감상합니

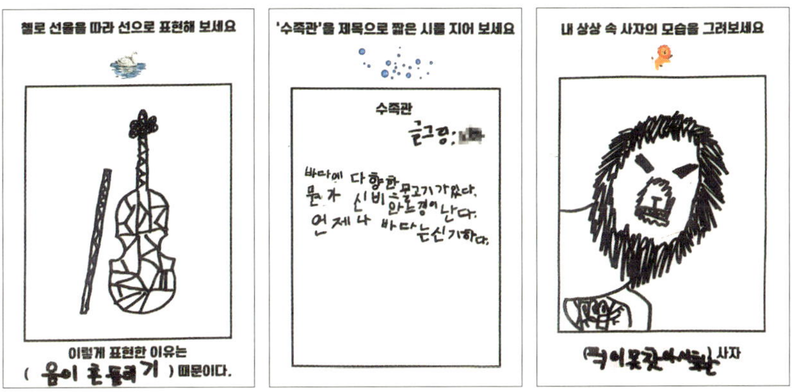

다양한 방법으로 음악 표현하기

감상 스테이션 활동 모습

다. 음악을 충분히 감상한 후에는 미션 활동지를 완성해 봅니다. 미션은 그림, 선, 글, 몸짓 등 다양한 방법으로 감상을 표현할 수 있도록 구성합니다. 미션을 마칠 때마다 교사에게 활동지를 보여 주면, 교사는 학생의 미션 카드에 스티커를 붙여 줍니다. 학생들이 각자 스티커 5개를 모두 모으면 활동을 마무리합니다.

3. 활동 결과 발표하기

감상 스테이션 활동이 모두 끝나면 학생들은 다시 자신의 자리에 앉아 주변을 정리합니다. 교사는 각 음악을 감상한 후 든 생각과 느낌을 어떻게 표현했는지 질문합니다. 학생들은 손을 들어 자신의 활동 결과를 이야기해 봅니다.

[대화 예시]

교사: '거북이'와 '당나귀'를 듣고 어떻게 표현했나요?

학생: '거북이'를 들었을 때는 책가방을 메고 바닥에 엎드려 천천히 기어가는 모습을 몸짓으로 표현했어요. 무거운 등껍질을 짊어진 거북이가 느릿느릿 움직이는 장면이 떠올랐거든요. '당나귀'는 빠르고 경쾌한 느낌이라, 제자리에서 빠르게 달리는 동작으로 표현했어요.

교사: 두 곡의 차이점이 무엇이라고 느꼈나요?

학생: '거북이'는 음악이 느려서 답답한 느낌이었고, '당나귀'는 빨라서 조급해졌어요.

교사: 두 곡을 함께 들으니 무엇을 발견할 수 있었나요?

학생: 빠르기가 너무 달랐어요!

4. 가장 마음에 든 음악 선택하기

학생들은 디지털 기기로 패들렛에 접속합니다. 교사는 "오늘 감상한 여러 곡 중 어떤 곡이 가장 마음에 들었나요?"라고 질문하며 활동을 안내합니다. 학생들은 감상한 곡 중 가장 마음에 드는 음악을 선택한 후, 패들렛의 제목에는 자신의 이름을, 본문에는 그 곡이 마음에 든 이유를 3문장 이상 적어 봅니다. 이때 교사는 학생들이 단순히 "음악이 좋았다."처럼 간단히 쓰지 않도록 "그 곡을 듣고 어떤 느낌이 들었나요?", "그 곡을 들으니 어떤 장면이 상상되었나요?"와 같은 질문을 제시합니다. 작성을 마친 학생들은 다른 학생들이 올린 글도 읽어 보며 자신과 비슷하거나 다른 점을 발견해 봅니다. 교사는 학생들에게 감상하지 못한 나머지 곡들도 찾아서 들어 보도록 안내하며 수업을 마무리합니다.

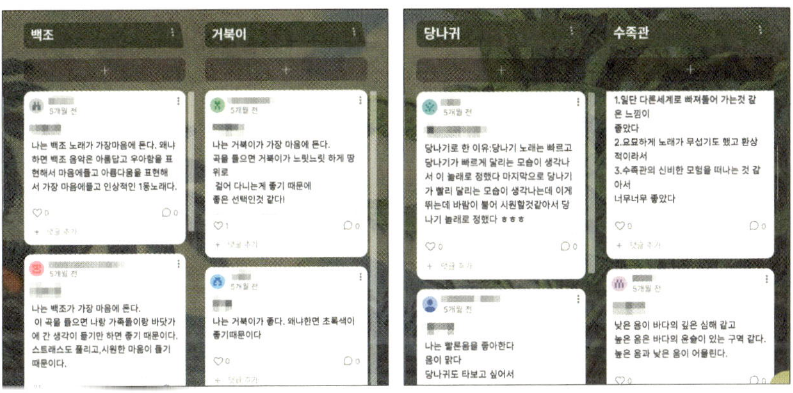

학생 결과물

수업 tip

- ☑ 각 스테이션에서 음악을 감상할 때는 소리 혼선을 일으키지 않기 위해 학생들이 개인 이어폰이나 헤드셋을 착용하도록 합니다.

음악

놀이하며 익히는 장단

국악놀이터

초등학생에게 국악 장단은 글로 배우기보다 직접 보고, 듣고, 따라하며 익히는 경험이 훨씬 효과적입니다. 하지만 매번 실물 장구를 준비하기 어렵고, 한 교실에서 모든 학생이 동시에 연습하기도 쉽지 않습니다. 이럴 때 디지털로 장구를 연주할 수 있다면, 국악 수업을 더욱 수월하게 운영하고 학생들의 참여를 높일 수 있습니다.

'국악놀이터'는 초등학생 눈높이에 맞춘 디지털 국악 학습 앱으로, 장단을 반복해 듣고, 화면을 터치해 실습하며 익힐 수 있게 도와 줍니다. '장단 익히기' 기능에서는 장단을 들어 보기, 연주하기, 영상 보기, 장단 게임 등 다양한 방식으로 익힐 수 있고, '장단꼴 만들기' 기능에서는 장단 부호를 조합해 자신만의 장단꼴을 창작할 수 있습니다. 따라서 실제 악기가 없는 교실에서도 효과적인 장단 학습이 가능합니다.

'놀이하며 익히는 장단' 수업에서는 국악놀이터와 주사위 놀이를 활용해 자진모리장단을 쉽고 재미있게 익히는 활동을 합니다. 학생들은 국악놀이터로 장단을 듣고 따라 하며 익힌 뒤, 주사위를 굴려 장단 부호를 조합하고 자신만의 장단꼴을 만들어 봅니다. 에듀테크와 놀이가 어우러지는 경험을 통해 학생들은 국악을 친근하게 느끼게 될 것입니다.

수업의 이모저모

- 관련 과목: 음악
- 학년: 3~4학년군
- 난이도: 하
- 수업 시간: 2차시 이상
- 준비물: 디지털 기기, 개별 이어폰 또는 헤드셋, 활동지

1. 자진모리장단 익히기

교사는 자진모리장단이 나타나는 민요 '월월이청청', '남생아 놀아라'를 들려주고, 학생들은 두 민요를 따라 불러 봅니다. 이어서 교사는 자진모리장단의 기본 박을 들려주고, "자진모리장단의 빠르기는 어떤가요?", "자진모리장단에는 어떤 연주 방법이 있나요?"라고 질문합니다. 교사는 활동지를 나누어 주면 학생들은 '덩', '쿵', '덕'의 부호, 구음, 연주 방법을 활동지에 정리해 봅니다.

부호	구음	연주 방법
○	쿵	장구에 북편을 왼손바닥이나 궁굴채로 친다.
|	덕	장구에 채편을 열채로 친다.
⦶	덩	장구의 북편과 채편을 함께 친다.

장구 연주 방법

그다음 학생들은 디지털 기기로 국악놀이터 앱을 실행합니다. 먼저 앱의 메인 화면에서 '장단 배우기'를 클릭합니다. 상단의 '장단 익히기'를 클릭하고 악기는 '장구', 장단은 '자진모리장단'을 선택합니다. '들어

자진모리장단 학습 방법

① '장단 배우기' 클릭

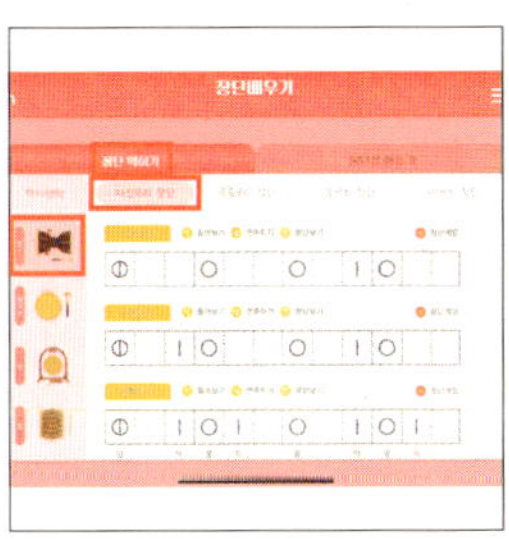

② '장단 익히기' 클릭 후 '장구', '자진모리장단' 선택

③ '들어보기', '연주하기', '영상보기' 클릭해 이용

보기', '연주하기', '영상 보기' 기능을 활용해 기본 장단, 변형 장단 1, 변형 장단 2를 익혀 봅니다.

2. 덩쿵덕 주사위 굴리기

자진모리장단을 충분히 익혔다면, 이제 덩쿵덕 주사위로 나만의 장단꼴을 만들어 보는 놀이 활동을 해 봅니다. 먼저, 놀이에 활용할 덩쿵덕 주사위를 만듭니다. 교사는 여섯 면이 빈 주사위 도안을 학생들에게 나눠 줍니다. 학생들은 각 면에 '덩' 2개, '쿵' 2개, '덕' 2개를 고루 그려 넣습니다. 도안을 오려 접고, 테이프나 풀로 붙여 정육면체 주사위를 완성합니다.

모두 주사위를 완성했다면 놀이를 시작합니다. 학생들은 자신의 덩쿵덕 주사위를 최소 4번, 최대 7번 굴려 봅니다. 주사위를 굴릴 때마다 나온 부호(덩, 쿵, 덕)를 활동지에 순서대로 기록하고, 각각의 구음도 함께 적어 봅니다.

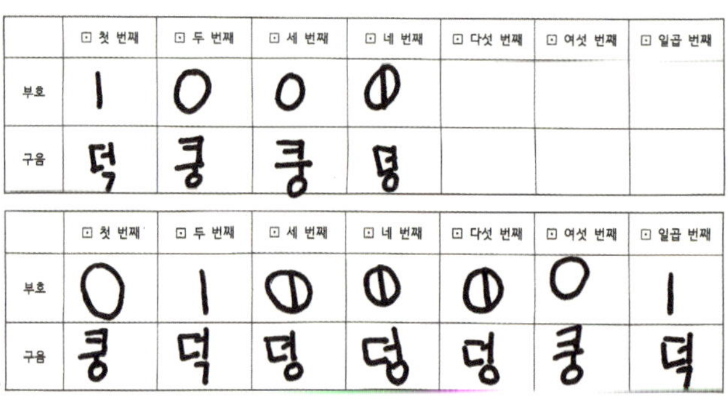

	첫 번째	두 번째	세 번째	네 번째	다섯 번째	여섯 번째	일곱 번째
부호	ㅣ	○	○	⦶			
구음	덕	쿵	쿵	덩			

	첫 번째	두 번째	세 번째	네 번째	다섯 번째	여섯 번째	일곱 번째
부호	○	ㅣ	⦶	⦶	⦶	○	ㅣ
구음	쿵	덕	덩	덩	덩	쿵	덕

덩쿵덕 주사위 기록 활동지

3. 나만의 장단꼴 만들기

주사위를 굴려 획득한 부호를 사용해 나만의 장단꼴을 만들어 봅니다. 예를 들어, 한 학생이 '덩' 3개, '쿵' 4개를 얻었다면, 이 부호만 사용해 장단꼴을 창작하는 방식입니다. 먼저 학생들은 앱의 메인 화면에서 '장단 배우기'를 클릭합니다. 상단의 '장단꼴 만들기'를 클릭하고 악기는 '장구', 장단은 '자진모리장단'을 선택합니다. 설정을 마치면 화면 중앙에는 정간보, 하단에는 노란색 상자가 나타납니다. 상자에는 다양한 장단 부호(덩, 기덕, 덕, 더러러러, 쿵)들이 준비되어 있습니다. 필요한 장단 부호를 드래그로 끌어와 정간보의 원하는 칸에 위치시킵니다.

학생들은 위의 방식으로 장단 부호를 조합해 정간보의 칸을 채우며 장단꼴을 완성합니다. 앱에서는 다양한 부호가 제공되지만, 3, 4학년 수준에서는 '덩', '쿵', '덕'만 사용하도록 제한을 두어 난이도를 조절할 수 있습니다. 또한, 교사는 자진모리장단은 총 12박으로 구성되며, 그 중 1, 4, 7, 10박에는 반드시 장단 부호를 넣어야 함을 강조합니다. 이 박자들이 장단의 뼈대가 되기 때문입니다. 학생들은 만든 장단꼴을 반복

나만의 장단꼴 창작 방법

① '장단 배우기' 클릭

② '장단꼴 만들기' 클릭 후 '장구', '자진모리장단' 선택

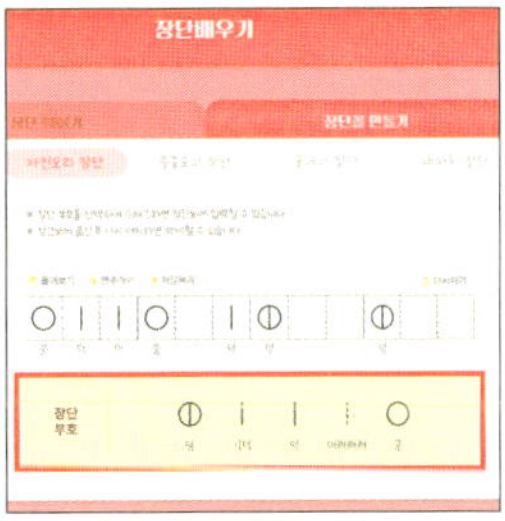

③ 노란색 상자의 장단 부호를 드래그해 정간보에 위치

해 듣고 수정하며 나만의 장단꼴 하나를 완성합니다. 최종 장단꼴에는 어울리는 제목을 짓고, 활동지 사진을 찍어 패들렛에 업로드합니다.

4. 나만의 장단꼴 발표하기

모든 학생이 패들렛에 나만의 장단꼴을 올리고 충분히 연습했다면 발표를 시작합니다. 발표자는 활동지를 보며 자신이 만든 장단꼴을 직접 연주합니다. 이때, 실제 장구로 연주하거나 무릎장단, 구음 등 다양한 방식 중 하나를 선택해 발표할 수 있습니다. 앉아 있는 학생들은 패들렛에 게시된 장단꼴을 함께 보며 발표를 감상합니다. 발표 후에는 좋았던 점과 아쉬운 점을 나누며 활동을 마무리합니다.

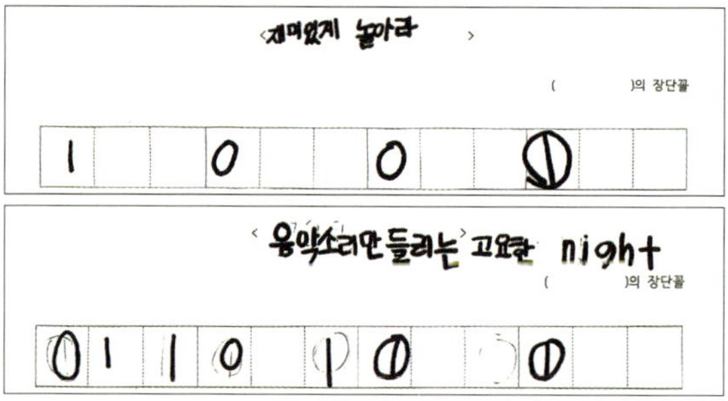

학생 결과물

수업 tip

☑ 온라인상에서 조합한 장단꼴이 실제 연주에서는 어색하게 들릴 수 있습니다. 교사는 학생들에게 창작한 장단꼴은 반드시 '들어 보기', '연주하기' 기능이나, 구음을 소리 내어 말해 보는 과정을 통해 자연스러운지 검토하도록 안내합니다.

음악

나만의 소리 정원 만들기

아일오브튠(Isle of Tune)

음악을 만들기 위해서는 음악 작곡의 기본 요소인 비트, 베이스, 멜로디를 먼저 이해해야 합니다. 비트는 음악에서 일정하게 반복되는 패턴이고, 베이스는 화성의 기본이 되는 음입니다. 멜로디는 음악에서 가장 먼저 기억이 되는 선율을 의미합니다. 이 요소들은 학생들에게 추상적인 개념들이기 때문에 학생들이 직관적으로 이해하기에는 다소 어렵습니다.

에듀테크 도구인 '아일오브튠(Isle of Tune)'을 활용하면 이러한 음악 작곡의 기본 요소를 시각적으로 이해할 수 있습니다. 음악 작곡의 기본 요소가 아이콘과 연결되어, 악보 형식과 같은 음악 이론에 대한 지식 없이도 자신만의 음악 정원을 창작하여 음악을 향유할 수 있습니다. 학생들은 음악을 체험하면서 음악 작곡의 기본 요소를 생생하게 이해하고, 창작에 대한 동기와 흥미를 크게 느낄 수 있습니다.

'나만의 소리 정원 만들기' 수업에서는 음악 작곡의 기본 요소들을 소리 정원에서 찾아보며 직관적으로 학습합니다. 이후 학생들은 이해한 개념을 바탕으로 비트, 베이스, 멜로디가 반복되는 나만의 소리 정원을 만들고 친구들과 공유합니다. 학생들은 소리 정원을 창의적으로 만들며 미적인 감각을 익히고, 내가 만든 정원이 음악으로 만들어지는 신기한 경험을 할 수 있습니다.

수업의 이모저모

- 관련 과목: 음악, 미술
- 학년: 5~6학년군
- 난이도: 중
- 수업 시간: 3차시
- 준비물: 디지털 기기, 개인 이어폰, 활동지

1. 음악 작곡의 기본 요소 익히기

수업의 첫 단계에서는 음악 작곡의 기본 요소인 비트, 베이스, 멜로디에 대해 익힙니다. 교사는 각 요소의 특징이 잘 드러나는 예시 곡을 들려 줍니다. 학생들은 예시 곡을 들으며 자신이 생각한 소리의 특징과 느낌을 자유롭게 작성합니다. 예를 들어 "비트는 일정하게 두드리는 드럼 소리 같아요", "멜로디는 노래처럼 흘러가는 느낌이에요." 등으로 써 볼 수 있습니다.

그다음 '아일오브튠' 화면을 보며, 음악 작곡의 기본 요소가 어떤 아이콘(나무, 가로등, 화분 등)으로 구현되는지를 함께 살펴보고 활동지에 그립니다. 이 활동을 통해 학생들은 음악 요소를 단순히 듣는 데 그치지 않고, 시각적인 이미지와 연결하여 음악 요소를 더욱 풍부하게 이해하게 됩니다.

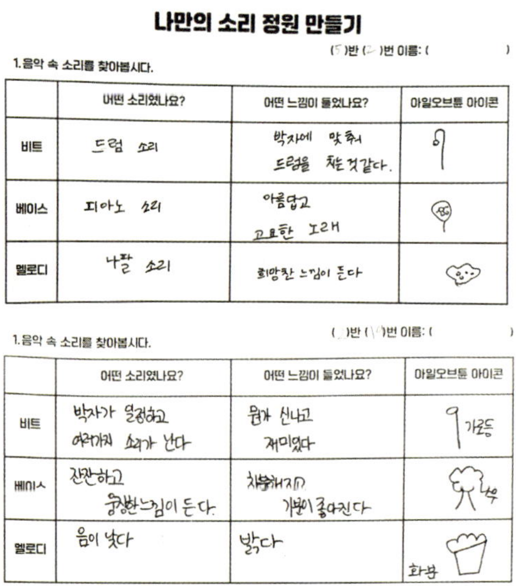

나만의 소리 정원 만들기

(5)반 (2)번 이름: ( )

1. 음악 속 소리를 찾아봅시다.

	어떤 소리였나요?	어떤 느낌이 들었나요?	아일오브튠 아이콘
비트	드럼 소리	박자에 맞춰 드럼을 치는 것 같다.	
베이스	피아노 소리	아름답고 고요한 노래	
멜로디	나팔 소리	희망찬 느낌이 든다	

( )반 ( )번 이름: ( )

1. 음악 속 소리를 찾아봅시다.

	어떤 소리였나요?	어떤 느낌이 들었나요?	아일오브튠 아이콘
비트	박자가 일정하고 여러가지 소리가 난다	뭔가 신나고 재미있다	가로등
베이스	잔잔하고 웅장한 느낌이 든다.	차분해지고 기분이 좋아진다	나무
멜로디	음이 낮다	밝다	화분

음악 작곡의 기본 요소

2. 소리 추리 게임 하기

교사는 미리 만든 아일오브튠 음악을 학생들에게 틀어 주고, 어떤 음악 작곡 요소들로 구성되어 있는지 추리하는 '소리 추리 게임'을 진행합니다. 학생들은 [활동 1]에서 들었던 비트, 베이스, 멜로디의 느낌을 잘 생각하면서 음악 작곡을 구성하고 있는 요소들을 추리합니다. 학생들은 "이 음악은 비트만 들어간 것 같아요.", "멜로디랑 베이스로 구성된 것 같아요." 등 자신의 추리를 활동지에 작성합니다.

이어서 교사는 '집 아이콘'을 통해 구현되는 특수 효과음이 섞인 음악을 추가로 들려주고, 학생들이 그 안에 숨어 있는 효과음을 구별해 보는 활동도 진행합니다. 예를 들어, 학생들은 "새소리가 들어간 것 같아요.", "자동차 경적 소리가 들려요." 등으로 음악 작곡의 기본 요소와 더불어 특수 효과음을 인식합니다. 이 활동은 음악 요소 간의 차이를 명확히 이해하고, 음악 구성에 대한 분석적 사고력을 키우는 데 도움을 줍니다.

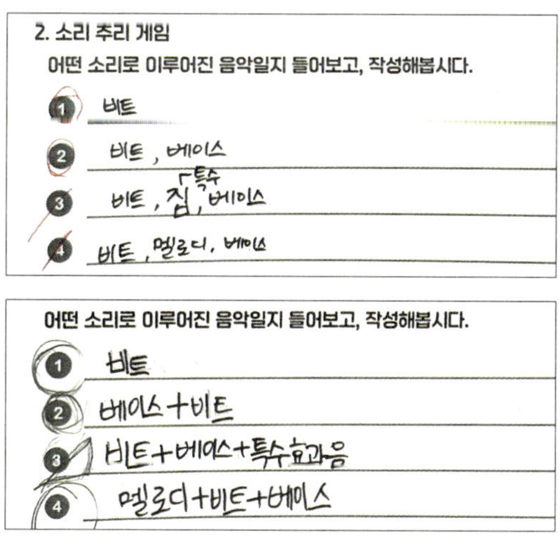
2. 소리 추리 게임
어떤 소리로 이루어진 음악일지 들어보고, 작성해봅시다.
1 비트
2 비트, 베이스
3 비트, 집(특수), 베이스
4 비트, 멜로디, 베이스

어떤 소리로 이루어진 음악일지 들어보고, 작성해봅시다.
1 비트
2 베이스+비트
3 비트+베이스+특수효과음
4 멜로디+비트+베이스

소리 추리 게임

3. 내가 만들고 싶은 소리 정원 상상하기

본격적인 창작 활동을 위한 사전 구상 활동으로, 학생들은 나만의 소리 정원을 상상하고 계획해 봅니다. 먼저 자신이 만들고 싶은 정원의 느낌을 떠올립니다. 예를 들어, '경쾌하고 신나는 놀이공원 같은 느낌', '차분하고 평화로운 숲속' 등과 같이 정원의 분위기를 구체화합니다.

그다음, 떠올린 느낌을 음악적으로 어떻게 표현할 수 있을지 고민하며 비트, 베이스, 멜로디를 일부분 구성해 봅니다. 활동지의 사각형 1개가 한 박자라고 생각하고, 학습한 음악 작곡의 기본 요소를 원으로 그려 넣습니다. 한 박자를 2개로 쪼개어 표현할 수도 있습니다. 마지막으

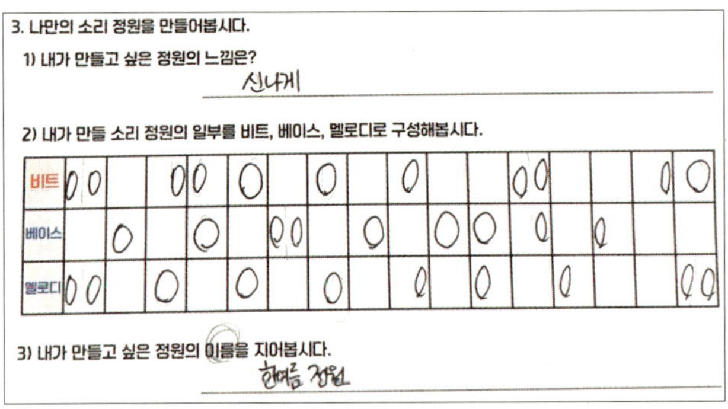

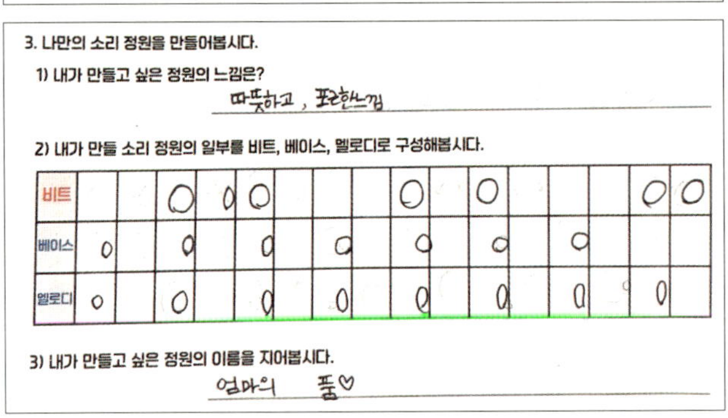

내가 만들고 싶은 소리 정원 계획

로 정원의 이름을 지어 봅니다. 예를 들어 '춤추는 사탕 마을', '별빛 가든' 등 창의적인 제목을 붙여 나만의 소리 정원을 표현합니다.

4. 나만의 소리 정원 만들기

이제 학생들이 직접 아일오브튠에 접속하여 나만의 소리 정원을 제작해 봅니다. 계획한 정원의 느낌에 따라 길을 만들고, 그 위에 다양한 아이콘(나무, 가로등, 화분 등)을 배치하면서 음악을 구성합니다. 아이콘을 한 번 더 누르면 음의 높낮이나 박자를 선택할 수 있으며, 아이콘의 배치 순서나 간격, 반복 여부에 따라 음악의 느낌이 달라집니다. 이때, 교사는 길 바로 옆에 아이콘을 넣어야 음악으로 생성된다는 것을 강조합

나만의 소리 정원 제작 방법

① 'PLAY' 클릭

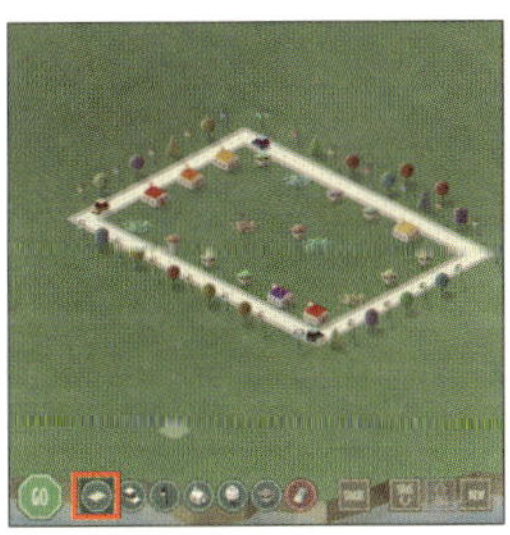
② '길' 아이콘 클릭해서 길 생성

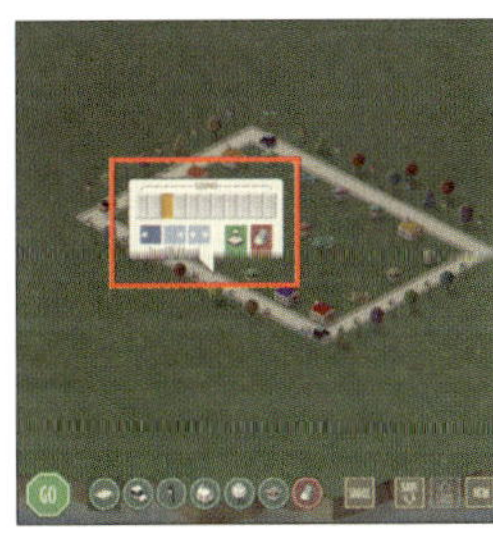
③ 소리의 높낮이와 박자 선택

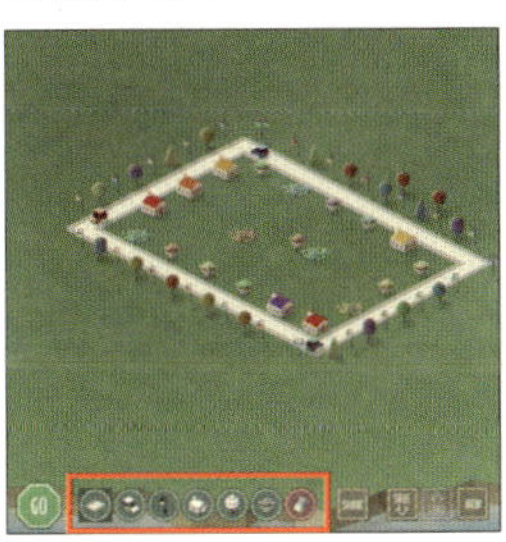
④ 아이콘을 이용하여 나의 소리 정원 창작

⑤ '자동차' 아이콘 삽입

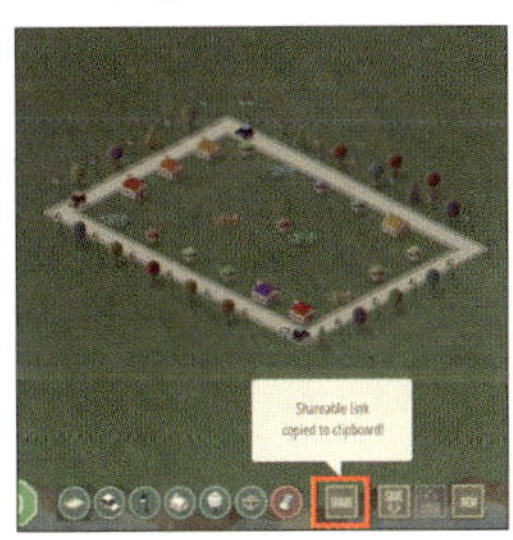
⑥ 'SHARE' 클릭하여 소리 정원 링크 복사

니다.

학생들은 자동차 아이콘을 길 위에 넣어서 음악을 재생시킬 수 있으며, 'Go'를 눌러 만드는 중간에 음악을 들어 볼 수 있습니다. 필요할 경우 음악을 수정하거나 새로운 효과음을 추가하는 것도 가능합니다. 나만의 소리 정원을 모두 창작한 학생들은 아래 'SHARE'를 클릭하여 창작한 정원의 링크를 복사합니다.

5. 친구들과 나만의 소리 정원 공유하기

학생들은 복사한 나만의 소리 정원 링크를 패들렛에 업로드합니다. 자신의 모둠 섹션에 있는 '+'를 클릭합니다. 제목은 소리 정원 이름으로 하고, 내용에는 나만의 소리 정원을 소개하는 짧은 글을 작성하여 올립

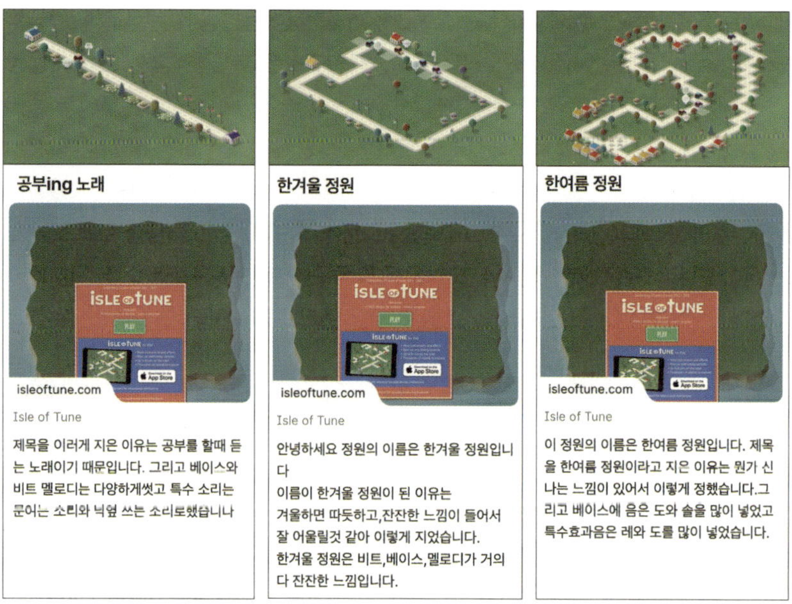

학생 결과물

니다. 그다음 친구들의 작품을 감상합니다. 학생들이 모두 감상하고 난 뒤에는 각자 감상을 나누면서 마무리합니다.

수업 tip

- ☑ 활동을 하는 동안, 다른 학생들의 소리가 겹치지 않도록 개인 이어폰을 사용하면 좋습니다.
- ☑ 정보보안 기본지침(게임 기본 정책)에 따라 사이트 연결이 어려운 경우, 해당 지역 교육지원청에 문의해서 수업 용도로 사용한다는 기안을 올리면 해결 가능합니다.
- ☑ 태블릿에서는 유료 앱이므로 무료로 접속할 수 있는 컴퓨터실 컴퓨터나 크롬북 사용을 권장합니다.

음악

각 지역 민요의 특징으로 작곡하는 민요

국악놀이터

국악은 우리 문화의 정체성을 이해하고 전통 예술의 아름다움을 경험할 수 있는 전통 음악입니다. 특히 지역마다 다른 음악적 특징인 '토리'는 민요의 다양성과 깊이를 이해하는 데 핵심적인 요소입니다. 국악 특유의 선율, 장단, 시김새 등은 서양 음악과는 다른 독특한 미감을 선사하여 학생들의 음악적 감수성을 풍부하게 해 줍니다.

에듀테크 도구인 '국악놀이터'를 활용하면 학생들이 다양한 국악 콘텐츠와 악기 연주 기능을 통하여 국악을 놀이처럼 즐기며 자연스럽게 익힐 수 있습니다. 국악놀이터는 국립국악원에서 초등학교 교육 과정에 맞춰 개발된 앱으로, 국악기 없이도 장단을 익히고 합주하거나 작곡해 보도록 구성되어 있습니다.

'각 지역 민요의 특징으로 작곡하는 민요' 수업에서는 토리의 개념을 바탕으로 국악놀이터 앱의 작곡 기능을 활용하여 자신만의 민요 선율을 만들어 봅니다. 학생들은 토리라는 국악의 핵심 개념을 심도 있게 이해하고, 이를 바탕으로 직접 음악을 창작하는 경험을 통해 음악적 감수성과 창의적인 표현 능력을 향상할 기회를 갖게 됩니다.

수업의 이모저모

- 관련 과목: 음악
- 학년 학기: 6학년
- 난이도: 중
- 수업 시간: 3차시 이상
- 준비물: 디지털 기기, 개인 이어폰, 활동지, 색칠 도구

1. 토리의 정의 알아보기

먼저 교사는 '토리'를 알아보기 전에 학생들에게 친숙한 사투리를 제시합니다. 예를 들어, "어제 저녁에 친구랑 같이 영화를 봤어요."라는 문장을 표준어, 충청도 사투리, 강원도 사투리, 전라도 사투리, 경상도 사투리, 제주 사투리로 보여 주면 학생들은 글만 보고 어떤 지역의 사투리인지 맞혀 봅니다.

그다음 교사는 "사투리에는 지역의 특색이 드러나는데 음악은 어떨까요?"라고 질문을 던지며 곡명은 말하지 않은 채 지역별 아리랑 중 해주 아리랑, (경기) 아리랑, 밀양 아리랑, 진도 아리랑을 순서대로 들려줍니다.

[대화 예시]

교사: 곡의 이름이 무엇일까요?

학생: 아리랑입니다.

교사: 4곡 모두 아리랑인가요? 그렇다면 4곡이 같은 곡이라고 할 수 있나요?

학생: 이름은 같지만, 곡의 느낌이나 가사, 가락은 달라요.

교사: 이렇게 지역 특색이 드러나는 음악적 특징을 '토리'라고 합니다.

토리의 정의를 설명하고 난 다음 토리의 종류를 알아봅니다. 교사가 미리 준비한 '흥겨운 우리 민요' 활동지를 나누어 줍니다. 학생들은 먼저 활동지를 살펴보고 한반도를 5개 지역으로 나누어 봅니다. 이때 사투리를 떠올리며 비슷한 지역끼리 묶도록 합니다. 학생들의 발표를 들은 후 교사는 정답을 알려 주고, 각 지역의 토리는 '지역명+토리' 또는 '악곡명+토리'로 부른다는 것을 알려 줍니다. 이어서 지역별 토리의 이름도 알아봅니다. 예를 들어, '경토리'의 경우는 '창부타령토리'로도 부른다는 것을 알려 줍니다.

2. 토리의 특징과 대표 민요 알아보기

학생들은 교과서와 활동지를 보면서 토리의 특징을 교사와 함께 정리해 봅니다. 민요를 듣기 전, 교사는 한국 전통 음악에서 음을 꾸며 주는 장식음인 '시김새'에 대표적으로 떠는 음, 흘러내리는 음, 꺾는 음이 있다는 것을 안내합니다. 이어서 대표 민요인 수심가부터 창부타령, 육자배기, 도움소, 멜 후리는 소리를 차례로 들려줍니다. 학생들은 민요를 들으며 어느 지역에 시김새가 있을지 생각해 보고, 해당 지역의 특징을 활동지에 정리합니다.

이번에는 교사가 지역을 알려 주지 않은 채 민요 5곡을 들려줍니다. 이때 민요는 국악놀이터 앱에 있는 민요 중에서 선택합니다. 학생들은 5곡을 다 들은 후, 정리한 토리의 특징을 생각하며 어느 지역에 해당하는 민요인지 맞혀 봅니다. 정답을 발표할 때는 왜 그렇게 생각했는지 토리의 특징을 사용해서 말하도록 합니다.

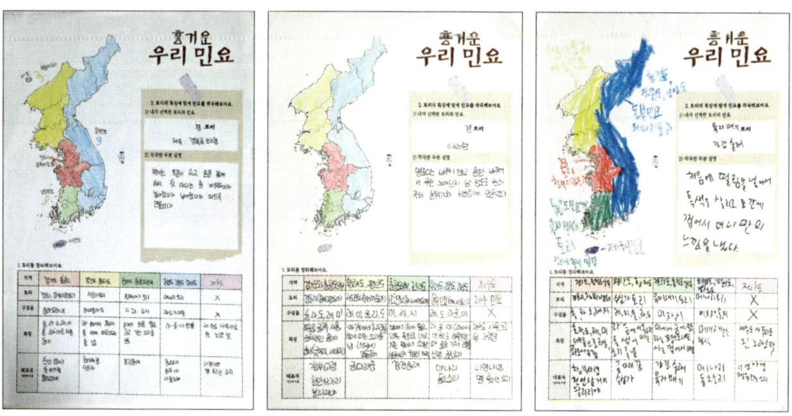

지역별 토리의 특징

3. 토리의 특징에 맞게 작곡하기

교사는 들려준 민요 외에 다른 민요 제목도 보여 주고, 학생들이 디지털 기기로 원하는 곡을 들어 볼 수 있는 시간을 제공합니다. 학생들은 곡을 들어 보며 자신이 작곡할 민요를 선택하고 활동지에 토리와 곡명을 작성합니다.

모든 학생이 자신이 원하는 민요를 선택한 후, 교사가 국악놀이터 앱 사용법을 알려 줍니다. 먼저 디지털 기기를 사용하여 국악놀이터 앱에 접속합니다. '가락 만들기' 활동에 들어가 원하는 토리, 장단, 민요를 선택합니다. 민요 악보에서 바꾸고 싶은 부분을 선택한 다음, 이전 활동에서 배웠던 토리의 특징을 다시 살펴보며 새롭게 가락을 바꿔 봅니다.

국악놀이터 사용 방법

① '가락 만들기' 클릭

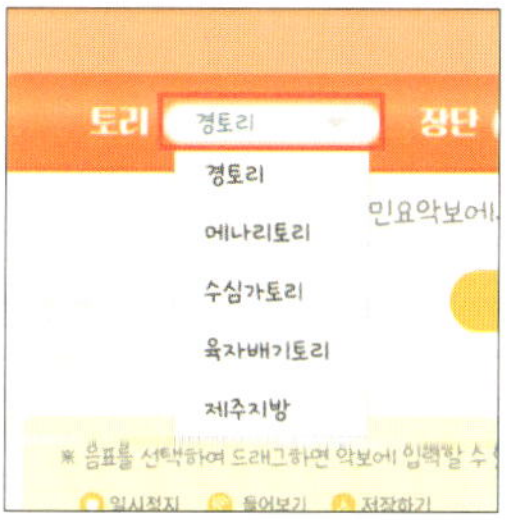

② '토리' 클릭 후 원하는 토리로 선택

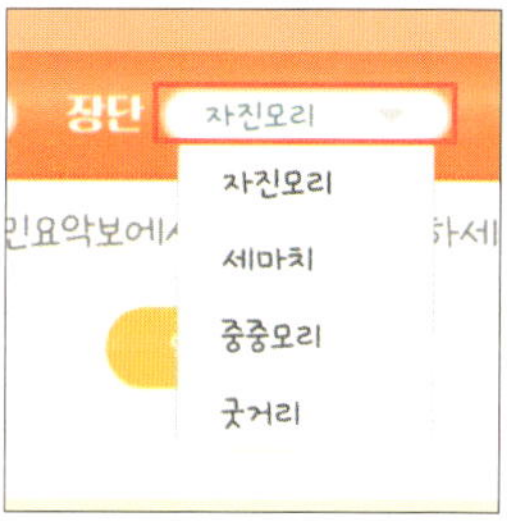

③ '장단' 클릭 후 원하는 장단으로 선택

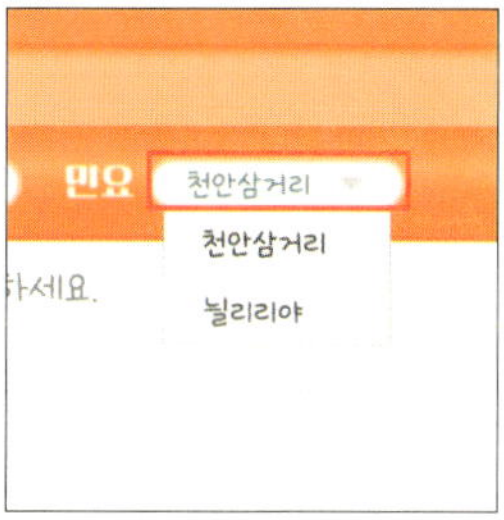

④ '민요' 클릭 후 원하는 민요로 선택

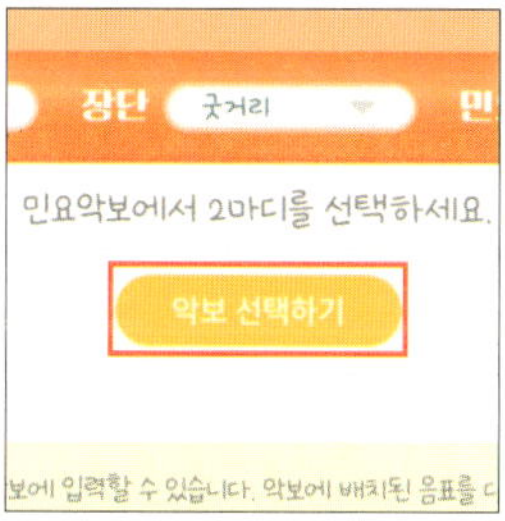

⑤ '악보 선택하기' 클릭

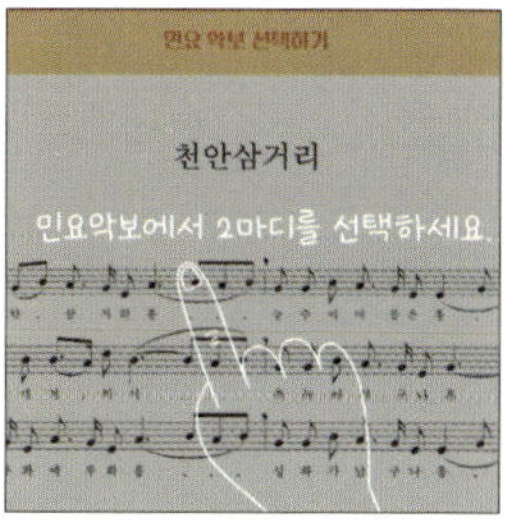

⑥ 원하는 부분 선택

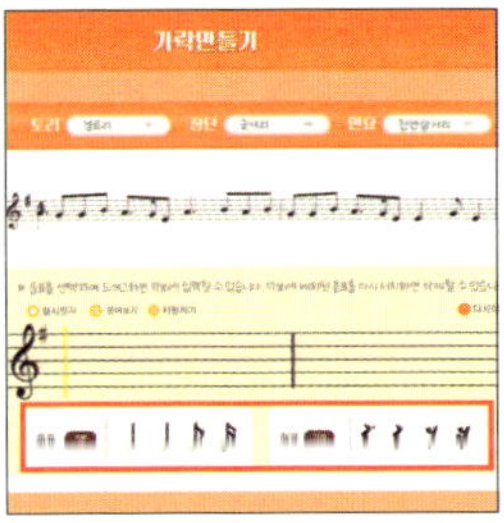

⑦ 음표나 쉼표를 끌어서 악보 위에 삽입

⑧ 중간에 '들어보기' 클릭해서 확인

⑨ 원하는 음색의 악기 선택

학생들은 만드는 중간마다 자신의 곡을 들어 보면서 원곡과 비교해 봅니다. 처음 나오는 두 마디는 원곡이고, 나중에 나오는 두 마디가 자신이 작곡한 가락입니다. 이때 왼쪽에 표시된 악기를 바꿔 보며 어울리는 음색으로 악기를 선택합니다.

그다음 교사는 작곡하는 법에 관해 설명해 줍니다. 먼저 작곡이 익숙

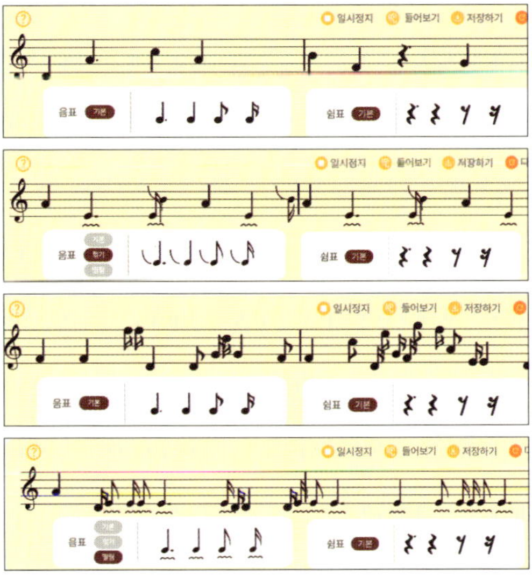

학생 결과물

하지 않은 학생의 경우, 교사가 가락의 리듬은 유지하되 음정을 바꿔 보도록 안내합니다. 음정은 해당 토리의 구성음을 활용하도록 합니다. 음정을 바꾼 후에는 박자, 시김새 등을 추가하며 작곡을 단계적으로 할 수 있도록 지도합니다. 최종적으로 가락 만들기 활동이 끝나면 학생들은 활동지에 빠르기, 시김새, 음정 등 음악적 용어를 사용하여 작곡한 부분의 설명을 작성합니다.

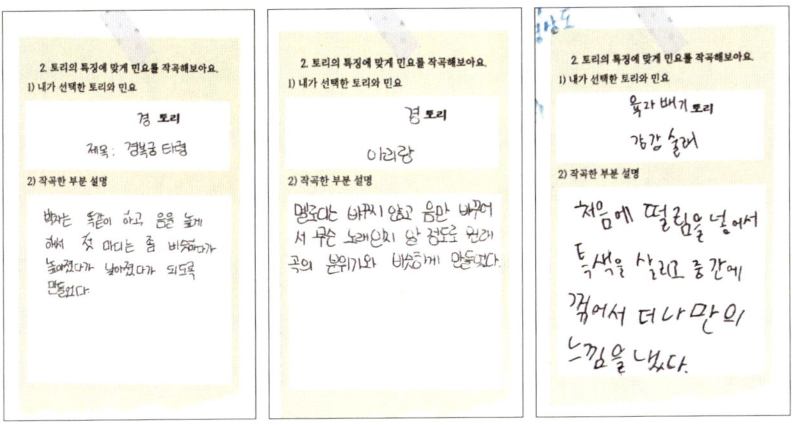

작곡한 부분 설명

4. 토리 음악회 열기

이번에는 같은 토리를 선택한 학생끼리 모둠을 만듭니다. 학생들은 어떤 민요를 선택했고 민요의 어떤 부분을 작곡했는지 돌아가며 이야기합니다. 각자 작곡한 가락을 친구들에게 들려준 뒤, 모둠원은 토리의 특징을 떠올리며 알맞게 작곡했는지 피드백을 해 줍니다. 모둠원끼리 다 들어 보았다면 이어서 전체 발표를 진행합니다. 민요별로 가장 토리의 특징을 잘 살린 학생의 작곡을 함께 들어 보면서 수업을 마무리합니다.

수업 tip

- ☑ 활동 도입에 지역별 사투리 영상을 보여 주면 학생들의 흥미를 유발할 수 있습니다. 단, 사투리에 초점을 맞추지 않도록 짧게 보여 줍니다.
- ☑ 작곡 활동을 할 때 개인 이어폰을 사용하면 다른 소리의 간섭 없이 작곡하는 데 도움이 됩니다.
- ☑ 추후에 민요에서 자신이 작곡한 부분을 게시하고 불러 보는 활동도 진행할 수 있습니다.

내가 그린 캐릭터로 하는 자기소개

원더 오브 원더 아트(Wonder of Wonder Art)

자신을 이해하고 표현하는 활동은 학생들이 자아 개념을 형성하고 사회성을 기르는 데 중요합니다. 자신이 좋아하는 것, 자신을 나타내는 특징을 탐색하고 창의적으로 표현해 보는 경험을 통해 학생들은 자기 이해가 깊어지게 됩니다.

'원더 오브 원더 아트(Wonder of Wonder Art)'는 학생들이 자신만의 개성 있는 캐릭터를 자유롭게 표현할 수 있는 에듀테크 도구입니다. 미술적 재능과 상관없이 누구나 자기 생각과 감정을 캐릭터의 표정, 의상 등을 통해 시각화할 수 있습니다. 신나는 음악에 맞춰 캐릭터가 춤을 추고, 그린 그림이 튀어 오르는 모습 등은 학생들의 흥미를 높여 줍니다.

'내가 그린 캐릭터로 하는 자기소개' 수업은 학생들이 자신을 나타내는 다양한 요소들을 탐색하는 과정에서부터 시작합니다. 교사가 보여 주는 여러 물건을 보고 관련된 유명한 인물이나 캐릭터를 맞춰 보는 활동을 통해 나를 나타낼 수 있는 것에 대한 아이디어를 얻게 됩니다. 이후 학생들은 자신을 나타낼 수 있는 요소 중 2가지를 선택하여 원더 오브 원더 아트에 그려 봅니다. 이 활동을 통해 학생들은 자신을 객관적으로 바라보고 창의적으로 표현하는 능력을 기르게 될 것입니다.

수업의 이모저모

- 관련 과목: 창체, 미술
- 학년 학기: 4학년 1학기
- 난이도: 하
- 수업 시간: 2차시
- 준비물: 디지털 기기, 활동지, 색칠 도구

1. 나를 나타낼 수 있는 것들 탐색하기

학생들이 곧바로 자신을 나타낼 수 있는 요소를 찾는 건 어려울 수 있습니다. 따라서 교사가 여러 예시를 통해 학생들에게 아이디어를 제공하며 활동을 시작합니다. 먼저 교사는 화면에 여러 가지 요소를 보여 주고, 학생들은 이 요소와 관련된 유명한 인물이나 캐릭터를 맞혀 봅니다.

예를 들어, 축구공과 번호, 세리머니 모습을 보고 유명한 축구 선수를 떠올리는 방식으로 퀴즈를 진행합니다. 정답을 맞힐 때는 이유도 발표하도록 합니다. 마지막 문제는 교사를 나타내는 요소들을 보여 줍니다. 학생들은 문제를 다시 살펴보면서 좋아하는 것, 자주 사용하는 것, 이름과 관련 있는 것 등의 요소로 자신을 표현할 수 있음을 알게 됩니다.

인물 맞히기 문제 PPT

이제 학생들은 문제에서 살펴본 예시를 바탕으로 활동지에 자신을 나타낼 수 있는 요소를 적습니다. 그다음 작성한 요소 중에서 자신을 가장 잘 나타내는 것 2가지를 골라 그림으로 표현합니다. 요소를 다 그렸다면 캐릭터를 그려 봅니다. 이때, 캐릭터는 자신이 되고 싶은 모습이나 올해 이루고 싶은 모습을 반영하여 표현합니다. 활동지를 작성하기 전에 교사 예시를 보여 주는 방법도 있습니다. 예시는 퀴즈에 나왔던 요소와 학생들에게 전하고 싶은 교사의 모습을 담은 캐릭터로 표현하면 좋습니다. 예시를 보여 줄 때는 캐릭터를 표현한 이유도 함께 설명해 줍니다.

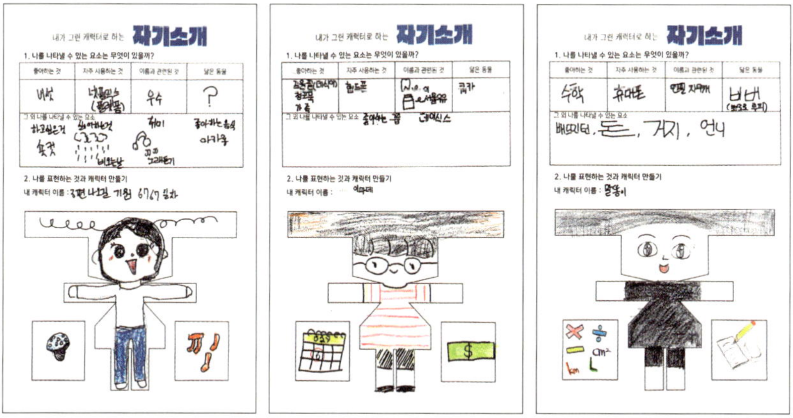

나를 나타내는 요소 및 캐릭터

2. 나를 표현하는 캐릭터 만들기

활동지에 그렸던 캐릭터와 요소를 원더 오브 원더 아트에 옮겨 그려 봅니다. 학생들은 디지털 기기의 검색창에 '원더 오브 원더 아트'를 검색합니다. 원더 오브 원더 아트 사이트에 접속한 후, 'CLICK TO START'와 'DRAW'를 클릭하여 캐릭터를 그릴 준비를 합니다. 활동지에 그렸던 그림을 원더 오브 원더 아트에 옮겨 그립니다. 이때 교사는 그림이 선 밖으로 나가지 않도록 주의해야 하며, 선 밖으로 나간 그림은 최종 결과물에서 표현되지 않는다는 것을 안내합니다. 학생들은 색을 찾는 방법이 어려울 수 있으므로 교사와 함께 연습해 봅니다.

그림을 다 그렸으면 'OK'를 클릭하고 자신의 캐릭터가 어떻게 움직이는지 확인합니다. 고치고 싶은 부분이 있다면 다시 'DRAW'를 클릭하여 수정합니다. 마음에 들게 표현되었다면 'SHARE'를 누르고 별명을 입력합니다. 이때, 개인 정보가 담기지 않도록 번호나 표현했던 요소의 이름으로 적도록 합니다. 그다음 자신의 캐릭터 링크를 복사한 뒤 패들렛에 제출합니다.

원더 오브 원더 아트 사용 방법

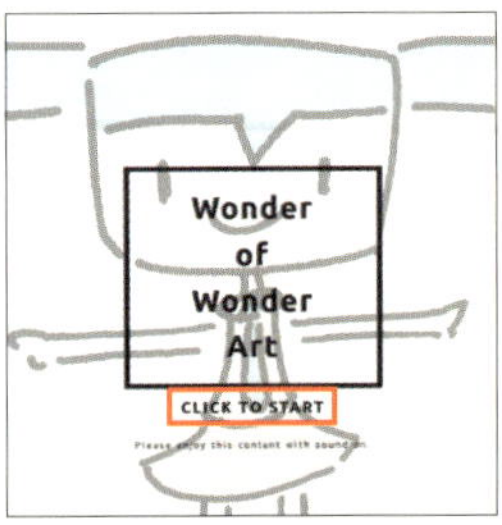

① 'CLICK TO START' 클릭

② 'DRAW' 클릭

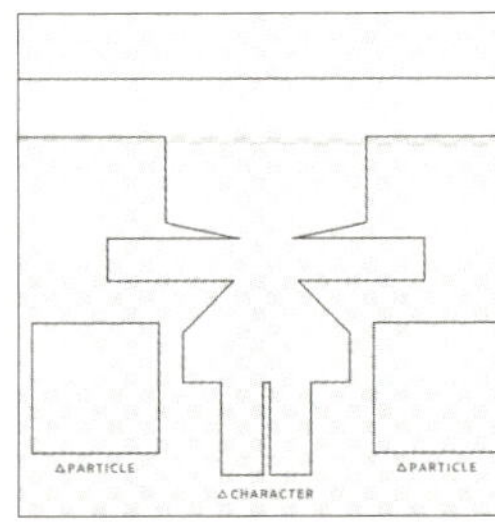

③ 선에 맞춰 그림 그리기

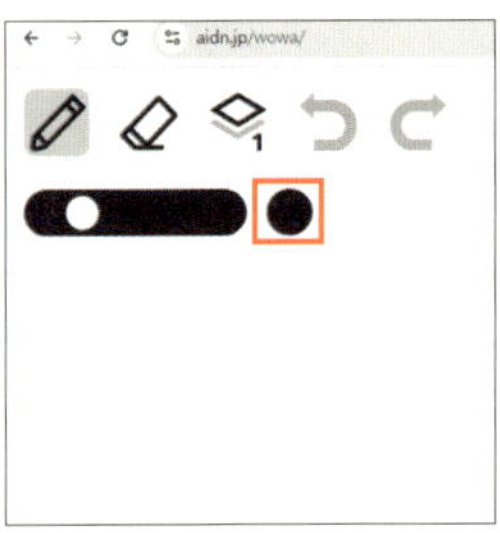

④ 검은색 동그라미 클릭

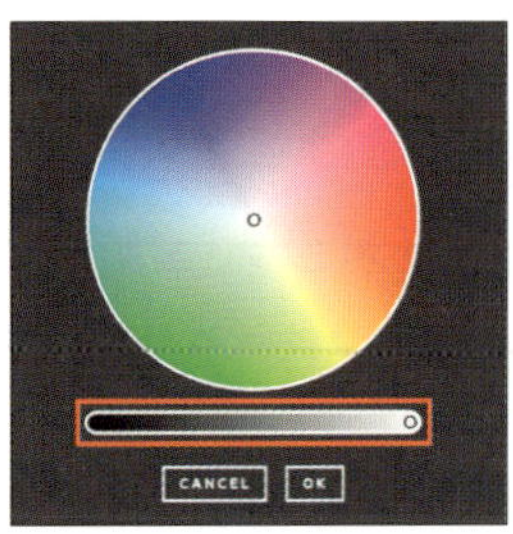

⑤ 가로 막대로 명도 조절

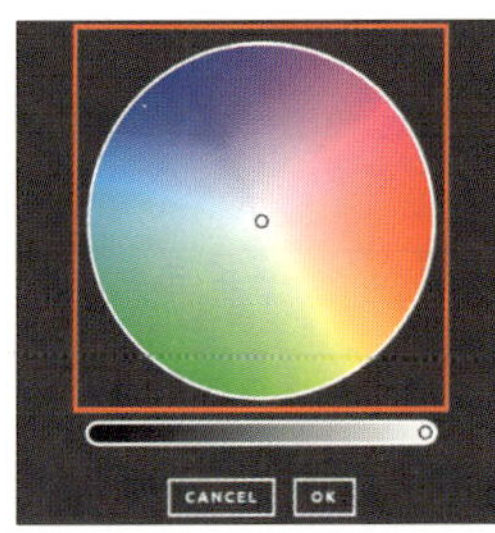

⑥ 가운데 원을 조절하여 색상 선택

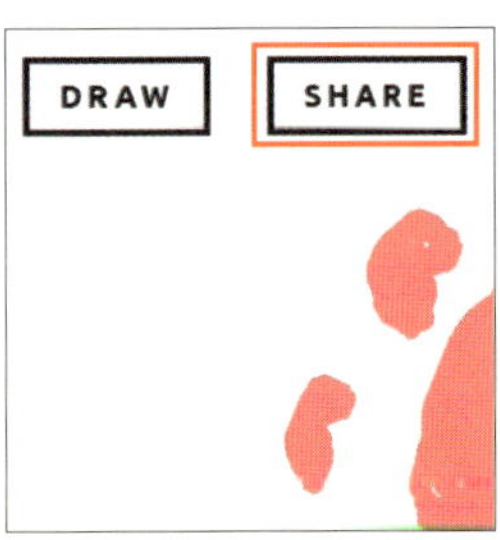

⑦ 'SHARE' 클릭

⑧ 별명 입력

⑨ 링크를 클릭하여 자동 복사

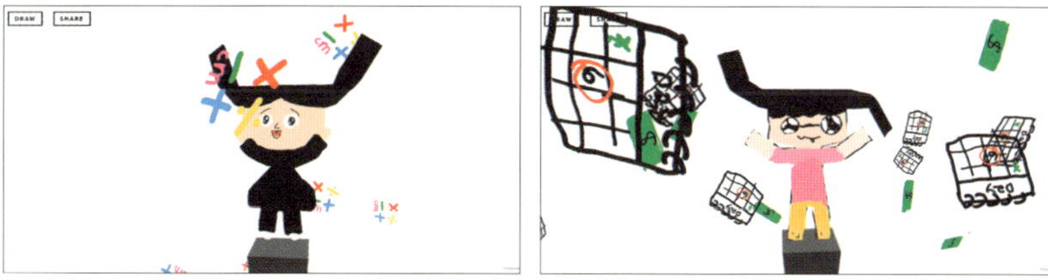

학생 결과물

3. 캐릭터로 자기소개하기

교사는 패들렛에 게시글을 작성한 사람을 알 수 없도록 작성자 숨기기 기능을 활성화해 둡니다. 학생들이 3분의 1 이상 패들렛에 작품을 공유했다면 패들렛의 댓글 기능을 활성화합니다.

패들렛 작성자 및 작성 시간 숨기기

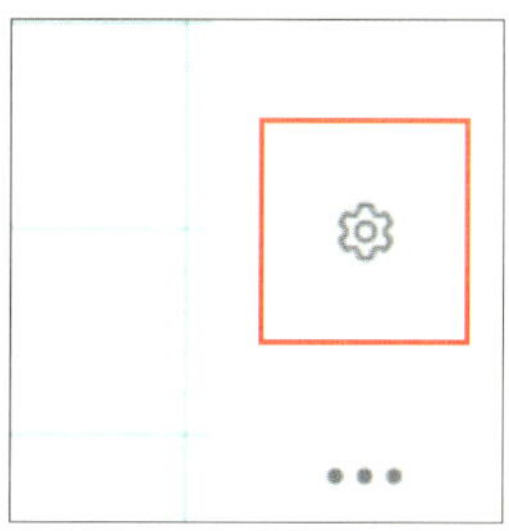

① 톱니바퀴 아이콘 클릭

② '게시물'에서 작성자 및 작성 시간 '숨기기' 클릭

링크를 클릭해 보면서 어떤 친구의 캐릭터인지 알아맞혀 봅니다. 학생들은 댓글로 어떤 친구인지 이유와 함께 적도록 합니다. 모든 학생이 자신의 캐릭터를 올리고 난 다음, 5분 후에 정답을 확인해 봅니다. 게시글별로 가장 많이 언급된 학생에게 본인이 맞는지 물어보고, 맞다면 왜 해당 요소와 캐릭터로 자신을 표현했는지 이유를 발표하도록 합니다. 본인이 아닌 경우에는 "아닙니다."를 외칩니다. 이때 정답을 아는 학생

은 손을 들고 발표해 봅니다. 모든 학생의 캐릭터를 살펴본 후에는 가장 인상 깊은 캐릭터가 무엇인지 발표하면서 마무리합니다.

학생 결과물

수업 tip

- ☑ 교사는 학생들이 다양한 방식으로 자신을 나타낼 수 있도록 문제를 구성합니다. 좋아하는 것, 자주 사용하는 물건, 어울리는 동물, 잘하는 것 등 여러 가지 예시를 제시할 수 있습니다.
- ☑ 정답을 많이 맞힌 학생에게는 '우정왕'이라는 호칭을 주고 함께 박수를 쳐 줍니다.

창체

그림으로 알아보는 데이터 편향성

퀵, 드로우! 더 데이터(Quick, Draw! The Data)

AI 시대를 살아가는 학생들이 인공 지능을 올바르게 사용하기 위해서 윤리 교육을 받는 것은 필수입니다. 그중 인공 지능의 '데이터 편향성'이라는 개념을 학생들에게 이론적으로 가르치기엔 어려움이 있습니다. 데이터 편향성이란 인공 지능을 학습시키기 위해 사용하는 데이터에 사람이나 사회가 가지는 편견이 포함된 것을 의미합니다.

'퀵, 드로우! 더 데이터(Quick, Draw! The Data)'를 활용하면 인공 지능이 그림을 어떻게 학습하고 판단하는지를 학생들이 직관적으로 체험할 수 있습니다. 특히 낙서 데이터셋을 통해 인공 지능이 학습하는 데이터의 다양성 혹은 제한성을 실제 사례로 살펴볼 수 있어, 데이터 편향성 개념을 구체적으로 이해하는 데 효과적입니다.

'그림으로 알아보는 데이터 편향성' 수업에서는 '전화기'와 '용' 그림을 통해 데이터 편향성을 학습합니다. 전화기 그림은 세대에 따라 인식하는 이미지가 다르고 용 그림은 동양과 서양의 문화적 차이가 드러나는데, 이런 차이를 시각적으로 비교 분석함으로써 학생들은 편향된 데이터가 인공 지능의 판단에 어떤 영향을 미치는지 자연스럽게 탐구하게 됩니다. 또한, 학생들이 스스로 데이터를 그려 보고 그것이 인공 지능에 혼란을 줄 수 있는지 고민하는 과정을 통해, 인공 지능 시대의 데이터를 제공하는 인간의 책임에 대해서도 성찰할 수 있습니다.

수업의 이모저모

- 관련 과목: 창체, 미술
- 학년: 5~6학년군
- 난이도: 중
- 수업 시간: 2차시
- 준비물: 디지털 기기

1. 인공 지능 알아보기

수업의 첫 활동에서는 인공 지능이 무엇인지에 대해 개념을 알아보고, 우리 생활 속에서 어떻게 활용되고 있는지를 살펴봅니다. 교사는 "생활 속 어디에서 인공 지능을 볼 수 있을까요?"라고 질문을 던집니다. 학생들과 함께 AI 스피커, 얼굴 인식, 자동 번역기 등 친숙한 사례를 떠올려 보고, 인공 지능이 더 이상 미래의 기술이 아닌 현재 우리와 함께 살아가고 있는 기술이라는 점을 인식하도록 합니다. 이를 통해 학생들은 인공 지능에 관한 관심과 호기심을 자연스럽게 갖게 됩니다.

이어서 인공 지능이 어떻게 학습하는지를 이해하는 단계로 넘어갑니다. 교사는 머신 러닝의 기본 원리에 대해 학생 수준에서 간단히 설명하되, '머신 러닝'이라는 단어는 사용하지 않습니다. 대신, 인공 지능이 인간처럼 경험을 통해 스스로 판단 능력을 키워 가는 과정을 다양한 사례로 살펴봅니다. 예를 들어, 고양이 사진 수천 장을 학습하며 고양이의 특징을 알게 되고, 새로운 고양이를 봤을 때 고양이로 인식하게 되는 인공 지능의 작동 방식을 프레젠테이션으로 보여 줍니다. 교사는 이러한 과정을 통해 학습된 데이터가 인공 지능 판단의 기준이 된다는 점을 강조합니다.

그다음, 인공 지능이 데이터를 학습하는 과정에서 생길 수 있는 문제점은 무엇이 있을지 질문합니다. 교사는 "인공 지능이 흰 고양이 사진만 학습했다면, 검은 고양이를 고양이로 인식할 수 있을까요?"라고 질문하며 학생들이 스스로 문제점을 찾을 수 있도록 유도합니다. 이어서 예시처럼 인공 지능이 치우친 데이터만 학습하면, 올바르지 않은 판단을 할 수 있음을 강조합니다.

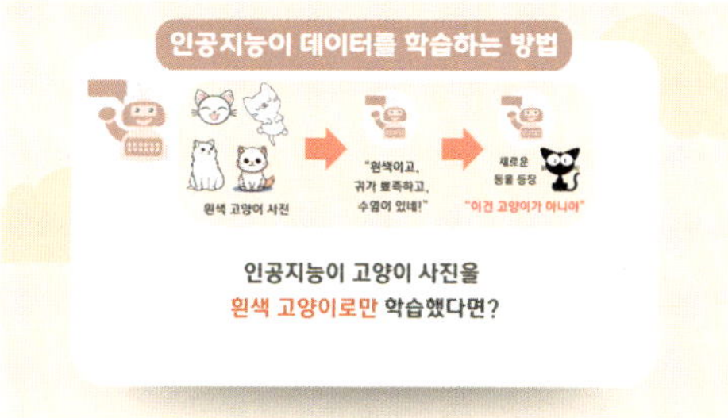

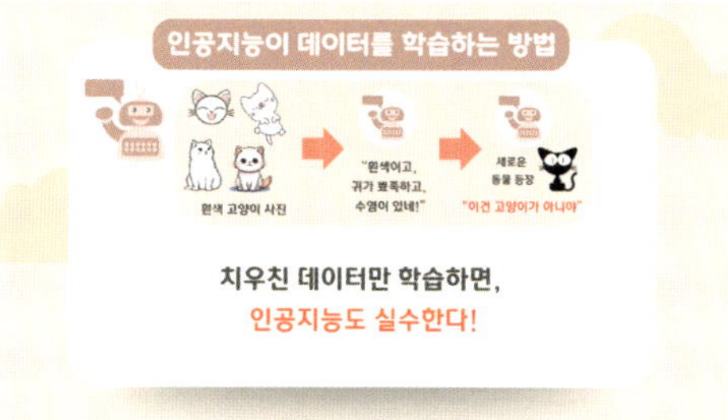

인공 지능이 데이터를 학습하는 방법의 문제점

2. 인공 지능이 갖는 편견 알아보기

이제 본격적으로 데이터 편향성 개념을 학습해 봅니다. 특정 집단이나 문화, 세대의 정보가 과대 표현되거나 소외되면 데이터가 왜곡될 수 있으며, 인공 지능이 이런 편향을 그대로 학습했을 때 데이터 편향성이 발생합니다.

교사는 예를 들어, 인공 지능에 "그 친구는 의사야.", "그 친구는 간호

사야."라는 말을 번역해 달라고 했을 때, 의사는 남자를 뜻하는 대명사로 번역되고 간호사는 여자를 뜻하는 대명사로 번역된 예시를 보여 줍니다. 이어 영상을 통해 인공 지능의 성차별, 인종 차별 예시를 추가로 보여 주면 학생들은 인공 지능도 편견을 가질 수 있음을 자연스레 인식합니다.

그다음, 사람들이 가지고 있던 편견이 포함된 데이터를 인공 지능이 학습하고, 그 데이터를 바탕으로 새로운 편견이 포함된 데이터가 만들어지는 과정을 보여 줍니다. 이를 통해 교사는 인공 지능이 객관적이지 않으며, 결국 인간이 제공한 데이터에 따라 달라진다는 점을 강조하며 학생들의 비판적 사고를 유도합니다.

3. 낙서 데이터를 통해 데이터 편향 탐구하기

학생들은 '퀵, 드로우!'의 낙서 데이터인 '퀵, 드로우! 더 데이터'를 활용하여 실제 데이터 편향을 탐구해 봅니다. 먼저 클래스보드에서 아래 쪽의 '+'를 클릭하고 펜 아이콘을 누른 후, '전화기'와 '용'을 3분 동안 생각

클래스보드 그림 그리기 방법

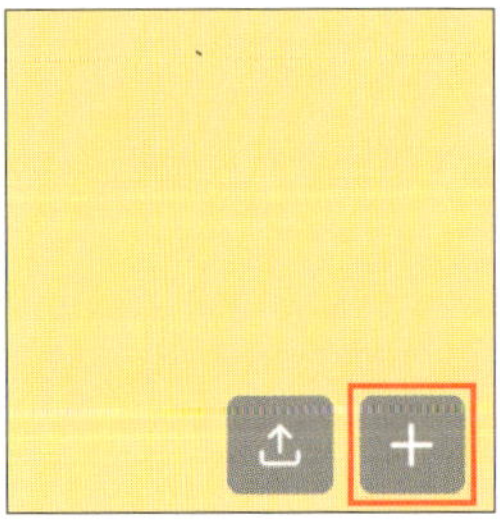

① '+' 클릭

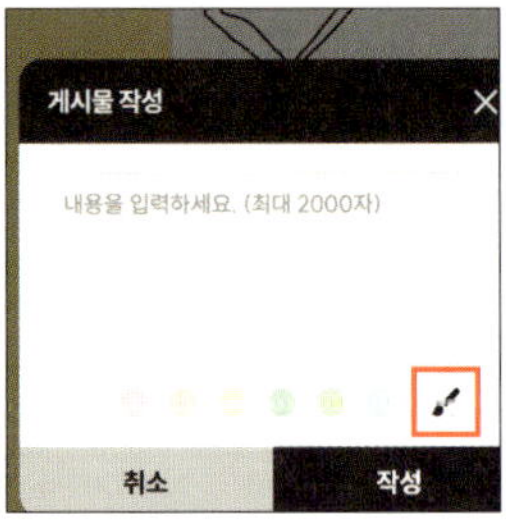

② 펜 아이콘 클릭

③ 펜의 굵기와 색 조절하여 그림 완성

나는 대로 빠르게 그립니다.

학생들이 전화기와 용 그림을 올렸으면, 그림 분류를 시작합니다. 교사는 "비슷한 전화기끼리, 용끼리 분류해 봅시다. 이 그림은 왼쪽, 오른쪽 중 어디로 가야 할까요?"라고 질문을 던집니다. 학생들은 친구들이 그린 그림을 보며 교사와 함께 드래그 앤 드랍 형식으로 그림을 분류합니다. 분류하다 보면 전화기는 '선의 유무', 용은 '날개의 유무'라는 기준에 따라 분류가 이루어집니다.

그다음, 퀵드로우 웹사이트에 공개된 실제 낙서 데이터를 함께 살펴봅니다. 퀵드로우의 낙서 데이터는 알파벳 순으로 분류되어 있으며, 교

데이터 분류 결과물

사는 'telephone', 'dragon' 데이터 링크를 복사해 클래스보드에 붙여넣기하여 학생들이 쉽게 사이트에 들어갈 수 있도록 합니다. 학생들은 전화기 낙서 데이터를 무작위로 클릭하여 우리가 분류한 전화기 그림과 비교해 봅니다.

교사는 "퀵드로우 낙서 데이터에는 우리가 분류한 전화기 그림 중 어떤 그림이 더 많이 보였나요?", "퀵드로우 낙서 데이터에는 왜 유선 전화기가 더 많이 그려져 있을까요?", "인공 지능이 유선 전화기만 '전화기'라고 학습했다면, 스마트폰을 전화기로 인식할 수 있을까요?" 등의 질문을 던집니다. 이어 연도에 따라 달라진 전화기의 모습을 보여 주며, 세대에 따라 전화기 그림의 형태가 달라지고 세대별 전화기의 데이터가 다를 수 있음을 알려 줍니다.

전화기 데이터 비교

용 낙서 데이터의 경우, 어느 나라에서 그려진 데이터인지 확인해 봅니다. 교사는 “그림을 그린 나라별로 용에 어떤 차이점이 있나요?”, “서양의 용과 동양의 용에 어떤 차이점이 있나요?”, “날개 없는 용을 인공 지능이 용으로 인식할 수 있을까요?”, “데이터에 동양의 용이 적게 있다면 무슨 일이 생길까요?” 등의 질문을 던집니다. 학생들은 자연스럽게 동양과 서양 문화에 따라 용의 그림 형태가 달라지고 나라별 용의 데이터가 다르다는 걸 알게 됩니다. 이를 통해 인공 지능이 학습하는 데이터에도 세대적, 문화적 편향이 존재할 수 있다는 점을 알 수 있습니다.

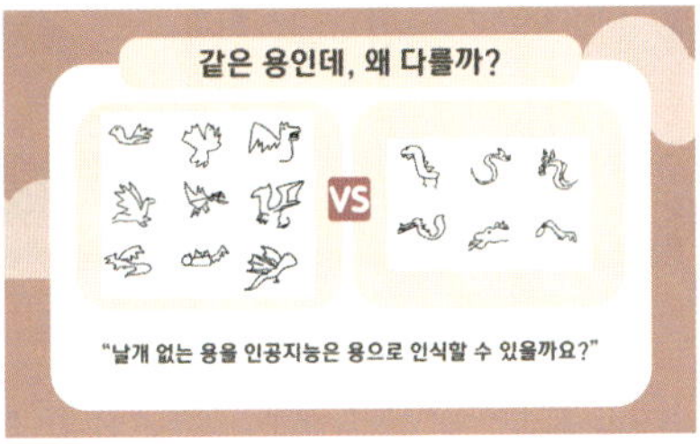

용 데이터 비교

4. 데이터 편향 바로 잡기

이번에는 인공 지능이 인식하기 어려울 만한 데이터를 학생들이 직접 설계해 봅니다. 전화기 또는 용 데이터를 선택한 다음, 클래스보드를 활용해 ‘버튼이 전혀 없는 스마트폰’, ‘서양 스타일로 표현된 동양의 용’ 등 실제 인공 지능이 판단하기 애매할 수 있는 이미지를 창의적으로 그려 봅니다. 학생들은 그림을 그린 후, 이 데이터를 인공 지능이 헷갈려 할 것 같은 이유를 간단하게 작성해 봅니다. 그다음 클래스보드의 갤러리형 게시판에 그림과 글을 업로드하여 실시간으로 서로의 작품을 공유합니다. 교사는 "이 그림을 본 인공 지능은 무엇이라고 판단할까요?" 라는 질문을 던지며 학생들과 이야기를 나눕니다.

이를 통해 학생들은 단순한 인공 지능 사용자 입장을 넘어, 인공 지능 학습 데이터를 제공하는 생산자의 시각을 갖게 됩니다. 교사는 인공 지능을 올바르게 사용하기 위해서 인간은 정확하고 다양한 데이터를 제공해야 하며, 이를 제공하는 우리의 역할이 얼마나 중요한지 강조합니다.

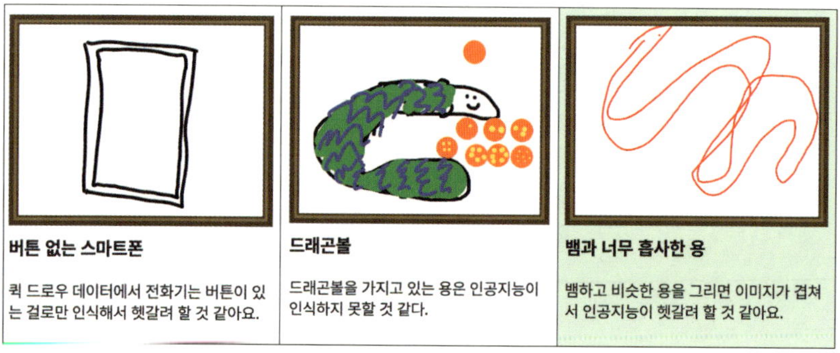

학생 결과물

수업 tip

- ☑ 클래스보드는 하나의 링크에 여러 개의 게시판을 생성할 수 있어, 차시별 수업에 여러 활동이 있을 경우 사용하기 편리합니다. 다양한 게시판이 있어 활동에 적절하게 생성하면 됩니다. 학생들은 로그인 없이 닉네임, 비밀번호만 입력 후 입장 가능합니다.
- ☑ 차시 활동 시간이 남을 경우, 퀵 드로우 게임을 진행해 보는 것도 좋습니다. 학생들은 인공 지능이 데이터를 판단하는 방법을 익혔기에, 인공 지능이 자신의 그림을 올바르게 판단하려면 어떤 것을 그려야 하는지 파악할 수 있게 됩니다.

창체

프롬프트 엔지니어링으로 만드는 협동화

캔바(Canva)

협동화를 그릴 때 학생들은 각자의 독창적인 아이디어를 모아 하나의 그림으로 완성합니다. 이러한 과정 속에서 학생들은 서로의 의견을 경청하고 조율하며 공동의 목표를 향해 나아가는 법을 배웁니다. 특히 상상화를 함께 그릴 때, 자유로운 발상을 통해 개개인의 창의력을 최대한 발휘하고, 서로 다른 상상력이 만나 새로운 결과물을 창조하며 집단 지성의 힘을 경험할 수 있습니다.

'캔바(Canva)'의 AI 이미지 생성기를 사용하면 학생들 누구나 기발한 상상만으로 멋진 작품을 만들 수 있습니다. 캔바의 AI 이미지 생성기는 캔바 교육용 계정으로 무료로 사용할 수 있으며, 유해한 이미지는 자동으로 차단되기 때문에 안전하게 사용 가능합니다. 학생들이 머릿속에서 떠올린 모습을 글로 서술하여 입력하면, AI 이미지 생성기는 그 문장을 해석하여 이미지를 생성합니다. 이때 인공 지능에 작업을 시키기 위해 지시하는 명령어를 '프롬프트(prompt)'라고 합니다.

'프롬프트 엔지니어링으로 만드는 협동화' 수업은 크게 2단계로, 프롬프트를 혼자 작성하는 단계와 함께 작성하는 단계로 이루어집니다. 이 과정에서 학생들은 자신이 원하는 이미지를 얻기 위해 프롬프트를 여러 번 수정하는 시행착오를 경험합니다. 학생들은 어떤 단어와 순서로 프롬프트를 입력해야 원하는 이미지를 얻을 수 있는지 자연스럽게 알게 되고, 창의적 표현력 및 언어적 사고력을 동시에 키울 수 있습니다.

수업의 이모저모

- 관련 과목: 미술, 창체
- 학년 5~6학년군
- 난이도: 중
- 수업 시간: 2차시
- 준비물: 디지털 기기, 활동지

1. 캔바 생성 이미지와 프롬프트 살펴보기

본격적인 활동 시작 전, 교사는 캔바가 만든 예시 그림과 사용된 프롬프트를 예시 자료로 보여 줍니다. 처음에는 학생들에게 이미지만 보여 주고 교사는 "어떻게 프롬프트를 쓰면 이 그림과 똑같이 만들 수 있을까요?"라고 질문합니다. 학급 전체 토의를 통해 간단하게 프롬프트를 완성한 후, 캔바 AI 이미지 생성기에 입력해 이미지를 생성합니다. 토의를 거쳐 생성된 이미지와 교사가 제시한 이미지를 비교해 보면서 무엇이 같고 다른지 이야기해 봅니다. 이때, 교사는 학생들에게 프롬프트 작성에 대한 지나친 단서를 주지 않도록 유의합니다. 이 활동은 학생들이 스스로 프롬프트를 고민해 보는 데 의의가 있으므로, 학생들이 직접 경험하면서 익힐 수 있도록 교사는 최대한 말을 아낍니다.

"따뜻한 햇살이 비치는 교정에서 초등학생 친구들이 함께 나무를 심는 모습이 담긴 수채화 느낌의 부드럽고 평화로운 일러스트."

"파란 하늘에 흰 구름이 떠 있는 넓은 잔디밭에서 우리 반 친구들이 환하게 웃으며 알록달록한 풍선을 날리는 밝고 경쾌한 만화 스타일의 장면."

프롬프트 및 AI가 생성한 이미지 예시

2. 협동화 주제 토의 및 밑그림 그리기

이번에는 모둠별로 자유롭게 논의하여 협동화 주제를 한 가지 정합니다. 예를 들어 '행복한 졸업식의 모습', '먼 미래의 모습', '개구리들의 합창' 등 다양한 주제를 떠올려 봅니다. 그다음, 학생들은 AI로 만들고 싶은 이미지를 종이에 간단하게 그립니다. 그리기 어렵다면 설명을 간략하게 적어 봅니다. 이때, 인터넷에 AI로 만든 다양한 이미지를 검색하여 참고해도 좋습니다.

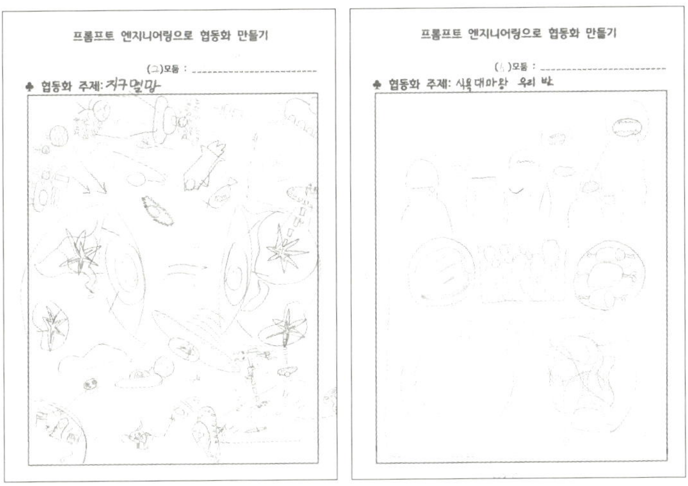

모둠별 협동화 주제 및 밑그림

3. 릴레이 프롬프트 작성하기

모둠별 토의를 통해 바로 프롬프트를 작성할 경우, 개인별로 고민하는 시간이 매우 짧아집니다. 따라서 각자 깊이 있게 생각하기 위해 1명씩 모둠원이 돌아가면서 릴레이로 프롬프트를 작성해 봅니다. 먼저 모둠에서 프롬프트를 작성할 순서를 정합니다. 그다음 모두가 엎드린 후,

자신의 순서에 일어나 프롬프트를 새로 작성하거나 이미 작성된 것을 수정하는 방식으로 진행합니다.

4. 완성된 프롬프트로 이미지 만들기

이제 캔바 AI 이미지 생성기에 릴레이 프롬프트 활동으로 작성한 문장을 입력하여 이미지를 생성합니다. 학생들은 웹 브라우저에서 캔바 사이트에 접속한 뒤, 상단 메뉴에서 'Canva AI'를 클릭합니다. 이어서 화면에 나타나는 입력창에 원하는 프롬프트를 입력합니다. 입력창 하단의 '이미지 생성'을 클릭하고 화살표 아이콘을 누르면 잠시 후 인공 지능으로 생성된 이미지가 여러 개 나타납니다. 생성된 이미지 중 원하는 것을 선택한 뒤, '다운로드'를 클릭해 이미지를 저장합니다. 만약 프롬프트도 기록하고 싶다면 상단의 '복사하기'를 눌러 입력한 프롬프트도

캔바 AI 이미지 생성 방법

① 캔바 사이트 접속

② 'Canva AI' 클릭

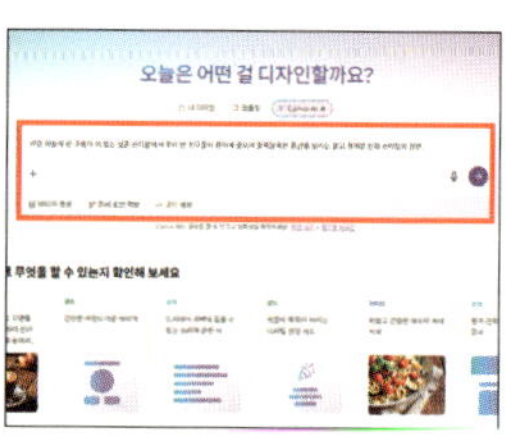

③ 프롬프트 입력

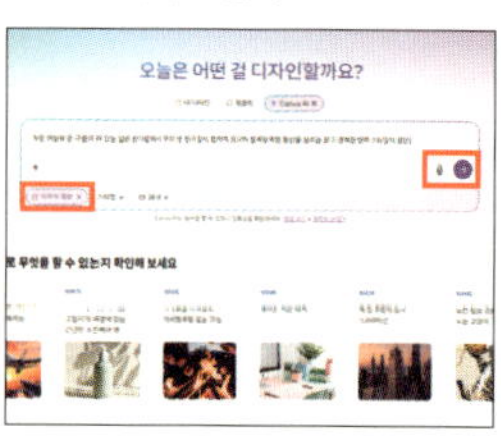

④ '이미지 생성' 클릭 후 '화살표' 클릭

⑤ 원하는 이미지 선택

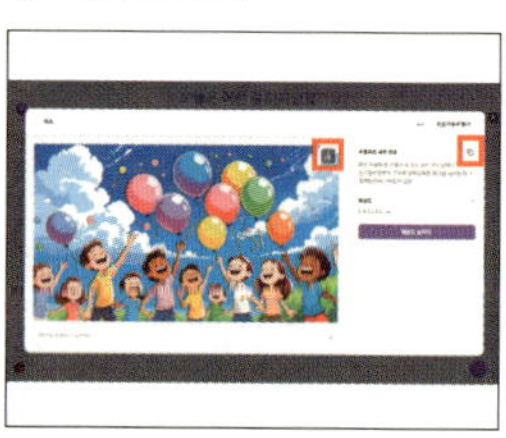
⑥ 이미지 다운로드 및 프롬프트 복사

복사할 수 있습니다. 학생들은 생성된 이미지가 모둠에서 상상하며 그렸던 밑그림과 비슷한지 비교해 봅니다.

릴레이 프롬프트 활동으로 생성한 그림

5. 프롬프트 수정 후 이미지 만들기

대다수의 모둠은 미리 생각했었던 그림과 다른 그림이 생성됩니다. 프롬프트를 어떻게 수정해야 할지 막막해하는 학생들에게 교사가 프롬프트 작성법에 대해 알려 줍니다. AI로 이미지를 생성할 때는 누가(주어), 무엇을(동작), 어떤 느낌인지(분위기)를 지정하여 간결한 문장으로 프롬프트를 생성해야 합니다. 또한, 색상, 형태 등을 구체적으로 묘사할 때 이미지의 정확도가 더욱 높아짐을 설명합니다.

학생들은 수정한 프롬프트를 활동지에 작성한 후, 다시 AI 이미지를 생성합니다. 모둠별로 최대 3번의 프롬프트 수정 기회를 줍니다. 프롬프트를 수정할 때는 반드시 활동지에 적고, 교사로부터 작성했다는 검사를 받은 후 AI로 이미지를 생성하도록 안내합니다. 활동지에 프롬프트를 적지 않고 여러 번 이미지를 생성하면 프롬프트를 어떻게 수정했을 때 어떠한 결과가 나오는지 확인하기 어렵기 때문입니다. 또한, 활동지 대신 패들렛을 사용할 수도 있습니다. 이 경우 학생들은 패들렛에 프롬프트를 올려 검사 받고, 이후 수정하여 생성된 AI 이미지도 함께 저장할 수 있어서 더욱 편리하게 확인 가능합니다.

학생 결과물

6. 모둠별 작품 관람하기

패들렛이나 스마트 기기를 이용해 모둠별 작품을 전시하고 관람하는 시간을 가집니다. 학생들은 각자 마음에 드는 작품에 투표하거나 작품에 대한 감상평을 간단히 남겨 봅니다. 다른 학생들이 프롬프트를 어떻게 작성하였는지도 살펴보고, 자신만의 프롬프트 작성 방법을 정리해 봅니다. 이를 학급 전체가 공유하면서 활동을 마무리합니다.

수업 tip

☑ 교사는 프롬프트를 한 번에 완벽하게 작성하기보다, 고쳐쓰기 과정을 여러 차례 반복할 수 있도록 유도합니다. 학생들은 여러 번의 고쳐쓰기 경험을 통해 프롬프트 작성 방법을 체득할 수 있습니다.

실과

나의 룩북 소개하기

캔바(Canva)

옷의 종류와 용도에 따라 옷을 관리하고 선택하는 것은 자립적인 생활 역량을 함양하는 데 중요합니다. 그렇기에 의생활 단원에서는 때와 상황에 맞는 옷차림을 알고, 자신의 옷을 스스로 관리하는 법을 배웁니다. 학생들은 옷을 구매하게 된 이유, 특정 옷을 많이 입는 이유 등을 생각해 보며 자신의 평소 옷차림과 옷 선택 방법에 대해 성찰합니다.

'캔바(Canva)'의 화이트보드 기능을 사용하면 학생들은 다양한 디자인 요소들로 자신의 옷차림을 표현할 수 있습니다. 또한, 색상, 크기, 위치 등을 자유롭고 직관적으로 조작하는 것도 가능합니다. 따라서 학생들이 자신만의 독특한 옷차림과 개성을 시각적으로 드러내기 편리합니다.

'나의 룩북 소개하기' 수업은 단원 도입 활동으로, 학생들이 옷으로 자신의 정체성을 표현함으로써 평소 옷차림을 돌아보는 데 의의가 있습니다. 학생들은 자신의 실제 옷차림을 반영하여 색상, 스타일, 이미지 등을 아바타에 자유롭게 배치해 보고 룩북을 완성합니다. 이 과정에서 학생들은 자기 이해력을 높이는 것은 물론, 창의적인 표현 능력도 함께 향상하게 됩니다.

수업의 이모저모

- 관련 과목: 실과, 창체
- 학년 학기: 5~6학년군 1학기
- 난이도: 하
- 수업 시간: 2차시
- 준비물: 디지털 기기

1. 나의 옷차림 떠올리기

룩북을 만들기 전, 학생들은 평소 자신의 옷차림을 돌아봅니다. 먼저 자신이 많이 입고 다니는 옷을 떠올려 보고, 그 옷을 많이 입고 다니는 이유와 함께 발표합니다. 예를 들어, "저는 무지개 무늬가 그려진 티셔츠를 많이 입고 다닙니다. 이 티셔츠는 저희 이모께서 선물해 주신 옷이기 때문입니다."라고 말할 수 있습니다.

그다음, 자신이 좋아하는 옷을 떠올려 보고 그 옷을 좋아하는 이유를 함께 발표합니다. 예를 들어, "저는 비 올 때 신는 장화를 좋아합니다. 이 장화를 신으면 비가 와도 행복하기 때문입니다."라고 발표할 수 있습니다. 이유를 함께 생각해 보면서 학생들은 자연스럽게 자신의 평소 옷차림과 옷을 선택하는 방법을 성찰하게 됩니다.

2. 아바타 룩북으로 '나' 표현하기

이제 학생들은 아바타에 자신의 옷차림을 표현합니다. 교사는 미리 제작한 캔바 화이트보드 템플릿을 제공합니다. 다양한 예시 아바타가 포함된 템플릿을 제공하여 학생들이 참고할 수 있도록 합니다. 원하는 예시 아바타가 없을 경우, 왼쪽 '요소'를 클릭하고 '남자', '여자' 등의 키워드를 검색하여 원하는 아바타를 선택합니다. 학생들은 원하는 아바타를 복사하여 아래쪽 보드로 붙여넣기 하고, 아바타의 이름을 자기 이름으로 변경합니다.

그다음 [활동 1]에서 떠올린 나의 평소 옷차림이나 내가 좋아하는 옷차림을 바탕으로 왼쪽 요소에서 관련 그래픽을 찾습니다. 예를 들어, 평소에 청바지를 즐겨 입는 학생은 요소 검색창에 '청바지'를 검색합니다. 다양한 그래픽 중 내가 입는 청바지와 가장 비슷한 것을 찾아 클릭합니다. 그래픽 클릭 시, 색깔을 변경할 수 있습니다. 이때 교사는 색깔 변경이 불가능한 요소도 있다는 점을 안내합니다. 학생들은 비슷한 색의 옷, 패션 아이템 등을 요소에서 직접 찾아 적용하고, 옷뿐만 아니라 헤어스타일, 소품 등 다양한 요소를 활용하여 자신만의 룩북을 완성합니다.

아바타 룩북 제작 방법

① 원하는 아바타를 선택

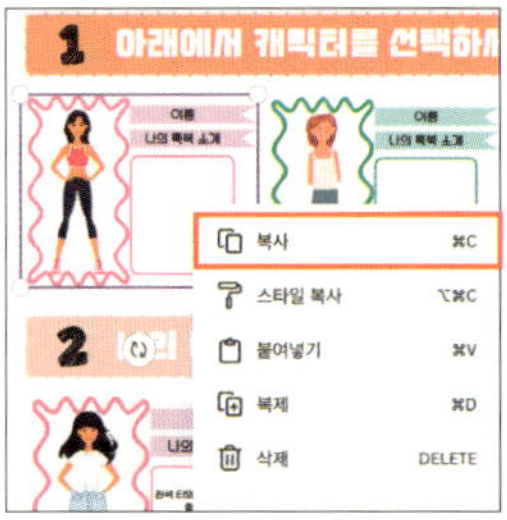

② 원하는 아바타 클릭 후 복사

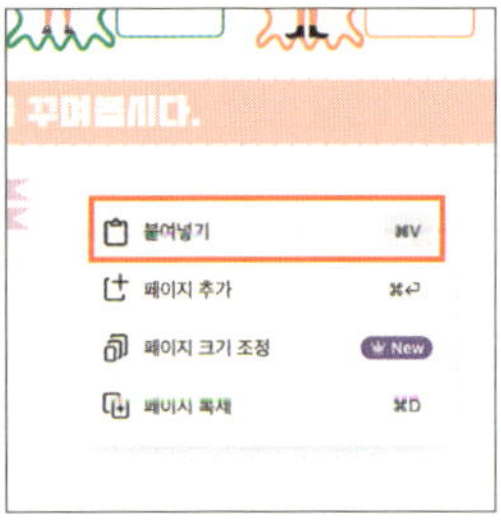

③ 아래쪽 보드에 붙여넣기

④ 아바타 이름 변경

⑤ 요소 클릭 후, 원하는 옷 검색

⑥ 옷 클릭하여 색깔 변경

⑦ 나의 아바타 룩북 완성

3. 나의 룩북 소개하기

완성된 아바타 룩북을 바탕으로 자신의 옷차림에 대한 글을 작성합니다. 왼쪽의 'T'를 클릭하여 텍스트 상자를 추가하고, 학생들은 평소 이 옷을 입는 이유, 이 옷을 좋아하는 이유 등을 작성합니다. 예를 들어 "편한 옷을 좋아해서 이 운동복을 입었습니다.", "이 옷은 내가 가장 좋아하는 색이라 기분이 좋아집니다."와 같이 작성할 수 있습니다. 텍스트 상자를 클릭하면 글씨체나 글씨 크기, 색상을 변경할 수 있습니다.

아바타 룩북 소개글 작성 방법

① 'T' 클릭

② '텍스트 상자 추가' 클릭 후 이유 작성

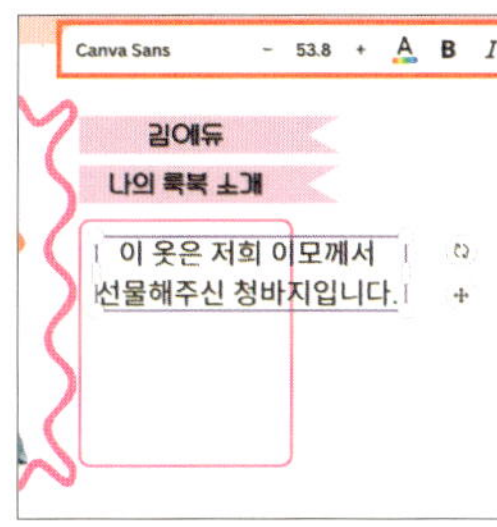

③ 텍스트 상자 클릭 후 글씨체, 크기, 색상 변경

4. 친구들과 룩북 공유하기

교사는 학생들이 사진을 올릴 수 있는 패들렛 사이트를 공유합니다. 학생들은 완성한 룩북을 캡처해서 패들렛에 올립니다. 친구들 아바타의 옷차림을 살펴보고, 룩북 소개를 읽어 봅니다. 옷차림을 잘 표현하고, 소개를 잘 작성한 친구들의 작품에 '좋아요'를 눌러 줍니다.

학생 결과물

수업 tip

☑ 수업 전날 알림장에 각자 좋아하는 옷을 입고 오라고 미리 안내하면, 학생들이 실제 옷차림을 참고해서 룩북을 꾸밀 수 있습니다.

☑ 학기 초에 자기소개 활동과 연계하여 아바타 만들기를 진행해도 좋습니다. 학생들은 아바타를 꾸민 의상, 소품 등의 요소들로 자신을 소개합니다.

진실 혹은 거짓 구별하기

아워원(HourOne)

오늘날 학생들은 디지털 미디어 환경 속에서 성장하고 있으며 영상, SNS 등 다양한 형태로 쏟아지는 정보에 끊임없이 노출되고 있습니다. 이러한 디지털 미디어는 유익한 정보와 즐거움을 제공하기도 하지만, 동시에 잘못된 정보나 혐오 표현에 무방비로 노출될 수 있다는 위험도 안고 있습니다. 따라서 디지털 미디어를 올바르게 이해하고 활용하는 디지털 미디어 문해력은 현대 사회를 살아가는 학생들에게 필수적인 역량입니다.

'아워원(HourOne)'은 인공 지능 기반의 딥페이크 기술을 활용한 에듀테크 도구입니다. 게임 형식으로 실제 영상과 딥페이크 기술을 활용하여 만든 영상을 구별합니다. 총 3번의 기회와 최종 점수를 제공하기 때문에 학생들이 흥미를 갖고 몰입하여 영상을 살펴볼 수 있습니다.

'진실 혹은 거짓 구별하기' 수업을 통해 학생들은 디지털 미디어의 잠재적 위험성을 인식하고, 발전된 인공 지능 기술이 만들어 내는 가짜 정보를 분별하는 비판적 사고력을 기를 수 있습니다. 더 나아가 책임감 있는 디지털 시민으로 성장하는 데 필요한 디지털 미디어 문해력을 강화하는 경험을 하게 됩니다.

수업의 이모저모

- 관련 과목: 실과
- 학년 학기: 5~6학년군
- 난이도: 하
- 수업 시간: 2차시 이상
- 준비물: 디지털 기기

1. 미디어의 정의 알아보기

교사는 “여러분이 생각하는 미디어는 무엇인가요?”라고 질문하면서 미디어의 정의에 대한 이야기를 시작합니다. 교사는 위 질문을 적은 멘티미터의 워드 클라우드를 학생들에게 공유하고, 학생들은 SNS, 텔레비전 등 자신이 알고 있는 미디어들을 멘티미터에 작성합니다. 이때, 교사는 학생들이 쓴 답변 중에서 자주 나온 단어일수록 크고 진하게 보여 주는 워드 클라우드 기능을 사용합니다. 학생들과 답변을 함께 살

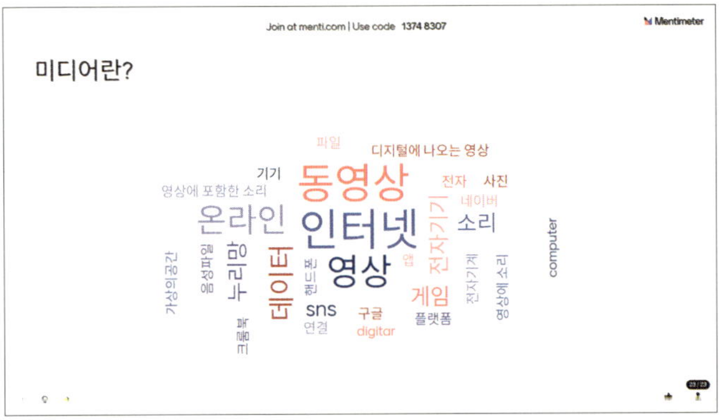

미디어의 정의

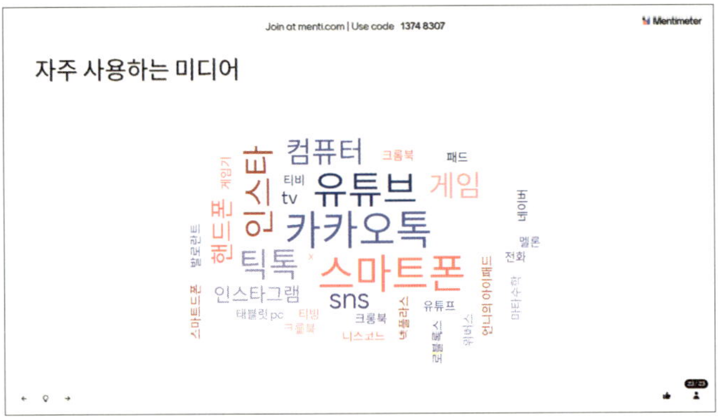

우리 반이 자주 사용하는 미디어

펴보며 미디어에 대한 친구들의 생각을 공유합니다. 교사는 "미디어란 정보를 주고받는 매체입니다."라고 알려 줍니다. 이어 워드 클라우드를 보면서 미디어를 다시 찾아본 후, 교사는 신문, 사진, 비디오 게임 등도 미디어에 해당된다고 안내합니다. 그다음, 학생들은 자신이 자주 사용하는 미디어는 무엇인지 멘티미터에 적어 본 후, 글자 크기를 살펴보며 우리 반이 자주 사용하는 미디어 순위를 확인합니다.

2. 디지털 미디어 문해력의 중요성 인지하기

그다음, 교사는 "미디어 문해력이란 미디어를 윤리적으로 읽고 쓰는 능력입니다. 여기서 왜 윤리적이라는 말이 사용되었을까요?"라고 학생들에게 질문을 던집니다. 답을 찾으면 디지털 미디어 문해력의 중요성을 이해할 수 있음을 설명합니다.

그다음 디지털 미디어의 단점인 가상 공간, 과잉 연결, 혐오 표현을 통해 디지털 미디어 문해력의 중요성을 이야기합니다. 먼저, 가상 공간에 관해 다룹니다. 유비쿼터스의 생활을 누리게 되면서 온라인 공간과 현실 공간을 분리하는 일이 점차 불가능해지고 있다는 점을 버스 배차 간격 확인과 증강 현실 게임을 예시로 설명합니다.

과잉 연결의 경우, 파생되는 문제인 사생활 침해, 사라진 워라벨, 퍼빙에 관해 이야기하면서 네트워크에서 항상 연결되어 있는 사람들이 현실에서는 부재중인 상황을 강조합니다. 마지막으로 혐오 표현의 경우, 대형 포털 사이트에서 연예와 스포츠 댓글 기능을 없애 버린 사례를 통해 가상 공간에서의 혐오와 차별적 표현의 심각성을 알아봅니다.

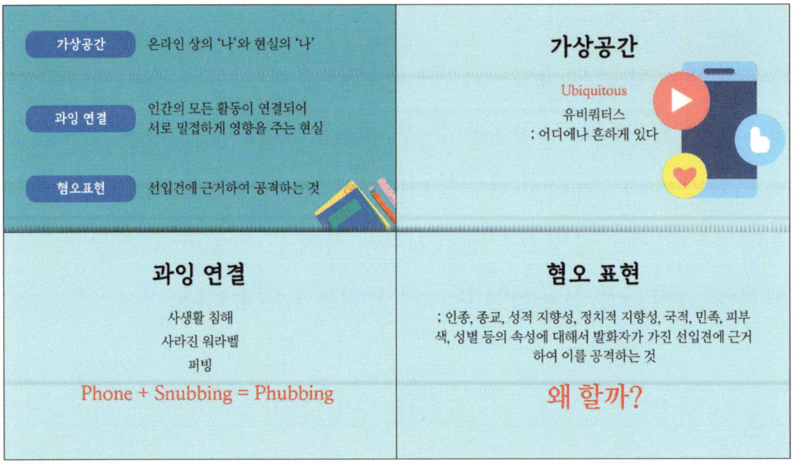

디지털 미디어의 단점

3. 진실 혹은 거짓 구별하기

디지털 미디어의 단점에 대해 알아본 후 디지털 미디어를 올바르게 사용할 수 있는 방법을 찾아 봅니다. 먼저 교사가 3가지 방법인 비판하기, 대항하기, 신고하기를 제시합니다. 비판적으로 미디어를 받아들이기 위해서는 분명한 기준이 있어야 함을 설명하고, 비판적으로 미디어를 받아들이는 연습을 할 것이라고 안내합니다.

[대화 예시]

교사: 우리가 믿을만하다고 여기는 미디어에는 어떤 것이 있을까요?

학생 1: 뉴스요.

학생 2: 전문가의 말이요.

교사: 만약 뉴스나 전문가의 말이 진실이 아니었다면 어떨 것 같나요?

교사는 2016년 옥스퍼드 사전이 정한 올해의 단어인 'post-truth'를 화면으로 보여 주고 학생들은 어떤 뜻인지 생각해 보도록 합니다. 이후 교사는 "분명히 존재하는 진실에서 벗어나 다른 것을 믿는 것으로, 특히 우리나라에서는 '탈진실'이라고 표현합니다."라고 설명합니다. 그다음, 교사가 3가지 뉴스를 제시하면 학생들은 어떤 뉴스가 진실이고 거짓인지 구별해 봅니다. 이어서 딥페이크 가짜 뉴스 사례 영상을 시청합니다.

가짜 뉴스 사례

지금은 얼마나 기술이 발전했는지, 구별이 가능할지 아워원을 통해 알아 봅니다. 학생들은 검색창에 'HourOne'을 검색합니다. 'HourOne | Real or Synthetic?'을 클릭한 후 'LET'S PLAY'를 클릭하여 게임을 시작합니다. 수어진 시간 안에 딥페이크가 아닌 진짜 영상을 찾으면 됩니

아워원 사용 방법

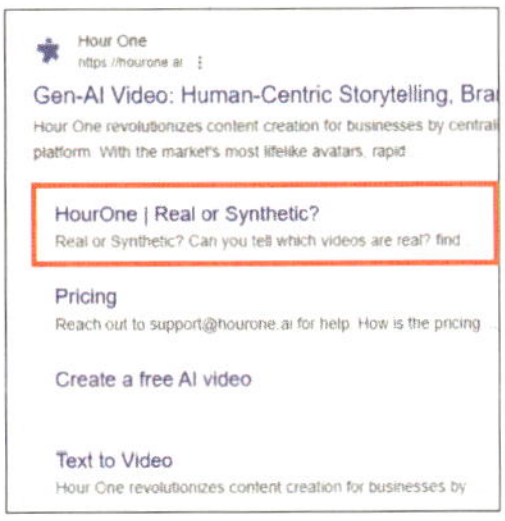

① 'HourOne | Real or Synthetic?' 클릭

② 'LET'S PLAY' 클릭

③ 활동 후 점수 확인

다. 이를 통해 학생들은 여러 번 도전하면서 딥페이크 기술이 많이 발전되었고 육안으로 분별하기가 어렵다는 것을 알 수 있습니다.

교사는 모든 학생이 3번 이상 도전할 시간을 충분히 제공한 뒤 쉽게 구별할 수 있었는지 질문합니다. 이어 앞으로 기술이 더 발전했을 때 가짜 정보를 분별할 수 있을지에 대해 이야기 나눠 봅니다. 언어적 정보와 함께 시각적 정보도 비판적으로 분별하는 능력을 길러야 한다는 것을 강조하며 마무리합니다.

수업 tip

- ☑ AI를 구별하는 활동에서 'HourOne' 외에도 구글 아트 앤 컬처 내 실험실의 'Odd One Out'을 활용할 수 있습니다.
- ☑ 추후 활동으로 올바른 디지털 미디어 활용 선언문을 작성할 수 있습니다. 교사가 제시한 비판하기, 대항하기, 신고하기와 관련하여 학생들의 생각을 선언문에 적고 다 함께 다짐하는 활동해 봅니다.

④

사회, 도덕

사회

타임캡슐 속 물건이 들려주는 이야기

클로바 더빙(CLOVA dubbing)

학생들은 갓, 떡살, 화로와 같이 낯설고 생소한 물건에 거리감을 느끼는 경우가 많습니다. 오래된 물건에 관해 배울 때는 단순히 정보를 암기하기보다, 이 물건들이 어떤 의미를 지니는지, 과거 사람들의 생활과 어떤 관련이 있었는지를 공감하며 배우는 것이 중요합니다. 특히 오래된 물건에 감정을 이입해 보는 활동은 학생들이 과거의 생활 모습을 자기 삶과 연결해 이해하는 데 도움이 됩니다.

'클로바 더빙(CLOVA dubbing)'은 네이버에서 제공하는 AI 음성 더빙 도구로, 입력한 글을 자연스러운 AI 목소리로 읽어 주는 기능을 갖추고 있습니다. 학생이 작성한 글을 더빙해 실제로 물건이 말하는 듯한 경험을 제공하여 수업에 몰입감을 높여 줍니다. 또한 글쓰기 결과물을 단순한 텍스트로 끝내지 않고 생생한 음성 콘텐츠로 변환할 수 있어, 학생들의 표현력과 창의력을 풍부하게 확장할 수 있습니다.

'타임캡슐 속 물건이 들려주는 이야기' 수업은 학생들이 오래된 물건의 입장이 되어 이야기해 보는 감정 이입 글쓰기 활동입니다. 먼저 학생들은 오래된 물건 하나를 선택해 조사를 진행합니다. 그다음, 학생 자신이 그 물건이 된 것처럼 자기소개 글을 쓰고, 교사는 클로바 더빙을 통해 학생이 쓴 글에 목소리를 입혀 생명력을 더합니다. 이를 통해 학생들은 과거 사람들의 생활 모습과 문화를 자기 삶과 연결 지어 더 친근하고 생생하게 배울 수 있습니다.

수업의 이모저모

- 관련 과목: 사회
- 학년: 3학년 1학기
- 난이도: 중
- 수업 시간: 3차시 이상
- 준비물: 디지털 기기, 활동지, 오래된 물건 사진 자료

1. 오래된 물건 정체 추측하기

교사는 짚신, 가마, 맷돌 등 다양한 오래된 물건 사진 자료를 인쇄해 각 모둠에 나누어 줍니다. 학생들은 각 물건의 이름과 쓰임새가 무엇일지 모둠원끼리 함께 추측하여 사진 자료 뒷면에 적어 봅니다. 모든 모둠이 활동을 마치면 교사는 사진 자료를 1장씩 들어 보여 주고, 각 모둠은 자신들의 추측을 바탕으로 물건의 이름과 쓰임새를 설명합니다. 모든 모둠의 발표가 끝나면 교사는 해당 물건의 정체를 공개합니다.

2. 오래된 물건 조사하기

교사는 조사 활동에 사용할 활동지를 나누어 주고 활동 순서를 안내합니다. 학생들은 자신이 조사하고 싶은 오래된 물건 하나를 정해 활동지에 이름을 적습니다. 그다음 활동지 상단의 QR코드를 디지털 기기로 스캔해 조사 사이트에 접속합니다. 해당 물건의 재료, 쓰임새, 사용 방법을 조사해 활동지에 적어 봅니다. 해당 물건이 현대의 어떤 물건과

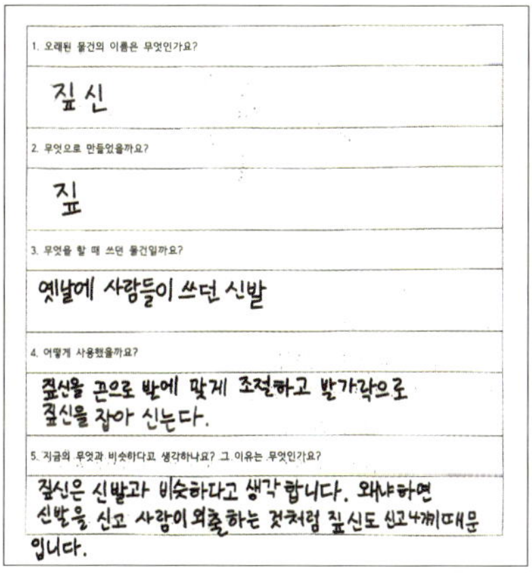

1. 오래된 물건의 이름은 무엇인가요?
짚신
2. 무엇으로 만들었을까요?
짚
3. 무엇을 할 때 쓰던 물건일까요?
옛날에 사람들이 쓰던 신발
4. 어떻게 사용했을까요?
짚신을 끈으로 발에 맞게 조절하고 발가락으로 짚신을 잡아 신는다.
5. 지금의 무엇과 비슷하다고 생각하나요? 그 이유는 무엇인가요?
짚신은 신발과 비슷하다고 생각합니다. 왜냐하면 신발을 신고 사람이 외출하는 것처럼 짚신도 신고 나가기 때문입니다.

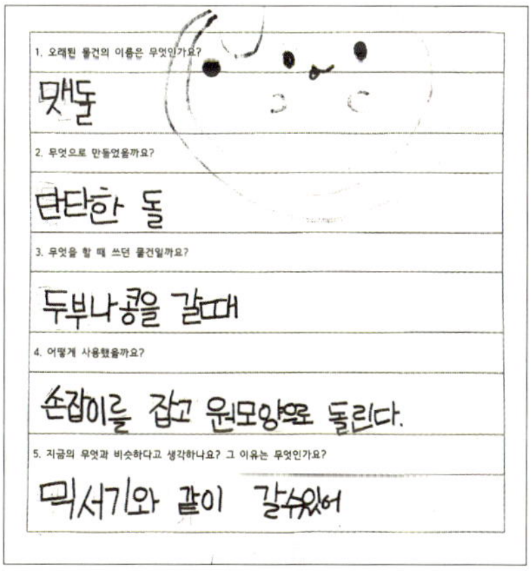

1. 오래된 물건의 이름은 무엇인가요?
맷돌
2. 무엇으로 만들었을까요?
단단한 돌
3. 무엇을 할 때 쓰던 물건일까요?
두부나 콩을 갈때
4. 어떻게 사용했을까요?
손잡이를 잡고 원모양으로 돌린다.
5. 지금의 무엇과 비슷하다고 생각하나요? 그 이유는 무엇인가요?
믹서기와 같이 갈수있어

오래된 물건 조사하기

비슷한지 생각해 보고, 활동지에 이유와 함께 적어 봅니다.

조사 과정에서 디지털 환경에 익숙하지 않은 학생들은 정보를 어디에서, 어떻게 찾아야 할지 어려움을 느끼기도 합니다. 따라서 교사는 활동지에 조사할 수 있는 사이트와 구체적인 질문을 단계적으로 명확히 제시해 주는 것이 좋습니다. 또한, 디지털 기기 활용이 어려운 학생들에게는 교과서나 도서관 자료를 이용해 조사하도록 안내합니다.

3. 자기소개 글쓰기

학생들은 직접 조사한 내용을 바탕으로, 오래된 물건의 입장이 되어 자기소개 글을 작성합니다. 교사는 글을 작성할 때는 마치 자신이 그 물건이 된 것처럼 구어체로 표현해야 하며, 작성한 글은 이후 클로바 더빙을 통해 음성으로 제작된다는 것을 안내합니다.

먼저 학생들은 활동지 첫 문장의 괄호 안에 조사한 물건의 이름을 씁니다. 이어지는 글에는 무엇으로 만들어졌는지, 무엇을 할 때 쓰던 물건인지, 어떻게 사용했는지, 현대의 어떤 물건과 비슷한지에 관한 내용을 포함해 적어 봅니다. 마지막 문장 괄호 안에는 오래된 물건의 입장에서 현대 사람들에게 전하고 싶은 말을 적습니다. 예를 들어, "나를 보면 잘 관찰해 주고 사진 찍어서 인스타에 올려 주면 좋겠어!"처럼 적을 수 있습니다.

이때 교사는 긴 문장의 경우, 클로바 더빙 AI 음성이 부자연스럽게 읽을 수 있으므로, 짧고 단순한 문장으로 작성하도록 안내합니다. 학생들은 자기소개 글을 다 적은 후에는 활동지 상단 빈칸에 조사한 물건의 모습을 그리고 색칠합니다.

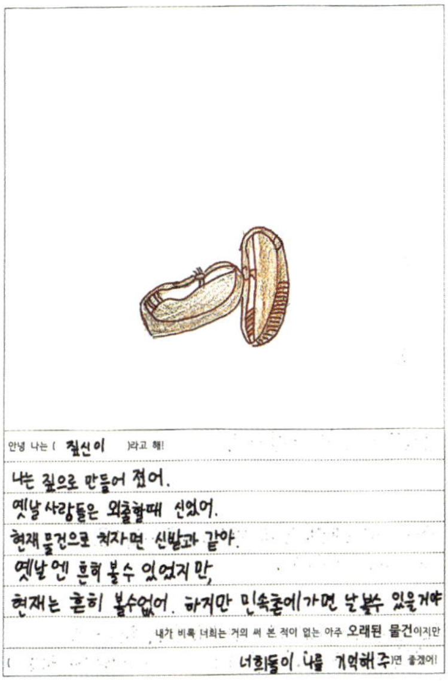

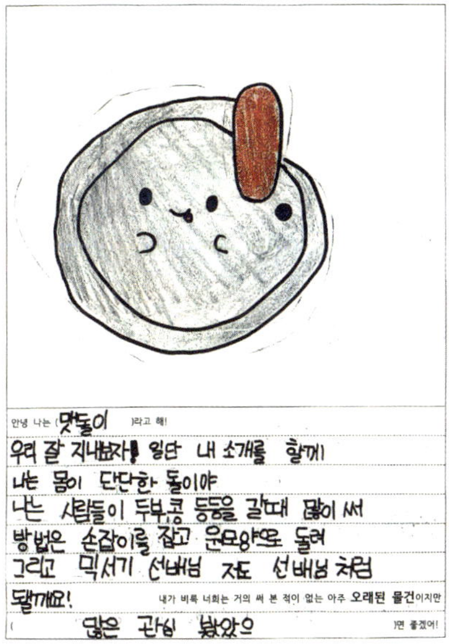

오래된 물건의 자기소개 작성하기

4. 디지털 카드 만들기

활동지를 완성한 후, 학생들은 책상 위에 활동지를 평평하게 놓고 디지털 기기의 카메라로 사진을 촬영합니다. 촬영이 끝나면 교사가 미리 공유한 캔바 템플릿에 접속하여 편집을 시작합니다. 먼저 텍스트 상자를 이용해 물건 이름과 조사한 사람을 입력합니다. 좌측 하단의 '업로드 항목'을 클릭하고, '파일 업로드'를 눌러 촬영한 이미지를 불러옵니다. 삽입된 이미지를 클릭한 상태에서 상단 바의 '배경 제거'를 눌러 배경 없이 필요한 부분만 남깁니다. 이후 원하는 대로 크기를 조정합니다. 마지막으로 좌측 중앙의 '텍스트'를 클릭 후 '텍스트 상자 추가'를 눌러 페이지 하단에 자기소개 글을 입력합니다.

디지털 카드 제작 방법

① 텍스트 상자에 물건 이름 입력

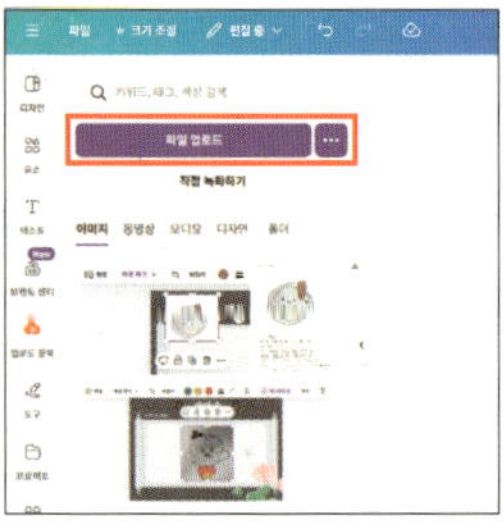

② '업로드 항목'-'파일 업로드' 클릭

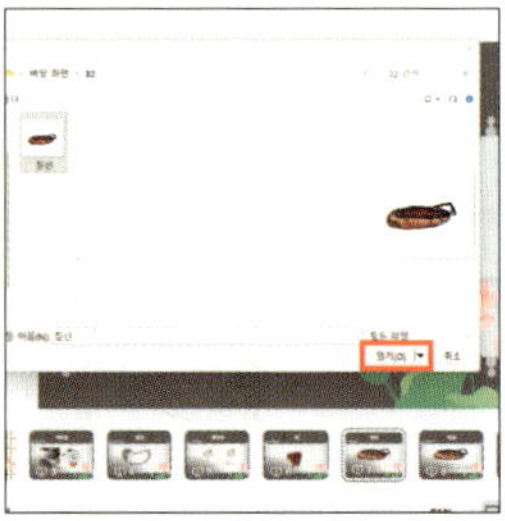

③ 이미지 선택 후 '열기' 클릭

④ 이미지 클릭한 상태에서 '배경 제거' 클릭

⑤ '텍스트'-'텍스트 상자 추가' 클릭

⑥ 자기소개 글 입력

5. 클로바 더빙으로 목소리 입히기

학생들이 캔바 템플릿에 작업을 완료했다면, 교사가 클로바 더빙 작업을 진행합니다. 먼저 네이버 클로바 더빙 사이트에 접속해 '내 프로젝트'의 '새 프로젝트'를 클릭합니다. '콘텐츠 종류'에서 '오디오'를 선택하고, '프로젝트명'을 입력한 후 '생성'을 클릭합니다. 우측의 'AI 보이스 설정'에서 원하는 더빙 목소리를 선택합니다. '전체 보이스'를 누르면 다양한 음성을 미리 들어 볼 수 있습니다.

그다음, 학생들이 캔바 템플릿에 적어 둔 자기소개 글을 복사해 와 입력창에 입력한 후 '저장'을 클릭합니다. 문장 간 간격 및 시작 전 공백

클로바 더빙 생성 방법

① '내 프로젝트'–'새 프로젝트' 클릭

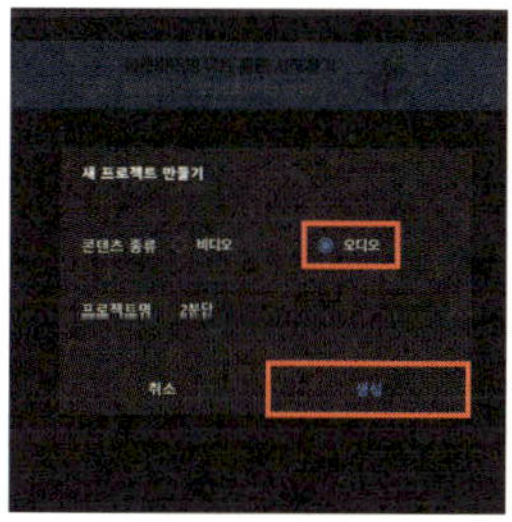

② '오디오' 선택 및 '프로젝트명' 입력 후 '생성' 클릭

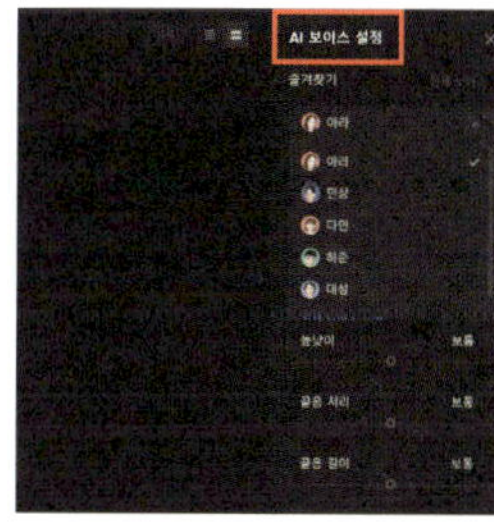

③ 'AI 보이스 설정'에서 원하는 목소리 선택

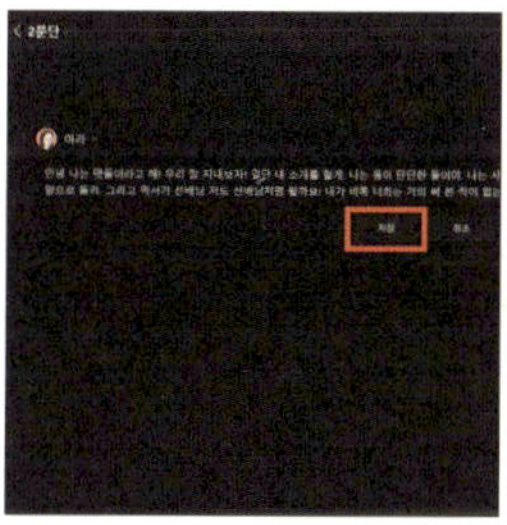

④ 학생이 쓴 글 입력 후 '저장' 클릭

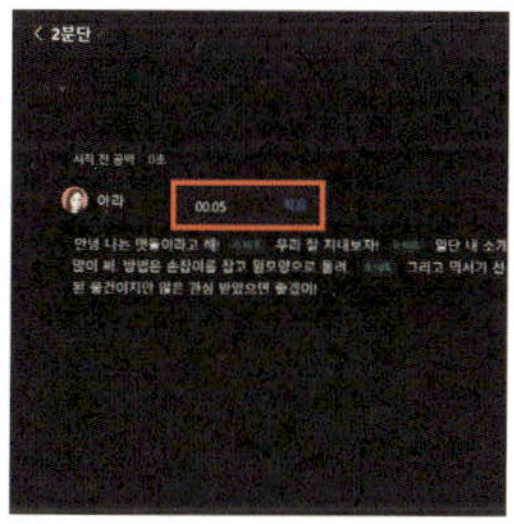

⑤ 문장 간 간격 및 시작 전 공백 등 음성 간격 설정

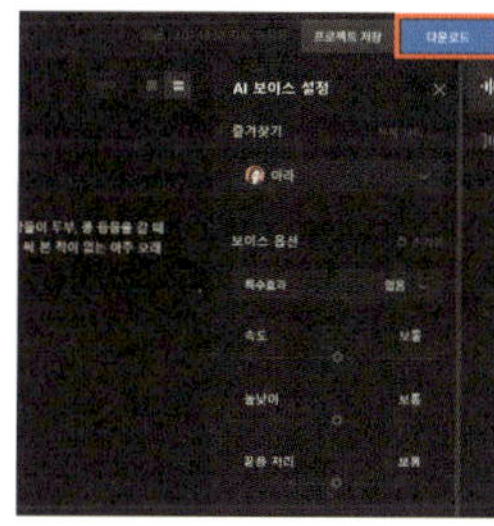

⑥ '다운로드' 클릭

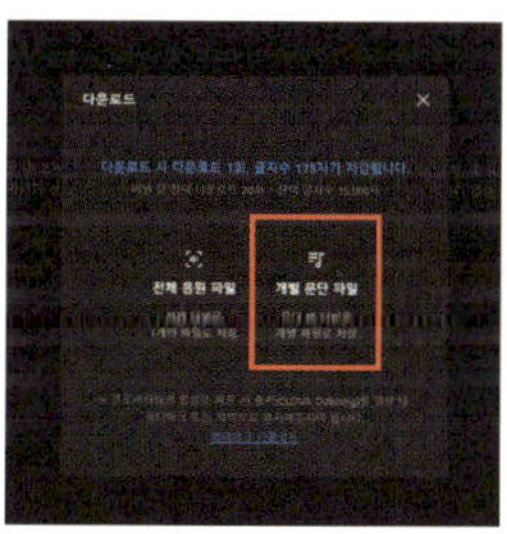

⑦ '개별 문단 파일' 클릭

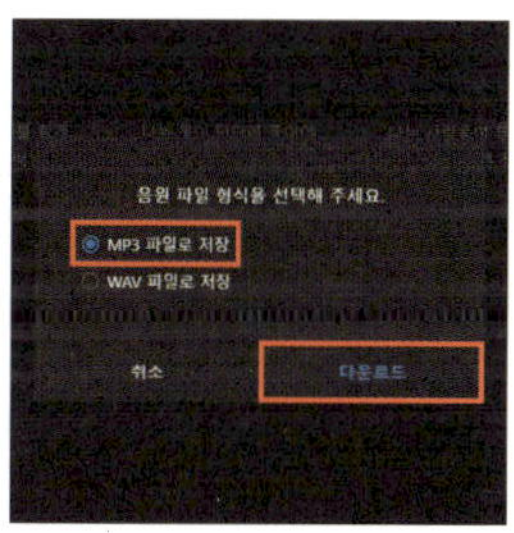

⑧ 'MP3 파일로 저장'–'다운로드' 클릭

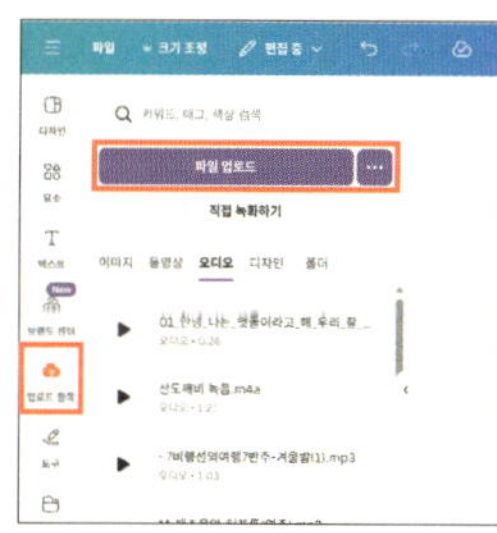

⑨ '업로드 항목'–'파일 업로드' 클릭

등 세부 음성 간격도 설정합니다. 완성되었다면 우측 상단의 '다운로드'를 클릭한 후, '개별 문단 파일'을 클릭하고, 음원 파일 형식을 'MP3 파일로 저장'으로 설정해 다운로드합니다. 이후 화면에 뜨는 주의 사항

을 읽고 체크 표시한 후 '확인'을 클릭하면 다운로드가 완료됩니다.

마지막으로, 교사는 캔바 템플릿에 다시 접속하여 다운로드한 클로바 더빙 오디오 파일을 해당 페이지에 올립니다. 좌측 하단의 '업로드 항목'을 클릭하고, '오디오' 영역에 들어간 후 '파일 업로드'를 클릭해 올릴 수 있습니다.

6. 결과물 함께 감상하기

교사는 교실 TV를 켜고 캔바 프레젠테이션을 실행해, 학생들과 함께 결과물을 감상합니다. AI 목소리가 더해진 자기소개 글은 더욱 생생하게 전달됩니다. 감상이 끝난 뒤, 교사는 "수업 전과 후, 오래된 물건에 관한 생각이 어떻게 바뀌었나요?", "수업이 끝난 후 더 알아보고 싶은 점은 무엇인가요?"와 같은 질문을 던지고 함께 이야기를 나눠 보며 수업을 마무리합니다.

학생 결과물

수업 tip

- ☑ 네이버에서 제공하는 클로바 더빙은 무료로 이용할 수 있지만, 네이버 계정으로 로그인해야 하므로 교사 계정으로 교사가 작업하는 것이 좋습니다. 무료 계정의 경우 음성 생성 및 다운로드 횟수에 제한이 있을 수 있으니, 사전에 확인해 두도록 합니다.
- ☑ 활동지 사진을 찍을 때는 배경 제거 기능이 잘 작동하도록 주변을 정리한 후, 밝은 곳에서 그림이 중심에 오도록 놓고 촬영합니다.

사회

어린이박물관 월드에서 살펴보는 국가 유산

제페토(ZEPETO)

초등학교 4학년 사회 과목에서는 국가 유산이 우리 문화의 뿌리이자 과거와 현재를 잇는 중요한 매개체임을 배웁니다. 학생들이 국가 유산의 가치를 인식하고 보존하려는 태도를 기르는 것은 문화 시민으로서 성장하는 데 필수적이기 때문입니다.

에듀테크 '제페토(ZEPETO)'는 가상 현실(VR)과 증강 현실(AR) 기술을 기반으로 한 메타버스 플랫폼으로, 학생들이 가상 공간에서 실체처럼 활동하고 상호 작용할 수 있도록 돕는 도구입니다. 제페토를 통해 학생들은 시공간의 제약을 받지 않고 국가 유산을 접할 수 있습니다.

'어린이박물관 월드에서 살펴보는 국가 유산' 수업은 제페토를 활용하여 만든 제페토 국립중앙박물관 어린이박물관의 어린이박물관 월드에서 학생들이 자유롭게 다양한 국가 유산을 탐험하고, 활동지에 제시된 국가 유산을 찾아보는 방식으로 진행됩니다. 가상 공간을 직접 돌아다니며 국가 유산을 발견하는 과정은 학생들에게 색다른 재미와 함께 몰입감 있는 학습 경험을 제공할 것입니다.

수업의 이모저모

- 관련 과목: 사회
- 학년 학기: 4학년 1학기
- 난이도: 하
- 수업 시간: 1차시
- 준비물: 디지털 기기, 활동지

1. 국가 유산 알아보기

먼저 교사가 칠판에 'ㄱㄱ ㅇㅅ' 초성을 적고 학생들이 무엇인지 맞히는 활동으로 수업을 시작합니다. 학생들 중에 정답인 '국가 유산'을 맞혔다면, 지난 사회 시간에 학습했던 국가 유산의 종류는 무엇이 있었는지 대표적인 예시를 들어 발표해 보도록 합니다.

교사가 "이렇게 소중한 국가 유산을 어디에 보관하면 좋을까요?" 질문을 던져 자연스럽게 국립중앙박물관을 소개합니다. 학생들과 함께 국립중앙박물관 홈페이지에서 미리 내려받은 국립중앙박물관의 층별 안내도를 살펴보며 어떤 종류의 국가 유산들이 소장되어 있는지 살펴봅니다. 이어서 안내도에 소개된 국가 유산 외에 어떤 종류의 국가 유산이 소장되어 있을지 생각해 보고 자유롭게 이야기를 나눕니다.

국립중앙박물관 층별 안내도 다운로드 방법

① 국립중앙박물관 홈페이지 접속

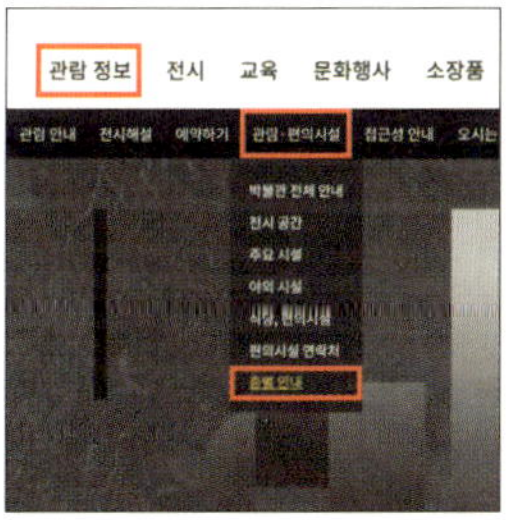

② '관람 정보'-'관람 · 편의시설'-'층별 안내' 클릭

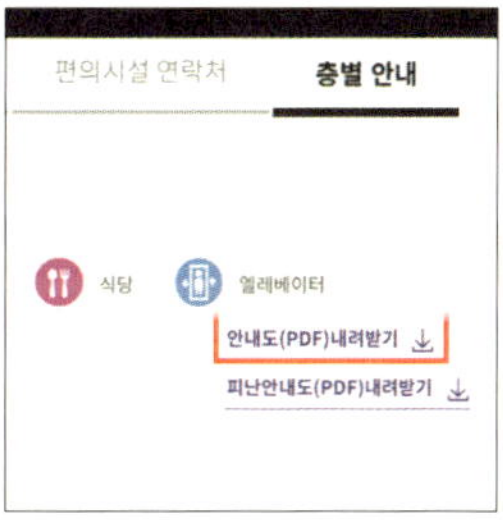

③ '안내도(PDF) 내려받기' 클릭

2. 어린이박물관 월드 탐방하기

교사는 미리 출력한 어린이박물관 월드 탐방 활동지를 학생들에게 나눠 줍니다. 활동을 본격적으로 시작하기 전, 교사와 함께 학생들은 활

동지의 질문을 하나씩 읽어 보면서 이 활동의 목적을 상기시켜 봅니다. 디지털 기기에 제페토 앱을 미리 설치하되, 학생들은 앱이 아닌 교사가 제시하는 QR코드를 사용해서 어린이박물관 월드에 입장합니다. 제페토 앱에서 어린이박물관 월드를 검색하여 입장할 수도 있지만, 이 방법은 다른 월드가 노출되어 수업의 집중도를 떨어트릴 수 있습니다.

어린이박물관 월드에 입장하면 뜨는 팝업창의 '국립중앙박물관 어린이박물관을 즐기는 새로운 방법'을 함께 읽어 봅니다. 다 읽은 후에는 '확인'을 클릭하고 아바타 조작법을 간단하게 익힙니다. 아바타는 왼쪽 조작키로 움직이고, 오른쪽 조작키로 점프할 수 있습니다. 아바타를 조작하는 방법을 익혔다면, 학생들은 활동지 속 질문에 관한 답을

어린이박물관 월드 탐방 방법

① '전시'-'온라인 전시' 클릭

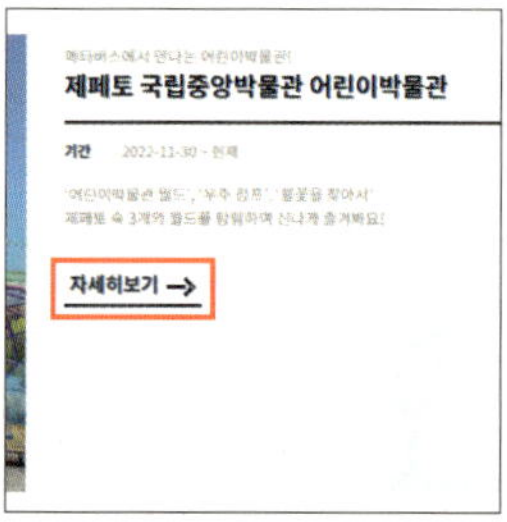

② '자세히 보기' 클릭

③ 어린이박물관 QR코드 이미지 복사

④ 활동지 속 QR코드로 입장

⑤ 팝업창을 읽어 본 후 '확인' 클릭

⑥ 왼쪽 조작키로 이동, 오른쪽 조작키로 점프

찾으며 자유롭게 어린이박물관 월드를 탐방합니다.

학생들은 활동지 질문의 답을 찾아서 작성해 봅니다. 답을 모두 작성했다면 어린이박물관 월드에 있는 상자를 열어 도감을 완성하도록 합니다. 먼저, 도감 아이콘을 클릭하고 '>' 모양의 화살표를 클릭하면 자신이 모은 도감과 개수를 확인할 수 있습니다.

교사는 학생들에게 도감을 완성하면서 새롭게 알게 되었거나 인상 깊은 국가 유산을 고르도록 합니다. 이어서 자신이 고른 국가 유산에 대한 문제를 만들어서 답과 함께 활동지에 작성해 봅니다. 예를 들어, "해그림자로 시간을 알 수 있는 것은?"라는 문제와 "해시계"라는 답을 쓸 수 있습니다. 또한 "한글을 만든 이유를 적은 책은?"라는 문제와 "훈민정음"이라는 답을 적어 볼 수 있습니다.

모든 학생이 국가 유산에 관한 문제를 만들었다면 활동지를 제출합니다. 교사가 활동지에 적힌 문제를 읽으면 답을 아는 학생들은 손을 들어 정답을 맞힙니다. 문제를 출제한 학생은 왜 그 국가 유산을 선택했는지 이야기해 봅니다.

도감 확인 방법

① 도감 아이콘 클릭

② 화살표를 클릭하여 어떤 도감이 있는지 확인

③ 자신이 모은 도감 및 개수 확인

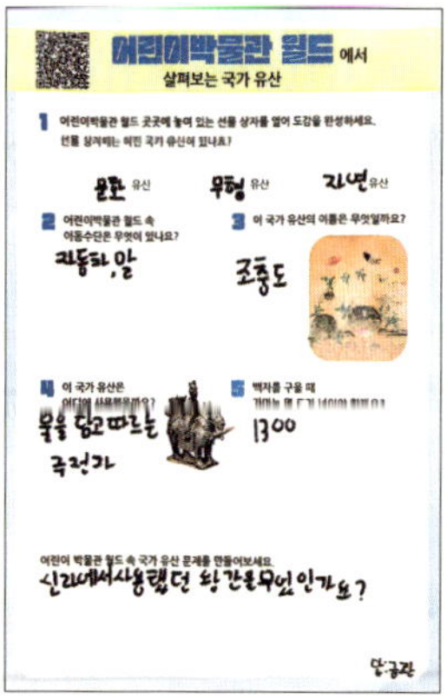

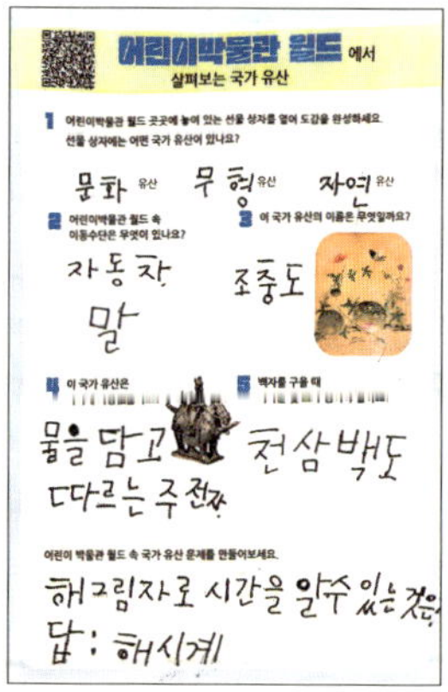

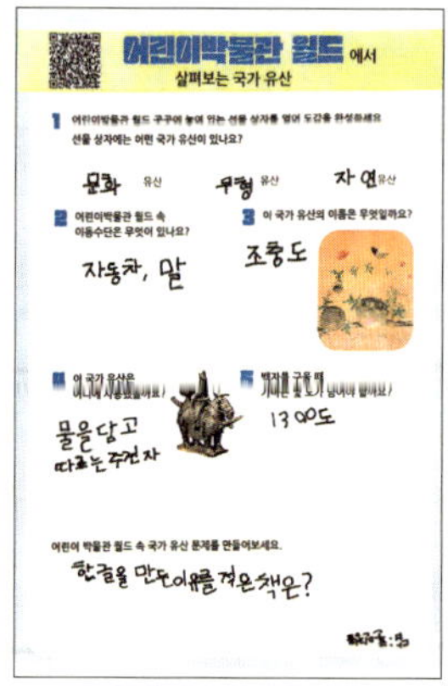

학생 결과물

수업 tip

- ☑ 학교에서 사용하는 학생 구글 계정이 있다면 제페토 가입 시 '구글로 로그인'을 하도록 합니다. 어린이박물관 월드를 탐방하기 전에 학생들에게 아바타를 꾸밀 시간을 잠깐 제공하면 수업에 대한 흥미를 더 높일 수 있습니다.
- ☑ 활동을 빠르게 끝낸 학생의 경우, 어린이박물관 내 포털을 통해서 다른 월드를 체험해 봅니다.

도덕

나만의 감정 이모티콘

스크루블리(Scroobly)

감정 교육은 지식이나 기술 습득보다는 학생들이 자신을 이해하고 내면을 성찰하는 것을 목적으로 합니다. 학생들이 여러 가지 감정을 인지하고, 그 의미를 스스로 이해하며 표현하는 것이 중요합니다. 하지만 단순히 글이나 그림으로만 감정을 표현하는 방식은 한계가 있고, 학생들이 자신의 감정을 생생하게 느끼고 표현하기에 어려울 수 있습니다.

에듀테크 도구인 '스크루블리(Scroobly)'는 카메라 센서를 활용해 신체 움직임을 실시간으로 인식하여, 학생들이 몸짓과 표정을 통해 감정을 자연스럽게 표현하도록 도와 줍니다. 특히 자신이 직접 그린 이모티콘 도안을 감정 이모티콘에 적용하면 감정을 더욱더 창의적이고 개성 있게 나타낼 수 있습니다.

'나만의 감정 이모티콘' 수업에서는 학생들이 여러 가지 감정에 대해 알아보고 감정 중 하나를 이모티콘으로 표현합니다. 학생들은 선택한 감정이 이모티콘으로 잘 드러나도록 캐릭터의 몸짓이나 표정을 고민합니다. 그다음, 직접 팔과 다리를 움식이며 스크루블리로 감정 이모티콘을 제작합니다. 이 과정에서 학생들은 감정 표현에 대한 이해력을 높이고, 타인의 감정에 대해 공감하는 능력까지 함께 향상할 수 있습니다.

수업의 이모저모

- 관련 과목: 도덕, 창체
- 학년: 5~6학년군
- 난이도: 중
- 수업 시간: 5차시
- 준비물: 디지털 기기, 활동지, 여러 가지 감정 카드

1. 여러 가지 감정 학습하기

교사가 여러 가지 감정 카드를 출력하여 칠판에 붙입니다. 교사가 예시로 감정 카드 중 몇 가지를 고른 후 "여러분은 어떤 경험을 할 때 편안한 감정이 느껴지나요?", "여러분은 무엇을 할 때 부끄러운 감정이 느껴지나요?" 등의 질문을 던집니다. 학생들은 자신의 생각을 발표하면서 간단하게 친구들의 감정 경험을 공유해 봅니다.

여러 가지 감정 카드

그다음, 교사가 출력한 감정 주머니 활동지를 모둠별로 1장씩 제공합니다. 먼저 모둠원끼리 여러 가지 감정 카드 중 3개를 골라 활동지에 작성합니다. 해당 감정을 느꼈던 상황을 떠올리며 자신의 경험을 나누고 이야기한 내용을 활동지에 자유롭게 적어 봅니다. 예를 들어, 감정 카드 중 '행복한'을 선택했을 경우 행복한 감정을 느꼈던 상황을 떠올리고 '급식을 먹을 때'라고 작성할 수 있습니다.

모둠 활동이 완료되면 모둠별로 작성한 감정 주머니 활동지를 칠판에 붙인 후, 모둠별로 공유한 감정 경험을 학생들에게 발표합니다. 이때 급식을 먹는 경험이라도 누군가는 '행복한' 감정을 느끼고, 다른 누군가는 살이 찔까 봐 '두려운' 감정을 느낀다는 것을 알게 됩니다. 이러한 과정을 통해 학생들은 같은 경험이더라도 사람마다 느끼는 감정이 다르다는 것을 자연스럽게 학습하게 됩니다.

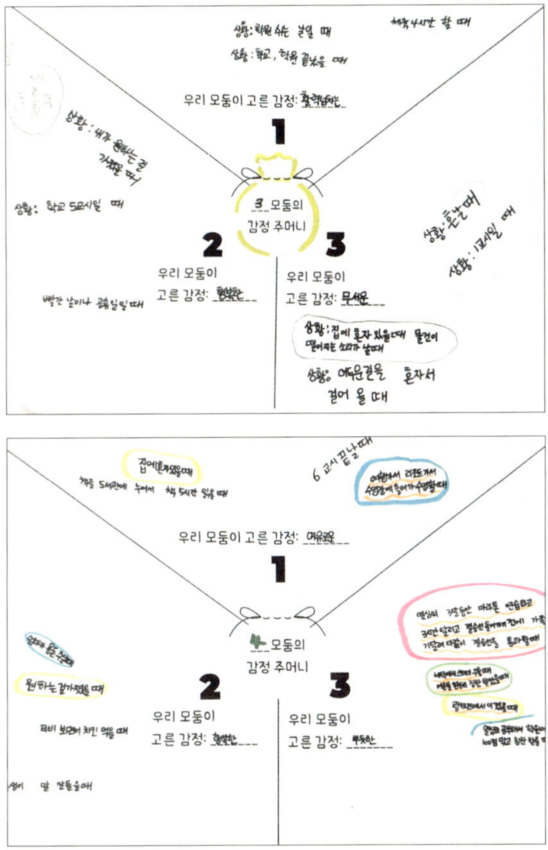

모둠별 감정 주머니 활동지

2. 감정 이모티콘 도안 그리기

교사는 미리 출력한 감정 이모티콘 도안을 학생들에게 제공합니다. 학생들은 [활동 1]에서 살펴본 여러 가지 감정 카드 중 이모티콘 도안으로 그릴 감정을 선택합니다. 학생마다 감정 경험이 다르기 때문에 이모티콘으로 만들고자 하는 감정이 겹쳐도 무방합니다. 그다음, 이모티콘에 선택한 감정을 생생하게 표현하기 위해 표정과 물품 등 꼭 포함해야 할 요소들을 작성합니다. 예를 들어, '우울한' 감정을 선택했을 경우 '눈물을 흘리는 표정', '눈물을 닦기 위한 휴지' 등을 쓸 수 있습니다. 이모티콘에서 팔과 다리는 움직이지만, 표정은 바꿀 수 없으므로 꼭 감정이 드러나는 표정을 생각하도록 합니다.

다 작성했다면, 활동지에 포함해야 할 요소들과 함께 선택한 감정이 잘 드러나는 이모티콘을 그림으로 그립니다. 이때, 교사는 이모티콘의 팔과 다리는 몸통과 붙지 않게 그려야 이후 스크루블리에서 원하는 자세를 자연스럽게 표현할 수 있다고 안내합니다.

감정 이모티콘 도안

3. 감정 이모티콘 제작하기

학생들은 스크루블리 사이트에 접속합니다. 'Start', 'Next'를 클릭하여 이모티콘 만들 준비를 합니다. 감정 이모티콘 도안에 그린 표정, 물품, 팔과 다리가 잘 드러나도록 그립니다. 이때 펜의 색과 두께를 고려하여 스케치합니다. 스케치 후, 선택한 감정이 잘 표현되도록 몸을 움직이며 녹화합니다. 움직이는 이모티콘을 제작하는 것이기에 학생들은 팔과 다리를 자유자재로 움직여 표정과 어울리는 자세를 취합니다. 예를 들어, '우울한' 감정일 경우 '눈물을 흘리다 쓰러지는 자세'를 녹화하여 감정이 잘 드러날 수 있게 제작합니다. 이때, 카메라가 학생들의 팔과 다리를 인식해야 하므로 학생들이 카메라를 가리지 않도록 유의합니다. 제작이 끝났다면, 감정 이모티콘을 GIF 파일로 다운로드합니다.

감정 이모티콘 제작 방법

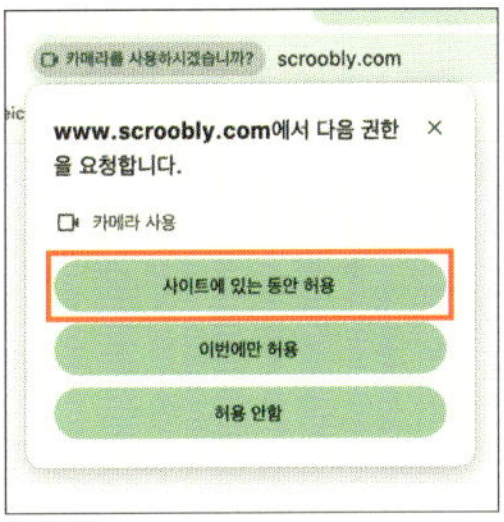

① '사이트에 있는 동안 허용' 클릭

② 'Make your own' 클릭

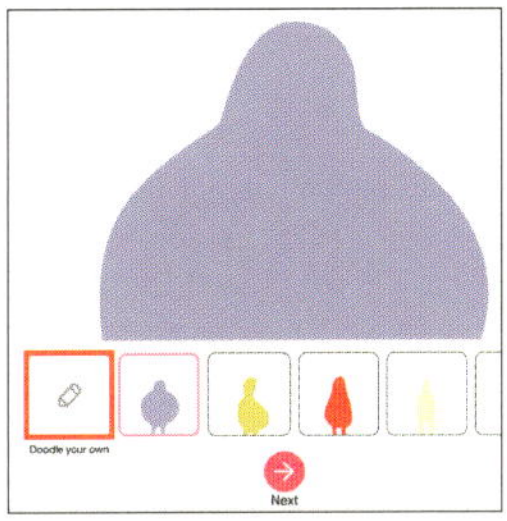

③ 'Doodle your own' 클릭

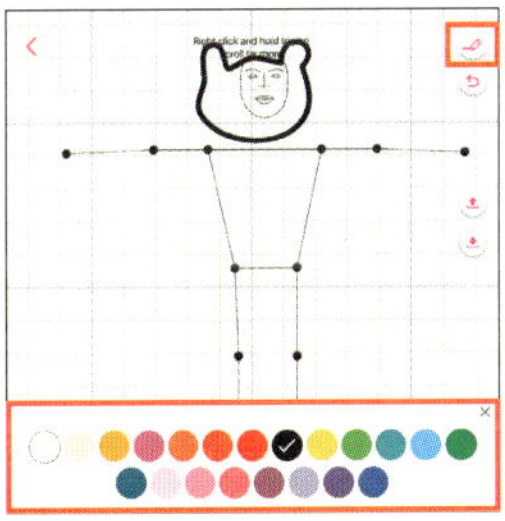

④ 펜 클릭해 색과 두께 선택

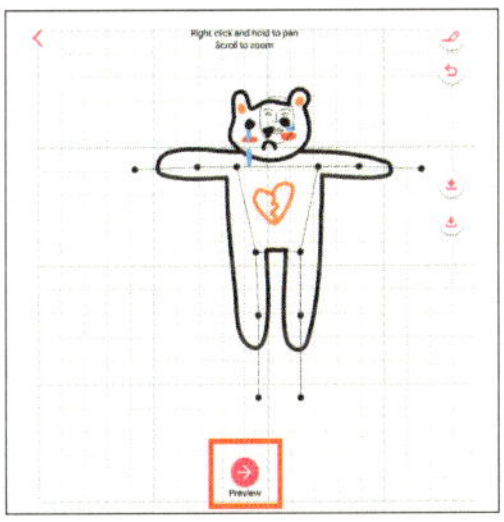

⑤ 'Preview' 클릭

⑥ 'Record' 클릭 후 몸 움직이며 녹화

⑦ 'Save' 클릭

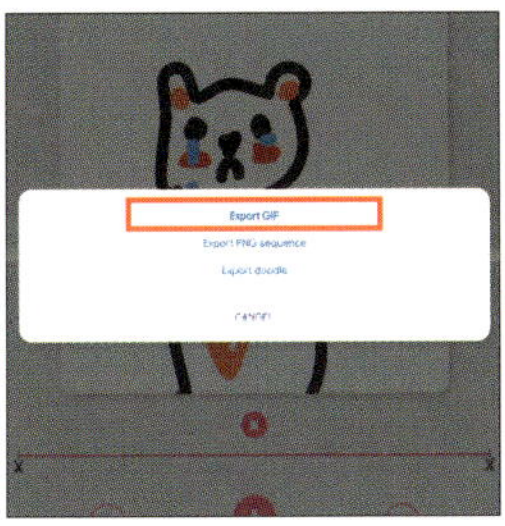

⑧ 'Export GIF' 클릭

⑨ 'Click here to download' 클릭

4. 감정 이모티콘 공유 및 감정 추측하기

교사는 감정 이모티콘을 업로드할 패들렛 사이트를 제공해 줍니다. 패들렛을 활용하면 학생들이 동시에 접속하여 자신의 감정 이모티콘을 업로드할 수 있습니다. 학생들은 자기 번호에 해당하는 섹션에 자신이 제작한 감정 이모티콘을 올립니다.

학생 결과물

그다음, 친구들이 이모티콘으로 표현한 감정이 무엇일지 추측하는 퀴즈 활동을 합니다. 학생들은 이모티콘의 표정과 몸짓을 살펴보며 칠판에 부착된 여러 가지 감정 카드 중 어떤 감정에 해당하는 이모티콘인지 추측해 봅니다. 교사가 이모티콘을 보면서 "7번 친구가 그린 이모티콘의 표정과 물품을 봤을 때, 어떤 감정을 표현한 것일까요?", "왜 그렇게 생각했나요?"라고 질문하면, 학생들은 자신의 생각을 댓글로 작성합니다. 이를 통해 학생들은 친구들의 이모티콘 감정을 맞히기 위해 역으로 자기 경험을 꺼내어 생각하는 경험을 할 수 있습니다.

이모티콘으로 표현한 감정 추측

수업 tip

☑ 학급 캐릭터가 있는 경우, 교사가 학급 캐릭터의 테두리를 따라 그린 도안을 제공해도 좋습니다. 학급 캐릭터로 감정 이모티콘을 제작하면 학생들이 학급에 대한 소속감을 더욱 크게 느낄 수 있습니다.

☑ 추후 활동으로 나만의 감정 이모티콘에 대한 설명문 작성하기, 이모티콘을 활용한 뮤직비디오 만들기 등이 가능합니다.

도덕

나의 긍정 조약돌 그림책

패들렛(Padlet) 북크리에이터(Book Creator)

도덕 교과에서 학생들은 긍정적인 삶의 태도로 살아가는 법을 배웁니다. 긍정적인 삶의 태도는 걱정이 되는 상황에서 포기하거나 좌절하지 않고, 자신의 내면을 지킬 수 있는 자세를 의미합니다. 이때 그림책과 에듀테크를 융합하면 학생들이 긍정적인 삶에 대해 생각하고, 실수나 실패에도 다시 도전할 수 있는 태도를 기를 수 있습니다.

그림책『걱정 유리병』의 걱정 조약돌 장면에서 '패들렛(Padlet)' 샌드박스를 활용하면, 학생들이 자신의 걱정 조약돌을 색깔과 모양으로 시각화하고 자신의 감정을 성찰하게 됩니다. 또한, '북크리에이터(Book Creator)'는 학생들이 자신의 걱정 상황과 긍정적인 전환 과정을 디지털 이야기책으로 구성할 수 있는 도구로, 학생들은 성찰한 자신의 감정을 창의적으로 표현하기 좋습니다.

'나의 긍정 조약돌 그림책' 수업에서 학생들은 그림책『걱정 유리병』을 읽고 자신의 걱정을 인식한 다음, 이를 긍정적으로 극복하는 과정을 에듀테크를 활용해 표현하고 공유해 봅니다. 이를 통해 학생들은 긍정적인 삶이라는 추상적인 개념을 자기 삶 속에서 구체적으로 실현할 수 있을 것입니다.

수업의 이모저모

- 관련 과목: 도덕
- 학년 학기: 5학년 1학기
- 난이도: 하
- 수업 시간: 4차시 이상
- 준비물: 디지털 기기, 활동지, 그림책『걱정 유리병』*, 걱정 상황 카드

* 루 존 글, 제니 블룸필드 그림, 엄혜숙 옮김, 미래엔아이세움, 2023

1. 그림책 『걱정 유리병』 읽기

교사는 『걱정 유리병』의 표지를 함께 보며 "이 책은 어떤 내용일까요?", "주인공은 무엇을 하고 있는 것 같나요?" 등의 질문을 합니다. 학생들이 답변하고 나면 교사가 본격적으로 그림책을 읽어 줍니다. 이때 전체를 다 읽지 않고 주인공 '프리다'가 걱정을 하는 부분인 15쪽까지만 읽습니다.

학생들은 프리다가 일상 속 다양한 상황에서 걱정하는 모습을 관찰하며, '비가 올 때', '친구 옆자리에 앉을 때', '미끄럼틀을 탈 때', '완두콩을 먹을 때', '인형 잃어버렸을 때', '수영장에 들어갈 때' 등 구체적인 장면에서 프리다의 감정 변화를 살펴봅니다. 이를 통해 걱정이 생기는 순간과 마음의 흐름을 자연스럽게 이해하게 됩니다.

교사는 각 상황에서 "프리다가 왜 걱정을 하고 있나요?"라는 질문을 통해 학생들의 감정 이입을 유도하고, 걱정이라는 감정이 누구에게나 있다는 것을 인식하도록 지도합니다.

2. 우리 반 걱정 유리병 만들기

이번에는 주인공 프리다처럼 학생들이 하나씩 가지고 있는 나만의 걱정 조약돌을 만들어 봅니다. 먼저 학생들은 디지털 기기로 패들렛 샌드박스 링크에 들어갑니다. 왼쪽 바에서 슬라이드를 선택합니다. 모든 학생이 하나의 슬라이드에 들어와서 걱정 조약돌을 만들게 되면 혼잡하므로, 분단별로 유리병 슬라이드를 하나씩 제공합니다. 1분단은 첫 번째 슬라이드, 2분단은 두 번째 슬라이드의 걱정 유리병을 자신의 걱정 조약돌로 채우도록 합니다.

학생들은 자신의 걱정거리를 떠올려 본 다음, 오른쪽 '도형'을 클릭해서 색깔, 배경, 원 모양을 선택하고 자신이 원하는 크기로 조약돌을 만듭니다. 인간관계에 대한 걱정은 빨간색, 공부에 대한 걱정은 노란색, 외모에 대한 걱정은 초록색, 건강에 대한 걱정은 파란색으로 만들고, 이외의 고민은 색깔을 자유롭게 선택해서 추가합니다. 만든 조약돌을 두 번 클릭하면 텍스트를 입력할 수 있습니다. 조약돌 안에 나의 걱정에 대해 구체적으로 작성합니다. 이때, 모든 과정이 익명으로 진행되기 때문에 솔직하게 적을 수 있도록 안내합니다.

걱정 조약돌 넣는 방법

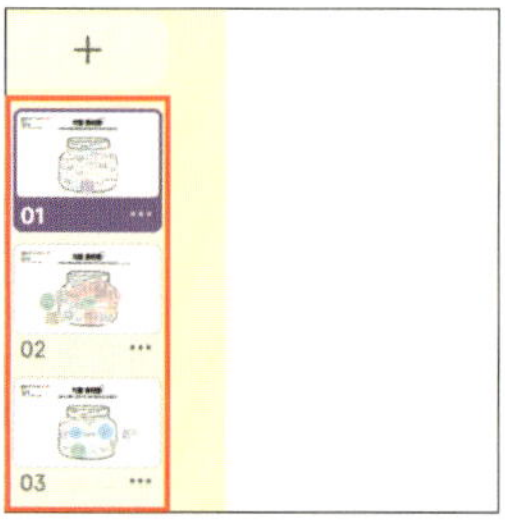

① 슬라이드 선택

② '도형' 클릭

③ 색깔, 배경, 모양 선택

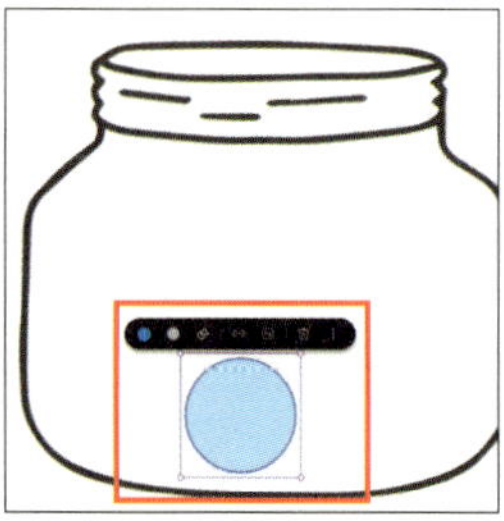

④ 원하는 위치에 조약돌 생성

⑤ 조약돌 두 번 클릭 후 텍스트 입력

학생들은 프리다의 걱정 조약돌처럼 걱정을 시각적으로 표현함으로써 자신의 감정을 성찰하고, 동시에 친구들의 걱정을 관찰하며 공감 능력을 기를 수 있습니다. 교사는 "나와 같은 색깔의 조약돌에는 어떤 걱정들이 있나요?", "우리 반에 가장 많은 걱정거리는 무엇인가요?"라고 질문을 던지며 학생들이 친구들의 걱정 조약돌을 관찰할 수 있도록 유도합니다. 그다음, 학생들은 자신의 걱정 조약돌과 걱정하는 이유를 친구들에게 발표해 봅니다.

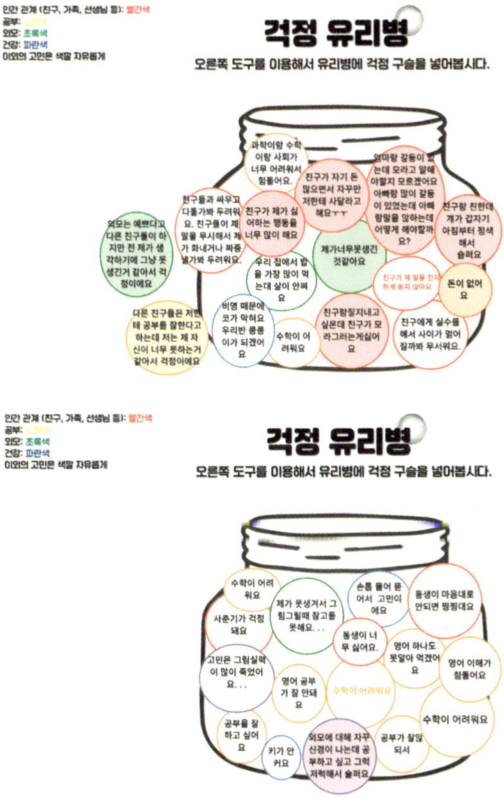

학생 결과물

3. 걱정을 다르게 바라보기

우리 반 친구들의 걱정을 알아본 학생들은 다시 그림책 속 '프리다'의 걱정을 살펴봅니다. 교사는 미리 출력한 그림책 속 걱정 상황 카드를 칠판에 붙이고, 카드 모음을 각 모둠에도 나눠 줍니다. 모둠별로 그림책 속 걱정 상황 중 하나를 선택하고, 해당 상황에서 프리다가 왜 걱정했는지, 어떤 감정을 느꼈을지에 대해 토의합니다.

걱정 상황 카드

토의가 끝난 후 모둠별로 활동지에 우리 모둠이 선택한 상황에서 프리다가 했을 법한 걱정 대사를 작성합니다. 그다음, 걱정 대사를 긍정 대사로 바꿔 봅니다. 예를 들어, 수영장에 들어가기 전에 걱정하는 상황에서 "내 몸이 물속 깊이 가라앉으면 어떡하지?"라는 걱정 대사를 "아니야! 작년에 생존 수영을 배웠으니까 난 물에 뜰 거야!"라는 긍정 대사로 바꿉니다. 이 과정에서 학생들은 부정적인 생각이 어떤 방식으로 전환될 수 있는지 사고 훈련을 경험하게 됩니다. 마지막에는 자신이 그 상황에 처했다면 어떻게 행동했을지를 떠올리며 발표합니다.

4. 나의 까만 조약돌 떠올리기

앞의 활동에서 학생들이 바꾸었던 긍정 대사를 떠올리도록 하면서 교사가 그림책의 뒷부분을 읽어 줍니다. 프리다는 할머니의 조언에 따라 걱정 조약돌을 하나씩 유리병에 넣으면서 상황을 긍정적으로 극복해 갑니다. 마지막에 남은 까만 조약돌은 가장 커다란 걱정으로, 마침내 프리다가 이 돌까지 유리병에 넣으면서 이야기가 마무리됩니다. 학생들은 프리다가 어떻게 변화했는지 분석하며, 자기 생각과 프리다의 선택을 비교해 봅니다.

이번에는 자신의 까만 조약돌인 가장 큰 걱정거리를 생각해 보도록 합니다. 왜 걱정을 하고 있는지, 그때 어떤 감정을 느꼈는지 활동지에 자세히 작성합니다. 그다음 나의 걱정 상황에서 자신이 했던 말이나 속마음을 걱정 대사로 작성하고, 이를 긍정 대사로 전환해 보는 연습을 합

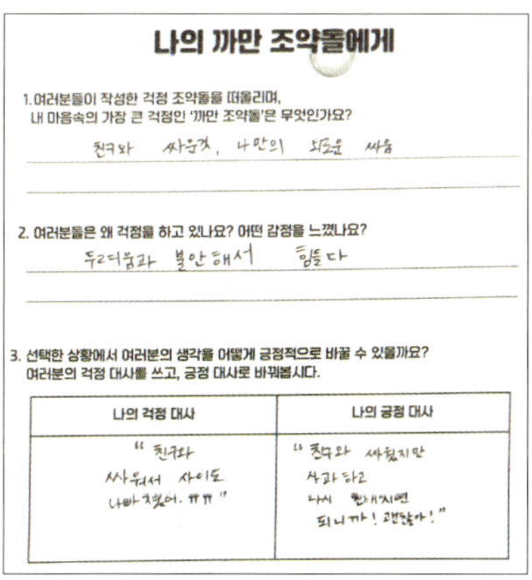

나의 까만 조약돌에게

1. 여러분들이 작성한 걱정 조약돌을 떠올리며, 내 마음속의 가장 큰 걱정인 '까만 조약돌'은 무엇인가요?

친구와 싸운것, 나만의 외로운 싸움

2. 여러분들은 왜 걱정을 하고 있나요? 어떤 감정을 느꼈나요?

두려움과 불안해서 힘들다

3. 선택한 상황에서 여러분의 생각을 어떻게 긍정적으로 바꿀 수 있을까요? 여러분의 걱정 대사를 쓰고, 긍정 대사로 바꿔봅시다.

나의 걱정 대사	나의 긍정 대사
"친구와 싸워서 사이도 나빠졌어. ㅠㅠ"	"친구와 싸웠지만 사과 하고 다시 친해지면 되니까! 괜찮아!"

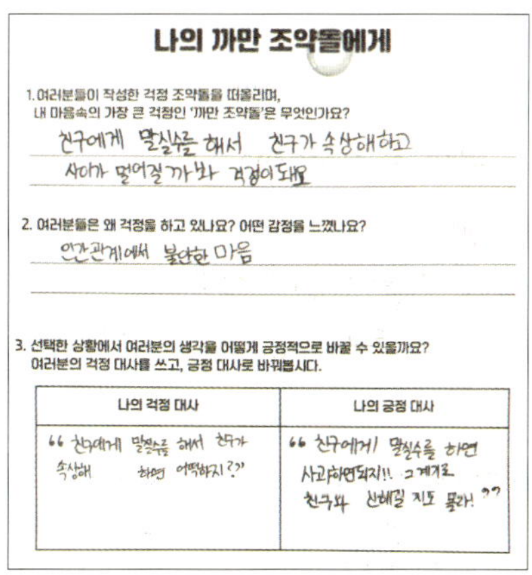

나의 까만 조약돌에게

1. 여러분들이 작성한 걱정 조약돌을 떠올리며, 내 마음속의 가장 큰 걱정인 '까만 조약돌'은 무엇인가요?

친구에게 말실수를 해서 친구가 속상해하고 사이가 멀어질까봐 걱정이돼요

2. 여러분들은 왜 걱정을 하고 있나요? 어떤 감정을 느꼈나요?

인간관계에서 불안한 마음

3. 선택한 상황에서 여러분의 생각을 어떻게 긍정적으로 바꿀 수 있을까요? 여러분의 걱정 대사를 쓰고, 긍정 대사로 바꿔봅시다.

나의 걱정 대사	나의 긍정 대사
"친구에게 말실수를 해서 친구가 속상해 하면 어떡하지?"	"친구에게 말실수를 하면 사과하면되지!! 그계기로 친구와 친해질 지도 몰라!"

'나의 까만 조약돌에게' 작성하기

니다. 교사는 학생의 표현을 존중하며 심리적 안정감을 느끼도록 격려하고, 학생들은 친구들에게 자신의 까만 조약돌을 발표해 봅니다.

5. '나의 까만 조약돌에게' 이야기책 만들기

앞서 작성한 까만 조약돌 상황을 바탕으로, 세 장면으로 구성된 이야기책을 만들어 봅니다. 먼저 학생들은 활동지에 각 장면을 간단히 작성해 봅니다. 첫 번째 장면에는 자신이 걱정하는 장면을, 두 번째 장면에는 긍정적인 생각 전환의 계기와 긍정 대사를 작성합니다. 세 번째 장면에는 생각을 바꾼 후 달라진 결과를 상상하여 표현합니다.

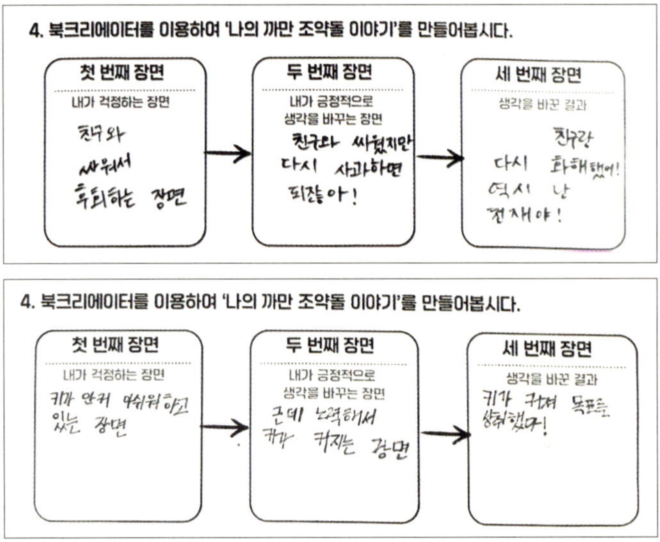

세 장면으로 나눠 보기

다 작성했다면 디지털 기기를 활용하여 북크리에이터에 들어갑니다. 학생들은 위쪽의 '+ 새 책'을 클릭하여 책을 만들고, 책 모양을 선택합니다. 우측 상단의 '+'를 클릭한 다음 이미지, 카메라, 펜, 텍스트 등의 도구들을 활용하여 이야기책을 만듭니다. 이때 학생들은 펜을 이용하여 직접 그림을 그리거나, 이미지를 검색해서 가져올 수 있습니다.

이야기책 제작 방법

① '+ 새 책' 클릭

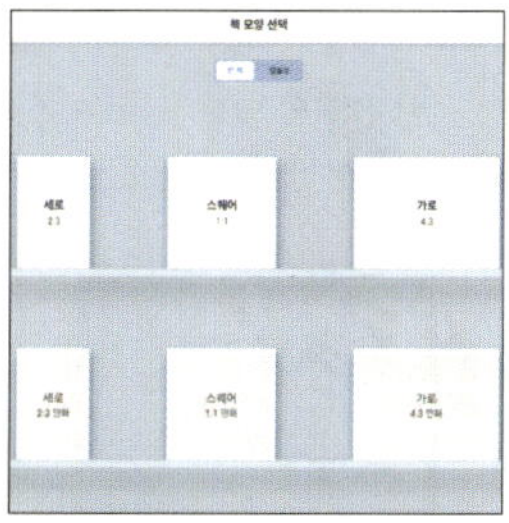

② 책 모양 선택

③ '+' 클릭 후 도구 활용

자신의 까만 조약돌 이야기책을 완성한 학생은 친구들 앞에서 발표합니다. 친구들이 각자 가장 큰 걱정거리를 긍정적으로 바꾸는 과정을 살펴보면서, 학생들은 긍정적인 삶의 중요성을 자연스럽게 학습할 수 있습니다.

첫 번째 장면 | 두 번째 장면 | 세 번째 장면

학생 결과물

수업 tip

☑ 비슷한 고민을 가진 학생들끼리 모여 '나의 까만 조약돌에게' 이야기책을 만들 수 있습니다. 패들렛 샌드박스의 걱정 조약돌 색깔을 확인하여 같은 색깔 조약돌을 만든 학생들끼리 모둠을 구성합니다. 학생들은 서로의 걱정을 더 깊게 공감하며 이야기책을 만들게 됩니다.

사회

데이터로 알아보는 지방 자치와 정치 참여

구글 트렌드(Google Trends)

'지방 자치'와 '정치 참여'라는 개념은 학생들에게 익숙하지 않을 뿐만 아니라, 직접 경험해 보지 않았기에 필요성을 느끼기 어렵습니다. 따라서 교사는 학생들이 지역의 특성과 관심사를 구체적으로 파악하고, 그 속에서 자연스럽게 정치 참여의 필요성을 깨달을 수 있도록 지도해야 합니다.

'구글 트렌드(Google Trends)'는 학생들이 사회 문제에 대한 지역별 관심도를 직관적으로 확인할 수 있도록 도와주는 에듀테크 도구입니다. 구글 트렌드에서 특정 검색어를 입력하면 지역별 관심도를 시각화하여 보여 줍니다. 학생들은 다양한 검색어를 통해 지역마다 서로 다른 관심사를 실시간으로 비교하고 확인하면서 지역적 특성을 자연스럽게 이해할 수 있습니다. 또한, 객관적이고 구체적인 자료를 바탕으로 학습할 수 있어 활동 몰입도도 높아집니다.

'데이터로 알아보는 지방 자치와 정치 참여' 수업에서는 먼저 대한민국 각 지역의 특성을 복습한 후, 모둠별로 특정 사회 문제를 선정합니다. 그다음 학생들은 구글 트렌드를 활용하여 각 지역의 관심도를 조사하고 분석합니다. 마지막으로 특정 지역의 주민이 되어 스스로 정치 참여 활동을 계획하며 구체적이고 실질적인 방법을 고민해 봅니다. 이러한 과정에서 학생들은 사회적 공감 능력과 비판적 사고력을 키우고, 지역 공동체에 대한 이해와 책임감을 자연스럽게 기를 수 있습니다.

수업의 이모저모

- 관련 과목: 사회
- 학년 학기: 6학년 1학기
- 난이도: 중
- 수업 시간: 2차시
- 준비물: 디지털 기기, 활동지

1. 대한민국 각 지역의 위치와 특징 복습하기

교사는 대한민국 지도를 화면이나 칠판에 띄우고 행정 구역을 복습하면서 서울, 경기도, 부산, 울산 등 주요 행정 구역의 위치를 학생들과 함께 확인합니다. 이어서 도시와 농촌, 지역별 주요 산업의 종류 등을 중심으로 학생들이 이전 학년에서 배운 각 지역의 특징을 떠올릴 수 있도록 질문합니다. 예를 들어, "울산은 바다와 가까워서 어떤 산업이 발달했을까요?", "경기도는 왜 인구가 많을까요?", "농어촌이 많은 지역은 어디일까요?" 등으로 질문을 던집니다.

2. 지역별 사회 문제 관심도 탐구하기

먼저 모둠별로 구글 트렌드에 검색할 분야를 선택합니다. 이때 교사는 지역별 관심도가 비교적 뚜렷한 분야와 관련 검색어를 학생들에게 제시합니다. 그다음 모둠별로 분야를 선택한 다음, 해당 분야의 관심도가 높은 지역이 어디일지 예상해 보면서 토의합니다.

■ 모둠별로 관심 있는 한 가지 분야를 선택하고, 동그라미 쳐 봅시다.

분야	환경	여가 문화	경제	교육	건강 안전	농업
검색어	산불	관광	일자리	학원	독감	귀농
	미세먼지	축제	물가	시험	미세 플라스틱	스마트팜

분야별 검색어

학생들은 토의한 내용을 바탕으로 선택 분야에 관심도가 높을 것으로 예상되는 지역을 활동지에 작성합니다. 이때 단순히 지역명만 적지 말고, 그 이유도 함께 적도록 합니다. 예를 들어, "서울특별시, 부산광역시가 의료 사업이 발전되어 있을 것 같다.", "경기도, 서울특별시, 제주도 등의 지역이 농업에 관심이 있을 것 같다." 등으로 적어 볼 수 있습니다.

다음으로 교사는 구글 트렌드 사용 방법 및 검색 결과 분석 방법을 안내합니다. 먼저 웹 브라우저에서 구글 트렌드 사이트에 접속합니다. 상단 메뉴에서 '탐색'을 클릭한 뒤, 검색창에 비교하고자 하는 키워드를 입력하고 엔터 키를 누릅니다. 이때 교사는 '노인 복지'와 같은 지역별 관심도가 뚜렷한 검색어를 예로 들어 사용 방법을 보여 줍니다.

검색어를 입력한 후에는 상단에서 '지역'과 '기간'을 원하는 범위로 설정합니다. 지역을 '대한민국', 기간을 '최근 5년'으로 설정합니다. 이렇게 설정하는 이유는 기간이 짧으면 그 문제에 대해 꾸준한 관심을 가진 지역보다는, 알 수 없는 이유로 갑자기 관심도가 높아진 지역이 생길 수 있기 때문입니다. 화면을 아래로 스크롤하면 해당 검색어의 '하위 지역별 관심도'를 지도와 표로 확인할 수 있으며, 더 아래로 내려가면 사용자가 함께 검색한 '관련 주제'와 '관련 검색어'를 한눈에 살펴볼 수 있습니다.

하위 지역별 관심도는 검색어가 가장 많이 검색된 지역의 검색 수를 '100'으로 기준을 잡고 상대적으로 나타납니다. 예를 들어, 어떤 지역에서 해당 검색어가 가장 검색이 많이 된 지역보다 절반으로 검색되었다면 관심도가 '50'으로 나타납니다. 따라서 검색 결과를 분석할 때는 절대적인 숫자가 아닌 지역별 관심도 수의 차이를 비교하게 됩니다. 만약 하위 지역별 관심도가 1~5위인 지역별 관심도 수의 차이가 크다면, 어떠한 지역에서 관심이 유독 큼을 알 수 있고, 차이가 작다면 모든 지역에서 관심이 있는 분야일 수 있습니다.

지역별 관심도 확인 방법

① 구글 트렌드 사이트 접속

② '탐색' 클릭

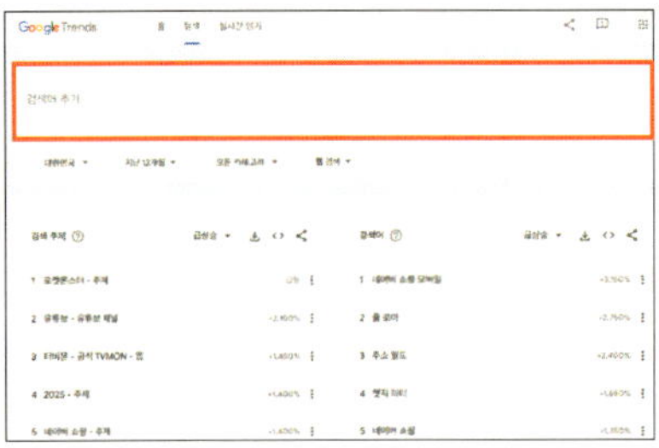

③ 검색어 입력

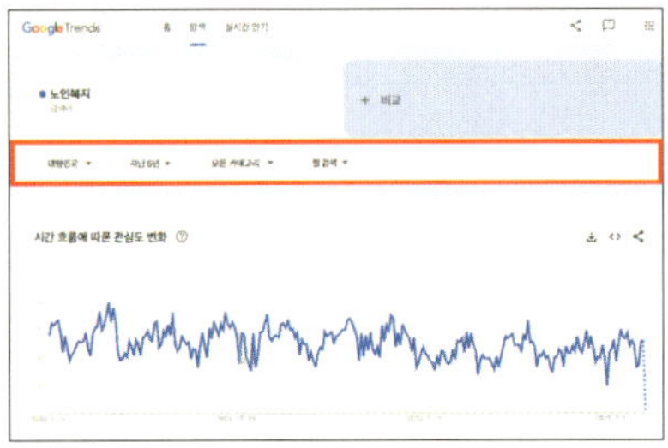

④ '지역', '기간' 설정

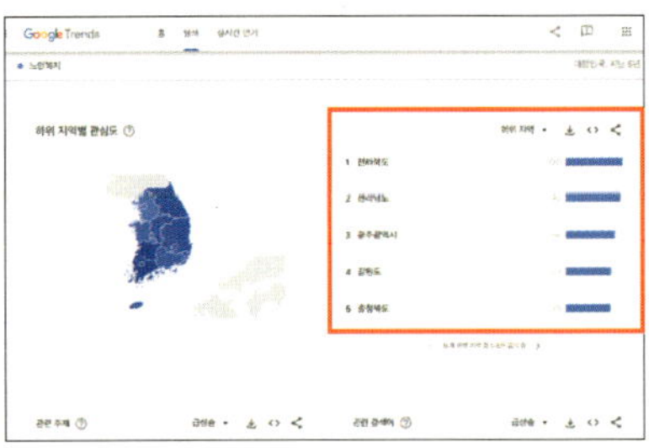

⑤ '하위 지역별 관심도' 확인

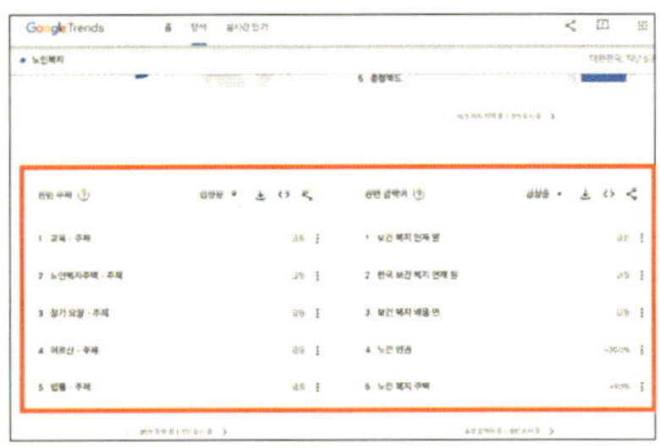

⑥ 관련 주제, 관련 검색어 확인

그다음, 모둠별로 선정한 분야의 검색어를 직접 구글 트렌드에서 검색합니다. 학생들은 하위 지역별 관심도를 참고하여 하위 지역별 관심도가 높은 지역 1~5위와 지역별 관심도를 활동지에 기록합니다.

■ 선택한 분야의 키워드 2가지를 구글 트렌드로 검색해 봅시다.

▶ 검색어 1 : 귀농		
순위	지역 이름	관심도
1위	전라북도	100
2위	전라남도	86
3위	충청남도	73
4위	광주광역시	72
5위	경상북도	63

▶ 검색어 2 : 스마트팜		
순위	지역 이름	관심도
1위	전라북도	100
2위	전라남도	71
3위	대전광역시	66
4위	충청북도	65
5위	충청남도	64

구글 트렌드 검색 결과

모둠별 토의를 통해 각 검색어가 왜 그 지역에서 관심이 높은지 이유를 추측해 본 다음, 추측한 결과를 활동지에 정리해 봅니다. 모둠별 활동이 마무리되면 검색 결과 및 분석 결과를 발표하고 전체 학생과 의견을 공유합니다.

⦿ **Google Trends 검색 결과 탐구하기**

■ 각 키워드가 어느 지역에서 관심이 많은지 살펴보고, 그 키워드가 왜 그 지역에서 관심이 많은지 이유를 추측해 봅시다.

- 경상북도는 나무가 많고 산도 많기에 불이 날 확률이 높기 때문이다.
- 서울특별시는 산업이 발달하고, 시민들이 많이 모여 있기 때문이다.

■ 지방자치 제도가 필요한 이유는 무엇일까요? 구글 트렌드 검색 결과와 연관 지어 써 봅시다.

- 지방마다 각 문제점이 달라서 지방자치제가 해결을 도와줘야 하기 때문에 필요하다.

구글 트렌드 검색 결과 분석

3. 정치 참여의 필요성 이해하기

구글 트렌드 검색 결과를 통해 각 지역마다 관심 분야가 다르다는 것을 확인했다면, 이를 바탕으로 모둠별로 지방 자치와 정치 참여가 왜 필요하고 중요한지 토의하고 발표합니다. 예를 들어, 농촌 지역은 귀농이나 스마트팜에 관심이 많을 수 있고, 도시는 일자리나 교육에 관심이 많을 수 있습니다. 교사는 지역별로 지역의 관심사에 맞는 맞춤형 정책이 필요함을 학생들이 깨달을 수 있도록 지도합니다.

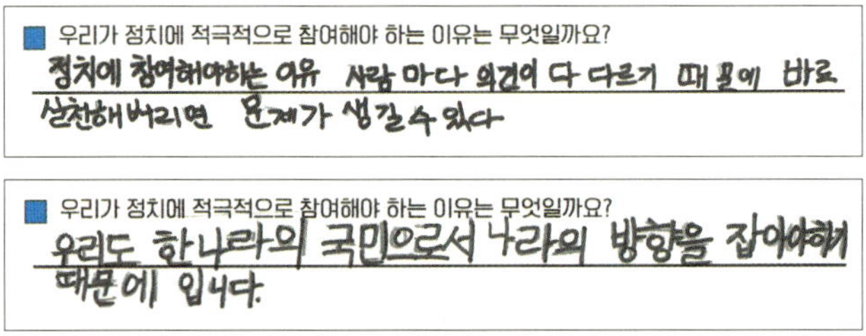
우리가 정치에 적극적으로 참여해야 하는 이유는 무엇일까요?
정치에 참여해야하는 이유 사람 마다 의견이 다 다르기 때문에 바로 실천해버리면 문제가 생길수 있다

우리가 정치에 적극적으로 참여해야 하는 이유는 무엇일까요?
우리도 한나라의 국민으로서 나라의 방향을 잡아야해 때문에 입니다.

정치에 참여해야 하는 이유

4. 지역 주민이 되어 정치 참여하기

각 모둠은 검색어 중 하나를 각 지역에서 해결하고 싶은 문제로 선정합니다. 학생들은 스스로 해당 지역의 주민이 되었다고 가정하고 구체적인 정치 참여 방법을 계획합니다. 교과서 속 캠페인 진행, 1인 시위, 공청회 개최, SNS 홍보 등 정치 참여 방법의 예시를 참고하여 구체적인 활동을 떠올려 보고 계획서를 작성합니다. 다 작성한 후에는 학생들이 계획한 내용을 발표하고 서로 의견을 나누면서 수업을 마무리합니다.

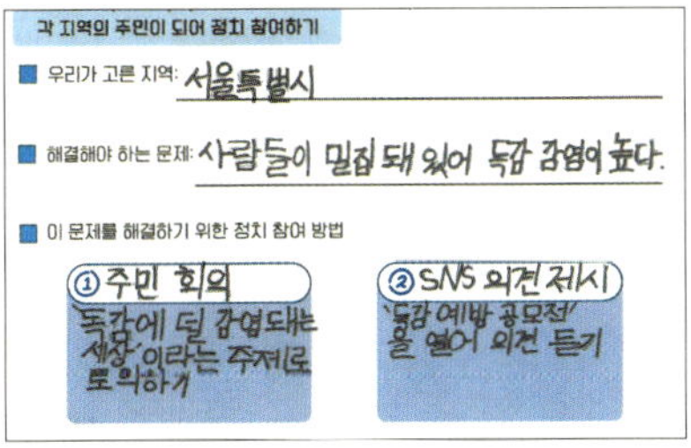
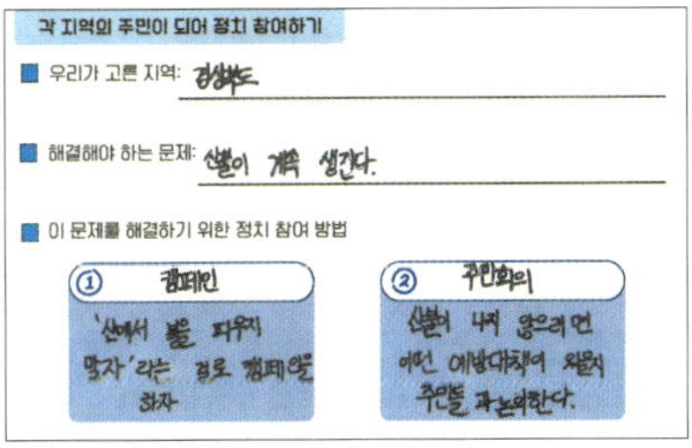

학생 결과물

수업 tip

- ☑ 활동지의 내용을 패들렛이나 구글 슬라이드와 같은 온라인 플랫폼으로 옮겨 활동을 진행하면, 모둠별 탐구 결과를 더 쉽게 공유할 수 있습니다.
- ☑ 후속 활동으로 실제로 학교에서 캠페인을 진행하거나 포스터를 제작할 수 있습니다.

도덕

두근두근 우리 반 우정 시험

플리커스(Plickers)

학생들이 처음 만난 친구에게 다가가려면 큰 용기가 필요합니다. 따라서 교사는 학생들이 자연스럽게 대화를 주고받을 기회를 마련해 주어야 합니다. 여러 가지 방법이 있겠지만, 학생들이 부담 없이 재미있게 참여할 수 있는 퀴즈 형식으로 서로 친해지기 위한 활동을 진행해 보면 좋습니다.

'플리커스(Plickers)'를 활용하면 학생들이 별도의 디지털 기기 조작 없이 쉽게 퀴즈에 참여할 수 있습니다. 학생들이 종이에 인쇄된 응답 카드를 들어 올리면, 교사가 스마트폰 등과 같은 스마트 기기로 응답 카드를 스캔합니다. 그러면 실시간으로 학생들의 응답 결과가 기록되고 시각화됩니다. 이 활동은 학기 초 디지털 기기 활용이 미숙한 학생들도 쉽게 참여할 수 있으며, 즉각적으로 응답 결과가 보이기 때문에 학생들의 활동 몰입도를 높여 줍니다.

'두근두근 우리 반 우정 시험' 수업에서는 먼저 학생들이 마인드맵 활동을 통해 자신에 대해 되돌아보고 자신에 대한 퀴즈를 만듭니다. 그다음, 매주 주인공 학생을 선정하여 플리커스로 그 학생에 관한 우정 시험을 봅니다. 한 주 동안 퀴즈를 맞히기 위해 학생들은 주인공 친구에게 다가가 여러 가지 질문을 하게 됩니다. 어색한 학기 초에 이 활동을 하면 학생들이 서로 자연스럽게 친밀감을 쌓고, 따뜻한 학급 공동체 분위기를 형성할 수 있을 것입니다.

수업의 이모저모

- 관련 과목: 창체, 도덕
- 학년: 3~4학년군
- 난이도: 하
- 수업 시간: 2차시 이상
- 준비물: 디지털 기기, 활동지, 플리커스 응답 카드

1. 나에 대한 마인드맵 그리기

먼저 학생들은 퀴즈를 만들기에 앞서 마인드맵을 통해 '나'에 대해 떠올려 봅니다. 나의 성격, 가족, 좋아하는 것, 싫어하는 것, 특별한 경험 등 다양한 주제를 중심으로 생각을 정리해 봅니다. 마인드맵을 작성한 후, 친구들에게 퀴즈로 낼 만한 중요하고 특별한 소재를 동그라미로 표시해 둡니다.

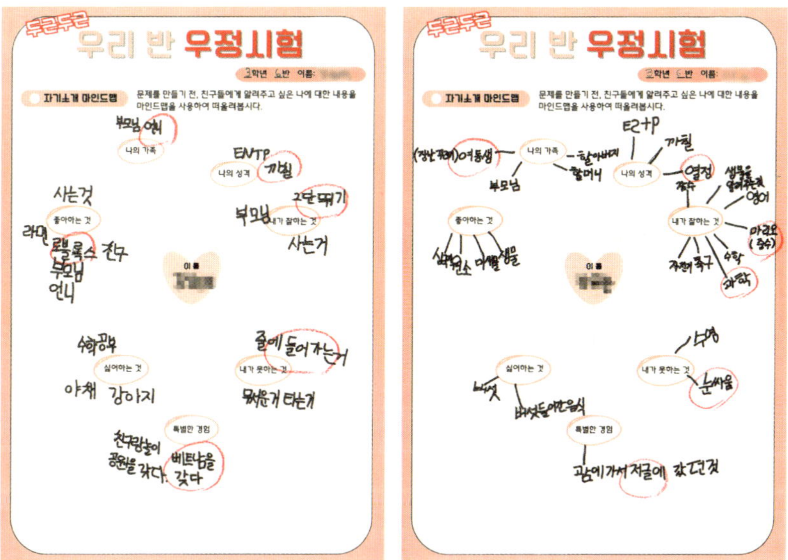

자기소개 마인드맵

2. 우정 시험지 퀴즈 내기

교사는 미리 우정 시험지 활동지를 준비하여 나눠 줍니다. 학생들은 활동지에 자기 자신에 대한 퀴즈를 10개 정도 작성합니다. 플리커스는 객관식 퀴즈에 적합하므로 진짜/가짜 문제 5개, 삼지 선다형 객관식 문제

5개로 나누어 퀴즈를 만듭니다. 초등학교 3학년 학생들은 퀴즈를 만드는 데 어려움을 느낄 수 있습니다. 이때 교사는 다양한 예시를 보여 주면서 학생들이 퀴즈 출제 방법을 충분히 익히도록 도와줍니다.

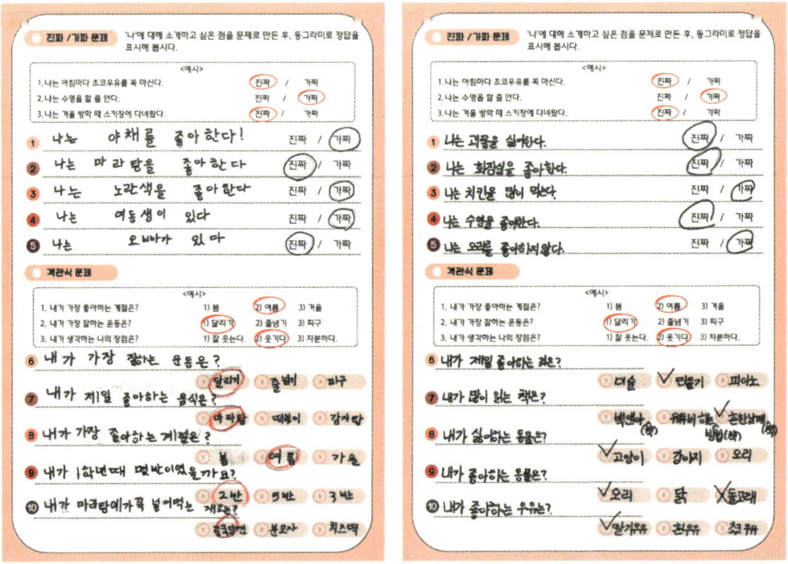

우리 반 우정 시험지

3. '이 주의 친구' 선정하기

학급에서는 매주 1명의 학생을 '이번 주 주인공'으로 선정합니다. 선정된 학생은 급식을 먼저 받을 수 있는 등 소소한 혜택을 누릴 수 있게 해줍니다. 한 주의 마지막 날인 금요일에 주인공 학생에 대한 우정 시험을 봅니다. 다른 학생들은 일주일 동안 이번 주 주인공에게 다양한 질문을 던지고 대답을 통해 시험에 대한 실마리를 얻습니다. 이 과정에서 교사는 자신이 낸 문제를 다른 친구들에게 미리 알려 주는 것은 활동

규칙에 어긋난다는 점을 안내하고, 질문에 대한 답변은 누구에게나 일관되고, 진실하게 해야 한다는 점도 함께 지도합니다.

4. 문제 제작 및 클래스 만들기

플리커스를 사용하기 전, 교사는 사전에 문제를 입력해야 합니다. 플리커스는 무료로 가입 가능하며, 무료 계정의 경우 1세트에 5문제까지 등록할 수 있습니다. 무한대로 세트를 제작할 수 있으므로 문제 수가 5개 이상이라면 여러 개로 세트를 나눠 제작합니다.

문제를 만들기 전, 플리커스 사이트 주소로 들어가서 회원 가입을 진행합니다. 이때, 한국어로 '플리커스'라고 검색하면 사이트가 제대로 검색되지 않으므로, 영어인 'Plickers'로 입력하거나 사이트 주소(www.plickers.com)를 주소창에 입력합니다.

(1) 문제 생성하기

활동을 진행하기 위해 교사는 플리커스로 총 10문제를 만들어야 합니다. 10개의 문제를 진짜/가짜 문제 5개, 객관식 문제 5개로 각각 나누어 총 2세트를 만듭니다. 문제는 한 번 만들어 두면 매번 새로 만들지 않고, 같은 형식을 반복 사용할 수 있습니다. 다만 학생에 따라 문제의 정답이 달라지기 때문에 문제 시작 전 정답 표시는 다시 새로 해야 합니다.

플리커스 상단 메뉴 'Library'를 클릭하고, 'New Set'를 선택한 후 세트의 제목을 입력합니다. 제목 입력 칸 하단에 'Graded(정답 있음)/Survey(정답 없음)' 중에서 'Graded'를 선택합니다. 이어 문제 하단에서 문제 유형을 선택합니다. OX 퀴즈는 'True/False'로, 객관식은 'Multiple

Choice'로 고르면 됩니다. 하나의 문제를 만든 후, 만든 문제를 선택하여 우클릭합니다. 그다음 'Duplicate'를 눌러 문제 수만큼 복제합니다. 마지막으로 퀴즈 활동을 하기 전, 정답을 선택합니다.

플리커스 문제 생성 방법

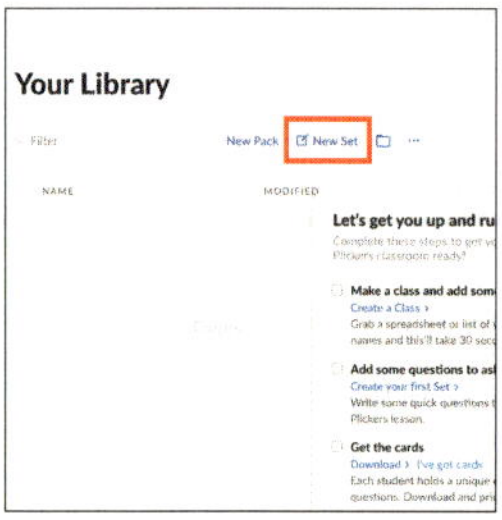

① 'New Set' 클릭

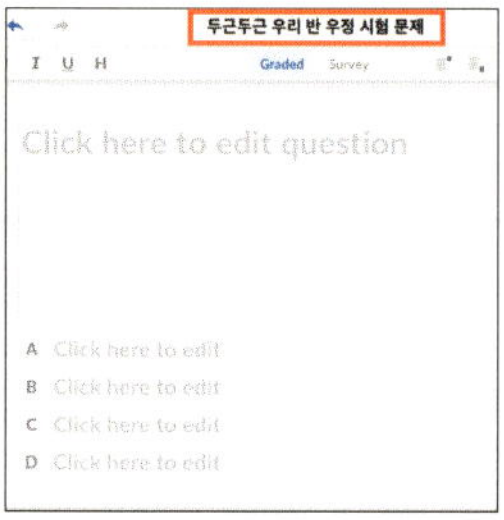

② 세트 제목 입력

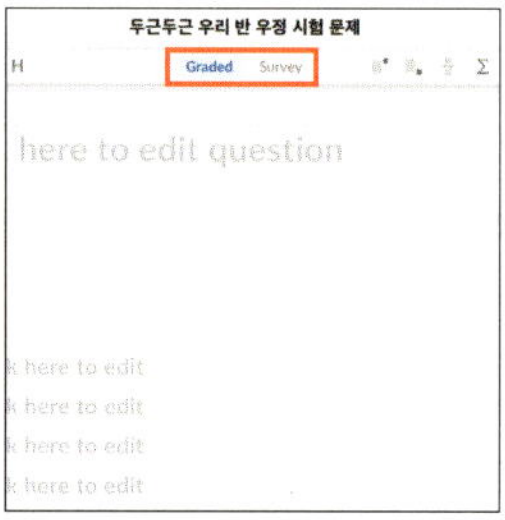

③ Graded(정답 있음)/Survey(정답 없음) 중에서 'Graded(정답 있음)' 클릭

④ 문제 유형 선택(OX는 'True/False', 객관식은 'Multiple Choice')

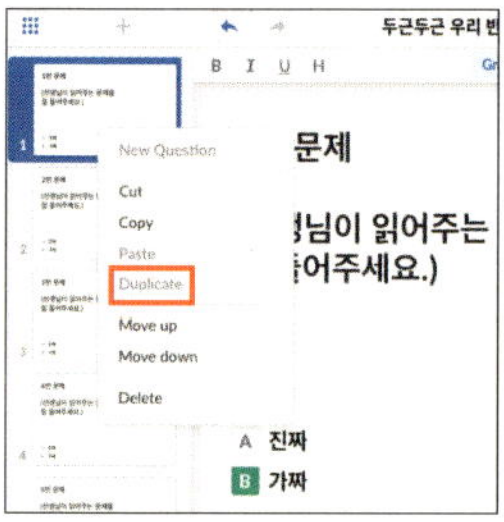

⑤ 문제 선택하고 우클릭한 뒤 'Duplicate' 클릭

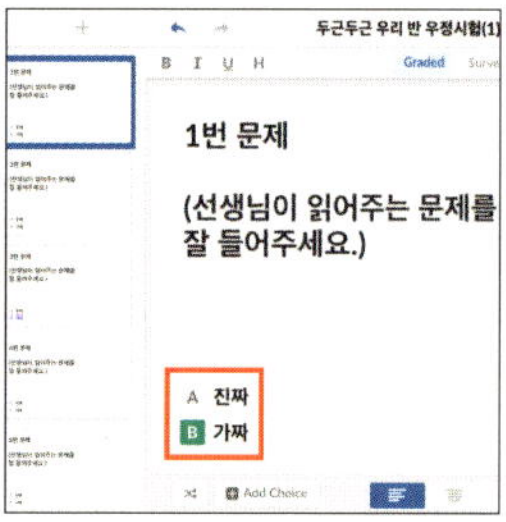

⑥ 정답 선택

(2) 클래스 생성하기

플리커스 사이트의 왼쪽 사이드바에서 'New Class'를 클릭합니다. 학급 이름을 입력하고 'Create Class'를 누르면 새로운 반이 생성됩니다. 새롭게 생성한 반을 선택한 다음 'Add Students'를 클릭하여 학생 명단을 복사·붙여넣기 하면, 일괄적으로 학생 정보를 입력할 수 있습니다.

클래스 생성 방법

① 'New Class' 클릭

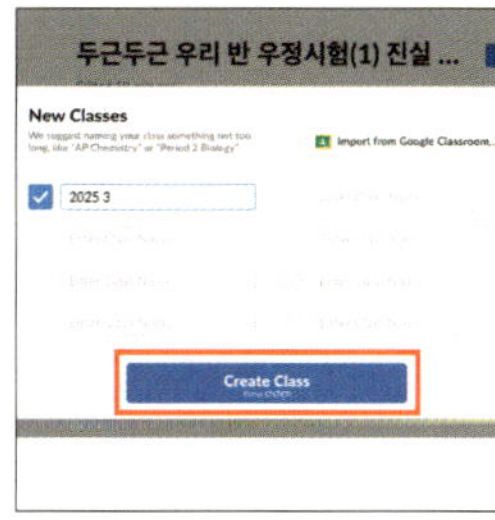

② 학급 이름 입력 후 'Create Class' 클릭

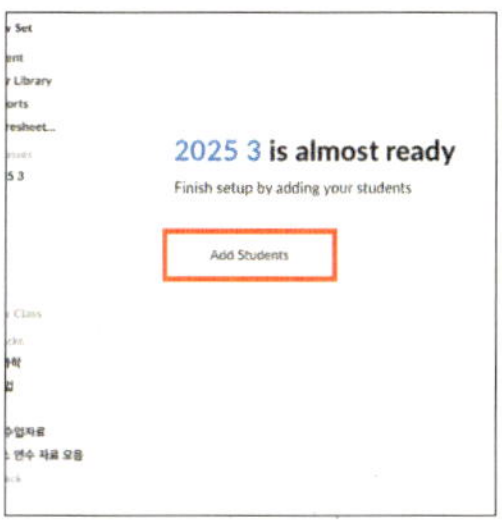

③ 생성된 학급 선택 후, 'Add Students' 클릭

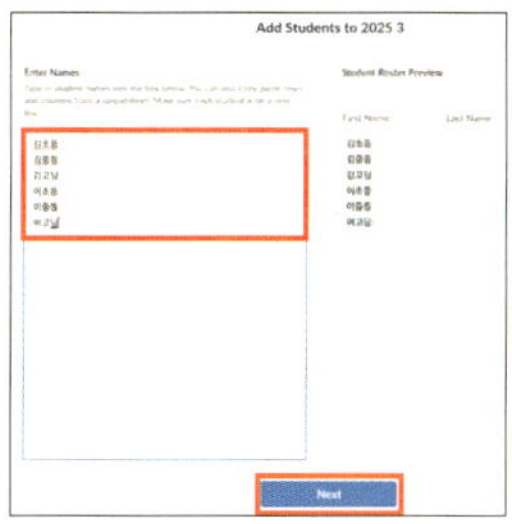

④ 학생 명단 복사 후 붙여넣고 'Next' 클릭

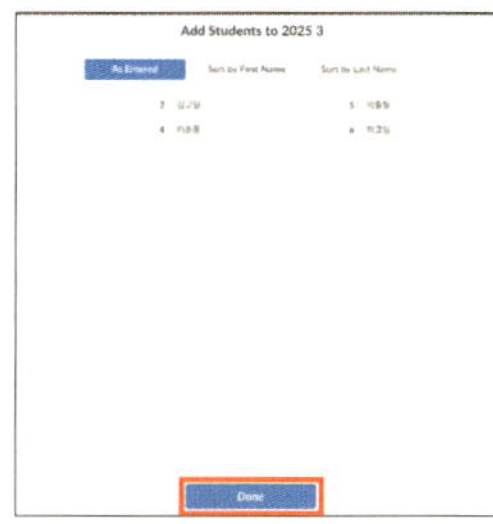

⑤ 'Done'을 눌러 저장

마지막으로 'Next'를 눌러 명단과 정렬 순서를 확인한 뒤 'Done'을 클릭하면 클래스 설정이 완료됩니다.

(3) 응답 카드 다운로드 받기

플리커스 웹사이트 상단 메뉴에서 'Help'를 클릭한 뒤 'Get Plickers Cards'를 선택합니다. 카드 세트 목록에서 원하는 유형을 선택하여 저장합니다. 이때 다양한 크기의 카드 중에서 'Jumbo' 사이즈 카드를 추천합니다. Jumbo 카드는 A4 용지에 인쇄할 수 있는 크기로, 두꺼운 A4 도화지에 카드를 인쇄하면 튼튼해서 다회성 사용이 가능합니다. 또한, 카드를 들어 올릴 때 학생들의 손가락이 검은색 부분을 가리지 않기 때문에, 디지털 기기로 정답을 촬영할 때 정답 인식의 정확도가 올라갑니다.

응답 카드 다운로드 방법

① 상단 메뉴에서 'Help' 클릭하고 'Get Plickers Cards' 클릭

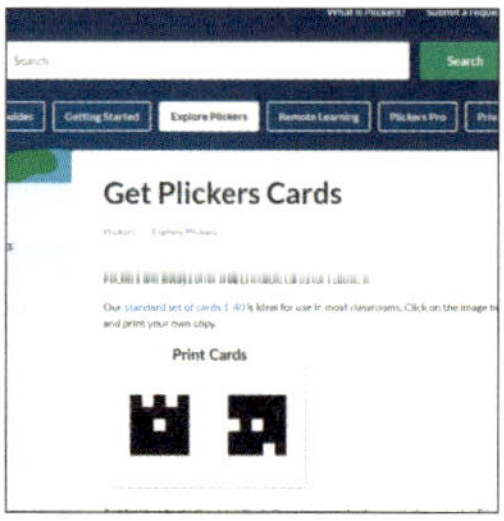

② 원하는 카드 세트 클릭(Jumbo 권장)

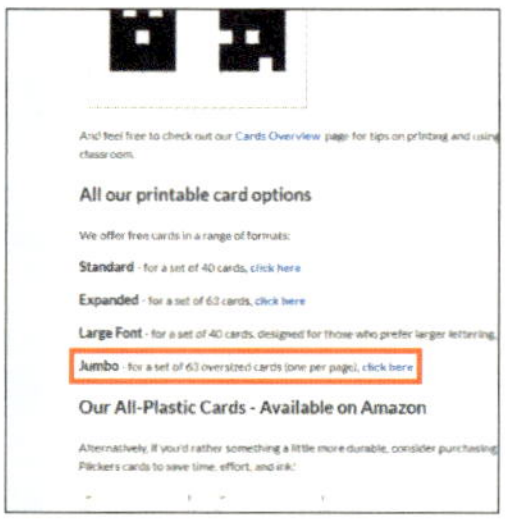

③ 'Jumbo' 사이즈 선택 후 다운로드

④ A4 사이즈의 도화지에 인쇄

(나) 플리커스 설치하기

학생들의 플리커스 응답 카드를 스캔하기 위해서는 카메라가 있는 별도의 디지털 기기에 Google Play Store 또는 App Store에 접속하여 플리커스 앱을 설치해야 합니다. 플리커스에서 만든 문제는 교사의 컴퓨터로 학생들에게 보여 주고, 플리커스의 문제 넘기기 및 카드 스캔은 스마트폰과 같은 디지털 기기를 이용합니다. 설치 후, 문제를 제작한 계정과 동일한 계정으로 로그인하면 바로 사용할 수 있습니다.

5. 플리커스 퀴즈 진행하기

교사는 미리 준비된 문제 세트를 선택하여 우리 반 우정 시험을 진행합니다. 먼저 컴퓨터로 플리커스 사이트에 접속하여 우정 시험에 사용할 문제 세트를 선택한 뒤 'Play Now'를 클릭합니다. 이어서 'Classes' 메뉴에서 퀴즈를 진행할 반을 선택하면, 컴퓨터 화면에 문제와 보기 화면이 나타나고 동시에 플리커스 앱에도 해당 문제가 재생됩니다. 교사는 문제를 하나씩 화면에 띄우고, 학생들은 응답 카드를 들어 올립니다. 그다음 디지털 기기로 교실을 천천히 스캔하면, 응답이 인식되어 즉시 결과가 화면에 시각화됩니다. 한 문제 풀이가 끝나면 앱에서 '옆으로 가기' 버튼을 눌러 다음 문제로 넘어가며 전 과정을 반복합니다.

플리커스 실행 방법

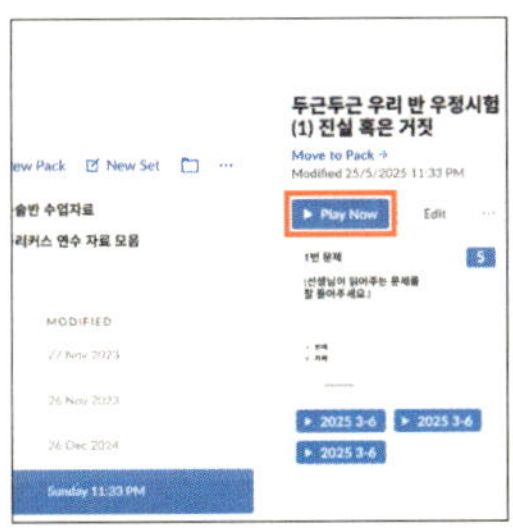

① 플리커스 사이트에서 재생할 문제 선택 후 'Play Now' 클릭

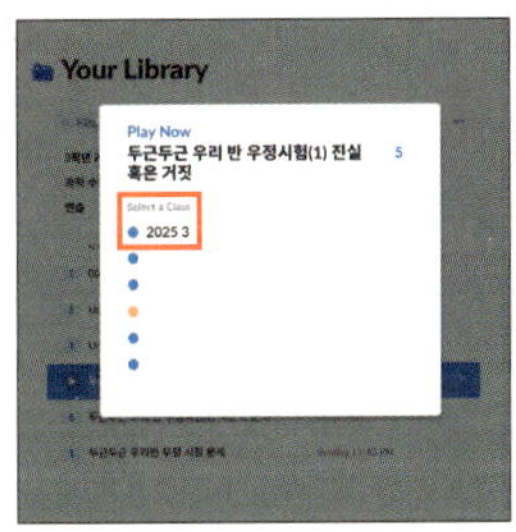

② 'Classes'에서 사용할 반 클릭

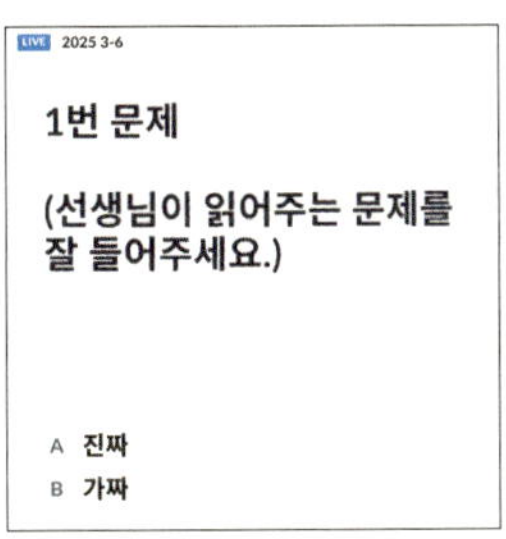

③ 컴퓨터에 문제 화면 자동 재생

④ 플리커스 앱에 '재생 중인 문제' 클릭

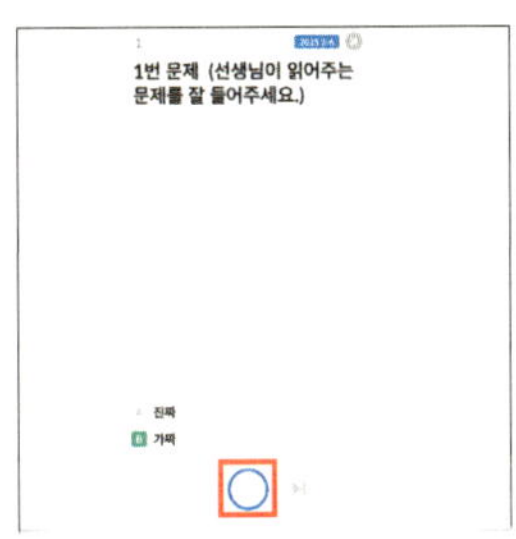

⑤ 앱에서 '동그라미' 클릭

⑥ 디지털 기기로 카드 스캔

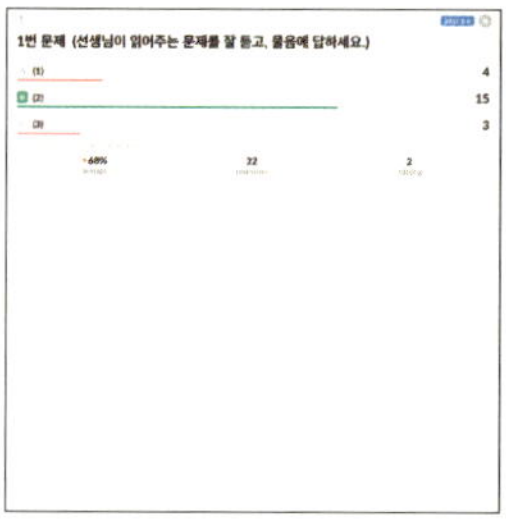

⑦ 화면에 실시간 결과 표시

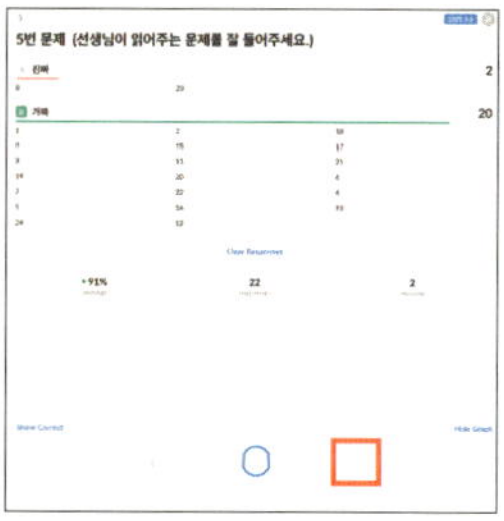

⑧ 다음 문제로 넘어가기 위해 '옆으로 가기' 버튼 클릭

6. 정답 공개 및 대화 나누기

우정 시험을 마친 후 교사는 '이번 주 주인공'과 친해지기 위해 가장 많이 노력한 친구를 발표합니다. 플리커스 사이트 좌측 사이드바에서 'Reports'를 클릭한 후 문제를 클릭하면 학생별 정답률을 확인할 수 있습니다. 학생들은 일주일간 이번 주 주인공을 관찰하면서 알게 된 장점 또는 칭찬을 적으면서 활동을 마무리합니다.

학생별 정답률

수업 tip

- ☑ 문제 출제를 어려워하는 학생들의 경우, 교사는 학생 자신이 쓴 마인드맵을 보면서 문제로 내면 좋을 내용을 찾도록 지도합니다.
- ☑ 우정 시험을 마친 후 학생이 낸 문제지를 벽면에 게시하여 우리 반 우정 도감처럼 꾸밀 수 있습니다.

도덕

감정 이모티콘 담은 나만의 무드미터

캔바(Canva)

학생들은 자신이 알고 있는 한정된 감정 단어들 위주로 사용하기 때문에 자신의 감정을 정확하게 인식하거나 제대로 표현하지 못하는 경우가 많습니다. 이때, 감정을 글로 설명하기보다는 색이나 그림처럼 시각적인 방식으로 직접 표현해 보도록 하면 학생들이 더 쉽게 이해할 수 있습니다.

'캔바(Canva)'는 초등학생도 쉽게 사용할 수 있는 디지털 디자인 도구로, 요소, 도구, 텍스트 기능을 통해 직관적으로 디자인 작품을 제작할 수 있습니다. 원하는 이모티콘 형태를 만들고 복제한 뒤, 표정을 직접 그려 넣고 색을 입히면 자신의 감정 이모티콘이 완성됩니다. 결과물은 손쉽게 그림 파일로 저장하거나 출력해 교실이나 사물함에 부착할 수 있어, 수업 이후에도 활용도가 좋습니다.

'감정 이모티콘 담은 나만의 무드미터' 수업은 캔바를 활용해 무드미터를 만들어 보는 활동입니다. 무드미터는 감정을 에너지(높고 낮음)와 기분(좋고 나쁨) 두 축으로 나누고, 이를 4가지 색(빨강, 노랑, 초록, 파랑)으로 구분한 감정 지도입니다. 학생들은 각 색깔 영역에 어울리는 감정을 탐색하고, 감정 이모티콘으로 표현해 자신만의 무드미터를 만듭니다. 이를 통해 학생들은 자신의 감정을 더욱더 구체적이고 섬세하게 바라보게 되고, 감정 표현의 즐거움도 느낄 수 있습니다.

수업의 이모저모

- 관련 과목: 도덕, 미술
- 학년: 3~4학년군
- 난이도: 중
- 수업 시간: 2차시 이상
- 준비물: 디지털 기기, 디지털 기기용 펜, 활동지, 색지(빨강, 노랑, 초록, 파랑)

1. 영상 시청하기

먼저 교사는 유튜브에서 'The Color Monster, by Anna Llenas' 영상을 검색해 보여 줍니다. 영상 속 몬스터의 색깔이 바뀔 때마다 교사가 "몬스터의 색깔이 어떻게 바뀌었나요?", "몬스터는 지금 어떤 감정일까요?"라고 질문하며, 학생들이 감정 단어를 떠올리고 말로 표현할 수 있도록 이끕니다. 학생들이 말한 감정 단어는 몬스터의 색깔과 일치하는 색지에 적어 둡니다. 감정이 섞여 혼란스러워진 몬스터가 하나씩 감정을 분류하고 정리해 가는 과정을 통해, 학생들도 자신의 감정을 인식하고 표현할 필요성을 자연스럽게 느끼게 됩니다.

'The Color Monster, by Anna Llenas' 영상

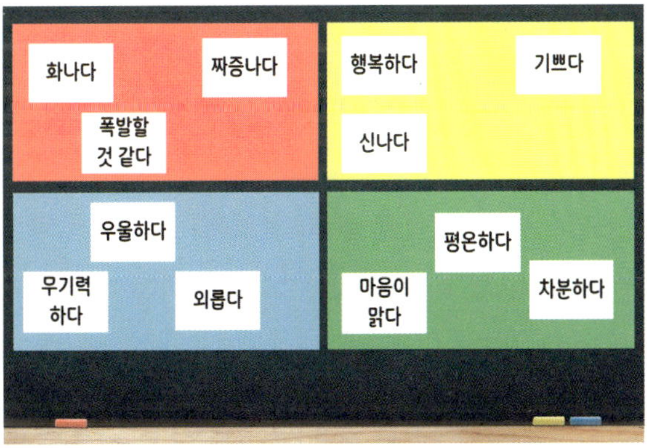

색지별로 감정 단어 작성하기

2. 색깔별 감정 단어 분류하기

교사는 학생들에게 활동지를 나누어 주고, 무드미터의 각 색깔 영역에 들어가는 감정의 종류를 알려 줍니다. 빨강 영역에는 폭발할 것 같은 감정(에너지↑, 기분↓), 노랑 영역에는 활동적이고 웃음이 나는 감정(에너지↑, 기분↑), 초록 영역에는 차분하고 안정적인 감정(에너지↓, 기분↑), 파랑 영역에는 축 처지고 말수가 적어지는 감정(에너지↓, 기분↓)이 들어갈 수 있다고 안내합니다. 이어서 감정 단어를 하나씩 살펴보며 "이 감정은 어떤 색깔 영역에 어울리나요?"라고 질문합니다. 학생들은 해당 감정 단어를 활동지의 어울리는 색깔 영역에 적어 봅니다.

화나다	질투나다	무섭다	기쁘다	반갑다	설레다
억울하다	짜증나다	긴장되다	신나다	뿌듯하다	사랑스럽다
흥분하다	분하다	원망스럽다	자랑스럽다	행복하다	재미있다
슬프다	무기력하다	우울하다	만족하다	편안하다	차분하다
지루하다	불안하다	외롭다	안정되다	평온하다	고맙다
서럽다	서운하다	의욕이 없다	마음이 맑다	느긋하다	웃음이 난다

색깔별 감정 단어 분류

3. 색깔별 감정 단어 선택하기

학생들은 자신만의 무드미터를 만들기 위해 각 색깔 영역별로 감정을 4개씩 선택합니다. 이때 자신이 평소 자주 느끼는 감정을 떠올리면서 골라 봅니다.

화나다	짜증나다	기쁘다	설레미
억울하다	질투나다	뿌듯하다	재미있다
슬프다	서운하다	만족하다	차분하다

우울하다	의욕이 없다	평온하다	마음이 맑다

짜증나다	긴장되다	설레다	뿌듯하다
화나다	흥분하다	신나다	재미있다
지루하다	슬프다	편안하다	고맙다
불안하다	서운하다	안정되다	느긋하다

자주 느끼는 감정

4. 무드미터 만들기

학생들은 디지털 기기로 캔바 사이트에 접속한 후, 좌측 하단의 '수업 과제'를 클릭합니다. 교사가 미리 과제로 배부한 무드미터 템플릿에서 좌측 상단의 '요소'를 클릭하여 원하는 이모티콘 형태를 삽입하고, 우클릭하여 '복제'를 클릭합니다. 무드미터는 총 4개의 색깔 영역으로 구성되어 있으며, 학생들은 '복제' 기능을 활용해 각 영역마다 4개의 이모티콘을 넣어, 총 16개의 감정을 표현해 봅니다.

이어서 좌측 중앙에 있는 '도구'를 클릭해 'Draw'를 선택한 다음, 펜으로 감정에 맞는 색깔과 표정을 직접 그려 넣습니다. 이때 학생들은 자유롭게 표현하되, 감정 이모티콘의 표정은 '도구'를 활용해 직접 그려 보도록 합니다.

감정 이모티콘을 다 그리면, 좌측 상단의 '텍스트'와 '텍스트 상자 추가'를 차례대로 클릭하여 각 이모티콘에 어울리는 이름을 붙이고, 무드미터 제목도 함께 작성합니다. 활동을 일찍 마친 학생들은 '요소' 기능을 활용해 무드미터를 자유롭게 꾸며도 좋습니다. 모든 작업이 끝나면 우측 상단의 '교사에게 보내기'를 클릭하여 제출합니다.

무드미터 제작 방법

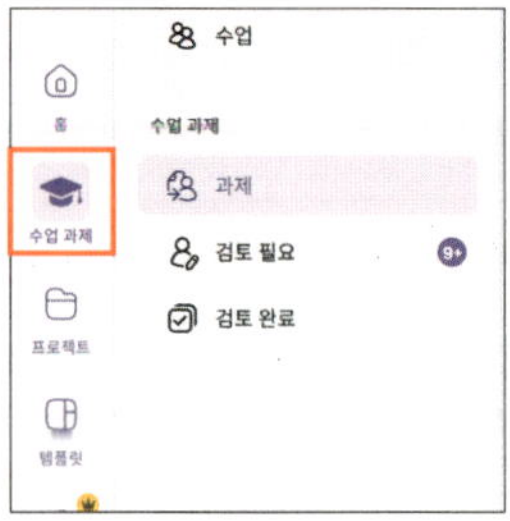

① '수업 과제'-'과제' 클릭

② '복제' 클릭하여 각 색깔 영역에 이모티콘 형태 4개씩 삽입

③ '도구'-'Draw' 클릭

④ 선택한 감정에 어울리는 색깔, 표정 그리기

⑤ '텍스트'-'텍스트 상자 추가' 클릭해 이모티콘 이름 작성

⑥ 괄호 안에 자기 이름 작성

⑦ '요소' 클릭해 꾸미기

⑧ '교사에게 보내기' 클릭

5. 무드미터 나누며 공감하기

갤러리 워크 방식으로 서로의 결과물을 공유합니다. 교사는 학생들에게 포스트잇을 2장씩 나눠 줍니다. 학생들은 자신의 책상 위에 디지털 기기를 올려 두고, 만든 무드미터 화면을 켜 둡니다. 정해진 시간 동안

학생들은 교실을 돌아다니며 다른 학생들의 무드미터를 감상하고, 인상 깊었던 감정 이모티콘 두 개를 골라 포스트잇에 공감 메시지를 적어 붙입니다. 활동이 끝난 뒤, 교사는 학생들이 만든 무드미터를 인쇄해 코팅한 후 학생들의 사물함에 붙여 줍니다. 이를 통해 학생들은 무드미터를 일상에서 자연스럽게 마주하며 자신의 감정을 돌아볼 수 있습니다.

학생 결과물

수업 tip

☑ 감정 이모티콘을 표현하기 어려워하는 학생의 경우, 해당 감정이 들었던 경험을 떠올리며 직접 표정을 지어 보도록 지도합니다. 교사는 캔바 좌측 하단 '업로드 항목'의 '직접 녹화하기'를 클릭해 학생의 표정을 사진 찍어 줍니다. 자신의 표정을 보며 감정 이모티콘 표정을 표현하도록 안내하면 학생은 훨씬 수월하게 활동에 참여할 수 있습니다.

도덕

함께 만드는 우정 레시피

수노(Suno)

도덕 수업은 학생들이 학습한 내용을 자신의 삶과 연결해 가치를 이해하고, 이를 행동으로 실천하도록 돕는 데 목적이 있습니다. 특히 초등학생의 경우, 친구와의 우정을 지키기 위해 어떤 미덕이 중요한지 고민하고, 이를 내면화해 생활 속에서 실천해 보는 경험이 중요합니다.

'수노(Suno)'는 생성형 AI 기반 음악 제작 도구로, 사용자가 입력한 짧은 가사에 자동으로 멜로디를 붙여 노래를 완성해 줍니다. 음악 이론이나 작곡 지식이 없이도 누구나 쉽게 사용할 수 있으며, 수업 시간 안에 결과물을 만들고 감상할 수 있어 교육적 활용도가 높습니다. 학생들이 직접 쓴 글이 실제 노래로 구현되기 때문에 수업 몰입도가 높고, 생활 속에서 따라 부르며 배운 내용을 자연스럽게 내면화하는 데도 효과적입니다.

'함께 만드는 우정 레시피' 수업에서는 학생들이 우정과 관련된 다양한 미덕 중 하나를 선택해, 그 미덕을 간식 재료에 빗대어 표현한 가상의 우정 간식을 상상합니다. 그다음 간식 이름을 정하고, 해당 간식을 소개하는 짧은 노래 가사를 창작합니다. 교사는 학생들의 가사를 모아 수노에 입력해 하나의 우정송으로 완성하고, 교실에서 함께 음악을 감상해 봅니다.

수업의 이모저모

- 관련 과목: 도덕
- 학년: 3~4학년군
- 난이도: 하
- 수업 시간: 2차시
- 준비물: 디지털 기기, 활동지

1. 여러 가지 미덕 알아보기

먼저 교사는 우정과 관련된 미덕이 담긴 활동지를 나누어 줍니다. 학생들은 활동지를 읽으며 각 미덕의 의미와 구체적인 예시를 살펴봅니다. 이때, 교사는 "예시와 비슷한 말을 건네 본 경험이 있나요?"와 같은 질문을 던져, 학생들이 자신의 경험을 자연스럽게 떠올리고 공유할 수 있도록 이끕니다.

우정의 레시피, 함께 만들어요!

● 우정에 꼭 필요한 20가지 미덕

번호	미덕	의미	예시
1	공감	친구 마음을 느끼고 함께 슬퍼하거나 기뻐하는 것	"나도 그런 기분이었어."
2	배려	친구를 먼저 생각하고 조심하는 것	"너 먼저 해!"
3	친절	따뜻한 말과 행동으로 친구를 기분 좋게 하는 것	"도와줄까?"
4	용기	무서워도 바르게 행동하는 것	"같이 놀자!" 하고 먼저 말해요.
5	정직	거짓말하지 않고 진실을 말하는 것	"내가 실수했어."
6	인내	화를 참거나 순서를 기다릴 줄 아는 것	차례를 기다려요.
7	책임감	맡은 일을 끝까지 해내려는 마음	약속을 꼭 지켜요.
8	경청	친구 말을 끝까지 잘 듣는 것	말을 끊지 않고 잘 들어요.
9	신뢰	친구를 믿는 마음	"걔는 약속 안 어기니까 믿어도 돼!"
10	이해	친구 입장에서 생각해 보는 것	"그럴 수도 있겠다."
11	너그러움	친구 실수를 크게 꾸짖지 않고 넘어가는 것	"괜찮아, 다음엔 조심하자!"
12	화합	함께 어울리며 잘 지내는 것	다 같이 사이좋게 놀아요.
13	협동	힘을 모아 함께 하는 것	같이 그림을 그리고, 같이 청소해요.
14	감사	고마운 마음을 표현하는 것	"고마워!" 하고 말해요.
15	사랑	친구를 아끼고 소중히 여기는 마음	친구가 아프면 마음이 아파요.
16	도움	친구가 힘들 때 도와주는 것	무거운 책가방을 들어줬어요.
17	정의로움	옳고 그름을 알고 바르게 행동하는 것	친구가 괴롭힘당할 때 나서서 도와줘요.
18	겸손	잘난 척하지 않고 조용히 행동하는 것	잘했을 때도 자랑하지 않아요.
19	사려	친구 기분을 먼저 생각하는 것	그런 말 하면 친구가 속상할 것 같아.
20	한결같음	변하지 않고 꾸준히 착한 행동을 하는 것	언제나 친구에게 친절해요.

우정에 꼭 필요한 20가지 미덕

2. 가장 중요한 미덕 선택하기

교사는 "친구와의 우정을 지키기 위해 중요하다고 생각하는 미덕은 무엇인가요?"라고 질문하며 활동을 안내합니다. 먼저 학생들은 5개의 미덕을 고른 뒤, 그중 더 중요하다고 생각하는 3개를 추려 보고, 마지막에는 자신에게 가장 의미 있는 미덕 1개를 남깁니다. 이때, 앞서 살펴본 미덕 중에서 선택해도 좋고, 학생이 직접 떠올린 미덕을 적어도 됩니다.

미덕을 정하기 어려워하는 학생의 경우, 교사가 "이것만큼은 포기할 수 없는 미덕은 무엇인가요?"라고 질문하여 선택을 도와줍니다. 선택을 마친 뒤 학생들은 발표를 통해 자신이 선택한 미덕과 그 이유를 설명합니다. 예를 들어, "저는 친구랑 싸웠을 때 끝까지 얘기를 들어준 친구 덕분에 화해했어요. 그래서 '경청'을 선택했어요." 등 자신의 경험을 바탕으로 말할 수 있습니다.

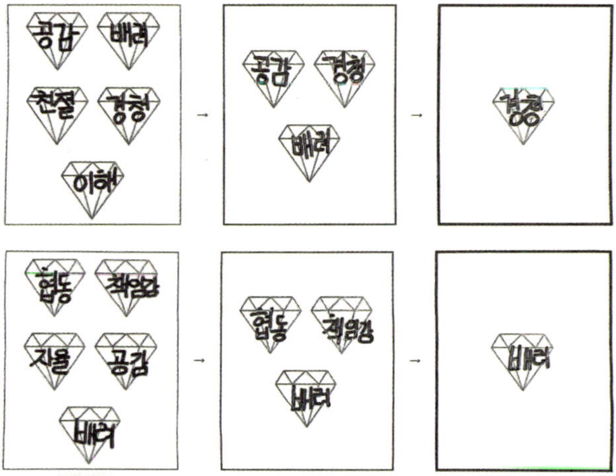

가장 중요한 미덕 고르기

3. 우정송 가사 만들기

학생들은 자신이 최종 선택한 미덕이 드러나도록 창의적인 간식 이름을 지어 봅니다. 예를 들어, '용기'를 담은 간식으로 '용암을 달리는 기차 젤리'를 지을 수 있습니다. 그다음, 해당 간식을 소개하는 우정송 가사를 작성합니다. 이때, 학생들은 스스로 선택한 미덕의 의미를 자신만의 생각대로 정리하고, 그 미덕이 우정에 어떤 도움을 주는지도 간단히 적어 봅니다. 작성한 내용은 수노 가사 입력란에 입력할 수 있도록 30~50자 이내로 간결하게 정리합니다. 이 활동은 기본적으로 개별 활동으로 진행하지만, 경우에 따라 교사는 같은 미덕을 선택한 학생들끼리 그룹을 이루어 함께 작업하도록 안내해도 좋습니다.

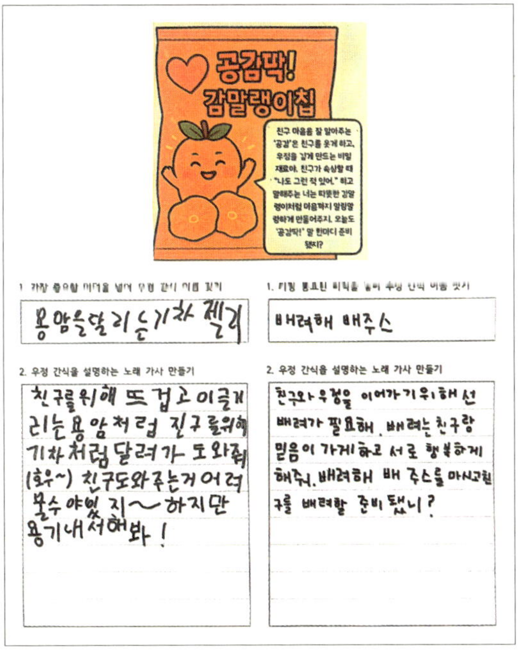

학생 결과물

4. 우정송 완성하기

가사를 다 만들었다면, 학생들은 직접 만든 우정 간식 이름과 가사를 발표합니다. 교사는 교실 TV를 띄워 실시간으로 학생들의 가사를 하나로 엮어 전체 가사를 완성합니다. 이어서 학생들과 함께 가사의 순서와 분량을 조정하고, 우정송의 제목을 정합니다.

그다음 교사는 수노 사이트에 접속합니다. 메인 화면의 우측 상단에 있는 'Create'를 클릭한 후, 가운데 상단의 'Custom'을 클릭합니다. 학생들과 함께 완성한 전체 가사를 'Lyrics'에 입력합니다. 이때, 우측 상단의 버튼이 'Write Lyrics'로 되어 있는지 확인합니다. 'Styles'에는 노래 분위기나 장르를 간단히 입력하고, 'More Options'의 'Song Title'에 노래 제목을 입력합니다. 완성되었다면 가운데 하단의 'Create'를 클릭합니다. 'My Workspace'에서 수노가 만들어 준 노래를 확인합니다. 여러 가지 버전을 들어 보며 가장 마음에 드는 곡을 정하고, 해당 곡의 점 3개 아이콘을 클릭한 다음, 'Download'와 'MP3 Audio'를 차례대로 클릭해 음원을 다운로드합니다.

Styles 입력	의미	상황
Children's song	어린이 노래 스타일	가장 기본적인 동요 스타일 지시
Whimsical	귀엽고 상상력 있는	상상력 많은 유쾌한 분위기의 동요를 원할 때
Playful	장난기 있고 밝은	경쾌하고 즐거운 분위기일 때
Innocent	순수하고 부드러운	아이의 순수함이 강조된 동요일 때
Lullaby	자장가 스타일	잔잔하고 느긋한 동요를 원할 때
Toy music	장난감 악기 느낌	실로폰, 트라이앵글 등 귀여운 음색 강조할 때

'Styles' 입력 예시(ChatGPT의 정보를 바탕으로 재구성)

우정송 작곡 방법

① 'Create' 클릭

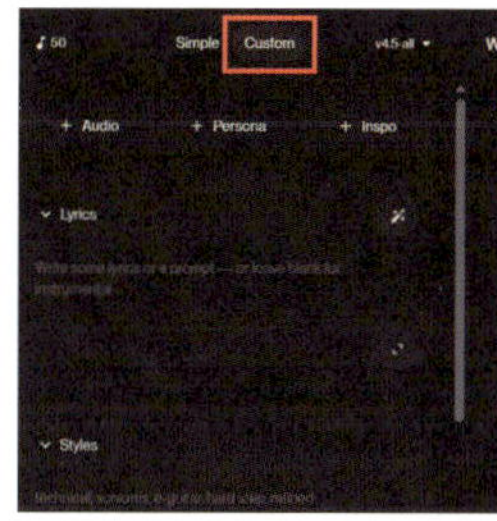

② 'Custom' 클릭

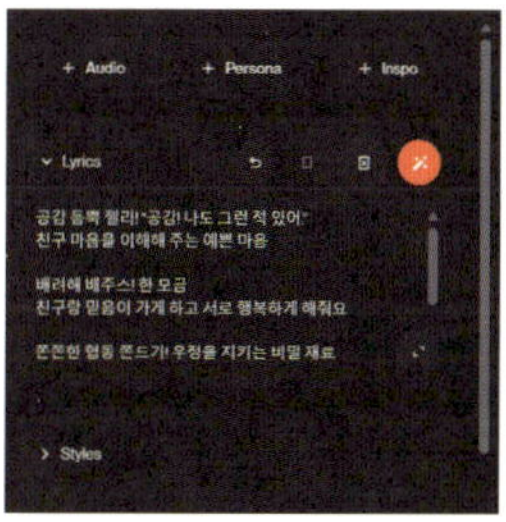

③ 'Lyrics'에 가사 입력

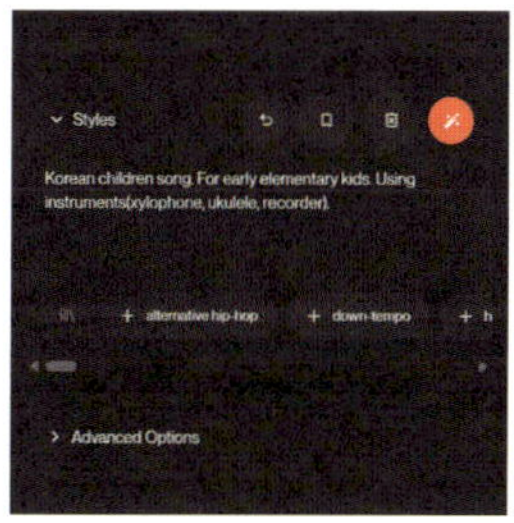

④ 'Styles'에 원하는 노래 분위기나 장르 입력

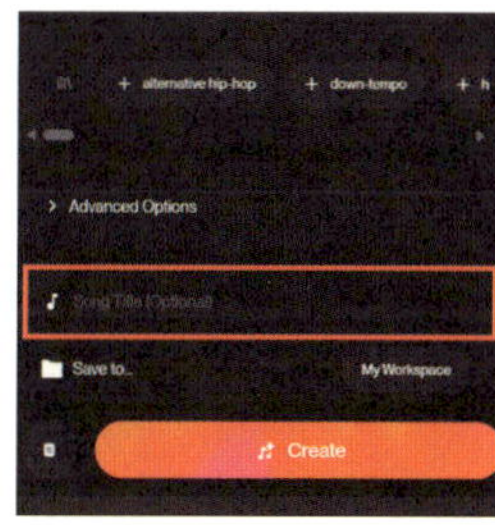

⑤ 'Song Title'에 노래 제목 입력

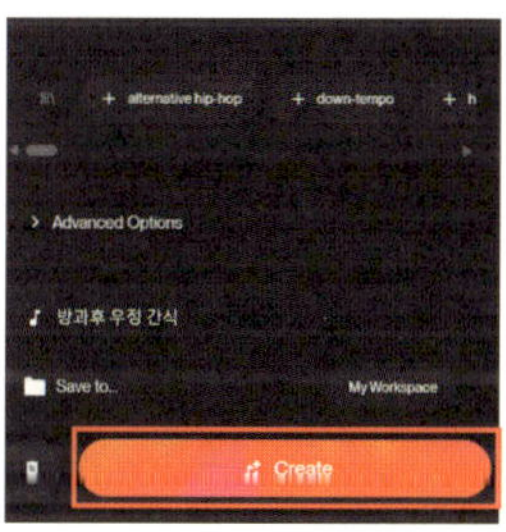

⑥ 'Create' 클릭

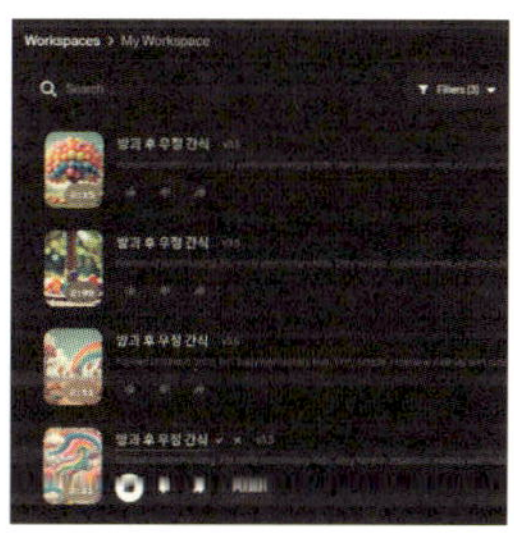

⑦ 'My Workspace'에서 완성본 확인

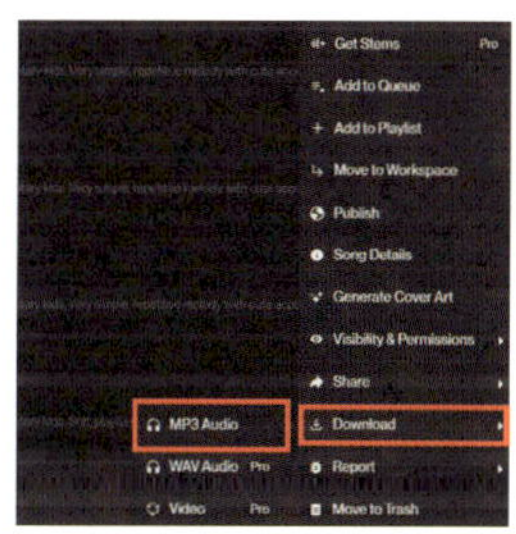

⑧ 'Download'-'MP3 Audio' 클릭해 다운로드

5. 우정송 감상 후 다짐하기

교사는 다운로드한 우정송을 재생하고 학생들과 함께 감상합니다. 감상 후에는 "우정송 만들기 활동을 통해 무엇을 느꼈나요?", "이 활동을 하며 어떤 다짐을 하게 되었나요?"와 같은 질문을 던지고, 학생들은 우정송에 담긴 미덕과 관련하여 자신의 다짐을 이야기합니다. 예를 들어,

"친구가 하는 말을 끊지 않고 경청하겠습니다." 등 구체적인 다짐을 말하고, 교사는 이를 일주일 동안 실천하도록 안내하며 수업을 마무리합니다. 수업 후에는 완성된 우정송 음원을 학급 소통망에 공유해, 학생들이 결과물을 자랑스럽게 간직하고 의미를 되새길 수 있도록 합니다.

수업 tip

- ☑ 온 책 읽기와 연계해 『우정 자판기』* 책을 먼저 읽은 후 수업을 진행하면 학생들이 훨씬 몰입하여 참여할 수 있습니다.
- ☑ 추후 활동으로 우정 간식 디자인하기, 합창 또는 뮤지컬 공연하기 등이 가능합니다.

(* 정선애 글, 박우진 그림, 파란정원, 2022)

⑤

통합교과

통합

내가 만난 사람들

네이버 지도(Naver Map)

'우리 주변 사람들'을 주제로 한 수업에서는 학생들이 직접 보고 듣고 느낀 경험을 바탕으로 학습하는 것이 중요합니다. 하지만 시간이나 거리, 안전 등의 문제로 인해 실제 장소를 모두 방문하기는 어렵기 때문에, 대안적인 도구가 필요합니다.

온라인 지도인 '네이버 지도 (Naver Map)'는 우리가 일상에서 만날 수 있는 다양한 사람들을 다시 떠올릴 수 있는 좋은 도구입니다. 이 온라인 지도는 종이 지도와 달리 사진이 포함되어 있어 장소의 모습을 생생하게 기억할 수 있게 도와줍니다. 또한, 3D 기능을 활용하면 해당 장소를 입체적으로 살펴볼 수 있어, 학생들은 마치 그 현장에 있는 듯한 체험을 할 수 있습니다.

'내가 만난 사람들' 수업에서 학생들은 네이버 지도를 활용하여 학교를 비롯해 주변에 있는 상소들을 탐색합니다. 그다음 다양한 장소에서 어떤 사람들을 만나는지, 내가 만난 사람은 누구인지 알아봅니다. 이때 교사는 수업 준비 및 안전에 대한 부담 없이 수업 진행이 가능하며, 특히 저학년 학생들에게도 온라인 지도를 사용하는 것이 어렵지 않기 때문에 적극적으로 수업에 활용할 수 있습니다.

수업의 이모저모

- 관련 과목: 통합교과 (사람들)
- 학년 학기: 1학년 1학기
- 난이도: 중
- 수업 시간: 2차시
- 준비물: 디지털 기기, 활동지, 색연필

1. 우리 주변 탐색하기

먼저 교사는 학생들과 우리 주변에는 어떤 곳들이 있는지 살펴봅니다. 저학년 학생들의 경우, 학생들의 집을 기준으로 탐색하기보다는 학교를 기준으로 탐색하는 것이 좋습니다. 교사는 "우리 학교 주변에는 어떤 곳이 있나요?"라고 묻고 학생들은 주로 자신이 매일 가는 곳이나 익숙한 곳을 대답합니다. 대답한 장소를 교사가 칠판에 쓰면 학생들이 주로 어떤 곳을 알고 있는지 한눈에 확인할 수 있습니다.

그다음, 네이버 지도를 활용해 학생들과 함께 우리 주변의 장소를 함께 탐색합니다. 먼저 교사는 장소 검색어에 학교명을 입력하고, 지도에서 학교를 찾아봅니다. 그다음 칠판에 써 두었던 장소를 하나씩 검색하며 학생들과 지도에서 장소 검색하는 방법을 연습합니다. 아직 인터넷을 검색하는 것이 익숙하지 않은 저학년 학생들의 경우, 바로 개별적으로 검색하는 것보다는 이렇게 전체적으로 연습 후 개인 활동을 하도록 합니다.

이번엔 네이버 지도에서 자신이 원하는 장소를 개별적으로 찾아보거나 학교 주변에는 어떤 장소가 있는지 알아봅니다. 학생들은 네이버 지도에 접속한 후 검색어를 넣어 원하는 장소를 찾아봅니다. 이때 지도

네이버 지도 탐색

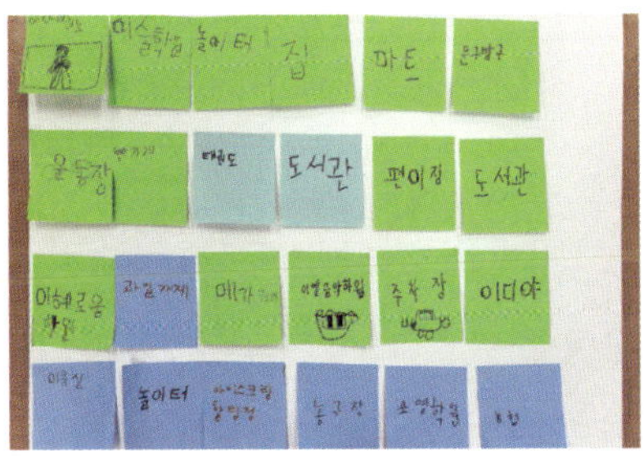

탐색한 장소 작성

를 확대하여 이동해 보면서 살펴볼 수도 있습니다. 학생들이 어느 정도 검색이 익숙해진 후, 교사가 '거리뷰'를 활용하여 실제 장소의 사진을 살펴보도록 안내하면 학생들이 활동에 좀 더 흥미를 갖고 참여하게 됩니다. 자신이 탐색한 장소는 포스트잇에 작성하여 모둠별로 준비된 도화지 위에 붙여 둡니다. 그다음 모둠별로 모은 포스트잇을 함께 살펴보면서 같은 장소를 찾은 경우는 포스트잇을 한데 모아 정리하고, 다른 친구들은 어떤 장소를 찾았는지 함께 살펴봅니다.

네이버 지도 검색 방법

① 네이버 지도 접속

② 검색창에 장소 이름을 쓴 후 지도에서 확인

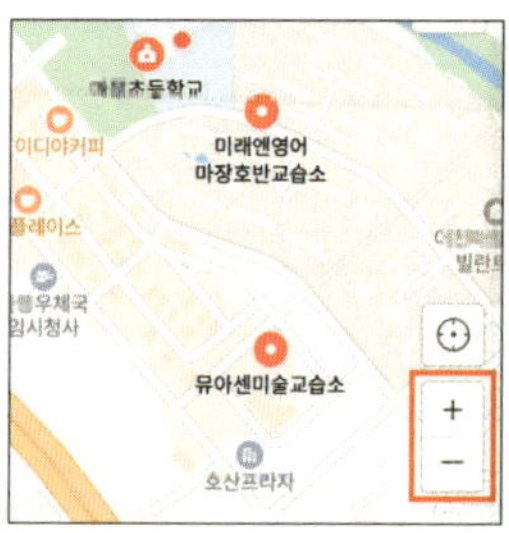

③ 지도 확대 및 축소하여 장소 탐색

④ '거리뷰'로 장소 탐색

2. 내가 간 장소와 만난 사람들 탐색하기

모둠 학생들과 찾은 장소 중 자신이 가 본 장소를 4개 선정하여 활동지에 작성합니다. 교사는 학생들이 선택한 장소가 개개인의 경험에 따라 다르게 나타날 수 있음을 미리 설명하여, 다양한 장소가 선택될 수 있도록 안내합니다. 활동지에 기록한 후 학생들은 각각의 장소에서 만난 사람들을 작성해 봅니다. 이때, 해당 장소에서 일하는 사람이나 그곳을 방문했던 다른 사람들도 포함될 수 있습니다.

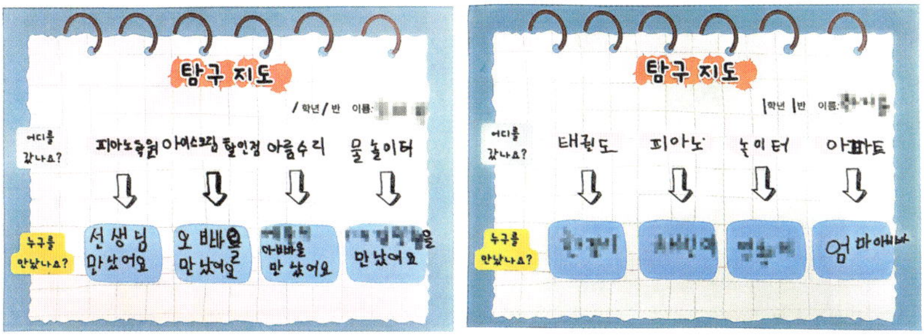

사람들 탐구 지도

3. '누구를 만날까요?' 완성하기

탐구 활동지를 통해 다양한 장소에서 만나는 사람들에 대해 함께 탐구해 보았다면, 이제 학급 전체 학생들과 '누구를 만날까요?'를 통해 활동을 마무리해 봅니다. 우선 교사는 학생들이 자주 가는 장소들을 포함한 그림을 전지 크기로 출력해 준비합니다. 준비한 그림을 칠판에 부착하고, 학생들은 장소를 보며 자신이 누구를 만났는지 생각을 떠올려 봅니다.

그다음 교사는 학생들에게 A4 종이를 1장씩 나눠 준 후 가로, 세로 각각 한 번씩 접도록 안내합니다. 학생들은 각 칸에 자신이 만난 사람을 그림으로 표현합니다. 다 그린 후에는 색연필, 사인펜 등을 이용해 채색한 후 오립니다. 칠판의 그림을 살펴보면서 자신이 그림으로 표현한 사람을 만났던 곳이 어디였는지 찾고, 해당 위치에 자신의 그림을 붙입니다.

모든 학생이 자신이 만난 사람들을 붙인 후에는 우리 반 친구들은 주로 어디서 사람들을 많이 만났는지 확인해 봅니다. 이 과정에서 학생들은 서로가 만난 사람들에 대해 자연스럽게 이야기를 나누면서, 각자의 경험을 공유하여 공감대를 형성할 수 있습니다.

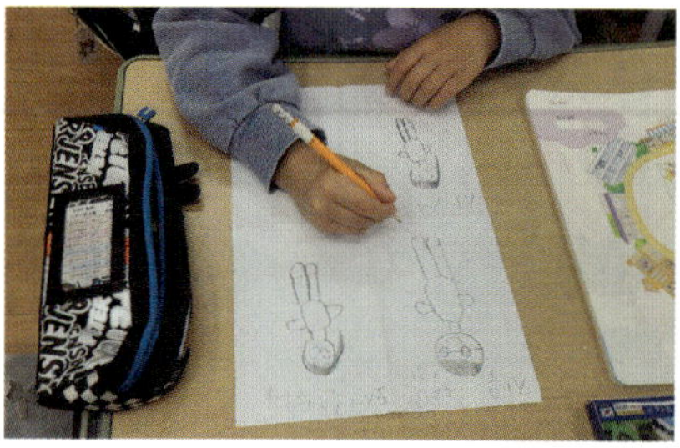

내가 만난 사람 그리기

학생 결과물

수업 tip

- ☑ 저학년 학생들과 지도를 검색할 경우, 지도에서 살펴볼 수 있는 다양한 기능을 활용하기보다는 검색에 필요한 몇 가지 내용만 사용해 보는 것이 좋습니다. 이를 통해 학생들은 지도 활용의 기본을 혼란스럽지 않게 학습하고, 필요한 정보를 쉽게 찾는 방법을 자연스럽게 익히게 됩니다.
- ☑ 2학년 1학기 통합교과 마을 단원에서도 마을을 탐방하기 전 또는 실제 탐방이 어려울 때, 대체 활동으로 네이버 지도를 활용할 수 있습니다.

통합

우리나라 보물찾기

QR코드(QR code)

우리나라에 대해 배우는 것은 학생들이 자신의 뿌리를 이해하고, 나라에 대한 자긍심을 기르는 데 도움이 됩니다. 이러한 학습을 통해 학생들은 역사와 문화에 대한 관심이 높아지고, 공동체 의식을 키울 수 있습니다.

이와 관련한 수업으로 퀴즈는 학습 내용을 얼마나 잘 이해했는지 확인하는 데 매우 효과적인 방법 중 하나입니다. 퀴즈의 가장 큰 장점은 학생들의 이해도를 즉각적으로 확인할 수 있으며, 학생들의 흥미를 높여 학습 수준에 관계없이 모두가 적극적으로 참여 가능하다는 것입니다. 이때 'QR코드(QR code)'는 퀴즈에 활용하기 편리한 에듀테크로, 로그인 없이도 학생들이 간편하게 스캔하여 수업 활동에 참여할 수 있어 저학년에게 매우 적합한 도구입니다.

'우리나라 보물찾기' 수업에서는 우리나라에 관한 수업을 들은 후 학생들이 퀴즈 문제를 직접 만들어 보는 활동을 합니다. 학생들이 만든 문제를 교사가 네이버 QR코드로 제작한 다음 모둠별로 문제를 풀어 봅니다. 이 과정에서 학생들은 우리나라에 대한 이해를 더욱 깊이 있게 다질 수 있습니다. 또한, 서로의 생각을 비교하고 협력하는 능력도 함께 발전하게 될 것입니다.

수업의 이모저모

- 관련 과목: 통합교과 (우리나라)
- 학년 학기: 1학년 1학기
- 난이도: 하
- 수업 시간: 2차시
- 준비물: 디지털 기기, 활동지

1. 우리나라 브레인스토밍하기

교사가 "우리나라 하면 생각나는 것은 무엇인가요?"라고 질문하면 학생들은 그동안 우리나라 수업 시간에 배웠던 것을 이야기합니다. 이때 학생들이 모든 내용을 기억하기는 쉽지 않기 때문에, 브레인스토밍 전에 교과서 내용을 다시 한번 살펴보는 시간을 주는 것이 좋습니다. 교과서를 다 살펴보았다면 학생들은 '우리나라' 하면 연상되는 낱말을 모둠별 보드판에 마커펜을 이용해 써 보도록 합니다. 모둠에서 중복된 내용을 쓰지 않기 위해 교사는 쓰는 내용을 서로 살펴보거나 이야기를 나누면서 작성하도록 안내합니다.

작성을 다 했다면, 다른 모둠에서 어떤 내용을 작성했는지 자유롭게 탐색할 수 있는 시간을 가져 봅니다. 탐색 시간이 끝난 후, 우리 모둠에는 없는데 다른 모둠에서 쓴 내용이 있다면 추가해서 보드판에 작성하도록 합니다. 이 과정을 통해 자신이 알고 있는 것과 더불어 다른 친구들이 알고 있는 지식까지 알게 됩니다.

2. 우리나라 퀴즈 만들기

브레인스토밍 활동을 통해 정리된 보드판 내용을 살펴보면서 학생들은 자신이 퀴즈 문제로 내고 싶은 낱말을 한 가지씩 선택하고 동그라미 표시를 해 둡니다. 이렇게 하면 다른 친구들과 중복된 문제를 만들지 않게 됩니다. 낱말을 선택했다면 그 낱말에 관한 퀴즈를 활동지에 쓰도록 합니다. 1학년의 경우 아직 퀴즈를 스스로 내본 경험이 많지 않기 때문에, 교사가 몇 가지 예시를 들어 퀴즈 내는 방법을 알려 주도록 합니다. 예를 들어, 먼저 설명하는 문장을 만들고 그 문장을 문제로 바꾸어 볼 수 있습니다. 만약 한글 쓰는 것이 어려운 학생이 있다면 교사가 흐리게 써 준 문장을 따라 써 보도록 안내합니다.

설명하는 문장	질문으로 만들기
우리나라 꽃은 무궁화입니다. 한글을 만드신 분은 세종 대왕입니다.	우리나라 꽃은 무엇인가요? 한글을 만드신 분은 누구인가요?

우리나라 관련 문제

교사는 학생들의 문제 만들기 활동지를 다 모은 다음, 중복된 문제는 제외하고 스캔하여 이미지 파일로 저장합니다. 그다음 각각의 문제를 네이버 QR코드 제작 사이트를 활용하여 QR코드로 제작합니다. 검색창에 '네이버 QR코드'를 검색하여 사이트에 접속한 후 코드 디자인을 선택합니다. '자체 제작'을 체크한 후 페이지 제목에 문제 번호를 입력합니다. 마지막으로 '갤러리 타입'을 선택한 후 미리 스캔해 놓은 이미지를 업로드하여 QR코드를 생성합니다.

QR코드 제작 방법

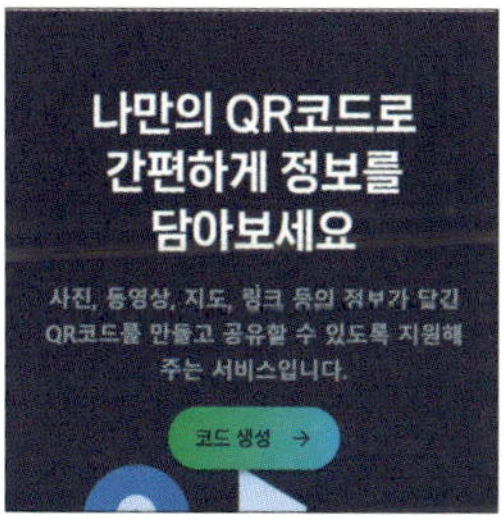

① 네이버 QR코드 접속

② 코드 스타일 선택

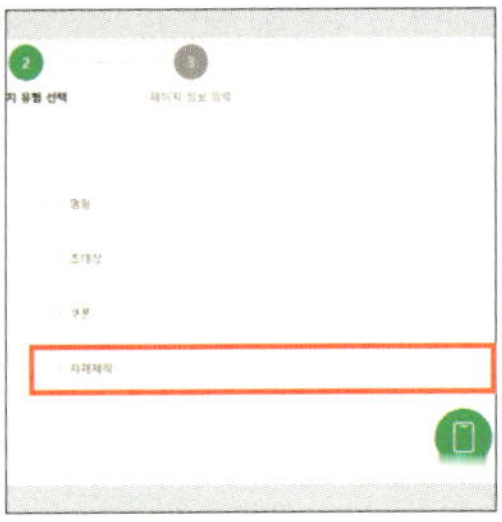

③ '자체 제작' 선택

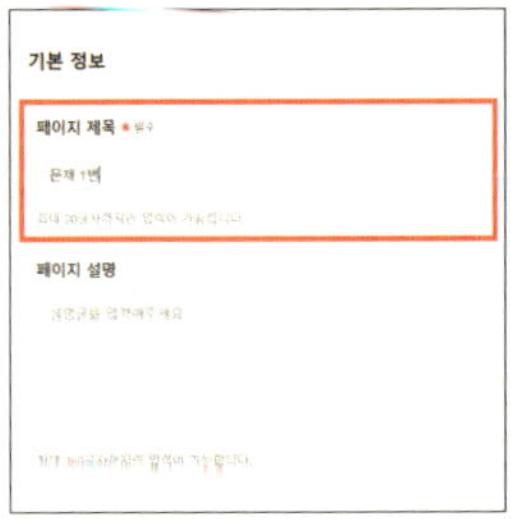

④ '페이지 제목'에 문제 번호 입력

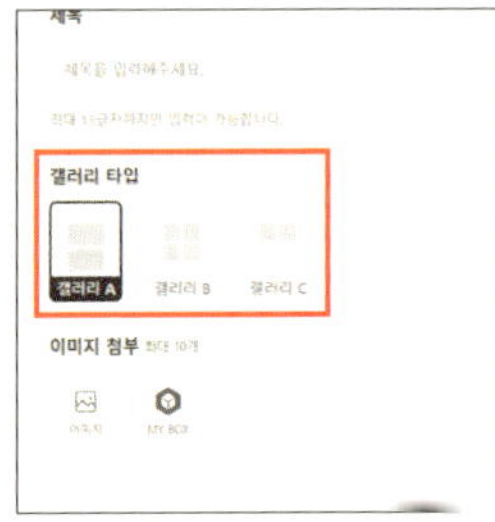

⑤ 갤러리 타입 선택

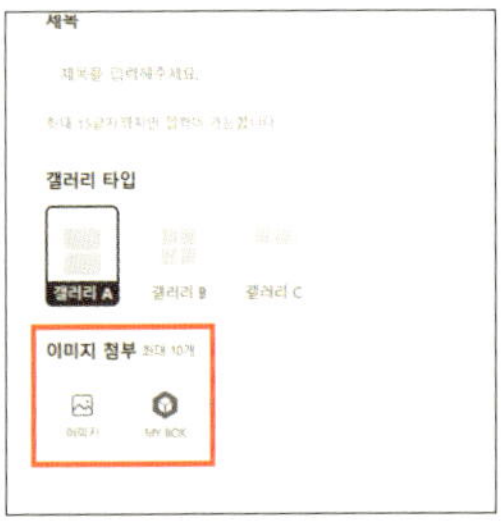

⑥ 이미지 첨부 선택

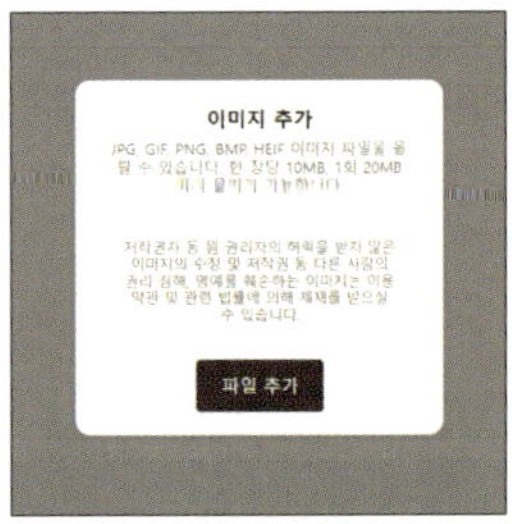

⑦ 스캔해 놓은 문제 활동지 업로드 한 후 '파일 추가' 클릭

⑧ QR코드 완성

3. 우리나라 보물찾기

우리나라 보물찾기 활동을 하기 위해서 교사는 퀴즈에 대한 정답을 적을 수 있는 활동지를 개인별로 한 장씩 나눠 줍니다. 학생들이 만든 문제가 담긴 QR코드 카드 12장을 책상 가운데에 올려놓습니다. 학생들은 QR코드 카드를 1장씩 선택한 후 교사의 시작 신호에 맞춰 자신이 가지고 있는 태블릿을 활용하여 QR코드를 스캔합니다. 문제를 읽은 후 정답을 보물찾기 활동지에 기록합니다. 일정 시간 동안 문제에 대한 정답을 찾아본 후, 교사와 함께 정답을 확인합니다.

우리나라 보물찾기 활동

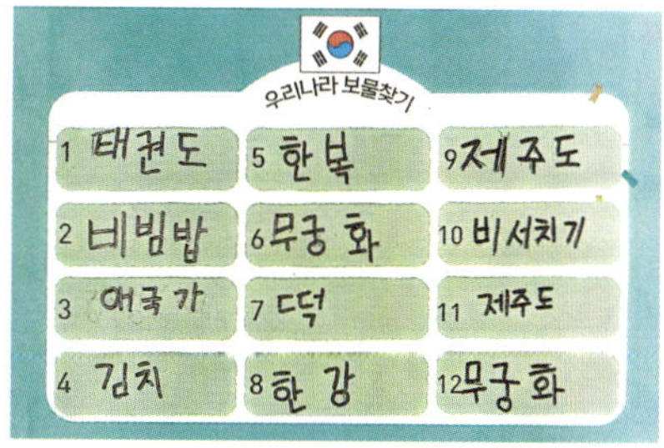

우리나라 보물찾기 활동지

4. 우리나라 보물 소개하기

우리나라 보물찾기 활동을 통해 학생들이 우리나라에 대해 다양한 생각을 떠올리도록 합니다. 이후에는 자신이 찾은 보물 중 가장 기억에 남는 것이 무엇인지, 이유는 무엇인지 발표해 봅니다. 이를 통해 학생들은 우리나라의 역사와 문화에 대해 더 깊이 이해하는 동시에, 자기 생각과 느낌을 표현하는 능력도 함께 키울 수 있습니다.

수업 tip

☑ 우리나라 보물찾기 수업 활동을 진짜 보물찾기 형태로 수업을 재구성해 볼 수 있습니다. 교사는 미리 QR코드 카드를 교실 곳곳에 붙여 놓습니다. 학생들은 돌아다니며 곳곳에 숨어 있는 QR코드 카드를 스캔하여 정답을 확인하고 개인별 활동지에 작성합니다. 교실 곳곳을 탐색하며 움직임이 있는 활동으로 변형할 경우 학생들에게 더 큰 흥미를 줄 수 있습니다.

통합

궁금한 퍼즐

직소 퍼즐(Jigsaw Puzzle)

학생들이 주변 사물에 호기심을 갖고, 이를 새로운 시각으로 바라보는 태도를 기르는 것은 중요합니다. 이를 위해서는 다양한 관점에서 사물을 살펴보는 경험이 필요합니다. 예를 들어, 위, 아래, 옆 등 여러 방향에서 사물을 관찰하거나, 사물 일부분을 확대하거나 축소해 보는 활동을 통해 학생들은 익숙한 것에서도 새로운 면을 발견할 수 있습니다. 이러한 경험은 탐구심을 키우고 창의적인 사고를 기르는 데 중요한 역할을 합니다.

'직소 퍼즐(Jigsaw Puzzle)'은 학생들이 관찰한 사물을 직접 촬영한 후, 이를 퍼즐로 제작할 수 있는 에듀테크 도구입니다. 사물을 퍼즐로 만드는 활동은 사물 일부분에 집중하여 세밀하게 관찰하도록 유도하며, 전체와 부분의 관계를 이해하는 데 도움을 줍니다. 또한, 퍼즐을 조각조각 맞춰 가는 과정은 학생들이 사물을 다양한 각도에서 분석하고, 새로운 시각으로 바라보는 경험을 제공합니다.

'궁금한 퍼즐' 수업은 학생들이 다양한 사물을 여러 관점에서 관찰할 수 있도록 하는 데 중점을 둡니다. 교사가 제공하는 자료뿐만 아니라, 학생 스스로 탐구하고 싶은 대상을 선택하여 관찰하고 분석할 기회를 제공합니다. 이를 통해 학생들은 주체적으로 학습에 참여하고, 익숙한 사물 속에서도 새로운 특징이나 의미를 발견하는 경험을 하게 될 것입니다.

수업의 이모저모

- 관련 과목: 통합교과 (탐험)
- 학년 학기: 1학년 1학기
- 난이도: 하
- 수업 시간: 1차시
- 준비물: 디지털 기기, PPT

1. '무엇일까요?' 퀴즈 맞히기

먼저 학생들이 다양한 관점에서 사물을 관찰할 수 있는 활동을 해 봅니다. 교사가 일상적인 사물을 위, 아래, 옆 등 여러 방향에서 촬영한 사진이나, 사물 일부분만 확대하거나 축소하여 보여 주는 사진을 준비해 학생들에게 제시합니다. 학생들은 제시된 사진을 보고 그것이 어떤 사물인지 추리해 보며, 자기 생각을 친구들과 나누는 시간을 갖습니다. 예를 들어, 금속으로 된 둥근 물체의 확대 사진을 보고 "의자 다리 같아.", "책상의 모서리 같기도 해." 등의 다양한 추측을 해 볼 수 있습니다.

사진을 보고 어떤 물건인지 정답을 확인한 후에는 왜 그렇게 생각했는지 이야기 나눕니다. 이때 단순히 정답을 맞히는 것을 넘어서, 사물을 새롭게 바라보는 시각을 기르고 관찰력과 추리력을 높이는 데 초점을 두도록 합니다. 학생들은 익숙한 사물도 관점에 따라 다르게 보일 수 있다는 점을 체험하게 되며, 이후 자신의 시선으로 대상을 탐색해 나가는 데 필요한 기초 경험을 쌓게 됩니다.

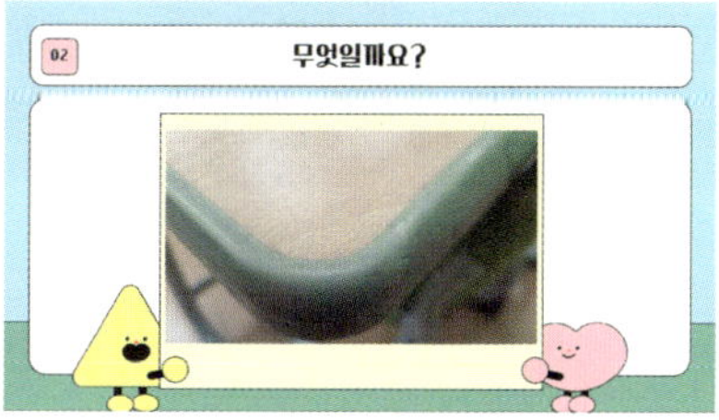

'무엇일까요?' 퀴즈 PPT

2. 사물 탐색 카메라 여행하기

먼저 학생들은 교실 안에 있는 다양한 사물 중에서 자신이 관심이 있거나, 평소에 자세히 보지 않았던 물건을 하나 고릅니다. 사물을 고른 후에는 디지털 기기를 활용해 직접 사진을 촬영합니다. 이때 교사는 단순히 정면에서 찍는 것에 그치지 않고 위에서 내려다보거나, 아래에서 올려다보거나, 옆에서 비스듬히 바라보는 등 다양한 시점에서 촬영할 수 있도록 안내합니다. 또한, 사물 일부분을 확대해서 찍거나 전체를 작게 담는 등 화면 구도와 거리에도 변화를 주어 관찰의 폭을 넓히도록 지도합니다.

이 과정에서 교사는 학생들이 더욱 창의적인 시각을 가질 수 있도록 적절한 질문을 던지며 촬영을 도와줍니다. 예를 들어, "이 사물을 평소와 다르게 보려면 어떤 방향에서 찍을 수 있을까요?", "이 사물의 특징을 더 잘 보이게 하려면 어떻게 촬영하는 게 좋을까요?" 등의 질문을 통해 학생들이 스스로 사고를 확장해 나가도록 합니다.

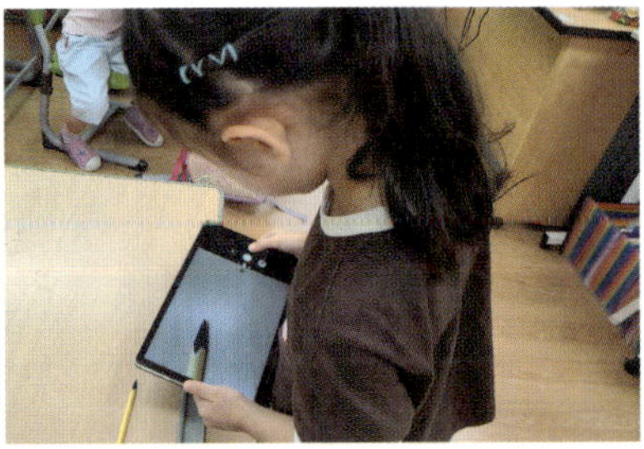
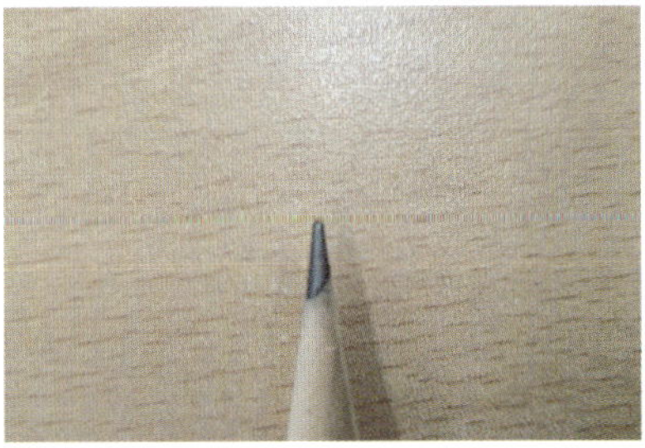

사물 확대 촬영하기

3. 퍼즐로 놀이하기

학생들이 직접 촬영한 사진을 활용해 디지털 퍼즐을 제작하고, 친구들과 함께 맞춰 보는 활동을 진행합니다. 이 활동은 관찰, 표현, 협력, 추리의 요소가 어우러지며, 학생들이 자신이 바라본 세상을 창의적으로 구성하고 이를 친구들과 공유하는 과정을 경험하게 합니다.

먼저, 퍼즐을 만들기 위해 직소 퍼즐 사이트에 접속한 후 'Play your own photo or continue a saved puzzle'을 클릭합니다. 그다음 'Open'을 클릭하고, 자신이 미리 촬영해 놓은 사진을 업로드합니다. 이어 '점 사각형' 모양을 클릭한 다음, 퍼즐 수를 선택한 후 퍼즐을 완성합니다.

퍼즐 제작 방법

① 직소 퍼즐 사이트 접속

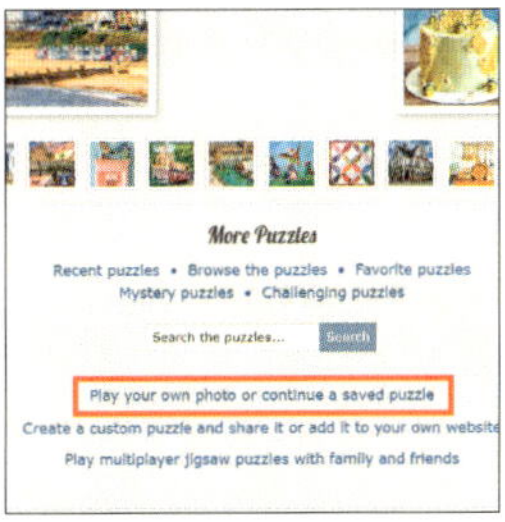

② 'Play your own photo or continue a saved puzzle' 클릭

③ 'Open' 클릭하여 사진 업로드

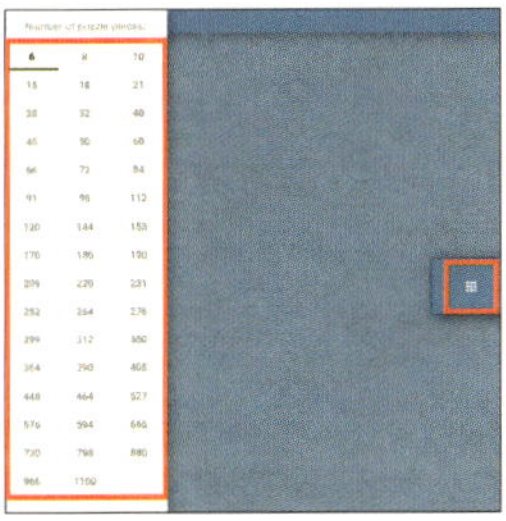

④ '점 사각형' 클릭 후 '퍼즐 수' 선택

⑤ 퍼즐 맞추기

이렇게 사진을 퍼즐로 제작한 후, 학생들은 태블릿이나 컴퓨터를 이용해 자신이 만든 퍼즐을 먼저 스스로 맞춰 봅니다. 이후 친구들과 퍼즐을 교환하여 서로의 퍼즐을 풀어 봅니다. 학생들은 친구가 어떤 사물을 어떤 시각에서 촬영했는지를 유추하며 퍼즐을 맞추고, 완성 후에는 그 사물에 대해 자유롭게 이야기를 나눕니다.

 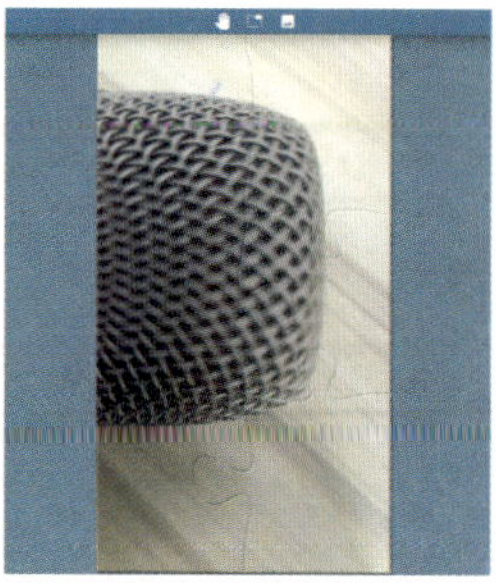

학생 결과물

수업 tip

☑ 사이트 접속 및 퍼즐 제작 과정을 교사가 먼저 보여 주면, 학생들이 쉽게 이해하고 따라올 수 있습니다.

☑ 퍼즐 수를 학생들의 수준에 맞춰 다양하게 조정하면, 학생들이 수업에 몰입하는 데 도움이 됩니다.

다시 살아난 초록섬

해피 아일랜드 디자이너(Happy Island Designer)

환경 문제는 더 이상 먼 미래의 이야기가 아닌, 우리의 일상과 직결된 시급한 과제입니다. 따라서 환경 교육은 단순한 지식 전달을 넘어 문제 인식, 공감 형성, 구체적 실천으로 이어지는 완결된 흐름을 갖추어야 합니다. 이때 학생들의 상상력과 참여를 동시에 끌어낼 수 있는 디지털 도구를 활용하면, 보다 생동감 있는 학습 경험이 가능합니다.

'해피 아일랜드 디자이너(Happy Island Designer)'는 사용자가 자신만의 섬을 자유롭게 꾸미고 설계할 수 있는 에듀테크입니다. 바다, 산, 숲, 건물, 사람 등 다양한 요소를 선택해 섬을 꾸미는 과정에서 학생들은 공간 감각과 창의력을 키울 수 있습니다. 또한, 학생 수준에 상관없이 쉽고 간편하게 이용할 수 있어 수업에 활용하기 편리합니다.

'다시 살아난 초록섬' 수업에서는 그림책을 함께 읽으며 섬이 파괴되고 회복되는 과정을 살펴본 뒤, 학생들은 자신만의 '초록섬'을 구상합니다. 이때 해피 아일랜드 디자이너를 활용하여 쓰레기 더미로 변해 버린 섬을 초록섬으로 만드는 과정을 시각화해 봅니다. 이 과정을 통해 학생들은 환경 문제를 인식하고, 이를 해결하기 위한 방안을 찾는 데 몰입할 수 있습니다.

수업의 이모저모

- 관련 과목: 통합교과 (약속)
- 학년 학기: 1학년 2학기
- 난이도: 하
- 수업 시간: 1차시
- 준비물: 디지털 기기, 활동지, 그림책 『다시 살아난 초록섬』*

* 잉그리드 샤베르 글, 라울 니에토 구리디 그림, 문주선 옮김, 피카주니어, 2023

1. 그림책 주인공에게 질문 만들기

먼저 교사는 학생들이 '환경 문제'라는 주제를 부담 없이 받아들일 수 있도록 분위기를 형성합니다. 교사는 교실에 새소리, 파도 소리 같은 자연 음원을 틀어 두고 "이 소리는 어디에서 들리는 소리일까요?" 하고 질문하며 수업을 시작합니다. 아이들은 귀로 듣고 떠오르는 장면을 자유롭게 말하며 자연스럽게 '섬'이라는 공간적 배경을 떠올리게 됩니다.

이어서 교사는 그림책 『다시 살아난 초록섬』의 표지를 학생들에게 보여 줍니다. 표지에는 붉은색 수염을 한 남자 성인이 노를 들고 있습니다. 학생들은 이 모습을 보고 주인공에게 궁금한 내용을 포스트잇에 하나씩 작성해 봅니다. 다 작성한 후 자신이 쓴 질문을 1명씩 발표하며 그림책 표지에 붙입니다. 이를 통해 학생들은 그림책 내용에 관해 관심을 갖게 됩니다.

"손에 들고 있는 것이 무엇인지 궁금해요."
"초록섬을 아저씨께서 살리셨나요?"
"초록섬은 왜 없어졌어요?"
"초록섬은 어떻게 생겼나요?"

그림책 주인공 인터뷰

표지를 탐색한 후 교사는 천천히 그림책을 읽어 줍니다. 페이지를 넘길 때마다 "주인공은 지금 어떤 기분이었을까?", "섬 동물들은 무슨 말을 하고 싶을까?" 등의 짧은 질문을 던져 학생들의 감정 이입을 유도합니다. 다 읽은 후에는 앞서 학생들이 만들었던 질문들을 다시 살피며 그림책 속 주인공에 대해 잠시 이해해 봅니다.

마지막에는 교사가 준비해 둔 낱말 보드판(쓰레기, 나무 심기, 플라스틱 사용하기 등)을 보여 주면서 "이것들은 섬을 아프게 할까요, 웃게 할까요?"라고 질문합니다. 학생들이 대답하면 낱말 보드판을 해당 위치에 붙이면서 분류해 봅니다. 학생들은 시각적 분류 활동을 통해 '파괴 요인'과 '회복 요인'을 구분하고, 섬이 '아프다'라는 표현이 생태계 파괴를 뜻한다는 사실을 자연스럽게 이해하게 됩니다.

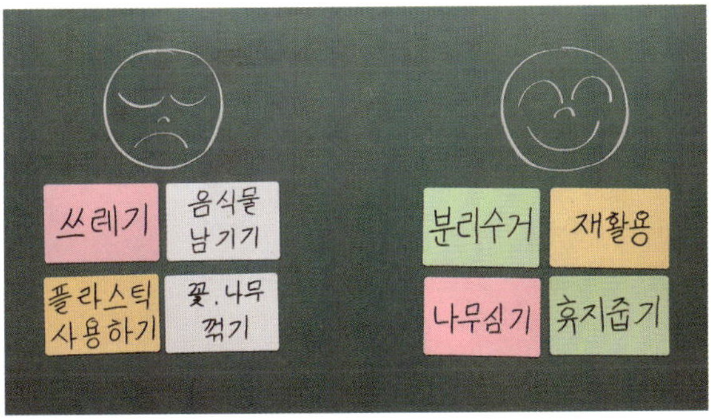

낱말 보드판 분류

2. '다시 살아난 초록섬' 만들기

해피 아일랜드 디자이너를 활용해 '다시 살아난 초록섬'을 완성해 봅니다. 교사는 이전 활동에서 제시한 카드 분류 사진을 띄우며 "오늘 우리 모두 '섬 의사'가 되어 볼래요?"라고 제안합니다. 이어 태블릿을 활용해 해피 아일랜드 디자이너 이용 방법을 시연합니다. 교사는 클릭만으로 나무를 심고, 강을 그리고, 꽃들을 놓는 모습을 보여 주고, "나무가 많아지면 동물이 돌아올까요?" 등 질문하며 학생들이 결과를 예측하도록 이끕니다.

다시 살아난 초록섬 제작 방법

① 해피 아일랜드 디자이너 접속 후 레이아웃 선택

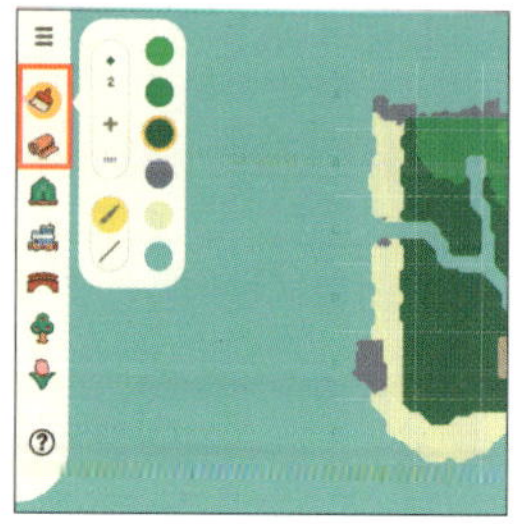

② 지형 툴바로 강 또는 지형 선택

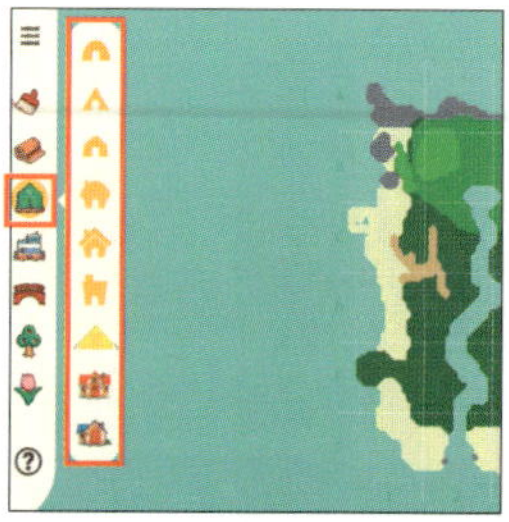

③ 집, 건물 툴바로 여러 가지 집 선택

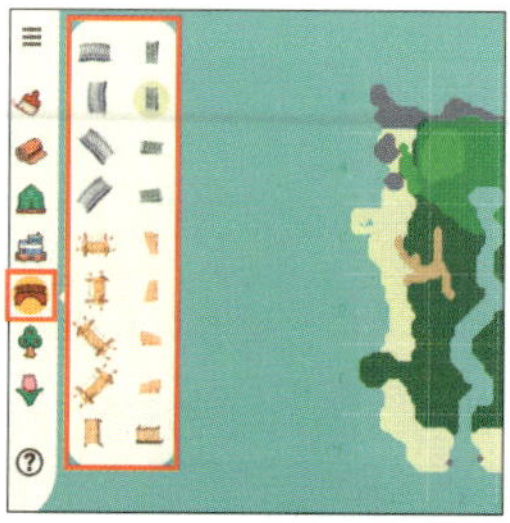

④ 공공시설 툴바로 다리 및 계단 선택

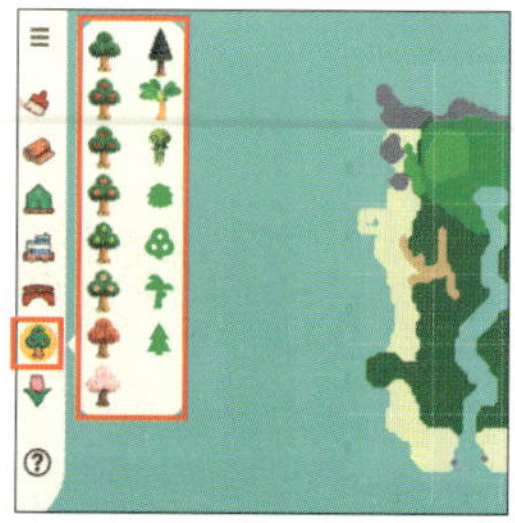

⑤ 나무 툴바로 나무 선택

⑥ 꽃 툴바로 여러 가지 꽃 선택

⑦ 완성

⑧ 저장하여 업로드

이번에는 학생들이 직접 다시 살아난 초록섬을 만들기 위해 해피 아일랜드 사이트에 접속합니다. 지형 툴바를 활용하여 섬에 강이나 길을 만들어 줍니다. 그다음 건물, 공공시설, 나무, 꽃 툴바를 활용하여 사신이 생각하는 다시 살아난 초록섬을 꾸며 봅니다.

다 만든 후에는 자신이 완성한 다시 살아난 초록섬을 모둠 친구들에게 보여 주고, 자신이 생각한 초록섬의 모습에 대해 구체적으로 발표해 봅니다. 발표로 끝나는 것이 아니라 모둠원들이 돌아가면서 친구들 작품에서 좋았던 점을 이야기 나누도록 합니다.

학생 결과물

3. 초록 뱃지 만들기

이번 활동은 수업에서 배운 '다시 살아난 초록섬'을 학생들의 실제 행동으로 이어 주는 마무리 단계입니다. 교사는 먼저 칠판에 그려 둔 초록섬 그림을 가리키며 "이 섬을 정말 지키려면 우리가 오늘부터 할 수 있는 일이 무엇일까요?" 하고 질문합니다. 학생들은 물 아껴 쓰기, 쓰레기 분리 배출하기, 종이 다시 쓰기 등 손쉽지만, 자신이 실천할 수 있는 다양한 방법들을 발표합니다.

아직 한글이 서툰 1학년의 경우, 교사가 학생들이 발표하는 내용을 칠판에 기록해 주면, 이후 '초록 뱃지 만들기' 활동할 때 도움이 될 수 있습니다. 학생들은 칠판에 쓰인 다양한 방법 중 자신이 실천할 방법을 1가지 선택하여 초록 뱃지 만들기 도안에 글과 그림으로 표현합니다. 완성된 그림을 뱃지 키트에 끼운 학생들은 저마다 가방끈에 달고 '뱃지 퍼레이드'를 엽니다.

예를 들어, 교실 앞에서 "저는 샤워 시간을 5분 줄일 거예요!"라고 자신의 약속을 발표하면, 친구들은 두 손으로 '지구 하이파이브'를 하며 응원해 줍니다. 학생들은 환경 보호가 먼 얘기가 아니라 지금 당장 내가 할 수 있는 일임을 자연스럽게 깨닫게 됩니다.

나만의 초록 뱃지

수업 tip

☑ 수업 이후에도 지속적으로 환경 보호를 실천하도록, 교사가 칠판 옆에 주간 '초록 도장판'을 준비하고 약속을 지킨 날 아침마다 도장을 찍어 주는 것도 좋습니다. 다 실천했을 경우 인증서를 제공하면 아이들의 동기를 더욱 높일 수 있습니다.

사물이 말을 한다면

채터픽스(ChatterPix)

우리가 상상을 하는 이유는 상상 속에서 느끼는 즐거움과 함께, 그것들이 언젠가 현실에서 실현되기를 바라기 때문일 것입니다. 1학년 통합교과의 '상상' 단원은 학생들이 다양한 주제로 상상력을 발휘할 수 있도록 구성되어 있습니다.

이때 에듀테크 '채터픽스(ChatterPix)'를 활용하면, 학생들의 이러한 상상력을 더욱 풍부하게 표현할 수 있습니다. 채터픽스는 사물의 사진을 찍은 후, 선을 그어 입 모양을 그리고, 자신이 들려주고 싶은 목소리를 입혀서 사물이 말을 하는 것처럼 표현할 수 있는 도구입니다. 평소에는 움직이지 않거나 말을 하지 않는 사물과 대화하는 상상을 하곤 하지만, 채터픽스를 통해 학생들은 그 상상을 구체적으로 구현해 볼 수 있습니다.

'사물이 말을 한다면' 수업은 학생들이 관심을 두고 좋아하는 사물에 생명력을 불어넣으며, 상상력을 마음껏 펼칠 기회를 제공합니다. 학생들은 자신이 좋아하는 사물에 새로운 목소리와 이야기를 만들어 주고, 평소 머릿속에만 존재하던 상상에 실제 움직임을 입힐 수 있습니다. 이러한 활동은 학생들에게 재미와 창의성을 동시에 키우는 의미 있는 경험이 될 것입니다.

수업의 이모저모

- 관련 과목: 통합교과 (상상)
- 학년 학기: 1학년 2학기
- 난이도: 하
- 수업 시간: 1차시
- 준비물: 디지털 기기, 활동지

1. 세 고개 퀴즈 만들기

학생들은 교실에 있는 물건 중에서 자신이 평소에 관심을 가지고 있거나, 좋아하는 물건 하나를 떠올립니다. 그다음, 그 물건에 관한 힌트를 3가지 선택하여 활동지에 적습니다. 이때 학생들이 이 활동의 내용을 쉽게 이해할 수 있도록 교사가 미리 예시를 들어 설명하는 것도 좋습니다. 예를 들어, "네모 모양입니다.", "다양한 영상을 볼 수 있습니다.", "전기가 필요합니다." 등의 구체적인 예시를 보여 주며 학생들이 어떤 힌트를 줄 수 있는지 감을 잡도록 도울 수 있습니다.

학생들이 활동지에 자신의 사물에 대한 힌트를 모두 적었다면, 이제 교실 곳곳을 돌아다니며 친구들에게 자신의 힌트를 설명하고 친구들은 그 힌트들을 바탕으로 어떤 사물인지 맞히는 활동을 합니다. 만약 친구가 정답을 맞히면 '하이파이브'를 하며 축하하고, 틀렸을 경우 '악수'를 하며 활동을 마무리합니다. 서로 교류하는 활동을 통해 학생들은 친구들이 어떤 사물에 관심을 두고 있는지 자연스럽게 알게 되고, 친구들과 자연스럽게 소통할 수 있는 계기도 마련됩니다.

2. '사물이 말을 한다면' 상상하기

이번에는 자신이 선택한 사물이 만약 말을 할 수 있다면 어떤 말을 할지 상상해서 표현해 봅니다. 먼저 활동지에 자신이 좋아하거나 관심 있는 사물의 그림을 그리고 색칠합니다. 그림을 그릴 때는 사물 옆에 말주머니를 함께 그리도록 하고, 이 말주머니 안에는 사물이 어떤 말을 할지 상상해서 대화체로 적어 넣습니다.

사물이 어떤 말을 할지 쉽게 떠오르지 않는 학생이 있다면, 교사는 사물이 지금 느끼는 감정을 상상해 볼 수 있도록 안내합니다. 이런 과정을 통해 학생들은 사물의 마음을 조금 더 공감하며 활동에 몰입할 수 있습니다.

[대화 예시]
교사: 지금 책상은 어떤 감정일까?
학생: 피곤할 것 같아요.
교사: 그럼 책상은 어떤 말을 하고 싶을까?
학생: "나는 어제 정말 공부를 열심히 해서 피곤해. 자고 싶어."라고 말할 것 같아요.

활동지를 다 채웠다면, 이제 사물의 입장인 것처럼 대사 읽는 연습을 합니다. 학생들은 자신이 쓴 대사를 목소리로 읽으며, 말하는 느낌을 자연스럽게 표현해 봅니다.

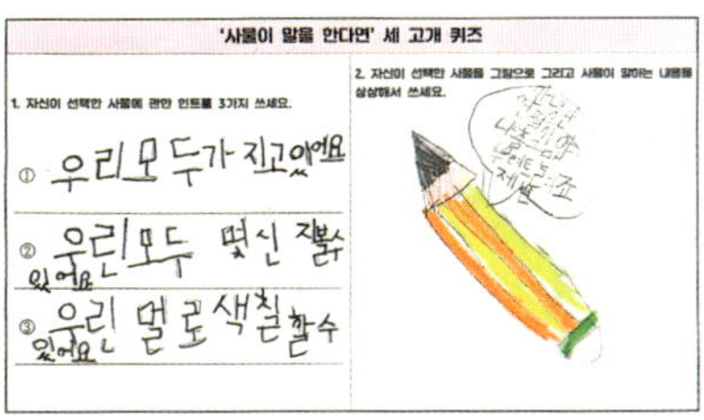

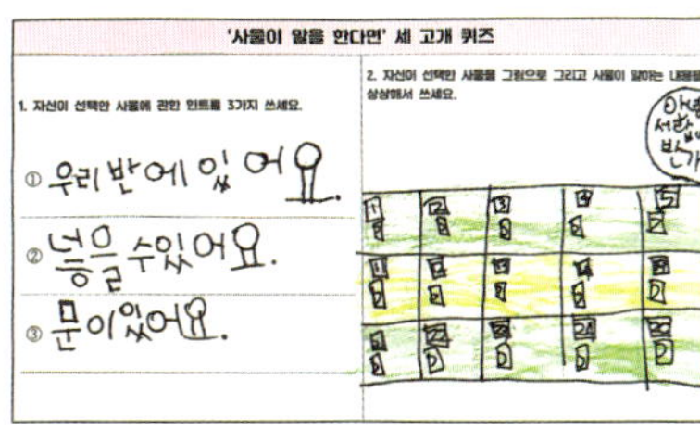

'사물이 말을 한다면' 대사 쓰기

3. 말하는 사물 만들기

먼저 학생들은 채터픽스 앱을 실행한 후, 'Take Photo'를 눌러 자신이 좋아하는 사물 사진을 찍거나 이미 저장된 사진을 선택합니다. 이어서 사진 속 사물이 잘 보이도록 적절한 위치에 배치하고, 사물이 말하는 입이 될 부분에 선을 그어 줍니다. 그다음 '마이크' 아이콘을 눌러 자신의 목소리를 녹음하는데, 이때 녹음할 내용은 미리 활동지에 적어 둔 내용을 참고하면 좋습니다. 녹음이 끝나면, 'Filter', 'Frame', 'Stiker', 'Font'를 이용해 사물을 더 귀엽거나 멋지게 꾸밀 수 있습니다. 마지막으로 완성된 영상을 저장합니다. 이를 통해 학생들은 자신이 상상한 이야기를 창의적으로 표현하며, 재미있고 생동감 넘치는 영상을 제작할 수 있습니다.

말하는 사물 제작 방법

① 앱 실행

② 'TAKE PHOTO' 클릭

③ 사물 사진 촬영

④ 말하는 위치에 선 긋기

⑤ '녹음' 버튼 클릭

⑥ 말하고 싶은 내용을 녹음

⑦ 'Filter', 'Frame', 'Stiker', 'Font' 선택 후 꾸미기

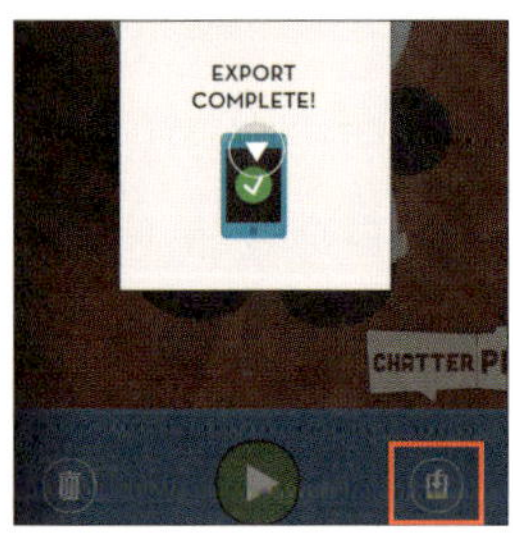

⑧ 디지털 기기에 저장

4. 말하는 사물 소개하기

말하는 사물의 이름을 미리 정한 후, 학생들은 차례차례 자신이 만든 사물을 친구들에게 소개해 봅니다. 학생들은 자신이 정한 사물과 그 사물이 하는 말을 자신 있게 이야기하며, 왜 그런 말을 하는지에 대한 이유도 함께 설명합니다. 모든 학생의 소개가 끝난 후에는 '좋·아·해' 발표를 진행합니다. 학생들은 오늘 수업에서 '좋았던 점, 아쉬웠던 점, 그리고 앞으로 해 보고 싶은 활동'에 관해 이야기하며 수업을 돌아볼 기회를 얻게 됩니다. 이 과정을 통해 학생들은 자신과 친구들의 활동을 성찰하고, 다음 활동에 대한 기대를 나누고 계획도 세워 볼 수 있습니다.

학생 결과물

수업 tip

☑ 매끄러운 수업 진행을 위해, 수업 전에 채터픽스를 미리 학생용 디지털 기기에 설치해 두는 것이 좋습니다.
☑ 가정 연계 활동으로, 가정에 있는 물건 중 1가지를 선택한 후 말하는 영상을 만들고, 패들렛에 업로드하여 학교에서 발표하는 방식으로도 수업이 가능합니다. 이 경우 다양한 사물을 활동에 사용할 수 있다는 장점이 있습니다.

통합

자연에서 찾은 무지개 팔레트

패들렛(Padlet)

학생들은 자연의 모습을 직접 느끼고 관찰해 보면서 자연의 아름다움과 소중함을 인식하게 됩니다. 특히 색을 중심으로 자연을 관찰하는 활동은 학생들이 자연의 아름다움을 더 깊게 느끼게 하고, 주변 환경에 대한 관심도 높아지게 해 줍니다. 하지만 실제로 자연의 색을 모으기 위해 꽃을 꺾거나 나뭇잎을 따야 하는 방식은 자연을 훼손하는 일일 뿐만 아니라, 자연 보호를 지향하는 수업의 취지와도 어긋납니다.

'패들렛(Padlet)'은 온라인 협업형 게시판 도구로, 학생들이 사진과 글을 간편하게 올리고 공유할 수 있는 플랫폼입니다. 패들렛을 활용하면 학생들은 자연물에 직접 손대지 않고도 사진으로 색을 기록하고, 이를 색깔별로 정리하여 반 친구들과 함께 자연 팔레트를 만들 수 있습니다.

'자연에서 찾은 무지개 팔레트' 수업에서는 학생들이 자연의 색을 관찰하고 사진으로 기록한 뒤, 색깔별로 분류하여 우리 반만의 자연 팔레트를 완성해 봅니다. 자연을 해치지 않고도 아름다움을 발견하고, 협력하여 팔레트로 나타내는 과정을 통해 학생들은 자연의 색에 대한 관찰력을 넓혀 가게 될 것입니다.

수업의 이모저모

- 관련 과목: 통합교과 (자연)
- 학년 학기: 2학년 1학기
- 난이도: 하
- 수업 시간: 2차시
- 준비물: 디지털 기기, 자연 사진 예시 PPT

1. 자연 속 색깔 찾아보기

먼저 교사는 계절별 자연의 모습을 담은 사진이나 영상 자료를 보여 주고 함께 감상합니다. 이때 학생들이 쉽게 연상할 수 있는 초록색 나뭇잎, 빨간 단풍, 파란 하늘을 비롯해 연두, 진초록, 보랏빛 꽃 등 다양한 색깔을 함께 살펴보며 자연의 색이 다양하다는 것을 느낄 수 있도록 안내합니다. 사진 자료를 감상한 뒤에는 자연 속의 색을 관찰하고 어떤 색이 있는지 이야기해 봅니다. 교사는 학생들이 말하는 색을 칠판에 작성합니다.

자연 속 색을 관찰하는 활동은 단순한 감상이 아닌, 이후 활동으로 연결될 관찰의 기준을 세우는 중요한 단계입니다. 교사는 학생들이 오늘 어떤 색을 찾게 될지 스스로 생각해 보고, 밖으로 나가 어떤 대상을 촬영할지 미리 상상해 보도록 안내합니다.

자연 속 색깔 찾기

2. 자연 색깔 촬영하기

교사는 교실에서 디지털 기기 사용법과 안전한 조작 방법을 간단히 설명합니다. 그다음, 학생들과 학교 화단, 운동장 등으로 이동하여 자연 색깔 관찰 및 촬영 활동을 시작합니다. 이때, 식물만 자연이라고 생각

자연물 관찰 후 촬영

하는 학생이 있을 수 있습니다. 교사는 꽃이나 나뭇잎처럼 익숙한 식물뿐 아니라, 흙, 돌, 나무껍질, 곤충, 구름 등 다양한 자연을 관찰할 수 있도록 안내합니다. 촬영이 끝난 후 교실로 돌아와 학생들은 자신이 찍은 사진을 간단히 살펴보며, 어떤 자연물의 색이 인상 깊었는지 이야기 나눠 봅니다.

3. 자연 무지개 팔레트 만들기

교사는 수업 전에 패들렛 게시판을 섹션 형식으로 미리 구성해 둡니다. 각 열에는 '빨강', '주황', '노랑', '초록', '파랑', '보라' 등 색깔 이름을 지정하여, 학생들이 색깔에 맞는 사진을 해당 섹션에 올릴 수 있도록 합니다. 학생들은 자신이 찍은 사진을 고르고, 해당하는 색 섹션 아래의 '+'를 눌러 사진을 올립니다. 사진을 업로드할 때는 '업로드' 항목을 선택한 후 저장된 사진을 클릭하고, 제목에 자신의 이름을 입력한 뒤 '게시'를 클릭합니다.

학생들이 직접 찍은 사진만으로는 무지개 팔레트를 완성하기 어려울 수 있습니다. 따라서 패들렛 내 이미지 검색 기능을 활용해 이미지

사진 올리는 방법

① 색깔별 섹션 분류

② '+' 클릭

③ '업로드' 클릭

④ 업로드 항목(사진 및 동영상) 클릭

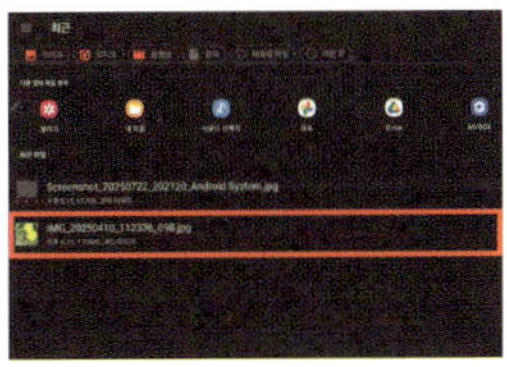

⑤ 사진 선택

⑥ 제목에 자신의 이름 작성 후
'게시' 클릭

이미지 검색 방법

① '+' 클릭

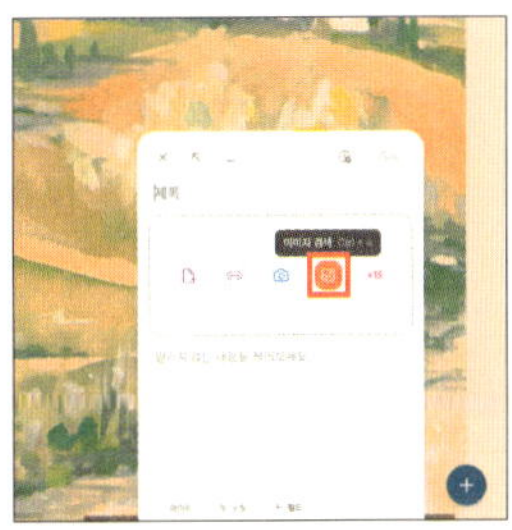

② '이미지 검색' 클릭

③ 원하는 검색어 입력 후 사진 선택

④ 제목에 자신의 이름 작성 후
'게시' 클릭

를 보충합니다. 검색 기능은 '+' 버튼 클릭 후 '이미지 검색'을 선택하고 '우주', '토마토', '바다'와 같이 키워드를 검색하면 바로 선택해 업로드할 수 있습니다. 사진 업로드가 모두 완료되면, 게시판은 마치 색깔별로 정돈된 팔레트처럼 구성됩니다. 이를 통해 학생들은 자연을 해치지 않고도 자신이 관찰한 색을 공유하여 감상하는 방법을 배웁니다.

4. 자연 무지개 팔레트 감상하기

교사는 완성된 패들렛 게시판으로 전체 게시물을 학생들과 함께 살펴봅니다. 색깔별로 정리된 사진들을 순서대로 감상하며, 가장 많이 모인 색은 무엇이었는지, 가장 특이한 색은 무엇이었는지, 오늘 가장 기억에 남는 색은 무엇이었는지 발표합니다. 비슷한 색인데도 학생마다 다른 색깔 섹션에 분류하기도 합니다. 학생들은 그 이유를 생각해 보면서 색에 대한 인식이 얼마나 다양할 수 있는지 자연스럽게 깨닫게 됩니다.

학생 결과물

수업 tip

- ☑ 가정 연계 숙제로도 사진 준비가 가능합니다. 주말 동안 가족과 가까운 산책길이나 공원을 걸으며 자연의 색을 찾아보고, 자연의 색깔을 담은 사진을 찍어 오는 활동으로 확장할 수 있습니다.
- ☑ 학생들이 태블릿 사용이 미숙하거나 태블릿을 떨어뜨릴 위험이 있는 경우, 2명이 1조가 되어 역할을 나누어 활동할 수 있습니다. 한 명은 기기를 들고, 다른 한 명은 카메라 버튼을 누르는 방식으로 협력하면 더욱 안전하게 활동이 가능합니다.

통합

자연을 담은 옷 디자인

캔바(Canva)

자신이 느낀 자연의 아름다움을 표현하는 방법은 매우 다양합니다. 이때 자연의 색, 무늬, 질감 등 시각적 요소를 탐색하고 옷 디자인으로 나타내는 활동을 통해 학생들은 관찰력과 표현력을 기를 수 있습니다. 또한 이러한 표현 활동을 종이로만 하는 것보다 디지털 도구를 활용하면 더 쉽게, 더 다양한 방식으로 자신의 생각을 시각화할 수 있어 표현의 폭이 넓어집니다.

'캔바(Canva)'는 다양한 그림, 이미지, 템플릿 등 디자인 요소를 무료로 제공하며 조작이 간단하기 때문에 저학년도 쉽게 활용 가능합니다. 특히 캔바의 프레임 기능은 복잡한 편집 없이도 사진을 원하는 틀에 맞춰 배치할 수 있어 편리합니다.

'자연을 담은 옷 디자인' 수업에서는 학생들이 자연 속에서 느낀 아름다움을 옷 디자인에 담는 활동을 해 봅니다. 디지털 도구를 활용하면 손으로 그리는 것보다 간단하게 다양한 아이디어를 시도할 수 있고, 완성도 높은 결과물을 만들 수 있습니다. 학생들은 자연을 관찰하고, 이를 창의적인 방식으로 옷에 담아 보며 디자인 감각을 기를 수 있습니다.

수업의 이모저모

- 관련 과목: 통합교과 (자연)
- 학년 학기: 2학년 1학기
- 난이도: 하
- 수업 시간: 1차시
- 준비물: 디지털 기기, 자연 및 옷 디자인 예시 사진 자료

1. 자연의 아름다움 발견하기

먼저 교사는 꽃잎의 색, 하늘의 구름, 바다의 물결, 산의 능선 등 자연 사진을 보여 줍니다. 학생들은 사진을 보며 아름답다고 느끼는 요소를 이야기합니다. 예를 들어, "산이 겹겹이 보이는 게 멋있어요." 등 자연의 모습에 대해 느낀 점을 자유롭게 이야기합니다. 이어서 교사는 자연이 담긴 실제 옷 사진을 보여 주고, 학생들은 옷 속에 담긴 자연의 요소를 찾아냅니다. 예를 들어, 화면에 나타난 옷을 보며 꽃을 무늬로 사용했다고 대답할 수 있습니다. 이를 통해 학생들은 자연의 요소가 어떻게 옷 디자인에 표현될 수 있는지 직관적으로 이해하게 됩니다.

자연 및 옷 디자인 예시

2. 자연을 담은 옷 디자인하기

교사는 수업 전에 캔바의 '요소'에서 셔츠 또는 드레스 모양의 프레임을 검색해 템플릿을 제작합니다. 이는 저학년 학생들이 활동할 때 간편하게 조작할 수 있도록 하기 위함입니다. 본격적으로 교사는 학생들을 교사 계정의 팀에 초대합니다. 사전 제작한 템플릿을 과제로 배부하기 위해 템플릿 우측 상단의 '배정'을 클릭합니다. 배정 방법은 'Canva에서 학생에게 배정'을 선택한 후, '계속'을 클릭합니다. 그다음, 팀을 선택하

템플릿 제작 방법

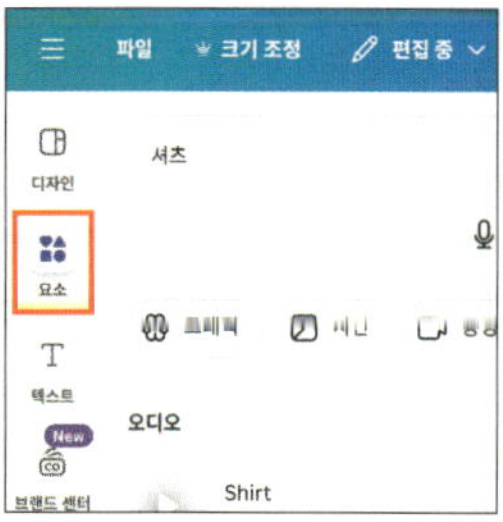

① '요소' 클릭

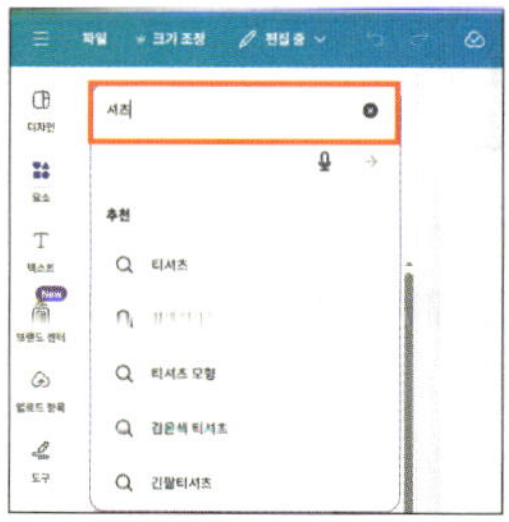

② 검색창에 셔츠 또는 드레스 검색

③ '프레임' 클릭 후 원하는 프레임 종류 선택

고 '배정'을 클릭합니다. 학생들은 캔바 홈 화면에서 좌측 하단의 종 모양 알림 아이콘을 눌러 과제 확인이 가능하며, 교사가 배부한 템플릿의 사본에 자동으로 접속하여 바로 작업할 수 있습니다.

템플릿 과제 제공 방법

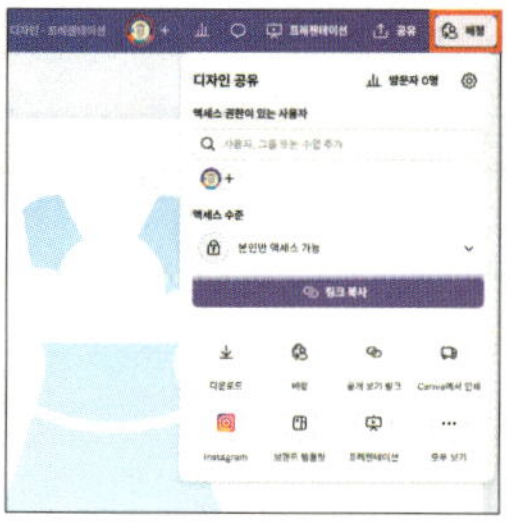

① '배정' 클릭

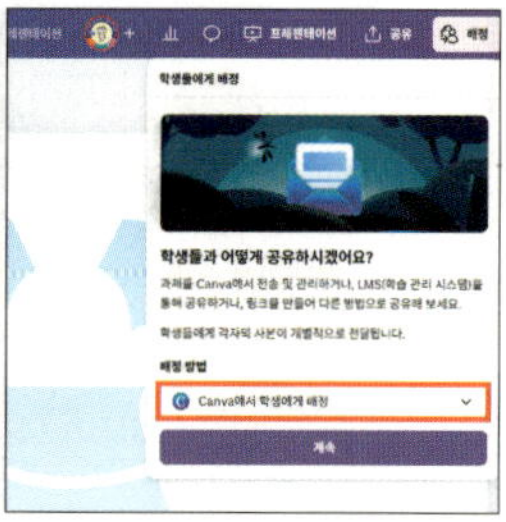

② 'Canva에서 학생에게 배정' 선택 후 '계속' 클릭

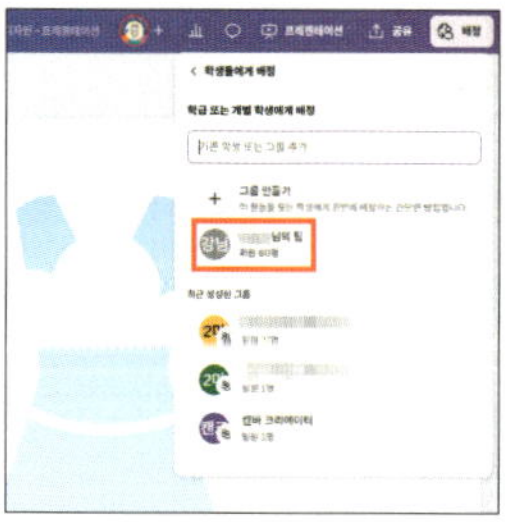

③ '000님의 팀' 클릭

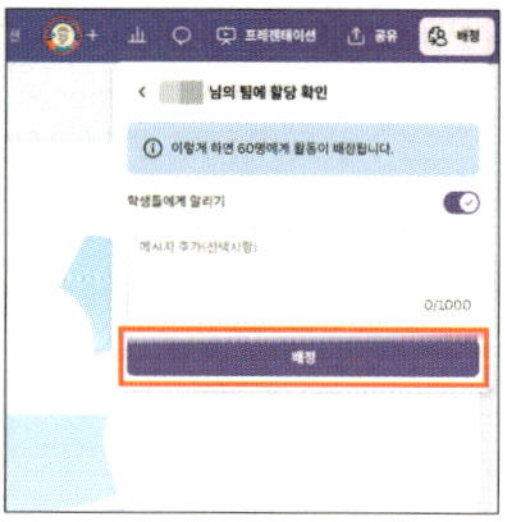

④ '배정' 클릭

저학년 학생들의 경우, 활동 전에 한두 가지 예시만 보여 주면 그 예시와 비슷하게 만들기 때문에 작품이 다양하게 나오지 않습니다. 따라서 교사는 학생들이 아이디어를 다양하게 펼칠 수 있도록 다양한 예시를 보여 주도록 합니다.

자연을 담은 옷 디자인 예시

자연을 담은 옷 디자인 방법

① '요소' 클릭 후 '사진'에서 원하는 자연 검색하여 사진 선택

② 클릭 한 채로 끌어서 프레임 위로 놓기

③ 모든 프레임에 똑같이 적용

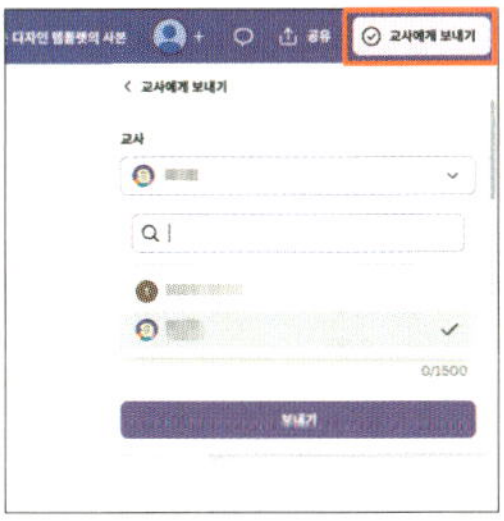

④ '교사에게 보내기' 클릭

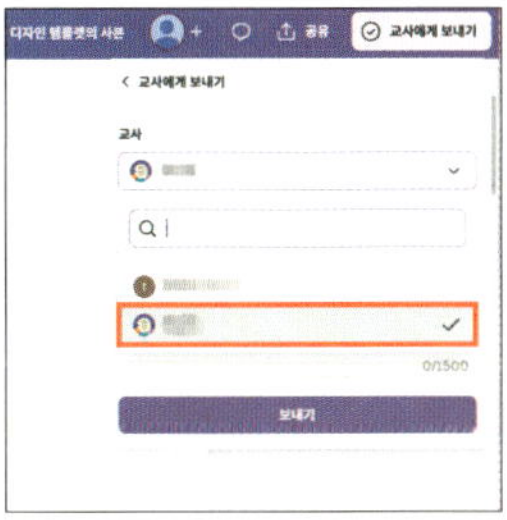

⑤ '교사'에서 교사 계정 선택

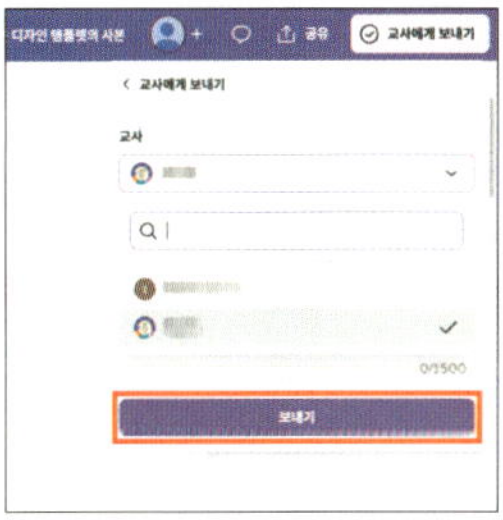

⑥ '보내기' 클릭

학생들은 캔바의 '요소'를 클릭하여 꽃, 바다, 나무, 구름, 별, 얼룩말 무늬 등 옷에 담고 싶은 자연을 검색합니다. '사진'에서 원하는 이미지를 선택하여 옷을 디자인합니다. 이때 이미지를 클릭한 채로 프레임 안으로 끌어다 넣으면 옷 안에 딱 맞게 들어갑니다. 디자인을 마친 학생은 우측 상단의 '교사에게 제출' 버튼을 눌러 결과물을 전송합니다. 교사는 작업 중간중간 학생들의 디자인을 화면에 띄워서 각자 친구들의 표현을 참고하며 창의적인 아이디어를 떠올릴 수 있도록 격려합니다.

3. 자연을 담은 옷 전시회 열기

모든 학생이 활동을 끝냈다면, 교사는 캔바의 '과제' 페이지에 접속하여 학생들의 결과물을 TV 화면에 띄워 줍니다. 학생들은 친구들의 디자인을 함께 감상한 다음, 인상 깊은 점을 이야기합니다. 교사는 학생들의 작품을 인쇄하여 교실 게시판에 전시할 수도 있습니다. 이때 '자연을 담은 옷 전시회'라는 이름으로 꾸며 두면, 학생들은 자신의 디자인에 대한 성취감을 느끼게 됩니다.

학생 결과물

교실 전시 모습

수업 tip

- ☑ 프레임 검색 시 '옷'으로 검색하면 검색 결과가 없으므로, '셔츠'나 '드레스'로 검색합니다.
- ☑ 일부 그래픽이나 사진은 프레임 안에 넣을 수 없는 것도 있으므로, 그런 경우 다른 사진을 선택하여 프레임에 넣습니다.
- ☑ '목업(Mock-ups)'에 들어가면 실제 옷 사진에 이미지를 프린팅하는 것처럼 넣을 수 있는 틀이 있어서 활용 시 생생함을 더해 줍니다.

통합

내가 가고 싶은 세계 여행 코스

패들렛(Padlet)

세계 문화에 대해 학습할 때 학생들은 세계 문화가 자신과 상관없는 지식이라 생각할 수 있습니다. 따라서 자신만의 세계 여행 계획을 세워 보는 활동을 하면, 학생들은 세계에 대한 학습 내용을 자신의 상황에 적용해 보면서 흥미를 갖게 됩니다. 이때 여행 코스를 종이에 적으면 단순한 활동으로 끝날 수 있지만, 디지털 도구를 활용하면 여행 코스를 따라 실제로 여행을 떠나는 듯한 느낌이 들어 더욱 실감 나는 활동이 될 수 있습니다.

'패들렛(Padlet)'은 사진, 글, 영상 등을 자유롭게 첨부할 수 있으며, 세계 지도 템플릿 위에 핀을 꽂아 여행 경로를 시각적으로 표현할 수 있는 도구입니다. 로그인 없이 링크만으로 참여할 수 있어 저학년 학생들도 손쉽게 사용 가능하고, 또한 패들렛의 이미지 검색 기능을 활용하면 원하는 세계 관련 이미지를 손쉽게 활용할 수 있습니다.

'내가 가고 싶은 세계 여행 코스' 수업은 학생들이 가고 싶은 여행지를 골라 여행 계획을 세우고 공유하는 활동으로 구성되어 있습니다. 학생들은 자신만의 세계 여행 코스를 구성한 뒤, 친구들의 여행 계획도 함께 감상하며 다양한 문화에 대해 자연스럽게 이해하고 존중하는 태도를 기르게 됩니다.

수업의 이모저모

- 관련 과목: 통합교과 (세계)
- 학년: 2학년 1학기
- 난이도: 중
- 수업 시간: 2차시 이상
- 준비물: 디지털 기기, 활동지, 나라 탐색 PPT, 세계 여러 나라 명소 사진 자료

1. 가고 싶은 나라 정하기

먼저 학생들이 실제로 여행을 떠나는 것처럼 상상할 수 있도록 분위기를 형성하며 수업을 시작합니다. 교사는 세계의 명소, 전통 의상, 음식을 사진으로 보여 주고, 각 나라에 대해 알고 있는 점이나 관련된 경험을 학생들과 함께 이야기합니다.

그다음, 학생들은 각자 흥미를 느낀 나라를 3~4개 고릅니다. 디지털 기기로 그 나라의 명소나 음식을 검색하면서 여행을 가서 하고 싶은 것을 탐색해 보는 시간을 갖습니다. 이때 교사는 검색할 때 포털사이트 검색창에 '나라 이름+전통 음식', '나라 이름+여행 명소'처럼 키워드로 검색해 보도록 안내합니다. 예를 들어, '포르투갈 전통 음식', '오스트레일리아 여행 명소'로 검색할 수 있습니다.

세계 명소 사진 자료

나라별 여행 명소, 음식, 활동

학생들은 탐색한 내용을 바탕으로 자신만의 여행 계획을 세워 활동지에 작성해 봅니다. 교사가 미리 준비한 활동지를 나눠 주고, 학생들은 가고 싶은 나라 이름, 하고 싶은 활동(가고 싶은 장소, 먹고 싶은 음식, 입어 보고 싶은 전통 옷, 체험해 보고 싶은 것 등)을 자유롭게 적습니다.

2. 여행 코스 만들기 (3~4곳 고르기)

순서	나라/도시 이름	하고 싶은 것, 보고 싶은 것
1	미국	자유의 여신상을 보고 싶어요
2	프랑스	개선문을 보고 싶어요
3	중국	마파두부를 먹고 싶어요
4	스위스	치즈퐁듀를 먹고 싶어요.

2. 여행 코스 만들기 (3~4곳 고르기)

순서	나라/도시 이름	하고 싶은 것, 보고 싶은 것
1	아이슬란드	스키르를 먹고 싶습니다
2	베트남	베트남 쌀국수를 먹고 싶습니다.
3	러시아	보르쉬를 먹고 싶습니다.
4		

여행 계획 작성하기

2. 세계 지도에 여행 코스 등록하기

활동지 작성이 끝나면, 교사가 미리 제작한 패들렛의 세계 지도 템플릿을 학생들에게 공개 링크로 공유합니다. 학생들은 패들렛에 접속한 뒤, 화면 우측 하단의 '+'을 눌러 여행 계획의 첫 번째 장소를 검색합니다. 나라를 선택해서 게시물 위치를 고정하고, 해당 장소와 관련된 이미지를 패들렛 내 이미지 검색 기능을 활용해 첨부합니다.

게시물 제목에는 정해진 형식을 사용하여 '이름+여행 순서+나라'를 적습니다. 제목에 이름이 들어가면 다음 활동에서 학생들이 친구의 여행 경로를 검색할 때 쉽게 찾아볼 수 있습니다. 게시물 내용에는 앞서 활동지에 작성했던 간단한 여행 계획을 작성합니다. 예를 들어, “프랑스에서 에펠탑을 본다.”, “일본에서 온천을 체험한다.”와 같이 장소별 활동을 구체적으로 작성해 봅니다. 학생들은 총 3~4개 장소에 대한 게시물을 순서대로 업로드하며, 나만의 여행 코스를 완성해 갑니다.

세계 여행 코스 제작 방법

① ‘+’ 클릭

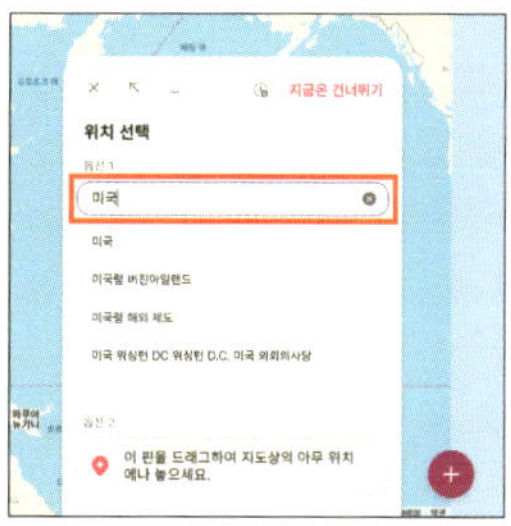
② 나라 검색 후 해당 나라 선택

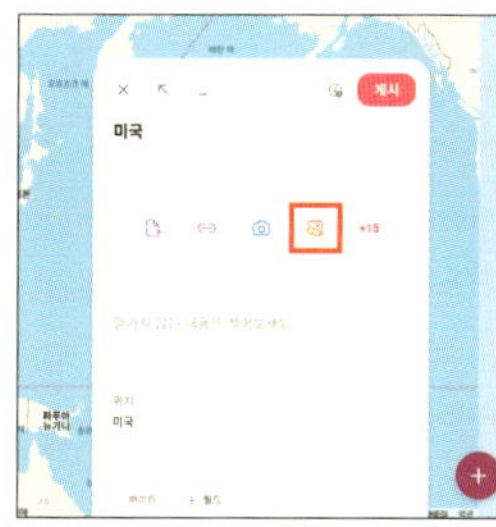
③ ‘이미지 검색’ 클릭

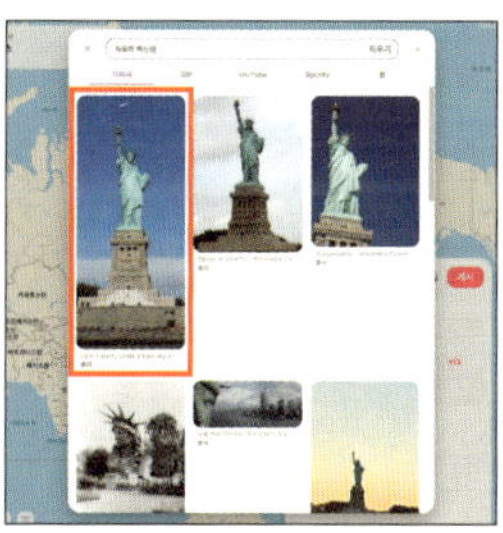
④ 명소, 음식 등을 검색하여 원하는 사진 선택

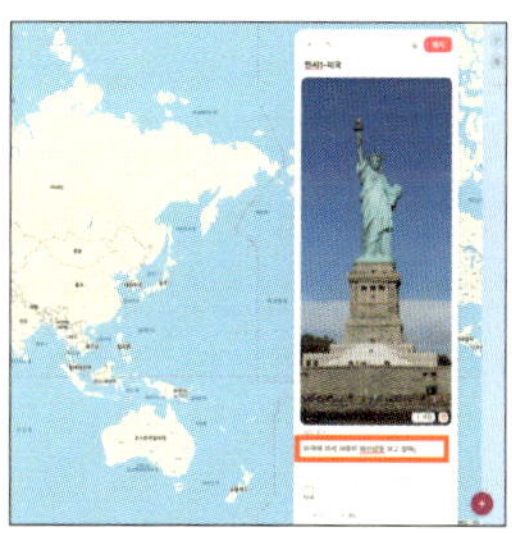
⑤ 제목과 내용 작성

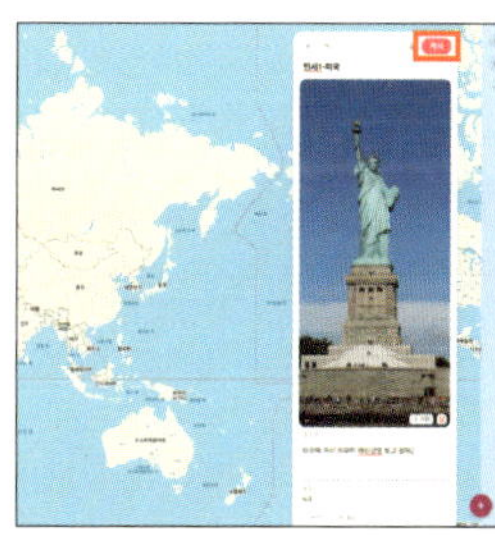
⑥ ‘게시’ 클릭

3. 친구의 여행 코스대로 가상 여행 떠나기

이번에는 패들렛에 게시된 친구들의 여행 계획을 따라가며 가상의 세계 여행을 해 봅니다. 패들렛 상단의 검색창에 학생의 이름을 검색합니다. 해당 학생이 올린 여행 코스 게시물들이 화면 왼쪽에 순서대로 나타납니다. 여행 순서를 따라 게시물을 차례대로 클릭하면서 학생의 여행 여정을 따라갑니다. 학생들은 패들렛의 '좋아요'와 댓글 기능을 사용하여 인상 깊은 여행 코스에 반응을 남깁니다. 감상을 마친 후에는 인상 깊었던 친구의 여행지를 하나 골라 선택한 이유를 활동지에 작성하고, 친구들과 함께 이야기를 나눠 봅니다.

여행 코스 가상 여행 방법

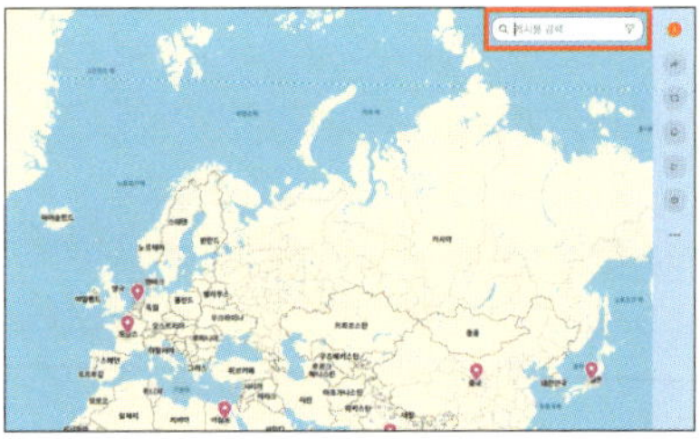

① 검색창에 학생 이름 검색

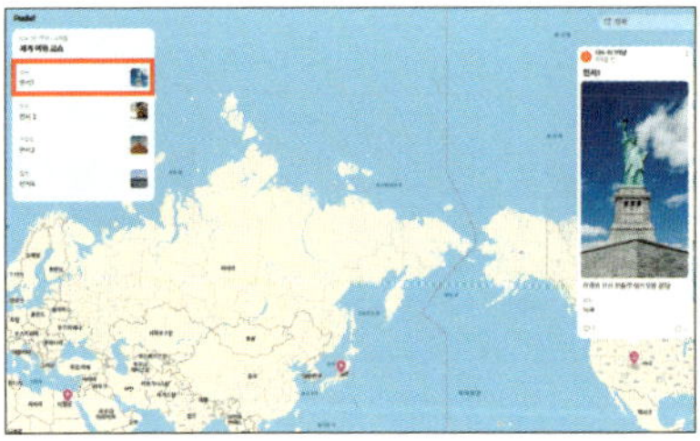

② 여행 순서대로(1-2-3-4) 게시물 클릭하여 여행 코스 감상

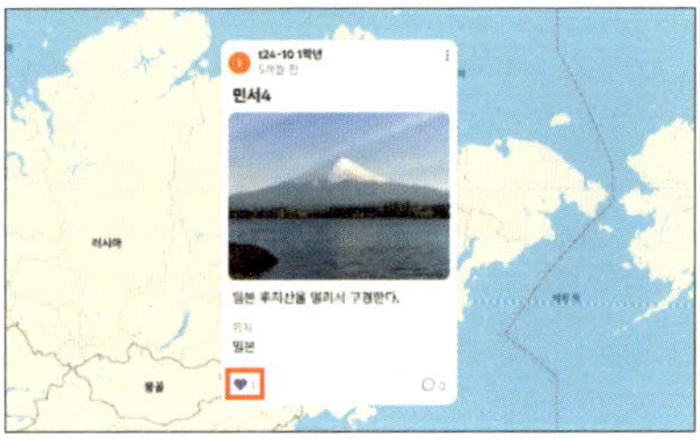

③ '좋아요' 클릭 또는 댓글 작성

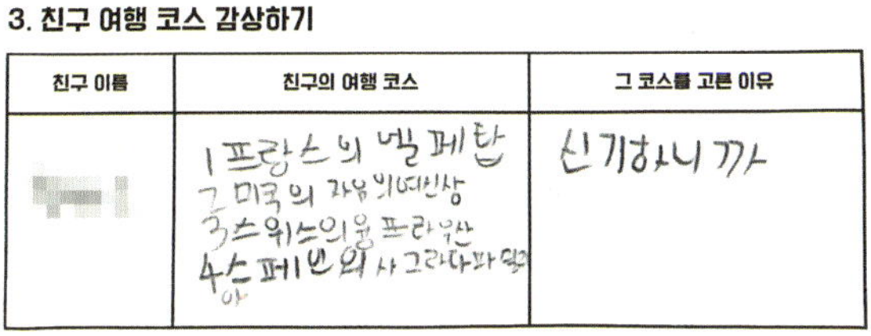

3. 친구 여행 코스 감상하기

친구 이름	친구의 여행 코스	그 코스를 고른 이유
	1프랑스의 에펠탑 2미국의 자유의여신상 3스위스의 융프라우산 4스페인의 사그라다파밀리아	신기하니까

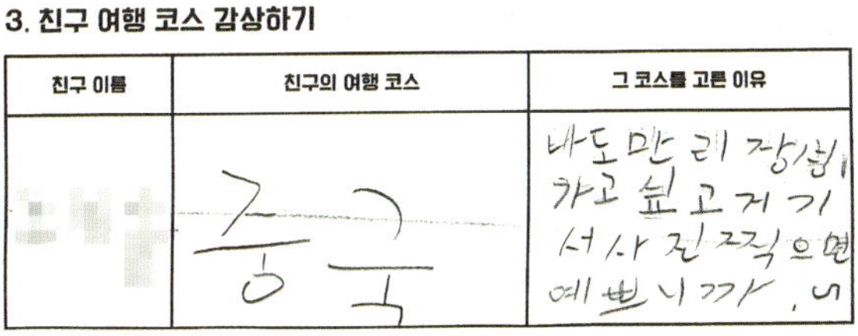

3. 친구 여행 코스 감상하기

친구 이름	친구의 여행 코스	그 코스를 고른 이유
	중국	나도 만리장성에 가고 싶고 거기서 사진 찍으면 예쁘니까. ㅋ

인상 깊은 여행 코스 선정

수업 tip

- ☑ 저학년 수준에서 세계 여러 나라를 탐색하는 것이기 때문에 현실적으로 실행하기 어려운 여행 코스를 짜는 것도 허용합니다.
- ☑ 패들렛 내 이미지 검색에서 나오지 않을 경우, 구글이나 네이버 검색창에 검색해서 이미지를 찾아보고 이미지를 복사해 붙이거나 캡처하여 업로드하는 방법을 안내합니다.
- ☑ 단원 마무리 활동으로 하는 경우, 이번 단원에서 살펴본 세계 여러 나라의 자랑거리, 음식, 춤, 놀이, 전통 옷과 집, 체험해 보고 싶은 활동 등을 다시 떠올린 후, 직접 가서 하고 싶은 활동이나 꼭 먹어 보고 싶은 음식 등을 생각해 보도록 안내합니다.

통합

사계절 나만의 정원

정원의 시간들

계절의 변화 속 자연의 모습을 관찰하는 수업은 사계절의 특징을 탐색하기 위한 과정 중 하나입니다. 특히 계절마다 변화하는 색, 소리, 식물을 보고 듣고 느끼는 활동은 중요한 의미를 갖습니다. 하지만 모든 계절의 모습을 실시간으로 관찰하기에는 시간적, 환경적 제약이 많습니다.

'정원의 시간들'은 다양한 식물과 구조물을 배치해 나만의 정원을 꾸밀 수 있는 에듀테크 도구입니다. 웹 브라우저 기반으로 로그인 없이 바로 접속 가능하며, 정원을 3차원 시점에서 감상할 수 있습니다. 계절을 선택하여 식물의 변화뿐 아니라 새소리나 바람 소리 등 계절의 소리도 함께 들을 수 있습니다. 또한, 실제로는 관찰이 힘든 계절의 변화 모습을 시각적, 청각적으로 비교하는 것도 가능합니다.

'사계절 나만의 정원' 수업은 마음에 드는 식물을 골라 식재 계획도에 배치하여 나만의 정원을 완성하고 계절별 정원의 모습을 감상하는 활동입니다. 정원을 만들기 전 학생들은 식물도감에서 식물의 특징과 계절별 변화 모습을 탐색하고, 이를 바탕으로 정원을 구성합니다. 이를 통해 학생들은 실시간으로 사계절 자연의 모습을 보며 계절 변화를 생생하게 느낄 수 있습니다.

수업의 이모저모

- 관련 과목: 통합교과 (계절), 창체
- 학년: 2학년 2학기
- 난이도: 하
- 수업 시간: 1차시 이상
- 준비물: 디지털 기기, 계절 사진 자료

1. 계절 모습 떠올리기

교사는 학생들에게 계절별 자연 사진을 보여 주고 학생들은 계절의 변화와 관련된 자신의 경험을 떠올려 봅니다. 예를 들어, 교사는 벚꽃이 흩날리는 풍경 사진을 보여 주며 "어떤 계절 같나요?"라고 질문합니다. 학생들은 "봄이요."라고 대답합니다. 교사는 학생들에게 봄에 어떤 자연을 보았는지 짝과 함께 경험을 나누도록 안내합니다. 학생들의 머릿속에 떠오른 다양한 계절의 이미지는 이어지는 활동에서 각자의 정원으로 표현하게 됩니다.

계절별 사진

2. 식물도감 탐색하기

교사는 정원의 시간들 사이트에 접속한 뒤 '식물도감'에 접속합니다. 식물을 클릭하면 설명창이 뜹니다. 설명창에는 이름, 분류 체계, 꽃이 피는 시기, 열매가 맺히는 시기, 모양, 색깔 등의 정보가 있습니다. 특징들을 읽고 난 후, 계절 선택 버튼을 움직여 계절이 바뀔 때마다 식물이 어떻게 달라지는지도 살펴봅니다. 좌우의 화살표를 클릭해 화면을 이동하며 여러 식물을 충분히 탐색하도록 합니다.

식물도감 탐색 방법

① '식물도감' 클릭

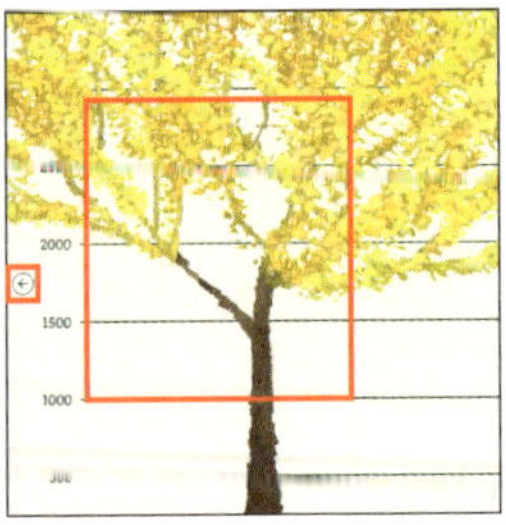

② '←', '→' 클릭 후 원하는 식물 클릭

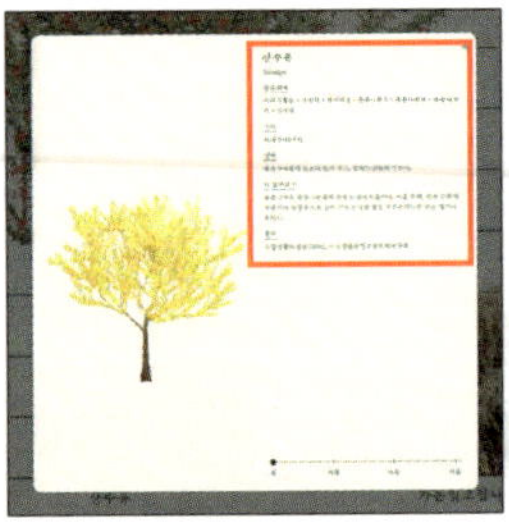

③ 특징 살펴보기

④ '계절 선택' 버튼을 좌우로 움직이며 계절별 변화 모습 살펴보기

그다음, 학생들은 나만의 정원에 심고 싶은 2가지 식물을 선택합니다. 이어서 식물도감에 나오는 특징 중 꽃이 피는 시기, 꽃과 열매의 색깔과 식물의 크기를 활동지에 적습니다. 이를 통해 학생들은 계절에 따라 달라지는 식물의 변화를 자연스럽게 이해하게 됩니다.

내가 선택한 식물	이 식물은 언제 꽃이 피나요?	어떤 특징이 있나요? (색깔, 크기 등)
산사나무	4~5월	최대 4~8미터
산수국	7~8월	0.5~2미터

내가 선택한 식물	이 식물은 언제 꽃이 피나요?	어떤 특징이 있나요? (색깔, 크기 등)
산수유	3~4월	최대 5·12미터
함박꽃나무	5~6월	흰색 꽃, 최대 6~10미터

식물도감 탐색 기록

3. 나만의 정원 만들기

[활동 2]에서 정리한 식물 정보를 바탕으로 학생들은 직접 나만의 정원을 만들어 봅니다. 교사는 먼저 나만의 정원을 만드는 방법을 안내합니다. '정원의 시간들' 사이트의 메인 화면에서 '시작하기'를 클릭하여 접속합니다. 우측의 식물 목록 중 원하는 식물을 클릭해서 끌어다 놓으면 정원에 심을 수 있습니다. 지우고 싶을 때는 '식물 지우기'나 '실행 취소'를 클릭하면 됩니다.

나만의 정원 제작 방법

① '시작하기' 클릭

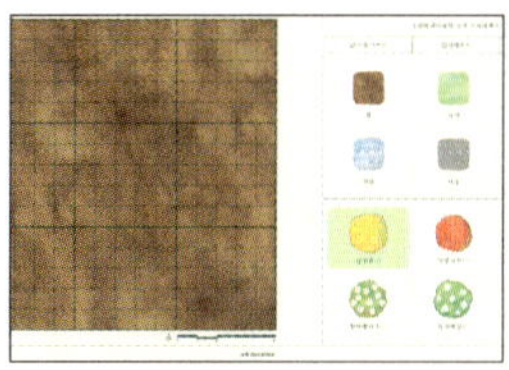

② '식재 계획도' 접속

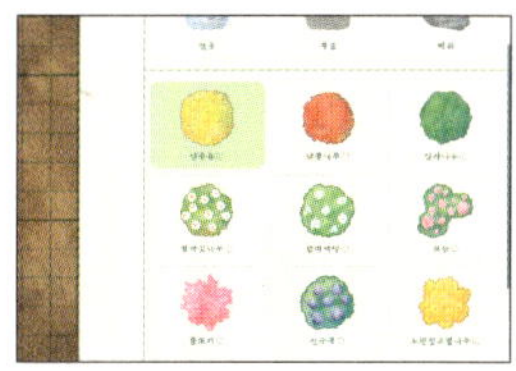

③ 식물 그림, 구성물 중 원하는 것 선택 후 드래그

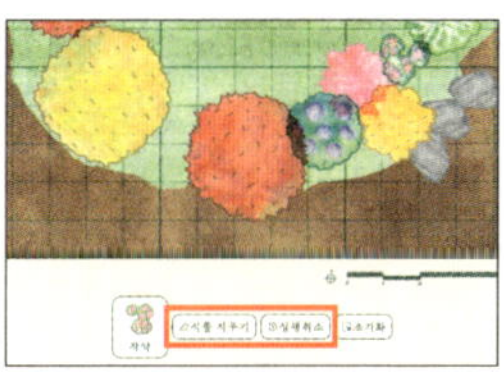

④ '식물 지우기' 또는 '실행 취소' 클릭하여 수정

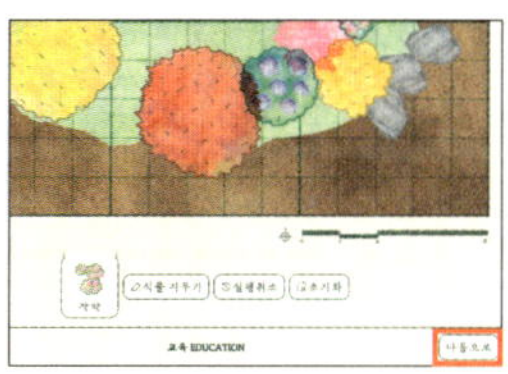

⑤ '다음으로' 클릭

⑥ 3D로 변환된 정원 확인

⑦ 계절 선택 버튼을 바꿔 가며 계절 변화 확인

⑧ 수정 필요 시 '이전으로' 클릭 후 수정

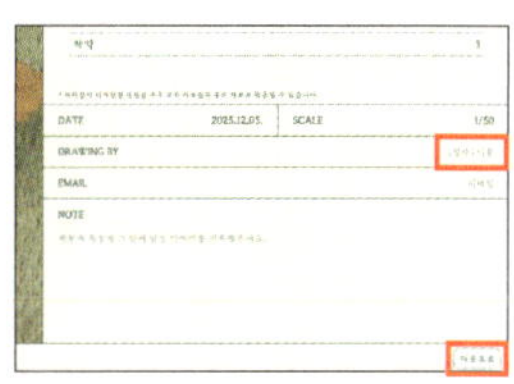

⑨ 이름 작성 후 '다음으로' 클릭

학생들은 식물도감에서 탐색한 식물 중에서 식물을 선택해 식재 계획도에 배치합니다. 탐색했던 식물 외에도 잔디, 자갈, 연못, 바위 등 다양한 요소를 추가하며 나만의 정원을 꾸밉니다. 나만의 정원 구성이 완료되면 '다음으로' 버튼을 클릭하여 3차원 보기로 전환합니다. 이 기능을 통해 학생들은 자신이 만든 정원을 실제 정원을 산책하듯 생생하게 볼 수 있으며 자신이 만든 공간의 조화로움을 확인할 수 있습니다.

4. 내가 만든 정원 감상하기

학생들은 화면을 눌러 옆으로 돌리면서 회전 기능을 활용해 다양한 각도에서 정원을 감상합니다. 이어 계절 선택 버튼을 조작하여 봄에서 겨울까지 순차적으로 변화하는 식물의 모습을 관찰합니다. 이때 주변 배경과 소리의 변화도 느낄 수 있습니다. 예를 들어, 봄에는 새소리가 들

내가 만든 정원 및 친구들이 만든 정원 감상 방법

① '계절 선택' 버튼을 좌우로 움직여 계절별로 변화 모습 확인

② 화면을 눌러 옆으로 밀면서 회전 시켜 다양한 시각에서 감상

③ 화살표 누르며 다른 학생의 작품 감상

리고 여름에는 매미 소리가 들립니다. 이를 통해 학생들은 계절이 변하면서 자연의 색깔, 모습, 소리가 어떻게 바뀌는지 집중하게 됩니다. 각자 자신이 만든 정원을 감상한 후에는 활동지에 정원의 이름과 가장 마음의 드는 부분을 적습니다.

5. 우리 반 정원 감상하기

교사는 정원의 시간들의 '참여 작품 보기' 기능을 활용해 학생들의 정원을 화면에 띄워 보여 줍니다. 학생들은 친구들이 만든 정원을 살펴보며 자신이 심은 식물 이외의 다양한 식물들의 계절별 모습을 관찰합니다. 이 과정을 통해 학생들은 계절감과 조화로움, 아름다움 등을 느껴볼 수 있습니다. 감상을 마친 후, 학생들은 친구들의 정원 중 인상 깊었던 정원을 선정하고 활동지에 작성하면서 수업을 마무리합니다.

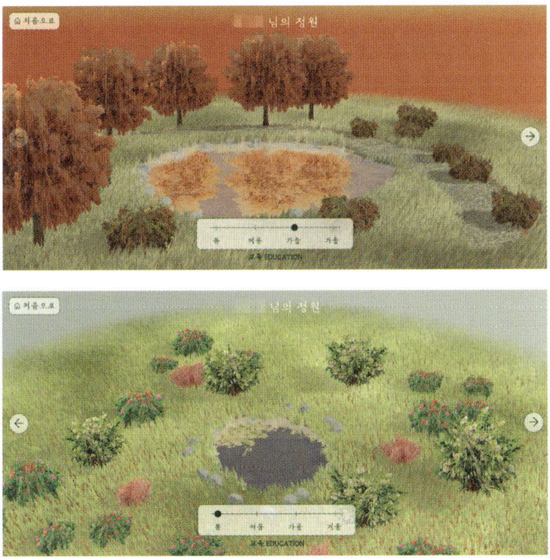

학생 결과물

수업 tip

- ☑ '정원의 시간들'에는 저장과 공유 기능이 없으므로 정원을 완성한 뒤 시간이 지나 재접속하면 이전 작업물이 사라집니다. 따라서 교사는 정원을 만들고 나면 즉시 화면을 캡처하여 저장해 놓도록 안내합니다.
- ☑ 학생들이 패들렛 사용 방법에 익숙하다면, 캡처한 이미지를 패들렛에 게시하도록 하여 정원 작품을 기록으로 남길 수 있습니다

통합

기상 캐스터가 되어 만드는 일기 예보

캔바(Canva)

계절별 날씨 변화를 이해하는 수업은 계절의 흐름을 생활 속에서 느낄 수 있는 활동 중 하나입니다. 계절별 날씨 특징을 바탕으로 일기 예보 역할 놀이를 하면 학생들이 계절별 날씨를 재미있고 생생하게 학습할 수 있습니다. 그러나 일반적인 역할 놀이로 진행할 때 몰입감을 높이기 위해서 뉴스 배경판, 마이크 등 많은 소품을 준비해야 한다는 부담이 있습니다.

'캔바(Canva)'는 그림, 영상, 템플릿, 배경 음악 등을 무료로 제공하고 영상 편집을 쉽게 할 수 있는 도구입니다. 특히 '배경 제거' 기능을 활용하면 저학년 학생들도 실제 일기 예보 화면처럼 표현하는 활동을 큰 부담 없이 진행할 수 있습니다. 또한, 뉴스 템플릿을 영상 배경으로 활용하면 별도로 배경 판을 만들 필요가 없어서 번거로움을 줄일 수 있습니다.

'기상 캐스터가 되어 만드는 일기 예보'는 계절별 날씨의 특징을 알아본 후, 기상 캐스터가 일기 예보를 하듯이 날씨를 소개하는 영상을 만드는 수업입니다. 먼저 일기 예보 영상을 살펴보고, 자신의 경험을 떠올려 날씨 카드를 계절별로 분류합니다. 계절별 날씨를 학습한 다음, 모둠별로 대본을 작성하여 영상을 촬영합니다. 그다음, 캔바를 활용해 편집하여 일기 예보 영상을 제작합니다. 이를 통해 학생들은 단순한 날씨 학습에서 그치지 않고 계절별 날씨의 차이를 자연스럽게 이해할 수 있습니다.

수업의 이모저모

- 관련 과목: 통합교과 (계절), 국어
- 학년 학기: 2학년 2학기
- 난이도: 중
- 수업 시간: 3차시 이상
- 준비물: 디지털 기기, 활동지, 일기 예보 영상, 날씨 카드

1. 계절별 날씨 특징 정리하기

먼저 뉴스 속 일기 예보 영상을 계절별로 하나씩 시청합니다. 그다음, 교사는 학생들과 함께 일기 예보에서 다룬 계절별 날씨의 특징에 관해 이야기해 봅니다. 예를 들어, 영상 속 기상 캐스터는 기온이 낮을 때는 빙판길을 조심하라고 알려 주고, 비가 오면 우산을 챙기라고 안내합니다. 이때, 학생들은 날씨에 따라 옷차림이나 주의할 점을 설명하는 표현도 같이 익힙니다.

학생들이 모둠별로 자리를 구성한 후, 교사는 각 모둠에 날씨 카드 세트를 나누어 줍니다. 학생들은 앞서 본 일기 예보 영상과 자신의 경험을 바탕으로 모둠원들과 토의하며 날씨 카드를 계절에 따라 분류합니다. 이때 일부 학생들의 경우 봄, 여름, 가을, 겨울에 모두 비가 온 것

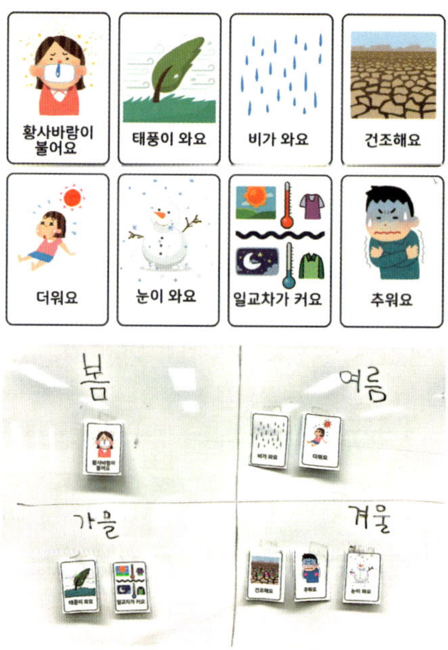

계절별 날씨 표현 분류

을 본 적이 있어, '비가 온다' 카드를 어느 계절에 놓아야 할지 혼란스러워할 수 있습니다. 이러한 학생들에게는 교사가 그 날씨를 자주 볼 수 있는 계절을 선택하도록 지도합니다.

모둠 활동이 끝난 후 교사는 날씨 카드를 사용하여 학생들과 함께 날씨 표현을 정리해 봅니다. 칠판을 '봄', '여름', '가을', '겨울' 4구역으로 나눈 다음, 교사가 날씨를 말하면 학생들이 대답하는 계절을 확인하고 해당 날씨 카드를 칠판에 붙입니다.

2. 일기 예보 준비하기

이제 학생들은 역할을 나누어 일기 예보 영상 제작을 준비합니다. 각 모둠 안에서 뉴스 앵커, 기상 캐스터, 촬영 감독, 편집 감독, 대본 작가로 역할을 나눕니다. 교사는 각 역할이 어떤 역할인지 알려 주고, 대본의 내용은 모둠원 전체가 함께 토의하여 결정해야 함을 안내합니다.

일기 예보 역할 안내

학생들은 모둠 안에서 원하는 계절을 1가지 정한 뒤 해당 계절의 날씨에 대한 뉴스 대본을 써 봅니다. 활동지를 활용해 인사말, 날씨 내용, 날씨에 따른 권고 사항 등을 순서대로 구상합니다. 이때 교사는 학생들의 부담을 덜어 주기 위해 대본 양식의 문장 중 일부를 빈칸으로 제시합니다. 대본 작가는 토의 후 결정된 대본 내용을 활동지에 작성합니다. 학생들이 대본을 작성한 후, 교사가 대본 내용이 적절한지 살펴보고 피드백을 제공합니다. 대본이 확정되면 뉴스 앵커와 기상 캐스터는 대본을 보고 소리 내어 읽으며 연습합니다.

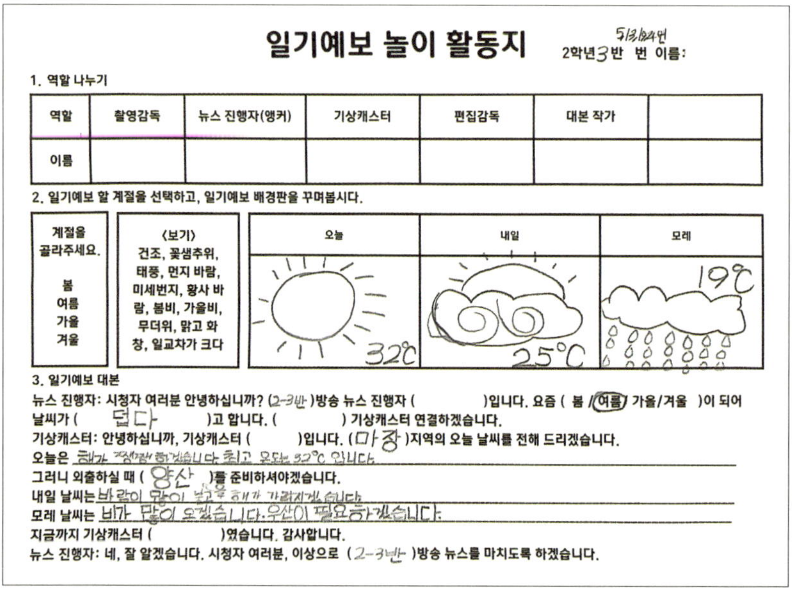

일기예보 놀이 활동지

2학년 3 반 번 이름:

1. 역할 나누기

역할	촬영감독	뉴스 진행자(앵커)	기상캐스터	편집감독	대본 작가	
이름						

2. 일기예보 할 계절을 선택하고, 일기예보 배경판을 꾸며봅시다.

계절을 골라주세요. 봄 여름 가을 겨울	〈보기〉 건조, 꽃샘추위, 태풍, 먼지 바람, 미세먼지, 황사 바람, 봄비, 가을비, 무더위, 맑고 화창, 일교차가 크다	오늘	내일	모레
		32°C	25°C	19°C

3. 일기예보 대본

뉴스 진행자: 시청자 여러분 안녕하십니까? (2-3반)방송 뉴스 진행자 (　　　)입니다. 요즘 (봄 / 여름 / 가을/겨울)이 되어 날씨가 (덥다)고 합니다. (　　　) 기상캐스터 연결하겠습니다.

기상캐스터: 안녕하십니까, 기상캐스터 (　　　)입니다. (마장)지역의 오늘 날씨를 전해 드리겠습니다.

오늘은 해가 쨍쨍 하겠습니다 최고 온도는 32°C 입니다

그러니 외출하실 때 (양산)를 준비하셔야겠습니다.

내일 날씨는 바람이 많이 불고 해가 가려지겠습니다

모레 날씨는 비가 많이 오겠습니다. 우산이 필요하겠습니다.

지금까지 기상캐스터 (　　　)였습니다. 감사합니다.

뉴스 진행자: 네, 잘 알겠습니다. 시청자 여러분, 이상으로 (2-3반)방송 뉴스를 마치도록 하겠습니다.

일기 예보 역할 분배 및 대본 작성

3. 일기 예보 영상 만들기

학생들은 준비한 대본을 바탕으로 뉴스 영상을 촬영하고 영상을 편집해 봅니다. 먼저 교실에서 영상을 촬영합니다. 학생들이 가장 많이 하는 실수는 종이 대본으로 얼굴을 가리는 것이기 때문에 교사는 이 점을 주의하도록 사전에 안내합니다. 촬영이 끝나면 편집 감독 역할을 맡은 학생이 중심이 되어 편집합니다. 교사는 캔바에 미리 뉴스 템플릿을 만

들어 두고 '할당' 기능으로 학생들에게 문서의 사본을 배부합니다.

편집하기 위해서는 먼저 태블릿 기본 카메라 앱으로 촬영한 영상을 캔바에 업로드합니다. 그다음, 배경 제거 기능을 활용해 불필요한 배경을 삭제합니다. 만약 지워지지 않는 부분이 있다면 영상의 가장자리를 잘라 냅니다. 텍스트 상자를 눌러 자막, 날짜, 온도를 변경합니다. '요소'

일기 예보 영상 편집 방법

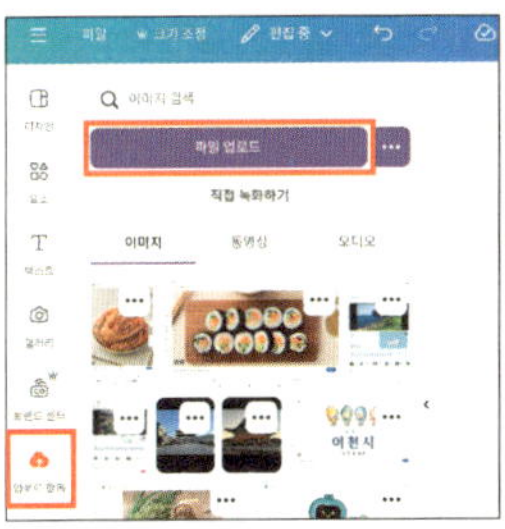

① '업로드 항목'-'파일 업로드' 클릭

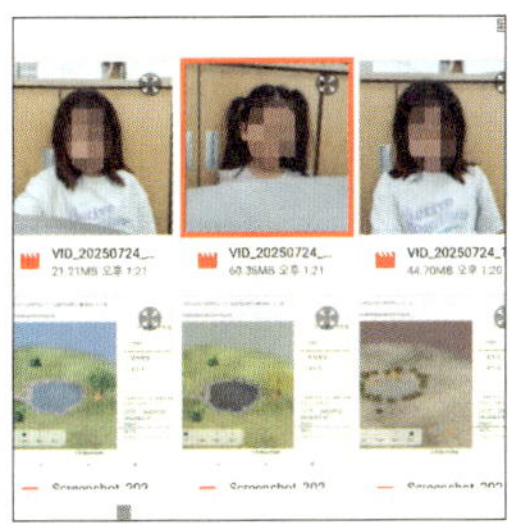
② 촬영한 영상 선택

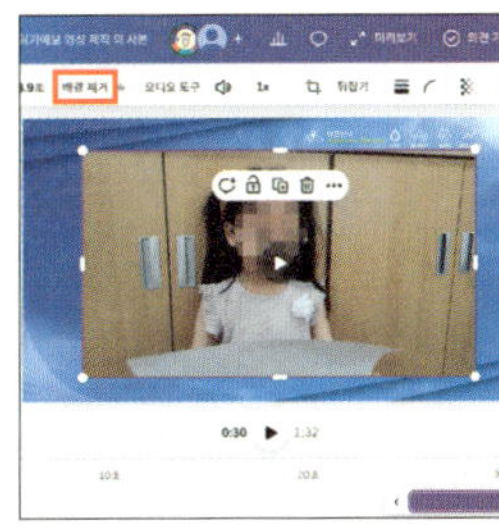
③ 영상 클릭 후 '배경 제거' 클릭

④ 크기 및 위치 조정

⑤ 템플릿 안의 텍스트 상자 클릭

⑥ 자막 내용 변경

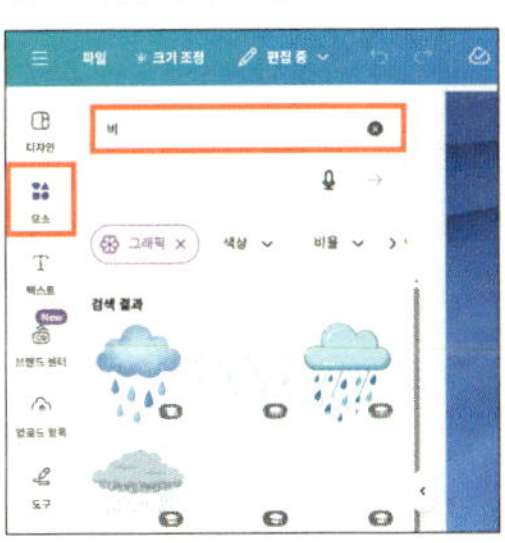
⑦ '요소' 클릭 후 원하는 날씨 검색

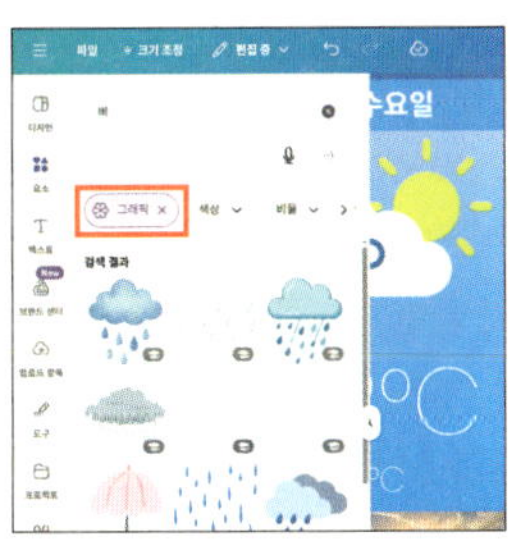
⑧ '그래픽' 클릭 후 원하는 그래픽 선택

⑨ 크기 및 위치 조정

에서 번개, 비, 해 등 날씨 관련 '그래픽'을 찾아 영상에 삽입합니다. 위치와 크기를 조정해 영상에 자연스럽게 배치합니다. 영상 편집이 끝나면 '교사에게 보내기' 기능을 이용해 교사에게 제출합니다.

4. 일기 예보 함께 시청하기

교사는 학생들과 완성된 영상을 감상하고 인상 깊었던 장면이나 칭찬하고 싶은 점을 이야기 나눕니다. 이때 영상은 각자 태블릿 화면으로 작게 보기보다는 큰 화면으로 함께 보는 것이 좋습니다. TV로 시청하면 마치 실제 뉴스를 보는 듯한 느낌이 들어 학생들이 더 큰 성취감을 느낄 수 있습니다.

학생 결과물

수업 tip

- ☑ 교사는 태블릿이 흔들리지 않도록 팔을 몸에 붙여 촬영하는 방법을 알려 줍니다.
- ☑ 영상 촬영 시 뒷배경이 최대한 단조로운 곳을 찾도록 합니다. 영상 편집 단계에서 캔바의 '배경 제거' 기능을 사용해도 주변에 물건이나 인물이 같이 있으면 제대로 제거되지 않을 수 있습니다.
- ☑ 태블릿으로 캔바에 영상을 올릴 때 '갤러리' 탭으로 올리면 '배경 제거'가 되지 않는 경우가 있습니다. 이때 카메라 앱으로 영상을 촬영한 뒤 '업로드 항목' 탭을 이용해 올리면 '배경 제거' 기능이 정상적으로 작동합니다.
- ☑ '업로드 항목'에서 영상을 올려도 '배경 제거'가 되지 않을 경우, 좌측의 업로드한 영상 목록에서 영상을 한 번 클릭한 후 다시 '배경 제거'를 선택하면 해결됩니다.

위인과 함께하는 질문 수업

투닝 캐릭터(Tooning Character)

위인의 삶을 알아볼 때는, 그 인물의 업적을 자세히 살펴보는 것뿐만 아니라 왜 그러한 말과 행동을 했는지 이해하는 것도 중요합니다. 하지만 저학년 학생들의 경우 긴 글을 읽고 위인의 삶을 정리하는 게 쉽지 않습니다. 또한, 과거의 인물은 자신과 멀다고 느껴 그 위인의 마음을 깊이 있게 공감하는 데 어려움을 느끼기도 합니다.

'투닝 캐릭터(Tooning Character)'는 채팅 형식으로 위인 캐릭터와 대화하듯 질문을 하고 답변을 받을 수 있는 인공 지능 기반의 챗봇 플랫폼입니다. 캐릭터의 말투와 성격이 반영되어 있어 마치 인터뷰를 하는 듯한 경험을 제공합니다. 구글 계정으로 바로 접속할 수 있고, 비속어 필터링 기능과 답변 길이 설정이 가능해 초등학생도 안전하게 활용 가능합니다.

'위인과 함께하는 질문 수업'은 인물 단원에서 주로 다루는 인물인 세종 대왕을 선택하여 학생들이 세종 대왕에게 직접 질문을 던지고, 답변을 통해 궁금증을 해결하는 과정으로 구성되어 있습니다. 책에서 얻은 정보 외에도 새로운 사실을 투닝 캐릭터를 통해 확인하고, 질문을 정제하거나 답변을 재구성하며 탐구 활동을 확장해 봅니다. 이를 통해 학생들은 위인의 삶을 더 깊이 이해할 수 있을 것입니다.

수업의 이모저모

- 관련 과목: 통합교과 (인물)
- 학년: 2학년 2학기
- 난이도: 중
- 수업 시간: 2차시 이상
- 준비물: 디지털 기기, 활동지

1. 세종 대왕 알아보기

먼저 교사는 미리 준비한 활동지를 나눠 준 후, 학생들과 활동지 속 짧은 읽기 자료를 소리 내어 읽습니다. 학생들은 세종 대왕이 한글을 만든 이유, 백성을 위해 만든 발명품 등을 파악하며 세종 대왕의 삶을 이해해 봅니다. 다 읽은 후 교사는 "가장 인상 깊었던 부분은 어디였나요?", "세종 대왕에게 직접 질문할 수 있다면 무엇을 물어보고 싶나요?" 등의 질문을 하면서 학생들의 관심과 참여를 이끕니다.

읽기 자료: 세종대왕은 어떤 왕인가요?

세종대왕은 책을 정말 사랑하는 왕이었습니다. 세종대왕은 백성들이 글자를 배우기 힘들어하는 모습을 보고 "모두가 쉽게 글을 읽고 쓰면 좋겠다!"라고 생각했어요. 그래서 소리 나는 대로 글자를 만든 '훈민정음'을 만들고, 모두에게 가르쳐 주었지요. 그것이 오늘날 '한글'이랍니다.
세종대왕은 비가 얼마나 오는지 알고 싶어서 '측우기'를, 해가 뜨고 지는 시간을 알려 주는 '해시계'를 만들었어요. 또 물이 흘러 시간을 알려 주는 '물시계'도 만들었답니다. 세종대왕 덕분에 우리 조상들은 글을 배우고, 날씨와 시간을 쉽게 알 수 있었어요. 오늘날 우리도 한글을 사랑하고, 똑똑했던 세종대왕을 기억해 보아요!

세종 대왕 읽기 자료 예시

2. 세종 대왕에게 물어볼 질문 만들기

교사는 "세종 대왕님께 직접 물어볼 수 있다면 어떤 걸 묻고 싶나요?"라고 질문을 던지며 활동을 시작합니다. 학생들은 세종 대왕에게 궁금한 점을 3가지 이상 생각해 보고 활동지에 자유롭게 작성합니다. 이때 교사는 "왜 글자를 만드셨어요?", "어떻게 그렇게 많은 책을 읽으셨어요?" 등과 같은 예시 질문을 화면에 띄워 학생들이 참고할 수 있도록 안내합니다. 그다음, 학생들은 자신이 선택한 질문에 대한 세종 대왕의 예상 답변도 간단히 작성해 봅니다. 이 활동을 통해 학생들은 인물의 삶에 대한 깊이 있는 궁금증을 바탕으로 탐구의 방향을 스스로 세우게 됩니다.

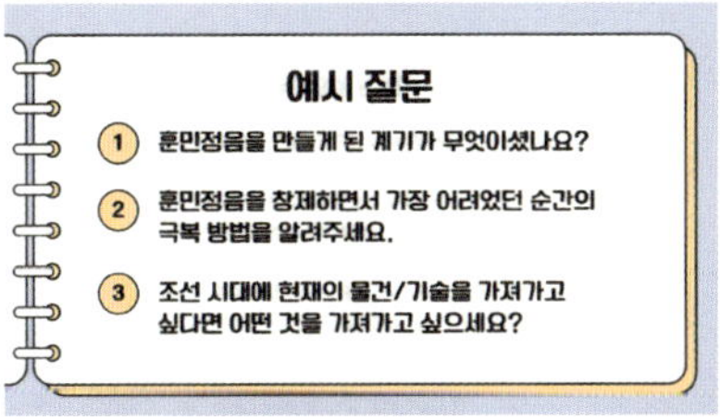

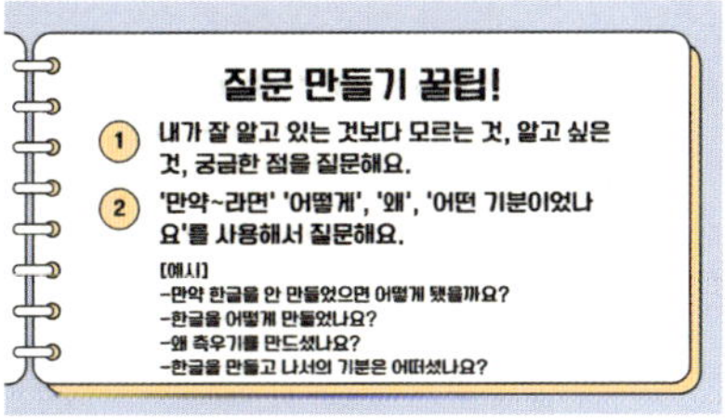

질문 만들기

3. 투닝 캐릭터에 질문하기

먼저 투닝에 구글 계정으로 로그인 후 투닝 캐릭터에 접속합니다. '새 대화'를 클릭하여 '세종 대왕'을 검색하고 캐릭터를 선택합니다. '대화 만들기'를 클릭해 대화창을 생성한 다음, 설정에서 '대답 난이도: 쉬움', '대답 길이: 아주 짧게', '창의성: 일관적으로'로 맞춥니다.

이때, 교사는 학생들에게 질문 가능 횟수가 10회로 제한되어 있으니 신중하게 질문해야 함을 안내합니다. 학생들은 자신이 활동지에 작성한 질문 중 하나를 골라 질문창에 입력합니다. "세종 대왕님, 백성들이 글을 못 읽는 걸 보고 어떤 마음이 들었나요?"와 같은 질문을 입력하면, 세종 대왕을 구현한 투닝 캐릭터가 세종 대왕의 말투로 응답합니다.

학생들은 세종 대왕의 답변을 읽고, 인상 깊은 표현이나 새롭게 알게 된 점을 활동지에 기록합니다. 또한, 자신이 예상한 답변과 얼마나 비슷했는지도 비교해 봅니다. 이때 교사는 인공 지능의 답변이 사실과 다를 수 있음을 안내합니다. 투닝 캐릭터 화면 하단에 있는 '정확도가 낮은 정보를 전달할 수 있음'이라는 문구를 학생들과 함께 읽습니다. 그 다음, 외부 사이트에서 검색 결과를 보면서 사실과 일치하는지 확인하는 과정을 보여 주며 사실 검증의 중요성을 강조합니다. 이처럼 예상 답변을 추측해 본 후 챗봇의 응답과 비교해 보는 활동은 단순 챗봇 활용을 넘어, 비판적 사고력과 디지털 리터러시를 함께 키우는 데 효과적입니다.

세종 대왕에게 질문하는 방법

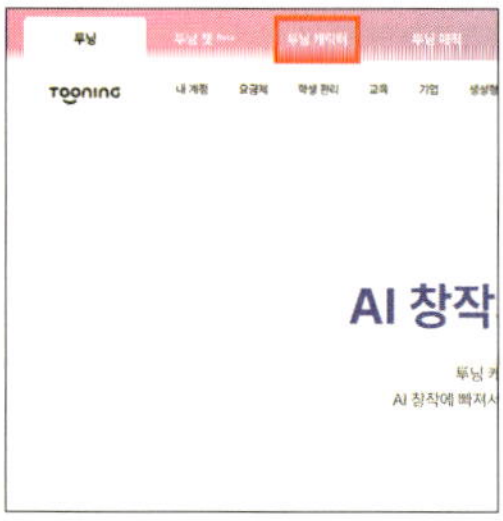

① 투닝 사이트 구글 계정 로그인 후 '투닝 캐릭터' 접속

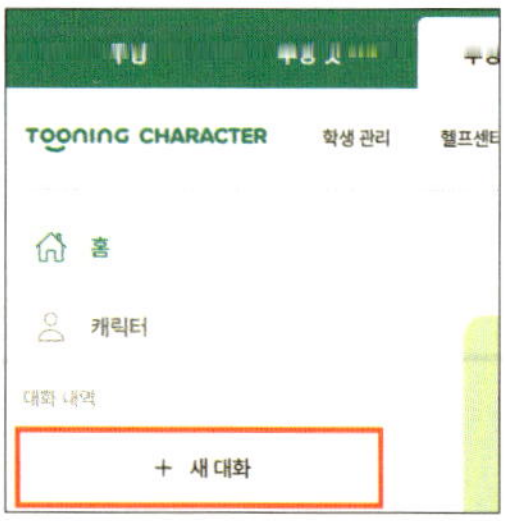

② '새 대화' 클릭

③ 돋보기 아이콘 클릭

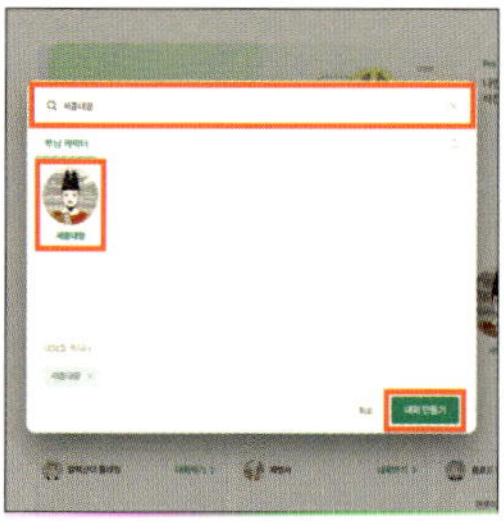
④ 세종 대왕을 검색하여 캐릭터 클릭 후 '대화 만들기' 클릭

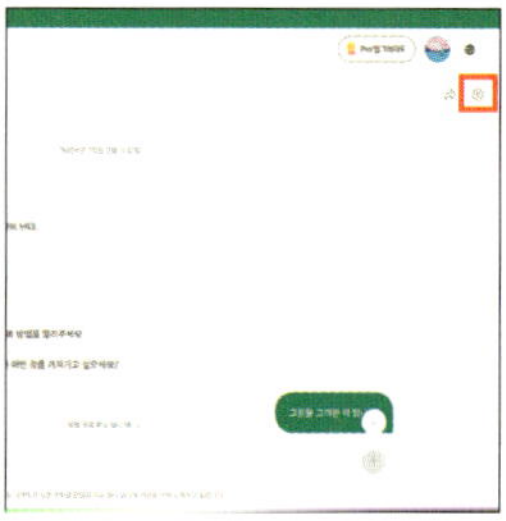
⑤ '톱니바퀴' 아이콘 클릭

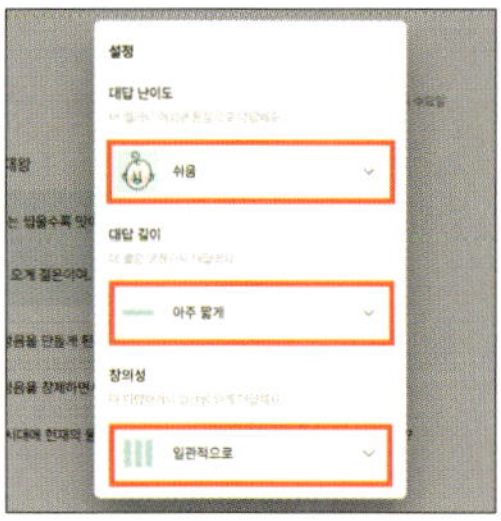

⑥ '대답 난이도'는 '쉬움', '대답 길이'는 '아주 짧게', '창의성'은 '일관적으로'로 설정

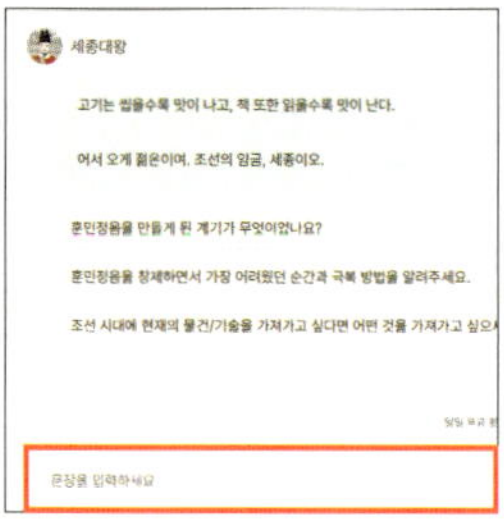

⑦ 입력창에 궁금한 질문 입력

학생들은 짝이나 소그룹을 이루어, 자신이 만든 질문과 투닝 캐릭터가 답한 내용을 서로 공유합니다. 예를 들어, "나는 '왜 글자를 만드셨어요?'라고 물었는데, '백성이 글을 몰라 안타까웠습니다.'라고 답이 왔어."라고 말하며, 자연스럽게 질문과 답을 정리해 봅니다. 친구와 서로 질문을 비교하면서 같은 주제를 물었더라도 어떤 표현과 방향으로 답이 달라졌는지 관찰합니다.

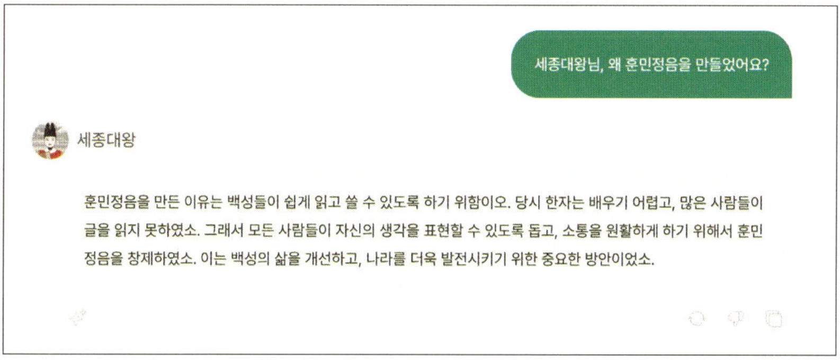

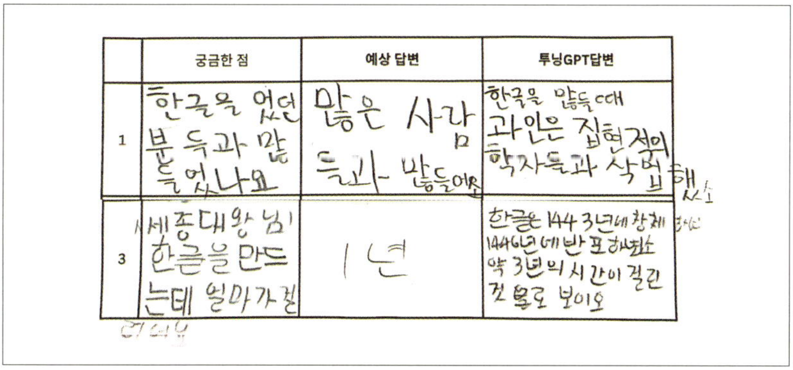

투닝 캐릭터 질문 활동

4. 세종 대왕 역할 놀이하기

이번 활동에서는 학생들이 세종 대왕의 입장이 되어 답을 만들어 보는 역할 바꾸기 활동을 합니다. 먼저 학생은 질문을 1가지 정합니다. 예를 들어, "지금 우리가 한글을 배우는 걸 보면 어떤 마음이 드시나요?"처럼 세종 대왕의 생각과 마음을 상상해 볼 수 있는 질문을 선택합니다.

질문이 정해지면 학생들은 세종 대왕이 된 듯한 말투로 대답을 생각합니다. 예를 들어, "너희가 한글을 배우고 있다니 참 기쁘구나. 백성을 위한 내 마음이 이어지고 있구나."처럼 표현해 봅니다. 활동지에 글로 써 본 뒤, 친구와 짝을 지어 역할 놀이로 대화를 주고받습니다. 한 명은 질문하고, 한 명은 세종 대왕처럼 대답합니다. 이 활동을 통해 학생들은 인물의 생각과 감정을 상상하며 말해 보고, 자연스럽게 인물의 삶과 가치에 대한 공감과 이해를 할 수 있습니다.

수업 tip

- ☑ 수업 전에 미리 학생 구글 계정을 생성하고, 기기에 등록해 놓으면 바로 투닝 캐릭터 로그인 후 사용할 수 있습니다.
- ☑ 학생들의 수준과 흥미에 따라 세종 대왕 이외에 다양한 역사적 인물 중 한 명을 선택하여 질문할 수 있도록 자율성을 줍니다.
- ☑ 투닝 캐릭터는 인물을 학습하기 전에 배경지식이 적을 때 조사하는 단계에서 활용해도 좋고, 조사 과정 이후에 학습 정리, 추가 탐색 및 역할 놀이를 위해 사용해도 효과적입니다.

부록

에듀테크 종류	소개 내용	관련 수업
구글 뮤지컬 캔버스	• 구분: 사이트 • 주요 기능: 그림을 그리면 인공 지능이 그림을 분석해 음악으로 변환 • 활용 방법 그림을 그려서 음악을 만들고 전자책에 음악 삽입하기	p.23
구글 트렌드	• 구분: 사이트 • 주요 기능: 특정 검색어의 인기도를 시간의 흐름에 따라 그래프로 시각화 • 활용 방법 특정 검색어를 입력해 지역별 관심도를 확인하고 지방 자치와 정치 참여 학습하기	p.253
국악놀이터	• 구분: 앱 • 주요 기능: 국악 장단 체험, 가상 국악기 합주 및 작곡 • 활용 방법 1) 국악 장단 연주하고 나만의 장단꼴 창작하기 2) 작곡 기능을 활용해 민요 작곡하기	p.172 p.184
네이버 지도	• 구분: 앱/사이트 • 주요 기능: 디지털 지도, 위치 찾기, 길 찾기, 거리뷰 • 활용 방법 위치 찾기와 거리뷰 기능으로 우리 마을 장소 탐색하기	p.284
리드 어롱	• 구분: 사이트 • 주요 기능: 다양한 수준의 영어 동화 지문 제공, 인공 지능 기반 음성 인식 및 영어 유창성과 정확성 평가 • 활용 방법 영어 동화책을 읽고 발음 정확도와 말하기 유창성에 따라 얻은 별의 개수로 게임하기	p.97
마인크래프트	• 구분: 앱/프로그램 • 주요 기능: 직육면체 블록을 쌓아 공간을 구성 • 활용 방법 직육면체 블록을 쌓아 나만의 방을 만들며 부피와 겉넓이 계산하기	p.143

에듀테크 종류	소개 내용	관련 수업
멘티미터 Mentimeter	• 구분: 사이트 • 주요 기능: 설문 응답을 실시간으로 시각화 • 활용 방법 1) 자신의 하루 일과 중 낭비된 시간을 점검하고, 워드 클라우드 기능으로 학급 내 답변 확인 후 시간 전략 세우기 2) 미디어 개념, 자주 사용하는 미디어에 대한 학급 선제 의견 수렴	p.118 p.217
미조우 MIZOU	• 구분: 사이트 • 주요 기능: 프롬프트를 작성하여 교육용 챗봇 제작 및 학생과 챗봇의 대화 검토 • 활용 방법 챗봇과 대화하며 생물의 한살이 조사하고 한살이 도감 만들기	p.150
북크리에이터	• 구분: 사이트 • 주요 기능: 이미지, 카메라, 펜, 텍스트, 녹음 등 도구를 활용해 전자책 제작 • 활용 방법 1) 전래 동화 이야기를 재구성하고 그림, 텍스트, 녹음을 넣어 전자책 제작하기 2) 캔바와 연동하여 계절별 별자리 책 만들기 3) 긍정 조약돌 이야기책 만들기	p.23 p.158 p.244
빅카인즈 BIGKinds	• 구분: 사이트 • 주요 기능: 국내 주요 언론사 기사를 주제, 기간, 언론사별로 필터링하여 검색 • 활용 방법 뉴스 기사 속 속담 탐색 후 속담이 사용된 맥락 이해하기	p.85
수노 SUNO	• 구분: 사이트 • 주요 기능: 가사, 분위기 입력 후 생성형 인공 지능 기반으로 음악 제작 • 활용 방법 우정 관련 노래 가사 작사 후 우정송 만들기	p.276
스크루블리 Scroobly	• 구분: 사이트 • 주요 기능: 신체 움직임을 실시간으로 인식하여 녹화 후 움직이는 그림 제작 • 활용 방법 감정 이모티콘 그린 후 동작을 촬영하여 움직이는 감정 이모티콘 만들기	p.237

에듀테크 종류	소개 내용	관련 수업
아워원	• 구분: 사이트 • 주요 기능: 실제 영상과 딥페이크 사용 영상을 구별하는 게임 • 활용 방법 가짜 뉴스 사례를 본 후 실제 영상과 딥페이크 사용 영상을 구별하며 디지털 윤리 학습하기	p.217
아일오브튠	• 구분: 사이트 • 주요 기능: 비트, 베이스, 멜로디를 정원 속 나무, 가로등, 화분 등으로 구현, 다양한 아이콘으로 정원 구성 • 활용 방법 음악 기초 요소가 구현된 아이콘을 배치해 음악 정원 창작하기	p.177
알지오매스	• 구분: 사이트 • 주요 기능: 도형을 직접 그리고 움직이며 변형 • 활용 방법 평면 도형을 활용해 우리가 사는 곳의 장소 표현하기	p.124
애니메이티드 드로잉	• 구분: 사이트 • 주요 기능: 종이에 그린 그림을 인공 지능으로 애니메이션화 • 활용 방법 그림책 속 주인공 그림에 움직임을 더해 살아 움직이는 주인공 만들기	p.12
어도비 파이어플라이	• 구분: 사이트 • 주요 기능: 프롬프트 작성하여 인공 지능으로 이미지 생성 • 활용 방법 미래에 살고 싶은 집 설명문 작성 후 인공 지능으로 이미지 생성하기	p.54
엔트리	• 구분: 사이트 • 주요 기능: 블록 코딩으로 프로그래밍, AI 및 데이터 분석 기술 활용 • 활용 방법 책을 읽고 이야기 장면을 코딩하여 디지털 그림책 제작하기	p.68

에듀테크 종류	소개 내용	관련 수업
원더 오브 원더 아트	• 구분: 사이트 • 주요 기능: 그림을 그려 넣으면 캐릭터가 춤을 추고 그림이 튀어 오르는 효과 추가 • 활용 방법 나를 표현하는 캐릭터 만들고 자기소개하기	p.191
정원의 시간들	• 구분: 사이트 • 주요 기능: 식물을 배치해 정원을 만들고 3D화하여 계절별 달라지는 모습 및 소리 제공 • 활용 방법 나만의 정원을 만들어 계절별 정원 감상하기	p.328
제페토	• 구분: 사이트 • 주요 기능: 가상 현실과 증강 현실 기술을 기반으로 한 메타버스, 가상 공간에서 캐릭터를 움직이고 상호 작용 • 활용 방법 국립중앙박물관 '어린이박물관 월드' 속 국가유산 체험하기	p.232
지오보드	• 구분: 사이트 • 주요 기능: 고무줄을 이용해 평면 도형 제작 • 활용 방법 도형을 만들어 넓이 구하는 문제 내고 맞히기	p.136
직소 퍼즐	• 구분: 사이트 • 주요 기능: 사진을 퍼즐로 제작 • 활용 방법 사물을 여러 관점에서 촬영하여 퍼즐로 만들고 친구에게 어떤 사물인지 퀴즈 내고 맞히기	p.294
채터픽스	• 구분: 앱 • 주요 기능: 사진이 말을 하는 것처럼 움직임 효과 및 녹음 기능으로 영상 제작 • 활용 방법 사물 사진에 선을 그어 입 모양을 그린 후 목소리를 녹음하여 말하는 사물 영상 제작하기	p.305

에듀테크 종류	소개 내용	관련 수업
캔바	• 구분: 앱/사이트 • 주요 기능: 그림, 사진, 텍스트, 오디오, 펜, AI 이미지 생성기, 템플릿 등 디자인 요소 제공/발표 자료, 문서, 포스터, 영상 등 디자인 및 편집/라이브 기능으로 발표/웹사이트 기능으로 공유 • 활용 방법 1) 그림과 자막을 삽입하고 동영상 녹화 기능으로 낭독 영상 촬영하여 디지털 낭독극 제작하기 2) 펜과 요소 기능을 활용해 시의 감각적 표현을 넣은 시화 제작하기 3) 라이브 기능 활용하여 실시간 라이브 방송 형태로 기행문 발표하고 댓글로 쌍방향 소통하기 4) 녹화 기능으로 영상 촬영 후 그림 요소로 꾸미고 어버이날 영상 편지 만들기 5) 웹사이트 제작 기능으로 한 학기 마무리 포트폴리오 웹사이트 만들기 6) 계절별 별자리 책 만들기 7) AI 이미지 생성기로 원하는 이미지를 얻기 위해 프롬프트를 여러 번 수정하며 프롬프트 설계하고 최적화하는 방법 학습하기 8) 아바타에 옷을 배치해 나만의 룩북 제작하기 9) 감정 이모티콘을 담은 나만의 무드미터(감정을 에너지, 기분, 색깔로 구분한 감정 지도) 만들기 10) 프레임 기능으로 자연 사진을 옷 무늬로 디자인하기 11) 영상 배경 제거 기능으로 기상 캐스터 일기 예보 영상 제작하기	p.32 p.39 p.47 p.62 p.77 p.158 p.205 p.212 p.270 p.316 p.335
퀴버 비전	• 구분: 사이트 • 주요 기능: 평면 그림을 입체적인 3D 증강 현실 모델로 시각화 • 활용 방법 평면 도형의 이동을 활용해 독창적 무늬 디자인 후 증강 현실 3D 공 제작하기	p.130
퀵,드로우! 더 데이터	• 구분: 사이트 • 주요 기능: 퀵 드로우(사용자가 그린 그림을 인공 지능이 무엇인지 맞히는 플랫폼)를 통해 수집된 그림 데이터 제공 • 활용 방법 세대, 지역, 문화에 따라 달라지는 그림의 차이를 통해 데이터 편향성 탐구하기	p.197

에듀테크 종류	소개 내용	관련 수업
QR코드	• 구분: 사이트 • 주요 기능: 디지털 기기로 스캔하면 웹사이트, 동영상, 음악 링크에 바로 접속 • 활용 방법 1) QR코드로 음악 제공하여 동물의 사육제 곡 감상 스테이션 활동하기 2) 학생들이 만든 우리나라 퀴즈를 QR코드로 제공해 모둠별 풀기	p.166 p.289
크롬 뮤직랩	• 구분: 사이트 • 주요 기능: 악기 연주, 리듬 연주, 음악 창작, 화음 제작 • 활용 방법 송메이커로 자신이 만든 규칙을 음악으로 표현하고 음악 속에서 규칙찾기	p.106
클래스툴	• 구분: 사이트 • 주요 기능: 실시간 쌍방향 수업 플랫폼으로 객관식·주관식 퀴즈, 웹 링크 전송, 화면 공유, 화이트보드 기능 활용 • 활용 방법 화이트보드 기능을 활용해 낱말을 듣고 읽고 표시하는 놀이, 자음을 보고 낱말 써 보기	p.17
클로바 더빙	• 구분: 앱/사이트 • 주요 기능: 입력한 글을 인공 지능이 목소리로 변환하여 음성 더빙 제공 • 활용 방법 오래된 물건의 입장이 되어 감정 이입 글쓰기 후 목소리 입히기	p.224
투닝 캐릭터	• 구분: 사이트 • 주요 기능: 여러 직업, 소설 속 주인공, 위인 캐릭터와 챗봇 대화 • 활용 방법 세종 대왕에게 질문하며 업적 알아보고 세종 대왕의 마음 이해하기	p.341

에듀테크 종류	소개 내용	관련 수업
패들렛	• 구분: 사이트 • 주요 기능: 구성원들 간 콘텐츠를 구성 및 공유하며 실시간 협업/텍스트, 이미지, 비디오, 문서, 음악 등과 같은 콘텐츠를 만들고 업로드/지도, 샌드박스 등 레이아웃 활용 • 활용 방법 1) 샌드박스를 활용해 걱정을 적은 조약돌 공유하기 2) 자연 사진을 색깔별로 모아 자연 색깔 팔레트 만들기 3) 세계 지도 레이아웃에 쓴 여행 코스 게시물을 보며 가상 세계 여행 떠나기	p.244 p.310 p.322
폴리패드	• 구분: 사이트 • 주요 기능: 평면 도형 조각을 다양하게 조작 • 활용 방법 칠교 조각 조작하여 단계별 칠교놀이 후 마을 장소 표현하기	p.112
플리커스	• 구분: 사이트 • 주요 기능: 종이에 인쇄된 응답 카드를 들어 올리면 카메라로 스캔하여 응답 확인 및 시각화 • 활용 방법 우리반 학생과 관련된 우정 시험 보기	p.260
피스켈	• 구분: 사이트 • 주요 기능: 픽셀 스타일로 칸에 색깔을 채워 그림 그리기 기능 • 활용 방법 픽셀 그림 제작하고 스무고개 놀이하여 색깔 질문으로 영어 대화하기	p.91
해피 아일랜드 디자이너	• 구분: 사이트 • 주요 기능: 섬을 꾸미고 설계 • 활용 방법 그림책과 연계하여 환경 파괴된 섬에서 회복된 섬으로 꾸미고 만들기	p.299

학년별, 교과별 50가지 활용 가이드

10분 뚝딱! 에듀테크·AI 수업 정복

1판 1쇄 발행 2026년 2월 27일

지은이 김나영, 강해은, 김성경, 김세빈, 박세현, 이다원
펴낸이 한기호
책임편집 박예슬
편집 서정원, 송원빈, 이선진
본부장 여문주
마케팅 윤병일, 신세빈
경영지원 김윤아
디자인 VUE
인쇄 예림인쇄

펴낸곳 (주)학교도서관저널
출판등록 제2009-000231호(2009년 10월 15일)
주소 | 04029 서울시 마포구 동교로 12안길 14(서교동) 삼성빌딩 A동 3층
전화 | 02-322-9677
팩스 | 02-6918-0818
전자우편 | slj9677@gmail.com
홈페이지 | www.slj.co.kr

ISBN 978-89-6915-197-1 03370